Jean Paul

Jean Pauls sämmtliche Werke

Fünfter Band.

Jean Paul

Jean Pauls sämmtliche Werke
Fünfter Band.

ISBN/EAN: 9783743379541

Hergestellt in Europa, USA, Kanada, Australien, Japan

Cover: Foto ©ninafisch / pixelio.de

Manufactured and distributed by brebook publishing software (www.brebook.com)

Jean Paul

Jean Pauls sämmtliche Werke

Jean Paul's

sämmtliche Werke.

Fünfter Band.

Jean Paul's

sämmtliche Werke.

Dritte vermehrte Auflage.

Fünfter Band.

Berlin.

Verlag von G. Reimer.

1861.

Inhalt des fünften Bandes.

~~~~~

Hesperus.

Erstes Heftlein.

VI

_____

Hesperus

oder

fünfundvierzig Hundsposttage.

Eine Lebensbeschreibung.

~~~~~~

Erstes Heftlein.

Motto:

„Die Erde ist das Sackgäßchen in der großen Stadt Gottes — die
dunkle Kammer voll umgekehrter und zusammengezogener Bilder aus einer
schönern Welt — die Küste zur Schöpfung Gottes — ein dunstvoller Hof
um eine bessere Sonne — der Zähler zu einem noch unsichtbaren Nenner —
wahrhaftig, sie ist fast gar nichts."

Auswahl aus des Teufels Papieren S. 167.

Vorrede zur dritten Auflage.*)

Zwei lange Vorreden folgen dieser dritten auf dem Fuße nach, die zweite zur zweiten Auflage und die erste zur ersten. Mach' ich nun diese dritte wieder lang — und wol auch gar die übrigen vielen zu den künftigen Auflagen: so seh' ich nicht ab, wie ein Leser der letzten nur je durch die Gasse von Vorzimmern zum historischen Bilderfaale gelangen soll; er stirbt auf dem Wege zum Buch.

Ich berichte denn kurz: in dieser Auflage wurde das Nöthigste und Leichteste verbessert. Zuerst hab' ich mich häufig ins Deutsche übersetzt aus dem Griechischen, Lateinischen, Französischen und Italiänischen, und zwar überall, wo es der Sprachreiniger mit der gehörigen Achtung für die Sachen selber verlangte. Einmal müssen wir Schreiber alle uns der Wörter-Alien-Bill oder Fremdenvertreibung von Campe, Kolbe und andern bequemen, und selber unser geliebter Göthe wird, so sehr er auch „emergiert und eminiert," am Ende in irgend einer künftigen Auflage z. B. eben beide Wörter, die er in der letzten **) auf Einer Zeile zum Worte kommen läßt, zum Buche hinauswerfen müssen. Ist es nicht Zeit, den fremden lange genug in Deutschland eingelagert gewesenen

*) Der Hesperus erschien zuerst in Berlin in Karl Matzdorffs Buchhandlung 1795; die zweite, verbesserte und vermehrte Auflage, mit dem Bildniß des Verfassers, ebendaselbst 1798; die dritte, verbesserte Auflage bei G. Reimer, Berlin, 1819.　　　　　　　　　　　　　　　　　　　M.

**) Dessen sämmtliche Werke. B. 3. S. 68.

1*

Völkern endlich auch ihre noch länger da gebliebenen Echo oder Wörter nach zu schicken?

Nur sei Kolbe oder jeder Purist ein billiger Mann, und muthe uns nicht zu, gemeinschaftliche Kunstwörter des gebildeten Europa, z. B. der Musik, der Philosophie, in unbekannte inländische, zumal in Fällen umzusetzen, wo die verdollmetschende Hand Schmetterlingsstaub bunter Anspielungen abgreifen und abpflücken würde. Zum Beispiel der Name Purist selber sei ein Beispiel. Gesetzt, man hieße Arndt einen politischen Deutschlands Puristen, und Kolbe setzte dafür, politischen Sprachreiniger oder Sprachreinen: so gäbe der kleine Einfall an der Uebertragung das Bischen Geist auf, das er etwa besessen.

Indeß wenn der Verfasser dieß auch nicht so wie einige Spracheinsiedler ausräumte, welche gleich der Luftröhre alles Fremdartige mit unangenehmen Husten und Spucken ausstoßen und nur die vaterländische Luft behalten: so suchte er wenigstens den Gletschern nachzuahmen, welche fremde Körper, als Stein und Holz, von Jahr zu Jahr allmälig aus sich herausschieben. Wie sehr ich dieß in der Ausgabe dieses Hesperus auf jeder Seite gethan, beweiset das mit den neuen eingeschriebnen Verbesserungen durchschoßne alte Druckexemplar; und ich wünschte wol, Hr. Kolbe reisete einmal nach Berlin und besähe das Exemplar. Wenigstens will ich die deutsche Gesellschaft allda, die vor einigen Jahren mich in sich aufgenommen, ersuchen, in die Verlagshandlung zu gehen, um selber zu sehen was ihr Mitglied gemacht, welche Durchstriche und welche Ersatzwörter.

Wer sich eigentlich an der deutschen Sprache und an denen, welche keine andere verstehen, am stärksten versündigt, dieß sind die Naturgeschichtschreiber, welche, wie z. B. Alexander von Humboldt, den ganzen lateinischen Linnée mitten in unsere Sprache hineinstellen, ohne andere deutsche Abzeichen, als hinten die Aufschwänzung in deutsche Endigungen oder Schwanzfedern, womit sie aber dem bloßen Deutschsprecher so wenig kenntlich werden als ein Mann einem fremden hinten durch den bloßen Zopf. Hat unsere unerschöpfliche Sprache nicht ihre

Kräfte zur Schöpfung eines deutschen Linnée schon gezeigt, wenn wir einen Wilhelmi, und noch mehr den herzdeutschen und sprachdeutschen Oken lesen?

Sonst übrigens wird die deutsche Sprache sogar durch die größte Gastfreiheit gegen Fremdlinge niemals verarmen und einkriechen. Denn stets zeugt sie (wie alle Wörterbücher beweisen) aus ihren immer frischen Stammbäumen hundertmal mehr Kinder und Enkel und Urenkel, als sie fremde Geburten an Kindes Statt annimmt; so daß nach Jahrhunderten die aus unsern forttreibenden Wurzelwörtern aufgegangne Waldung die nur als Flugsame aufgekeimten Fremdwörter ersticken und verschatten muß, zuletzt als ein wahrer Lianenwald aufgebäumt, dessen Zweige zu Wurzeln niederwachsen, und dessen aufwärts gepflanzte Wurzeln zu Gipfeln ausschlagen. Wie fremd-durchwachsen und verwildert wird dagegen nach einigen Jahrhunderten z. B. die englische Sprache dastehen, mit dem vaterländischen aber kraftlosen Stamm voll eingeimpften Wortgebüsches, keines Schaffens, nur des Impfens fähig, und aus dem doppelten Amerika mehr neue Wörter als Waaren abholend!

Das zweite, aber leichtere, was für diese dritte, verbesserte Auflage des Hesperus geschehen, war natürlich, daß ich durch den ganzen Abendstern langsam hinging mit dem Jätemesser in der Hand, und alles Genitiv- oder Es-Schmarotzer Unkraut der Doppelwörter, wo ich's nur fand — und dieß war leider schon auf dem Titelblatte der Hundposttage der Fall*) — aufmerksam herausstach. Ich stand aber viel dabei aus; der alten Prozesse der überreichen Sprache mit sich selber haften zu viele auf ihren Gütern, und ich mußte daher manches eingenistete Es-Gesindel da lassen, wo es sich zu lange angesiedelt hatte, und sich auf Zeugen und Ohren berief.

Noch bis auf die Stunde dieser Vorrede wartet der Verfasser der „Morgenblatt-Briefe über die Doppelwörter" nicht etwa auf eine durch-

*) Später hat der Verf. das Wort Hund mit unter die Ausnahmen, bei denen das s zu gestatten sei, gestellt. Vergl. „Ueber die deutschen Doppelwörter, achtes Postskript." F.

greifende Prüfung (was wol zu früh wäre), sondern vor allen Dingen auf eine umfassende Lesung derselben, welche freilich der zertheilende Archipelagus von auseinander liegenden Inselblättern so lange erschwert, als die Zeitschrift ihren Leserkreis noch nicht durchlaufen. Dann aber hoff' ich vom Sprachforscher, wenn er sie vollständig im Hause vor seinem Richterstuhle hat, gründliche Widerlegung und Zustimmung.

Endlich drittens wurde nach dem zweimaligen Verbessern von zwei Auflagen (denn die erste erhielt große Verbesserungen, und zwar vor ihrem Drucke) ein drittes vorgenommen, das gegen Härten, Dunkelheiten, Mißverstand und andere Ueberlängen und Ueberkürzen der Einkleidung loszugehen hatte.

Aber Himmel, wie oft muß nicht ein Schreibmensch an sich bessern, der kaum über ein halbes Jahrhundert alt ist! Lebte er sich vollends in ein Methusalems Jahrtausend hinein und schriebe dabei: der Methusalem bekäme so viele Bände von Verbesserungen nach zu schießen, daß das Werk selber ihnen nur als Vorwerk, Anhängsel oder Ergänzblatt beizugeben wäre.

Seit mehren Jahren haßt der Verfasser in seinen ältern Werken einen Fehler in hohem Grade, den er bei Ernst Wagner, Fouqué und andern häufig wiederholt, oder nachgeahmt angetroffen, nämlich den Fehler der eigenen schriftstellerischen Austrommelsucht oder Vorsprecherei der Empfindungen, welche der Gegenstand haben und zeigen soll, aber nicht der Dichter. Z. B. „erhaben ruhig antwortete Dahore." — Wozu erhaben beifügen, da es überflüssig, anmaßend und vorausnehmend ist, sobald die Antwort wirklich erhebt, oder, wenn sie es nicht thut, alles noch erbärmlicher ausfällt? Der Dichter, der auf diese Weise das Vor-Echo seiner Personen ist, nimmt sich einige neuere Trauerspieldichter wie Werner, Müllner u. a. zum Muster, welche für den Schauspieler bei jeder Rede die Buchbinder-Nachrichten vorsetzen: „mit rührendem Schmerze — mit einem Seufzer schmerzlicher Erinnerung — aus der Tiefe des Schmerzens herauf" — lauter Macht- und Unmachtsprüche, die nur ein pantomimischer Tanz nöthig hat und befolgen kann, die aber kein Stück von Shakspeare, von Schiller und Göthe braucht, weil ja die Rede selber reden lehrt.

Uebrigens hab' ich, jetzo um ein Viertel-Jahrhundert älter und gealtert, nicht den Muth, dem ersten jugendlichen Ausströmen des Herzens ein anderes Bette und einen schwächeren Fall und Zug zu geben. Der spätere Mensch hält zu leicht das Aendern am jüngern für ein Bessern desselben; aber wie kein Mensch den andern ersetzen kann, so kann auch nicht einmal derselbe Mensch sich in seinen verschiedenen Altersstufen vertreten, am wenigsten der Dichter.

Die beste eheliche Liebe ist nicht das, was die jungfräuliche war; und so gibt es auch in der Begeisterung und in der Darstellung eine jungfräuliche Muse. Ach, alles Erste im Dichten wie Leben ist, was ihm auch sonst abgehe, so unschuldig und gut; und alle Blüten kommen so rein weiß auf die Welt, worin nachher „die Sonne, wie Göthe schon von körperlichen Farben sagt, kein Weißes duldet." Darum sollen alle heiße Worte meiner Begeisterung für Emanuels Sterben und Viktors Lieben und Weinen, und für Klotildens Schweigen und Leiden stets im Hesperus ungekühlt und unverändert stehen bleiben. Sogar das Jetzo soll dem Sonst nichts nehmen. Denn ob ich gleich seit 25 Jahren durch einige Nachahmungen und Nachspiele des Buchs ordentlich mich selber satt bekommen: so überwind' ich doch den Ueberdruß an dieser Selbersattheit durch die Hoffnung, daß der schreibende Jüngling später wieder auf lesende Jünglinge und Jungfrauen treffen, und daß künftig auch für ältere Leser mehr vom Nachgeahmten als von den Nachahmungen übrig bleiben wird.

Und so lege denn dieser Abendstern — der früher der Morgenstern meiner ganzen Seele gewesen — seinen dritten Umlauf um die Lesewelt in dem vollern Lichte eines bessern Standes gegen Sonne und Erde zurück!

Bayreuth, den 1. Januar 1819.

Jean Paul Fr. Richter.

Vorrede zur zweiten Auflage.

~~~~~~~

Noch hab' ich von dieser Vorrede weiter nichts zu Stande gebracht, als einen leiblichen Entwurf, den hier der Leser ungeschminkt bekommen soll. Vielleicht heb' ich durch das Geschenk dieses Entwurfs auch den Vorhang auf, der noch immer an meiner literarischen Arbeitloge herunter hängt, und der's der Nachwelt versteckt, wie ich darin arbeite als mein eigner dienender Bruder, und als Meister vom schottischen Stuhl. Ein Entwurf ist aber bei mir kein Predigtentwurf in Hamburg, den der Hauptpastor am Sonnabend ausgibt und am Sonntag ausführt — er ist kein Gliedermann, keine Akademie, kein Kanon, wornach ich schaffe — er ist kein Knochenskelet für künftiges Fleisch — sondern ein Entwurf ist ein Blatt oder ein Bogen, auf welchem ich mir's bequemer mache und mich gehen lasse, indem ich darauf meinen ganzen Kopf ausschüttele, um nachher das Fallobst zu sichten und zu säen, und das Papier mit organischen Kügelchen und mit Lagen von Phönixasche bedecke, damit ganze schimmernde Fasanereien daraus aufsteigen. In einem solchen Entwurfe halt' ich die unähnlichsten und feindlichsten Dinge blos durch Gedankenstriche aus einander. Ich rede mich in dergleichen Entwürfen selber an, und duze mich wie ein Quäker, und befehle mir viel; ja ich bringe darin häufig Einfälle vor, die ich gar nicht drucken lasse, weil entweder kein Zusammenhang für sie auszumitteln ist, oder weil sie an sich nichts taugen.

Und nun wird es Zeit sein, daß ich dem Leser einen solchen Entwurf wirklich darbiete, welches diesesmal der Entwurf der gegenwärtigen Vorrede selber ist. Er ist überschrieben:

Architektonik und Bauholz für die Vorrede zur zweiten Auflage des Hesperus.

„Mache sie aber kurz, da der Welt der Gang durch zwei Vorzimmer „in die Paſſagierſtube des Buchs ohnehin lang wird — Scherz' anfangs — „Selten ſchiebt einer auf der literariſchen Kegelbahn alle neun Muſen „ — Der Schluß aus der Reflexion — Bringe viele Aehnlichkeiten zwiſchen „dem Titel Hesperus und dem Abendſterne oder der Venus heraus, „dergleichen etwa ſein müſſen, daß meiner wie dieſe voll ſpitzer hoher „Berge iſt, und daß beide ihrer Unebenheit ihren größern Glanz verdan= „ken; ferner daß der eine wie die andere im Durchgang durch die Sonne „(des Apollo) nur wie ſchwarze Flecke erſcheinen — (In deinem Brief= „kopierbuch mußt du mehre ſolche Anſpielungen gemacht haben) — Die „Welt erwartet, daß der Abendſtern bei der zweiten Auflage unten als „Luzifer oder Morgenſtern heraufkomme, und daß der verklärte Leib des „Papiers eine verklärte Seele behauſe; laſſ' es paſſieren, und orientiere „die Welt. — Finde Pedanten, die ſich von Worten, nicht von Sachen „erhalten und füttern, den Aftermotten ähnlich, die Wachskuchen freſſen „und verbauen, aber keine Honigſladen. — Niemand gleicht ſo ſehr als „die Pedanten den Dohlen, die zugleich biebiſch und geſchwätzig „ſind; ſie verwäſſern und kapern. — In die kritiſche Hölle werden gerade „Leute nicht geworfen, die der Talmud auch von der jüdiſchen losſpricht, „nämlich die Armen, die Zahlunfähigen, und die, welche am Durchfalle „umkommen. — Sei ein Fuchs, und ſtreichle die kritiſchen Billard= „Markörs, welche Verluſt und Gewinn anſagen." — —

Letztes verſteh' ich ſelber nicht, weil der Entwurf ſchon im Winter ge= ſchrieben wurde. Ich kann vielmehr ohne Ironie bekennen, daß mich die kritiſchen Quartal= oder Landrichter beim Leben gelaſſen, und mir weder einen ſpaniſchen Mantel, noch ein Demuthkleid, noch ein Blut= und Härenhemd umgeworfen haben. Dieſe Nachſicht der Kritiker für einen Bücherſchreiber, der wie ein Katholik mehr gute Werke verübt, als er zur Seligkeit braucht, iſt gewiß nicht ihre ſchlechteſte Eigenſchaft, da ſie damit so wohlthätig auf unsere leeren Tage wirken. Denn man muß jetzt froh sein, wenn nur vier oder fünf neue Gleichnisse auf die Ostermesse absahren, und wenn zur Michaelismesse nur einige Blumen, welche Novitäten sind, feil stehen. Unser literarisches Küchenpersonale weiß uns dasselbe goutée unter dem Scheine sechs verschiedner Schüsseln auf das Tischtuch und in den Mund zu spielen, und belustigt uns zweimal im Jahr mit einer Nachahmung des berühmten Kartoffel-Gastmahls in Paris: anfangs kam blos eine Kartoffelsuppe — dann schon mit anderer Zubereitung wieder Kartoffeln — das dritte Gericht hingegen bestand aus umgearbeiteten Kartoffeln — auch das vierte — als fünftes konnte man nun wieder Kartoffeln servieren, sobald man nur zum sechsten neu brillantierte Kartoffeln bestimmte — und so ging es durch 14 Gerichte hindurch, wobei man noch von Glück zu sagen hatte, daß wenigstens Brod, Konfekt und Likör den Magen aufrichteten und aus Kartoffeln bestanden. — —

Tadel ist eine angenehme Zitronensäure am Lob; daher werden beide von der Welt nur mit einander gleichsam in einem Sauerhonig vertheilt; so wie nach dem Talmud auf den Räuchopferaltar einige Finger voll Teufelsdreck mit geworfen wurden. Das einzige folglich, was ich an den Rezensenten nach dem vorigen Lobe aussetzen will, und womit sie wirklich anstoßen, ist dieses, daß sie selten (ihr Herz ist gut) viel von der Sache oder Schrift verstehen, worüber sie richten; und selbst dieser Tadel passet nur auf den größern Theil. — —

„Web' es ein (fährt der Entwurf fort), daß du nicht daraus kommen „kannst, was die jetzige Enthüllung und Enthülsung der weiblichen „Arme *), Busen und Rücken bedeuten soll, so wie sonst die Pfauen gerade „mit ähnlichen glänzenden Theilen, mit Hälsen, Flügeln und Köpfen, die „nicht abgerupfet waren, in der Bratenschüssel auftraten. — Es wird „daher gut sein, wenn du vermuthest, daß die schalenlosen Damen heim-

---

*) Ein Jude schied sich sonst von seiner Frau, wenn sie mit nackten Armen erschien; es ist aber schwer, die jetzigen häufigen Ehescheidungen in Paris daraus herzuleiten.

„liche Jesuitinnen und Freimäurerinnen sind, weil in beiden Orden die
„Mysterien und Verhüllungen mit Entblößung anfangen; oder gib auch
„diese unbefiederten Glieder irgend einem Darben schuld, wie ein Küchlein
„aus einem Ei, woraus man nur einige Tropfen Eiweiß wegschöpfte, mit
„federlosen Stellen auskriecht — Drohe wenigstens, daß Damen und
„Krebse am liebsten in der Mauße gefangen und gesotten werden." — —

— Das ist einer von den Fällen, wovon ich oben sagte, daß ich darin
Einfälle des Entwurfs, aus Mangel an Zusammenhang mit der ganzen
Sache, aufgeben und wegwerfen müßte; denn wirklich hat die ganze
Gliedermauße nichts mit der Vorrede gemein, als das Jahr der Geburt.

„Von andern Autoren (fährt deren Entwurf fort) muß abgegangen,
„und über den Beifall, den du erbeutet, nur stumm weggeschlichen wer=
„den, damit die Welt sieht, wie du bist. — Man erwartet von einer Vor=
„rede zur zweiten Auflage eine kleine Produktenkarte, oder ein Ernte=
„register alles des Nachflors, der die zweite über die erste erhebt: gib ihnen
„das Register!" —

Gern! — Erstlich hab' ich verbessert alle Druckfehler — dann alle
Schreibfehler — dann viele Dissonanzen der Sprache — auch Wort= und
Sachschnitzer genug; die Einfälle aber und die poetischen Tulpen hab' ich
selten ausgerissen. Ich sah, wenn ich's thäte, so bliebe vom Buche (weil
ich die ganze Manier ausstriche) nicht viel mehr in der Welt, als der Ein=
band und das Druckfehler=Verzeichniß. Der Theolog hasset juristische
Anspielungen — der Jurist theologische — der Arzt beide — der Mathe=
matiker alle vorigen — ich liebe sie alle; was soll man da lassen oder
nehmen? — der Frau mißfällt Satire, dem Manne erweichende Wärme
(denn Kälte hält er an Büchern wie an Schokoladetafeln für
Proben des Werths) — und das Publikum selber hat über Ein Kapitel
45 Meinungen, wie Krommel vier widersprechende Briefe an denselben
Korrespondenten diktierte, blos um seinen Schreibern den wahren zu ver=
hehlen, den er fortschickte: — — welcher Meinung hängt in solchem
Streit ein Autor an? — Am schicklichsten seiner eignen, wie die Welt der
ihrigen. —

Uebrigens erlebt mein Werklein schwerlich so viele ge druckte Auflagen, als ich davon in meiner Stube ge schriebene verbesserte veran-
stalte — und darum sind große Aenderungen daran, wenn nicht entbehr-
licher, doch schwieriger. Am Plane der Geschichte selber war — gesetzt
auch, ich hätte vergessen wollen, daß es eine wahre ist — darum wenig
umzubessern, weil das Werk ist wie meine Hose, die kein Schneider, sondern ein Strumpfwirkerstuhl gemacht, und woran eine einzige aufgehende
Masche des rechten Schenkels das ganze Gestrick des linken aufknüpft.
Denn es ist ein wesentlicher, aber unläugbarer Fehler des Buchs — den
ich leicht aus dem Mangel an Episoden erkläre — daß, sobald ich aus
dem ersten Stockwerk (oder Heftlein) nur irgend einen brüchigen Quader
ausziehe, sofort im dritten alles wackelt und zuletzt nachfällt. Allerdings
steh' ich dadurch noch weit von den bessern neuen Romanen zurück, denen
man ohne den geringsten Schaden der Komposizion und Feuerfestigkeit
beträchtliche Stücke ausbrechen und einbauen kann, blos weil sie nicht wie
mein Buch einem bloßen Hause, sondern einer ganzen Spielstadt aus
Nürnberg gleichen, deren lose abgehenkte Häuser das Kind in seinem
Spielschrank aufschichtet, und deren Musaik aus Hütten das liebe Kleine
leicht zu seiner Lust gassatim zusammenstellt, wie es nur mag. Einer
wahren Historie klebt immer das Verbrießliche an, daß dergleichen nicht
zu machen ist

Gleichwol entschädige ich mein Werk für künstlerische Aenderungen
und Verbesserungen hinlänglich durch wahre Vergrößerungen
desselben, durch historische Zusätze. Da ich zum Glücke seit einigen Jahren
unter den Personen selber lebe und hause, die ich abgeschildert: so bin ich
als Zirkelgrab dieses schönen Familienzirkels ganz in Stand gesetzt, aus
lebendigen Zeugen-Rotuln 1000 Berichtigungen und Erläuterungen
nachzutragen, die sonst kein Mensch erführe, und die gleichwol die etwas
dunkle Geschichte gewaltig erhellen. Der Kunstrichter schlage nur die zwei
nächsten Kapitel des Buchs, oder die fernsten, oder andere auf.

Man will mich gefällig bereden, ich hätte in den Zusätzen den Ueber-
zähligen-Witz vermieden und den leuchtenden Naphtaboden meines

Abendgeſtirnes, der weder auszugießen noch zu verſenken war, geſchickt
gewäſſert durch friſche Hiſtorie. — — Der Himmel geb' es! Ich habe
ſchlechte Hoffnung; aber lieb ſollte es mir ſein, wenn die Rezenſenten
mich verſichern wollten, ich hätte in meinem Pantheon=Pandämonium
meine dichten Bilder obwol nicht verſteigert, oder verdeckt, doch aber
weiter aus einander gehängt.

„Ueberhaupt (verfolgt der Entwurf) nimm lieber das hiſtoriſche
„Okuliermeſſer als das kritiſche Jätemeſſer in die Hand!“

Eben ſagt' ich, daß ich's gethan.

„Was aber jene verborrten falben Menſchen anlangt, vor denen
„nichts groß iſt, als ihr Bild, und deren Magen vor jeder ſchönern Be=
„wegung des erhobnen Herzens in eine umgekehrte geräth, kurz die
„alles anekelt (ausgenommen das Ekelhafte), ſo ſtelle dich an, als merkteſt
„du ſie gar nicht einmal, um ſo mehr, da ſie den Pazienten gleichen, die
„der Bandwurm benagt, und welche nach mediziniſchen Beobachtungen
„ſich vor jeder Muſik, beſonders Orgeln, erbrechen und ekeln — Denke
„lieber an die guten Menſchen, die du kennſt und liebſt, und an die
„guten, die du nur liebſt — — und daher werde am Ende der Vorrede
„ernſthaft und dankbar, und freue dich!“ — —

Wahrlich, das hätt' ich gethan ſchon ohne den Entwurf! — Wie
könnt' ich gegen die Schonung unempfindlich bleiben, womit man im
Ganzen die aphrobitographiſchen Fragmente von meinem Abendſtern
abfaſſete, der mit ſo merklichen Aberrazionen oder Abweichungen, und in
einer ſo wenig planetariſchen Ellipſe um ſeine Sonne läuft, daß er leicht,
wie es oft dem Hesperus am Himmel geſchieht, für einen Haar=, Bart=
und Schwanzſtern zu nehmen iſt? — Und wie hart und kalt müßte die
Seele ſein, welche ohne Rührung und ohne Freude über den kürzeſten
frohen Tag, ja nur über eine frohe Sekunde und Terzie bliebe, in die ſie
die leidenden Menſchen führen konnte — und über die ausgebreitete Ver=
wandtſchaft hoher Wünſche und heiliger Hoffnungen und freundlicher
Gefühle — und über den holden Friedensſchluß, worin die Zänker und
Krieger auf der erſten Welt des proſaiſchen Lebens einander auf der zwei=

ten Welt der Dichtkunst in gemeinsamen Erkennungen die Hände geben und zu Brüdern werden? —

Ich gebe dir, guter Asteriskus und Nebenplanet des sanften Abendsternes über mir, wieder die Wünsche vor drei Jahren für jede Seele auf den Weg, die du erfreuen kannst! Nur gehe für kein Auge als ein Regengestirn auf, nur mache keines irre, daß es den Mondschein der Dichtkunst für den Morgen der Wahrheit nimmt, und die Morgenträume zu früh abbankt! — Aber in die Marterkammer und durch das Gefängnißgitter der verlassenen Seelen wirf einen erfreulichen Schein — und wem seine glückliche Insel auf den Meerboden der Ewigkeit entfiel, dem verkläre die dunkle tiefe Gegend — und wer vergeblich in einem entblätterten Paradiese umher- und hinaufsieht, dem zeige ein kleiner Stral aus dir unten auf dem Boden unter dem gelben Laube irgend eine bedeckte süße Frucht der vorigen Zeit — und das Auge, dem du gar nichts zeigen kannst, dieses ziehe sanft hinauf zu deinem Bruder und zum Himmel, worin er glänzt. — Ja wenn ich einmal zu alt bin, so tröste mich auch!

Hof, den 16. Mai 1797.

Jean Paul Fr. Richter.

Vorrede, sieben Bitten und Beschluß.

Vorrede.

Ich wollte mich anfangs ereifern über einige Heere von Lesern, mit denen ich in diesem Buche nichts anzufangen weiß, und wollte mich vorn an den Hesperus als Pförtner stellen und vorzüglich Leute mit der größten Unhöflichkeit fortschicken, die nichts taugen — für welche, wie für einen Prosektor, das Herz nichts ist als der dickeste Muskel, und welche Gehirn und Herz und alles Innere, wie Formen der Gypsstatuen ihr eingefülltes Gemengsel von Scheerwolle, Heu und Thon, nur darum tragen, um hohl gegossen auszufallen — Ich wollte sogar mit ehrlichen Geschäftleuten reisen, die, wie der große Antonin, den Göttern danken, daß sie die Dichtkunst nicht weit getrieben — und mit solchen, vor denen sich der Kapellmeister Apollo auf einer Strohfidel hören lassen soll, und seine neun Diskantistinnen mit dem Bier- und Strohbaß — ja sogar mit der lesenden Schwesterschaft der Ritterromane, die so lieset wie sie heirathet, und die sich unter den Büchern, wie unter den Gesichtern der Herren, nicht die schönen weiblichen, sondern die wilden männlichen ausklaubt. — —

Aber ein Autor sollte kein Kind sein, und sich seine Vorrede versalzen, da er nicht alle Tage eine zu machen hat. Warum habe ich nicht lieber in der ersten Zeile die Leser angeredet und bei der Hand genommen,

benen ich den Hesperus freudig gebe, und die ich mit einem Freiexemplar
davon beschenken wollte, wenn ich wüßte, wo sie wohnten? — Komm,
liebe müde Seele, die du etwas zu vergessen hast, entweder einen trüben
Tag, oder ein überwölktes Jahr, oder einen Menschen, der dich kränkt,
oder einen, der dich liebt, oder eine entlaubte Jugend, oder ein ganzes
schweres Leben; und du, gedrückter Geist, für den die Gegenwart eine
Wunde und die Vergangenheit eine Narbe ist, komm in meinen Abendstern und erquicke dich mit seinem kleinen Schimmer, aber schließe, wenn
dir die poetische Täuschung flüchtige süße Schmerzen gibt, daraus: „vielleicht ist das auch eine, was mir die längern tiefern macht." — Und dich,
höherer Mensch, der unser Leben, das nur in einem Spiegel geführet
wird, kleiner findet als sich und den Tod, und dessen Herz ein verhüllter
großer Geist in dem Todtenstaube anderer zerfallener Menschenherzen
heller und reiner schleift, wie man den Demant im Staube des Demants
poliert, darf ich dich auch in meinen Abend- und Nachtstern auf eine An-
höhe, so wie ich sie aufzuwerfen vermag, herniederrufen, damit du, wenn
du um sie, wie um den Vesuv, morganische Feen und Nebelgrup-
pierungen und Traumwelten und Schattenländer in der Tiefe ziehen
siehest, vielleicht zu dir sagest: „und so ist alles Traum und Schatten um
„mich her, aber Träume setzen Geister voraus, und Nebel Länder, und
„der Erdschatten eine Sonne und eine Welt?" —

Aber zu dir habe ich nicht den Muth, zu dir, edler Geist, der des
Jahrhunderts müde ist und des Nachwinters der Menschheit; dem zuweilen, aber nicht immer, das Menschengeschlecht wie der Mond zurück-
zuwandeln scheint, weil er den Zug der Wolke, die darunter hinfliegt, für
den Gang des himmlischen Körpers selber ansieht, und der voll erhabner
Seufzer, voll erhabner Wünsche und mit schweigendem Ergeben zwar
neben sich eine würgende Hand und das Fallen seiner Brüder hört, aber
doch das aufgerichtete auf dem ewig heitern Sonnenangesicht der Vorsehung ruhende Auge nicht niederschlägt, und den das Unglück, wie der
Blitz den Menschen, zwar entseelt; aber nicht entstellt; edler Geist,
ich habe freilich nicht den Muth, zu dir zu sagen: „würdige mich, auf

„mein Schattenspiel zu schauen, damit du über den Abendstern, den ich
„vor dir vorüber führe, die Erde vergeſſeſt, auf der du ſteheſt, und die ſich
„jetzo mit tauſend Gräbern wie ein Vampyr an das Menſchengeſchlecht
„anlegt und Opferblut ſaugt!" — — Und doch hab' ich an dich unter
dem ganzen Buche gedacht, und die Hoffnung, mein kleines biographiſches
Nacht= und Abendſtück vor naſſe, aufgerichtete und feſte Augen zu brin=
gen, war der tragende Malerſtock der milden Hand geweſen.

Da ich mich jetzt zu ernſthaft geſchrieben, ſo muß ich von den ſieben
verſprochenen Bitten, worunter nur vier es ſind, drei weglaſſen. — Ich
thue alſo nur die

Erſte Bitte, den Titel „Hundspoſttage" ſo lange zu vergeben,
bis ihn das erſte Kapitel erklärt und entſchuldigt hat — Und die

Zweite, allemal ein ganzes Kapitel zu leſen, und kein halbes, weil
das große Ganze aus kleinern Ganzen, wie nach den Homoiomerien des
Anaxagoras der Menſchenkörper aus unzähligen kleinen Menſchenkörpern
beſteht — Und die

Siebente Bitte, die halb aus der zweiten fließet, aber nur die Kunſt=
richter angeht, mir in ihren fliegenden Blättern, die ſie Rezenſionen nen=
nen, mit keiner Publikazion meiner Hauptbegebenheiten vorzugreifen,
ſondern dem Leſer einige Ueberraſchungen, die er doch nur Einmal hat,
zu laſſen. — Und endlich die

Fünfte Bitte, die man aus dem Vaterunſer ſchon kennt.

Der Beſchluß.

Und ſo werde denn ſichtbar, kleiner ſtiller Heſperus! — Du brauchſt
eine kleine Wolke, um verdeckt zu ſein, und ein kleines Jahr, um deinen
Umlauf vollführt zu haben! — Mögeſt du der Tugend und Wahrheit,
wie dein Ebenbild am Himmel der Sonne, näher ſtehen, als die Erde
allen dreien iſt, in die du ſchimmerſt, und mögeſt du wie jenes nur da=

durch dich den Menschen entziehen, daß du dich in die Sonne hüllest!
Möge dein Einfluß schöner, wärmer und gewisser sein, als der des Kalen=
der-Hesperus ist, den der Aberglaube auf den Dunstthron dieses Jahres
setzt! — Du würdest mich zum zweitenmal glücklich machen, wenn du für
irgend einen abgeblühten Menschen ein Abendstern, für irgend einen
aufblühenden ein Morgenstern würdest! Gehe unter mit jenem und
auf mit diesem; flimmere im Abendhimmel des erstern zwischen seinen
Wolken und überziehe seinen zurückgelegten bergaufgehenden Lebensweg
mit einem sanften Schimmer, damit er die entfernten Blumen der Jugend
wieder erkenne und seine veralteten Erinnerungen zu Hoffnungen ver=
jünge! — Kühle den frischen Jüngling in der Lebensfrühe als ein stillen=
der Morgenstern ab, eh' ihn die Sonne entzündet und der Strudel des
Tages einzieht! — Für mich aber, Hesperus, bist du nun wol unterge=
gangen — du zogest bisher neben dem Erdball wie mein Nebenplanet,
wie meine zweite Welt, auf die meine Seele ausstieg, indeß sie den Körper
den Stößen der Erde ließ — aber heute fällt mein Auge traurig und
langsam von dir und dem weißen Blumenflor, den ich um deine Küsten
angepflanzet, auf den naßkalten Boden herab, wo ich stehe — und ich
sehe uns alle von Kühle und Abend umgeben — weit von den Sternen
abgerissen — von Johanniswürmchen belustigt, von Irrwischen beun=
ruhigt — alle einander verhüllet, jeder einsam und sein eignes Leben nur
fühlend durch die warme pulsierende Hand eines Freundes, die er im
Dunkeln hält. — —

Ja, es wird zwar ein anderes Zeitalter kommen, wo es licht wird,
und wo der Mensch aus erhabnen Träumen erwacht und die Träume —
wieder findet, weil er nichts verlor als den Schlaf. —

Die Steine und Felsen, welche zwei eingehüllte Gestalten, Noth=
wendigkeit und Laster, wie Deukalion und Pyrrha hinter sich werfen
nach den Guten, werden zu neuen Menschen werden. —

Und auf dem Abendthore dieses Jahrhunderts steht: Hier geht der
Weg zur Tugend und Weisheit; so wie auf dem Abendthor zu Cherson
die erhabne Inschrift steht: Hier geht der Weg nach Byzanz. — —

Unendliche Vorsicht, du wirst Tag werden lassen. —

Aber noch streitet die zwölfte Stunde der Nacht: die Nachtraubvögel ziehen; die Gespenster poltern; die Todten gaukeln; die Lebendigen träumen.

In der Frühlings-Tag- und Nachtgleiche 1794.

Jean Paul.

Erster Hundsposttag.

Unterschied zwischen dem 1. und 4. Mai — Rattenschlachtstücke — Nachtstück — Drei Regimenter in künftigen Hosen — Staarnadel — Ouvertüre und geheime Instrukzion dieses Buchs.

~~~~~~~~~~

Im Hause des Hofkaplans Eymann im Baddorfe St. Lüne waren zwei Parteien, die eine war den 30. April froh, daß der Held dieser Geschichte, der junge Engländer Horion, den 1. Mai aus Göttingen zurückkäme und in der Kaplanei bliebe — der andern war's nicht recht, sie wollte haben, er sollte erst den 4. Mai anlangen.

Die Partei des ersten Maies oder des Dinstags bestand aus dem Kaplans-Sohne Flamin, der mit dem Engländer bis ins zwölfte Jahr in London und bis ins achtzehnte in St. Lüne erzogen worden, und dessen Herz mit allen Aberzweigen in das brittische verwachsen und in dessen heißer Brust während der langen Trennung durch Göttingen Ein Herz zu wenig gewesen war — Ferner aus der Hofkaplänin, einer ge= bornen Engländerin, die in meinem Helden den Landsmann liebte, weil der magnetische Wirbel des Vaterlandes noch an ihre Seele über Meere und Länder reichte — Endlich aus ihrer ältesten Tochter Agathe, die den ganzen Tag alles auslachte und lieb hatte, ohne zu wissen warum, und die jeden, der nicht gar zu viele Häuser weit von ihr wohnte, mit ihren Polypenarmen als Nahrung ihres Herzens zu sich zog.

Die Sekte des vierten Maies konnte sich mit jener schon messen, da sie auch ein Kollegium von drei Gliedern ausmachte. Die Anhänger waren die kochende Appel (Apollonia, die jüngste Tochter), deren Küchen=Ehre und Back=Belobebrief dabei litt, daß der Gast früher ankam als die Weißhefen; sie konnte sich denken, was eine Seele empfindet, die vor einem Gaste steht, die Hände voll Spick= und Nähnadeln, neben der Platte der Fenstervorhänge, und ohne sogar die Frisur des Hutes und des Kopfes, der darunter soll, nur halb fertig zu haben. Der zweite Anhänger dieser Sekte, der am meisten gegen den Dinstag hätte reden sollen — ob er gleich am wenigsten redete, weil er's nicht konnte und erst kürzlich getauft war — sollte am Freitag zum erstenmale in die Kirche getragen werden; dieser Anhänger war das Pathchen des Gastes. Der Kaplan wußte zwar, daß der Mond seinen Gevatterbitter, den P. Ric= ciolum, bei den Erben=Gelehrten herumschicke, und sie als Pathen seiner Flecken ins Kirchenbuch des Himmels bringe; aber er dachte, es ist besser, sich seinen Gevatter schon in einer Nähe von ⅟₄) Meilen zu nehmen. Der Aposteltag des Kirchgangs und der Festtag der Ankunft des Herrn Gevatters wären also schön in einander gefallen; aber so führte das Wetter (das hübsche) den Gevatter vier Tage eher her! —

Der dritte Jünger des Freitags war im Grunde der Häresiarch dieser Partei, der Hofkaplan selber: die Kaplanei, worin Horion ein einstweiliges Hoflager haben sollte, war ganz voll Ratten, ordentlich ein Tanzsaal und Waffenplatz derselben, und diesen wollte der Kaplan sein Haus vorher abjagen. Wenige Hofkapläne, die Hektik im Leibe und Ratten im Hause hatten, machten daher so viel Gestank, als dieser in St. Lüne gegen die Bestien. Mit wenigen Wolken davon wären alle Hofdamen aus Europa hinaus zu räuchern. Zündete der Hektiker nicht so viel vom Hufe seines Gaules an, als er davon abgejagt hatte? — Nahm er nicht ein solches Nagethier selber gefangen und seiste dasselbe mit Wagentheer und Fischthran ein, und ließ den Arrestanten fort, damit er als Parias in den Löchern auf= und abginge, und Ratten edlerer Kasten durch sein Salböl zu entlaufen nöthigte? — Ging er nicht ins Große und nahm gar einen Bock in die Kost, von dem er nichts ver= langte, als daß er stank und den geschwänzten Klausnern mißfiel? — Und waren nicht alle diese Mittel so gut wie umsonst?

— — Denn der Henker relegiere Jesuiten und Ratten! — Indessen wird doch den Leuten hier schon auf dem Bogen 2 die Moral dargereicht, daß es gegen beide, so gut wie gegen Zahnschmerzen, Seelenleiden und Wanzen, tausend gute Mittel gebe, die nichts helfen.

Wir wollen nun sämmtlich weiter in die Kaplanei eindringen, und uns um die Eymannische Familien-Geschichte so genau bekümmern, als wohnten wir drei Häuser weit von ihr. Horion — der Akzent muß auf die erste Sylbe kommen — oder Sebastian — verkürzt gar Bastian, wie ihn die Eymannischen nannten — oder Vikter — wie ihn der Lord Horion, sein Vater, nannte (denn ich heiß' ihn bald so, bald so, wie es gerade mein prosaisches Sylbenmaß begehrt) — Horion hatte den lieben Pfarrleuten durch den Italiäner Tostato, der für die ganze Gegend ein wandelnder Auerbachs-Hof war, und der auf St. Lüne zueilte, die kleine mündliche Lüge zustellen lassen, er komme am Freitag; er wollte sie erstlich recht überraschen, und zweitens wollt' er ihnen verschämt die Hände binden, die seinetwegen zurüsten, waschen und auftragen wollten, und drittens dacht' er, eine mündliche Lüge sei doch kleiner als eine geschriebene. Seinem Vater aber schrieb er die Wahrheit, und setzte seinen Eintritt in die Kaplanei auf den 1. Mai oder den Dinstag an. Der Lord hielt sich in der Residenzstadt Flachsenfingen auf, wo er dem Fürsten moralische Augenleder und Augengläser zugleich anlegte und den Blick desselben sowol lenkte als schärfte; aber er war selber blind, obwol nur physisch. Daher mußte sein Sohn einen Augenarzt von Göttingen mitbringen, der ihn im Hause des Kaplans am Dinstag operieren sollte. Da er seinen Viktor zum Doktor Medicinä machen ließ: so wunderten sich meines Wissens viele Göttinger darüber, daß ein so vornehmer Jüngling das Doktor-Kopfzeug, diesen Pluto's-Helm, der nicht, wie der mythologische, den Träger, aber doch andere unsichtbar macht, aufsetzte, und den Doktorring, diesen Gygesring, der nur andern die Unsichtbarkeit verleiht, ansteckte; aber war denn den Göttingern die Augenkränklichkeit seines Vaters unbekannt oder unzulänglich? *)

---

*) 1798; unzugänglich 1819. 1826.   M.

Der Lord schrieb dem Hoftaplan, daß er und sein Sohn morgen kommen würden; der Kaplan überlas die Hiobs-Post still dreimal hinter einander und steckte sie mit komischer Ergebung in den Briefumschlag zurück und sagte: „Wir haben nun hinlängliche Hoffnung, daß morgen „unser Doktor gewiß eintrifft sammt den andern; — hübschen Lusttreffen „und Brunnenbelustigungen seh' ich entgegen; Frau! wenn der Morgen „einwandelt und meine gesammten Ratten tanzen wie Kinder vor ihm „her — zu essen haben wir ohnehin nichts — und aufzusetzen hab' ich „auch nichts, denn vor Donnerstags jag' ich dem Flachsenfinger Wind- „beutel*) nicht einen Haarbeutel ab … Und Du lachst dazu? Wird „nicht unser einer mitten im April noch in April geschickt?" Aber die Kaplänin fiel ihm mit doppelten Ausrufzeichen der Freude an die Achsel und lief sogleich davon, um zu diesem Rosenfeste ihrer guten Seele die kleine Brüder- und Schwestergemeinde der Kinder zu ziehen. Der ganze Familienzirkel zerfiel nun in drei erschrockene und in drei erfreute Gesichter.

Wir wollen uns blos unter die frohen setzen und zuhorchen, wie sie den Nachmittag als Gesichtmaler, als Gewändermaler, als Gallerieauf- seher am Gemälde des geliebten Britten arbeiten. — Alle Erinnerungen werden zu Hoffnungen gemacht, und Viktor soll nichts geändert mit- bringen als die Statur. Flamin, wild wie ein englischer Garten, aber fruchttragender, erquickte sich und andere mit der Schilderung von Viktors sanfter Treue und Redlichkeit und von seinem Kopf, und pries sogar sein Dichterfeuer, das er sonst nicht hochschätzte. Agathe erinnerte an seine humoristischen Rösselsprünge, wie er einmal mit der Trommel eines durchpassierenden Zahndoktors das Dorf vergeblich vor sein Theater zu- sammengetrommelt habe, weil er vorher die ganze fahrende Apotheke dieses redlichen wahren Freund Hains ausgekauft hatte — wie er oft nach einer Kindtaufe sich auf die Kanzel postieret und da ein paar andächtige Zuschauer in der Werkeltag-Schwarte so angeprediget habe, daß sie mehr

---

*) Er zielt auf den Essenlehrer seiner Perücken.

lachten als weinten — und andern Spaß, womit er niemand lächerlich machen wollte als sich, und niemand lachend als andere. Weiber billigen es aber nie (sondern nur Männer), wenn einer wie Viktor zur brittischen Ordenzunge der Humoristen gehöret — denn bei ihnen und Höflingen ist schon Witz Laune — das billigen sie nicht, daß Viktor (wie z. B. Swift und viele Britten) gern zu Fuhrleuten, Hanswürsten und Matrosen herunterstieg, indeß ein Franzose lieber zu Leuten von Ton hinaufkriecht. — Denn die Weiber, die stets den Bürger mehr als den Menschen achten, sehen nicht, daß sich der Humorist weißmacht, alles was jene Plebejer sagen, souffliere er ihnen, und daß er absichtlich das unwillkürliche Komische zu künstlerischem adelt; die Narrheit zu Weisheit, das Erden-Irrhaus zum Nazionaltheater. Eben so wenig begriff ein Amtmann, ein Kleinstädter, ein Großstädter, warum Horion seine Leserei oft so jämmerlich wähle aus alten Vorreden, Programmen, Anschlagzetteln von Reisekünstlern, die er alle mit unbeschreiblichem Vergnügen durchlas — blos weil er sich vorbichtete, diesen geistigen Futtersack, der blos unter den Lumpenhacker gehörte, hab' er selber gefertigt und gefüllt aus satirischer Rücksicht. — In der That, da die Deutschen Ironie selten fassen und selten schreiben: so ist man gezwungen, vielen ernsthaften Büchern und Rezensionen boshafte Ironie anzudichten, um nur etwas zu haben.

— Und das ist ja nichts anders, als was ich selber versuche, wenn ich bei Terminen in Gedanken die Gerichtstube zum Komödienhaus erhebe, den Rechtsfreund zum juristischen Le Kain und Kasperl und die ganze Verhandlung zur alten griechischen Komödie; denn ich raste nicht, bis ich mir weißgemacht, ich hätte den guten Leuten den ganzen Termin nur einstudieren lassen als Gastrolle, und wäre also wirklich ihr Theaterdichter und Direktor. So trag' ich im Grunde meinen stummen Kopf munter als ein komisches Taschentheater der Deutschen durch deren edelste Behausungen (z. B. der Universität, der Regierung) und erhöbe ganz im Stillen — hinter der herabgelassenen Gardine der Gesichthaut — Komisches der Natur zu Komischem der Kunst. — —

Ich komme zurück. Die Kaplänin erzählte nun so viel von Viktor, als alle schon wußten. Aber dieses Wiederholen der alten Geschichte ist eben der schönste Reiz des häuslichen Gesprächs. Wenn wir süße Gedanken uns selber oft ohne Langweile wiederholen können, warum soll sie nicht auch der andere öfters in uns erwecken dürfen? — Die gute Frau schilderte ihren Kindern, wie sanft und weich, wie zärtlich und weiblich ihr lieber Sohn sei (denn Viktor nannte sie immer seine Mutter) — wie er sich überall auf sie verließ — wie er immer scherzte, ohne jemand zu necken, und immer alle Menschen, sogar die frembesten, liebte — und wie sie vor ihm besser als vor irgend einer Matrone ihr gedrücktes Herz aufschließen könnte und wie gern er mit ihr weinte. — Ein Hofapotheker mit einem Bimsstein-Herz — Zeusel schreibt er sich — sah dieses Zerfließen der wärmsten Seele sogar einmal für eine Thränenfistel an, weil er glaubte, keine andern Augen könnten weinen als kranke.... Lieber Leser, ist dir jetzo nicht wie dem Lebensbeschreiber, der nur den Eintritt dieses guten Viktors in die Kaplanei und Lebensbeschreibung kaum erwarten kann? Wirst du ihm nicht die freundschaftliche Hand reichen und sagen: „Willkommen Unbekannter! — Siehe, dein weiches Herz öffnet „unseres schon unter der Schwelle! O du Mensch mit Augen voll „Thränen, glaubst denn du auch wie wir, daß in einem Leben, dessen „Ufer vollhängen von Erschrocknen, die sich an Zweige, von Ver„zweifelten, die sich an Blätter halten, daß in einem solchen Leben, wo „uns nicht blos Thorheiten, sondern auch Schmerzen umzingeln, der „Mensch ein nasses Auge bewahren müsse für rothe, ein beklommenes „Herz für ein blutendes, und eine leise Hand, die den schweren dicken „Leidenskelch dem Armen der ihn leeren muß, trauernd hält und langsam „nachhebt? — Und wenn du so bist: so rede und lache wie du willst; „denn die Menschen soll keiner belachen als einer, der sie recht herzlich „liebt." — —

Nachmittags schickte der Obristkammerherr Le Baut — ein gewürzbaftes Blätterskelet — den Läufer Seebaß zum Kaplan und ließ ihn ersuchen — denn das Schloß lag der Kaplanei nahe gegenüber — den Bock nur so lange wegzustellen, bis sich der Wind drehte, weil seine

Tochter käme. „Trauter H. Seebaß! (antwortete gerührt der Ratten-
„Kontroverfift) meinen unterthänigen Empfehl wieder, und Sie sehen
„mein Elend. Morgen erfreuen mich der Lord und sein Sohn und sein
„Augenarzt mit ihrer Gegenwart, und der Staar wird hier gestochen.
„Nun stinkt gegenwärtig das ganze Haus, und die Ratten setzen ihren
„Nachttanz noch gelassen im Geruche fort; ich betheure Ihnen, H. See-
„baß, wir können Teufelsdreck nehmen und damit die Kaplanei bis zum
„Dachstuhl ausfüttern, nicht einen Schwanz treiben wir dadurch fort;
„es gefällt ihnen vielmehr. Ich meines Ortes rüste mich schon darauf,
„daß sie morgen unter dem Stiche an dem Staarstecher und an dem
„Pazienten hinaufspringen. — So erging' es uns allen, melden Sie im
„Schlosse, aber heute wollt' ich noch vortreffliches Rosenholzöl versuchen.‘‘

Er holte also einen großen Hopfensack und zerrte ihn unters Dach
hinauf, um da im eigentlichen Sinne die Ratten bei der Nase herumzu-
führen in den Hopfensack hinein. Bekanntlich sind Ratten so arg erseffen
auf Rosenholzöl, als Menschen auf Salböl*), das, sobald nur sechs
Tropfen auf den Scheitel fallen, auf der Stelle einen König oder Bischof
daraus macht, welches ich daraus sehe, weil im ersten Fall ein goldner
Reif um die Haare anschießt und im zweiten sie gar ausgehen. Der
Wehrstand, der Kaplan, überspritzte den Sack mit einigem Oel und legte
ihn mit seiner Mündung aufgesperrt und aufgespannt für die Feinde hin
— er selber stand dahinter und hielt sich hinter einem eben so eingeölten
Ofenschirm versteckt. Seine Absicht war, hervorzufahren, wenn die
Bestien im Sack säßen, und die ganze Rotte dann wie Bienen im
Schwarmsack wegzutragen. Die wenigen Kammerjäger, die mich lesen,
müssen diese Fangart häufig gebraucht haben. —

Aber sie werden nicht darüber hingepurzelt sein, wie der Kaplan,
dem sich der wohlriechende Ofenschirm zwischen die Schenkel stülpte, und
der still lag, während der Feind lief. In einer solchen Lage labt den
Menschen der Pralltriller eines Fluches. Nachdem also der Kaplan einige

*) Salbung 1819. 1826; Salbungsöhl 1795. 1798.   M.

solcher Triller und Mordanten geschlagen, sich zur Familie hinabbegeben und ihr im Vorbeigehen gesagt hatte: „wenn es im gemäßigten Erdstrich „einen gäbe, der von den Windeln an ein Trauerpferd zuritte, der an= „säſſig wäre in Hatto's zweitem Mäusethurm und in einem Raspelhause „aus Amsterdam und in der Vorhölle, wenn's so einen Diſziplinanten „gäbe, von dem ihn nur wunderte, wie er noch am Leben sei: so wär' „Er's allein und weiter kein Teufel" — nachdem er das heraushatte: so ließ er die Ratten ruhig und — wurd' es selber recht sehr.

In der Nacht fiel nichts Denkwürdiges vor, als daß er aufwachte und herumhorchte, ob nichts Geschwänztes rumore, weil er willens war, sich satt zu ärgern. Da gar nichts von den Bestien zu vernehmen war, nicht einmal ein Seitensprung: so setzte er sich auf den Fußboden heraus und preßte das Spionenohr an diesen. Sein Glück wollte, daß gerade jetzt die Bewegungen des Feindes mit Balletten und Galoppaden in sein Gehör einplumpten. Er brach auf, waffnete sich mit einer Kindertrommel und weckte seine Frau mit dem Lispeln auf: „Schatz, schlaf wieder ein „und erschrick im Schlafe nicht: ich trommel' ein wenig gegen die Ratten; „denn von der Zwickauer Sammlung nützlicher Bemerkungen für Stadt= „und Landwirthschaft 1785 wird mir's angerathen."

Sein erster Donnerschlag gab seinen Erbfeinden die Ruhe, die er seinen Blutfreunden nahm.... Da ich aber alle Menschen jetzt in den Stand gesetzt, sich den Kaplan im Hemd und mit dem Hackbret der Sol= dateska vorzustellen: so gehen wir lieber ans Bette seines Sohnes Flamin und geben Acht, was dieser darin macht....

Nichts; aber außer demselben macht er einen Ritt jetzo so spät und noch dazu ohne Sattel und Weste. Er, dessen Brust eine Aeols=Höhle voll gedrückter Stürme war — jeder gescheidte Protonotarius in Wetzlar würde seinen Fischkopf oder Rebhuhnflügel reiner abschälen oder sein Sammt-Knie reiner abbürsten als er — dieser wußte unmöglich länger auf einem Kopfkissen zu verbleiben, dem heute eine Trommel so nahe kam und morgen ein Freund. Einen andern freilich (wenigstens den Leser und mich) würde die durchsichtige Nacht, womit sich der April be=

schloß, die weite Stille, auf welche die Trommelstöcke schlugen, die Sehnsucht nach dem Geliebten, mit welchem der Morgen wieder das öde Herz
und das zerstückte Leben ergänzte, alles dieses würde uns beide mit
sanften Bebungen und Träumen erfüllet haben — den Kaplans-Sohn
aber warf es auf den Gaul hinauf und in die Nacht hinaus: seine geistigen
Erd-Erschütterungen legten sich nur unter einem körperlichen Galopp.

Er sprengte über den Hügel, auf dem er morgen sich mit seinem
Horion wieder verknüpfen wollte, zehnmal hinauf und hinab. Er fluchte
und donnerte auf alle seine Leidenschaften — freilich mit Leidenschaft —
wie bisher die Beinsäge an ihre verbundnen Freundschafthände angelegt
hatten: „o wenn ich dich nur wieder habe, Sebastian" (sagt' er und riß
den Gaul herum), „so will ich so sanft sein, so sanft wie du, und dich
„niemals verkennen, oder das Donnerwetter soll mich hier auf dem
„Platze...." Beschämt über den eiligen Widerspruch ritt er blos im
Pas nach Hause.

Seine Sehnsucht nach seinem wiederkehrenden Freunde drückt' er im
Stalle dadurch aus, daß er die Scheitelhaare hinaufstülpte, den Zopf
wie die vierte Geigensaite anzog und dem Schlüssel des Futterkastens den
Bart abdrehte....

Nur ein Mensch, der nach einem Freunde gerade so wie nach
einer Freundin schmachtet, verdienet beide. Aber es gibt Menschen, die
aus der Erde gehen, ohne je darüber betrübt oder besorgt gewesen zu sein,
daß sie niemand darin geliebt hatte. Derjenige, der nach dem
Kommerzientraktat des Eigennutzes, nach dem gesellschaftlichen
Vertrag der Höflichkeit, sogar nach dem Gränz- und Tausch-
vertrag der Liebe nichts höheres kennt, ein solcher — ich wollt' aber,
er hätte mich gar nicht vom Verleger verschrieben — dessen fahles Herz
nichts weiß von der Brüderunität befreundeter Menschen, vom
Ineinanderverzweigen ihrer edlern Gefäße und von ihrer Eidgenossenschaft
in Streit und Schmerz — — ich seh' aber nicht, weswegen ich von diesem
Tropfe so lange rede, da er nicht einmal in Flamins Sehnen sich hinein-
zufühlen weiß, der ein liebendes, achtendes Auge begehrte, weil seine

Fehler und seine Tugenden in gleichem Maße abstießen; denn bei andern Menschen machen wenigstens entweder die Flecken die Stralen gut, oder die Stralen die Flecken. — —

Bloß in fürstlichen Pferdeställen ist das Getöse früher und lauter, als das in der Kaplanei am ersten Wonnemonat war. Ich frage die erste beste Leserin, ob es je mehr zu bohnen und zu sieden geben kann, als an einem Morgen, wo ein Lord mit dem Staar erwartet wird, und sein Sohn dazu und ein Staarstecher. Die männlichen Rasttage fallen allezeit in die weiblichen Raspeltage; Vater und Sohn gingen gelassen dem Doktor und dem Stecher entgegen.

Der erste Mai fing sich, wie der Mensch und seine Weltgeschichte, mit einem Nebel an. Der Frühling, der Raphael der Norderde, stand schon draußen und überdeckte alle Gemächer unsers Vatikans mit seinen Gemälden. Ich hab' einen Nebel lieb, sobald er wie ein Schleier vom Angesicht eines schönen Tages abgleitet, und sobald ihn größere als die vier Fakultäten machen. Wenn er (der am 1. Mai war so) wie ein Zugnetz Gipfel und Bäche überflicht — wenn die herabgedrückten Wolken auf unsern Auen und durch nasse Stauden kriechen — wenn er auf der einen Weltgegend den Himmel mit einem Pech-Brodem besudelt und den Wald mit einer unreinen schweren Nebelbank bestreift, indeß er auf der andern, abgewischt vom nassen Sapphir des Himmels, in Tropfen verkleinert die Blumen erleuchtet; und wenn dieser blaue Glanz und jene schmutzige Nacht nahe aneinander vorüberziehen und die Plätze tauschen: wem ist alsdann nicht, als säh' er Länder und Völker vor sich liegen, auf denen giftige und stinkende Nebel in Gruppen herumziehen, die bald kommen, bald gehen? — Und wenn ferner diese weiße Nacht mein schwermütiges Auge mit dahin fliegenden Dunstströmen, mit irrenden zitternden Duftstäubchen umzingelt: so erblick' ich trübe in dem Dunst das Menschenleben abgefärbt, mit seinen zwei großen Wolken an unserm Auf- und Untergange, mit seinem scheinbar lichten Raume um uns, mit seiner blauen Mündung über uns. . . .

Der Doktor kann auch so gedacht haben, aber nicht Vater und .

Sohn, die ihm entgegengehen. Flamin wird stärker von der entfernten als nahen Natur, mehr von der großen als kleinen gerührt, so wie er mehr für den Staat als die Wohnstube Gefühl hat, und sein innerer Mensch windet sich am liebsten an Pyramiden empor, an Gewittern, an Alpen. Der Kaplan genießet bei der ganzen Sache nichts als — Mai= butter, und aus seinem Munde geht bei so vielem moralischen Apparate nichts als Speichel, beides weil er befährt, der Dampf freß' ihn an und zerbeiße seinen Schlund und Magen.

Als sie vom Hügel des nächtlichen Galopps in ein mit Nebeldampf verschüttetes Thal einschritten, zogen ihnen daraus drei Garnisonregi= menter im Doppelschritt entgegen. Jedes Regiment war vier Mann stark und eben so hoch — ohne Pulver und Schuhe — aber versehen mit fein durchbrochnen Schenkel=Manschetten, nämlich mit porösen Hosen, und überflüssigen Offizieren, weil keine Gemeine dabei waren. Da ich jetzt in meiner Beschreibung gar dazu setze, daß beide Stäbe, sowol der Re= giment= als der Generalstab, über 600 Kanonen in der Tasche hatten, und überhaupt einen ganzen Artillerie=Zug, und daß die Prima Plana ganz neue, im Kriege ungewöhnliche g e l b e Kugeln, die eher aufkeimten als das von Wilden gesäete Schießpulver, mit der Zunge in die Flinten steckte: so würd' ich (ich befürchte das) die Leser, zumal die Leserinnen — um so mehr, da ich's noch nicht errathen lasse, waren's Soldaten=Eltern oder Soldaten=Jungen — ein wenig zu ängstlich machen, wenn ich gar eintunken und vollends den verdrießlichen Umstand, daß die Truppen auf den benebelten Hofkaplan Feuer zu geben anfingen, hinzu erzählen wollte, ohne spornstreichs schon vorher mit der Nachricht vorzusprengen, daß hinter der Armee eine Mannstimme rief: Halt!

Herausfuhr aus dem letzten Treffen der Generalfeldmarschall, der gerade noch einmal so lang war als sein Stücklieutenant — mit rundem Hut, mit fliegenden Armen und Haaren stürzt' er sich wüthend auf Flamin zu und erpackte ihn, um ihn umzubringen — aus Haß weniger als aus Liebe — der Doktor war's — die beiden Freunde lagen zitternd in einander, Gesicht in Gesicht gehüllt, Brust von Brust zurückgedrückt, mit

Seelen ohne Freudenworte, aber nicht ohne Freudenthränen — die erste
Umarmung endigte sich mit einer zweiten — die ersten Laute waren ihre
zwei Namen. . . .

Der Kaplan privatisierte neben der Armee und stand verdrießlich
auf seinem Isolierschemel mit dem leeren Halse, um den nichts fiel.
„Umhalset Euch nur noch einen Augenblick" — sagte er und wandte sich
halb um — „ich muß mich nur dort ein Bischen an die Haselstaude
„stellen, will aber gleich wieder da sein und auch auf meiner Seite den
„Herrn Doktor mit tausend Freuden umarmen." — Aber Horion ver=
stand den Unwillen der Liebe, er flog aus des Sohnes Arme in die des
Vaters und verweilte lange darin und machte alles wieder gut.

Mit befriedigter Liebe, mit tanzenden Herzen, mit schwelgenden
Augen, unter dem aufgeblühten Himmel und über den Schmuck der Erde
— denn der Frühling hatte sein Schmuckkästchen aufgeschlossen und
blühende Juwelen in alle Thäler und auf alle Hügel und bis weit an die
Berge geworfen — wandelten beide selig dahin, und die brittische Hand
preßte die deutsche. Sebastian Horion konnte nichts sagen zu Flamin,
aber er sprach mit dem Vater, und jeder gleichgültige Laut machte den
mit Blut und Liebe überhäuften Busen freier.

Die drei Regimenter hatte jeder aus dem Kopfe verloren; aber sie
waren selber dem Generalfeldmarschall gehorsam nachmarschiert. Se=
bastian, zu menschenfreundlich, um jemand zu vergessen, drehte sich gegen
den Nachtrab von kleinen Ohnehosen herum, die nicht aus Paris, sondern
aus Flachsenfingen waren und als bettelnde Soldatenkinder ihn begleitet
hatten: „Meine Kinder (sagt' er, und sah nichts an als sein stehendes
„Heer), heute ist für Euren Generalissimus und Euch der merkwürdige
„Tag, wo er drei Dinge thut — Ich dank' Euch erstlich ab, aber meine
„Reduktion soll Euch so wenig wie eine fürstliche hindern, zu betteln —
„zweitens bezahl' ich Euch den rückständigen Sold von drei Jahren,
„nämlich jedem Offizier das Traktament von zwei Siebzehnern, weil
„man jetzo die Gage erhöhet hat — drittens lauft morgen wieder her, ich
„lasse den sämmtlichen Regimentern Hosen anmessen."

Er kehrte sich gegen den Kaplan und sagte: „man sollte lieber Sachen verschenken als Geld, denn die Dankbarkeit für dieses wird zugleich mit diesem ausgegeben, aber in einem Paar verehrten Hosen hält der Dank so lang wie sein Ueberzug selber."

Das Schlimme dabei wird nur sein, daß der Flachsenfingische Fürst und sein Kriegkollegium sich zuletzt in die Hosen mengen, da beide unmöglich verstatten können, daß regelmäßige Truppen mehr auf als in dem Leibe haben, nämlich etwas. In unsern Tagen sollt' es endlich dem dümmsten Montierung= und Proviantkommissar einleuchten — aber in der That gibt es kluge — 1) daß unter zwei Soldaten der Hungrige immer dem Satten vorzuziehen sei, weil schon von ganzen Völkern bekannt ist, daß sie desto tapferer sind, je weniger sie haben — 2) daß, so wie in Blotzheim*) unter zwei gleich tugendhaften Jünglingen der ärmere gekrönt wird, eben so der arme Unterthan billig dem reichen trotz aller gleichen Tapferkeit dennoch vorgezogen und allein angeworben werde, weil der arme Teufel besser mit Hunger und Frost bekannt ist — daß 3) jetzt, da auf allen Stufen des Throns wie auf Wällen Kanonen stehen (wie die Sonne ihren Glanz von tausend speienden Vulkanen empfängt) und da in einem guten Staate das männliche Stammholz zu Ladstöcken abgetrieben wird, das Volk mit Nutzen in zweierlei Hausarme zerfalle, in beschützte und in schützende — Und 4) soll der Teufel den holen, der murrt. —

Als meine drei geliebten Menschen endlich vor der Kaplanei ankamen, war das ganze aufgelöste Heer ihnen heimlich nachgerückt und wollte die Hosen. Aber noch etwas Größeres war ihnen aus Flachsenfingen nachgefahren — der blinde Lord. Kaum hatte den jungen Gast die Brittin nicht höflich, sondern freudig hereingelächelt, kaum hatte Agathe zum erstenmal ernsthaft sich hinter die Mutter, und die alte Appel sich hinter die Kochtöpfe versteckt: so that der aufräumende Ey=

---

*) Am obern Elsaß, wo alle drei Jahre blos der beste Jüngling Kranz und Schaumünze und die Verwaltung der Aue empfängt.

mann einen langen Sprung vom Fenster hinweg, an welches vier Engländer — keine Ausländer, sondern Pferde — herantrabten. Jetzt fiel
erst allen die Frage ein, wo der Augenarzt sei; und Sebastian hatte
kaum die Zeit, darauf zu antworten, es komme keiner nach, denn er
selber operiere seinen Vater. In den engen Zwischenraum, den sich der
Vater von der Wagenthüre zur Stubenthüre durchführen ließ, mußte
der Sohn die Lüge drängen, oder vielmehr die Bitte um die Lüge, die die
Familie seiner Herrlichkeit anhängen sollte, „der Sohn wäre noch nicht
da, sondern blos der Okulist, dem der letztere Schlagfluß die Sprache
genommen."

Ich und der Leser stehen unter einem solchen Gedränge von Leuten,
daß ich ihm noch nicht einmal so viel sagen können, daß der D. Kuhlpepper dem Lord das linke Auge mit der plumpen Staarnadel so gut
wie ausgestochen; — um also das rechte des geliebten Vaters zu retten,
hatte Sebastian sich auf die Kur jener Verarmten gelegt, die schon mit
den Augen im Orkus wandeln und nur noch mit vier Sinnen außerhalb
des Grabes stehen. —

Als der Sohn die theure mit einer so langen Nacht bedeckte Gestalt,
für die es kein Kind und keine Sonne mehr gab, erblickte: so schob er
seine Hand, deren Puls von Mitleid, Freude und Hoffnung zitterte, der
Ehmannischen unter, und reichte sie eilend hin, und drückte die väterliche
unter dem fremden Namen. Aber er mußte zur Hausthüre wieder hinaus, damit seine bebende Retterhand auszitterte, und er hielt draußen
das vor Hoffnung pochende Herz mit dem Gedanken an, daß die Operazion nicht gerathen werde — er sah lächelnd an dem zwölfspännigen
Kabettenkorps auf und ab, damit die Rührung und die Sehnsucht aus
der bewegten Brust entwichen. Drinnen hatt' unterdeß die Kaplänin
aus dem Blinden einen noch Blindern gemacht und ihm vorgelogen
quantum satis; sobald eine Lüge, pia fraus, ein dolus bonus, eine
poetische und juristische fictio auszufertigen ist: so stellen sich die Weiber
von selber als expedierende Sekretaire und Hofbuchdruckerinnen hinzu,
und helfen dem ehrlichen Mann. „Ich wünschte sehr" — sagte der

Vater beim Eintritt des Sohnes — „die Operazion ginge jetzo vor sich, ehe mein Sohn angekommen ist." Die Kaplänin holte den beklommenen Sohn zurück und entdeckte ihm den väterlichen Wunsch. Er trat leise unter die verlegene Gesellschaft. Das Zimmer wurde verschattet, die Staarlanzette vorgeholt, und das kranke Auge festgemacht. Alles stand mit banger Aufmerksamkeit um den ruhigen Blinden. Der Kaplan guckte mit einer lächerlichen Angst und Qual auf das schlafende Wochenkind, um mit ihm bei dem kleinsten Schrei sogleich aus dem Staarstechzimmer hinauszulaufen. Agathe und Flamin hielten sich weit vom Pazienten, und beide mit gleichem Ernst. Die edle Mutter Flamins näherte sich mit ihrem von Freude und Sorge und Liebe zugleich ergriffenen Herzen und mit ihren überfließenden Augen, die dem erschütterten Herzen gehorchten. Viktor weinte bang und froh neben dem stummen Vater, aber er zerquetschte heftig jeden Tropfen, der ihn stören konnte. — So theilt jede Operazion durch das Steigen der Zurüstungen dem Zuschauer Herzklopfen und Bangen mit. Nur der verhüllte Britte — ein Mensch, der sein Haupt wie ein hohes Gebirge kalt und heiter über eine Feuerzone hob — dieser hielt der kindlichen Hand ein schweigendes Angesicht ohne Zuckung vor; er blieb vor dem Schicksal gefaßt und stumm, das jetzt entscheiden wollte, ob seine öde Nacht langen sollte bis ans Grab, oder nur bis an diese Minute. . . .

Das Schicksal sagte: es werde Licht, und es ward. — Das unsichtbare Schicksal nahm eines Sohnes ängstliche Hand und schloß damit ein Auge auf, daß einer schönern Nacht als dieser ungestirnten würdig war: Viktor drückte die reife Staarlinse — diese auf die Schöpfung geworfene Dampfkugel und Wolke — in den Boden des Augapfels hinab; und so, da ein Atom drei Linien tief versenket war, hatte ein Mensch die Unermeßlichkeit wieder, und ein Vater den Sohn. Gedrückter Mensch; der du zugleich ein Sohn und ein Knecht des Staubes bist, wie klein ist der Gedanke, die Minute, der Blut- oder der Thränentropfen, der dein weites Gehirn, dein weites Herz überschwillt! Und wenn ein paar Blutkügelchen bald deine Montgolfier's Kugeln, bald deine Belidors

Druckkugeln werden, ach wie wenig Erde ist es, die dich hebt und
drückt! —

„Viktor! Du? — Du hast mich geheilt, mein Sohn?" — (sagte
der errettete Mensch und nahm die noch mit dem Arbeitzeuge bewaffnete
Hand) „Leg' weg, und bind' mich wieder zu! Ich freue mich, daß ich
Dich zuerst sah." — Der Sohn konnte vor Rührung nicht. — „Verbinde
mich, das Licht schmerzt: — Du warst es? Rede!" — Er band stumm
das geöffnete Auge unter den frohen Thränen des seinigen wieder zu.
Als aber der Verband der schönen stoischen Seele alles verdeckte, seine
Erröthung und seine Ergießung: so war's dem zu glücklichen Sohne
nicht mehr möglich, sich länger zu fassen — er überließ sich seinem
Herzen, und klammerte sich mit seinen Thränen an das umhüllte Angesicht, dem er hellere Tage wiedergegeben hatte; und als er an seiner
zitternden Brust die schnellern Schläge des väterlichen Herzens und
die festere Umarmung des Dankes fühlte: dann war das beste Kind
das glücklichste Kind. — Und alle waren über seine Freude froh, und
wünschten mehr dem Sohne als dem Vater Glück....

Zwölf Kanonen gingen draußen los aus eben so vielen Stuben-
schlüsseln — — Sie erschießen diese Historie. — —

Denn jetzt ist sie wahrlich aus — nicht ein Wort, nicht eine Sylbe
weiß ich mehr — ich habe überhaupt in meinem Leben gar keinen Horion
und kein St. Lüne gesehen oder gehört oder geträumt oder nur romantisch
ersonnen — der Teufel und ich wissen wie es ist, und ich meines Orts
habe ohnehin jetzt bessere Dinge zu machen und zu eröffnen, nämlich:

Die Ouvertüre und die geheime Instruktion.

Ein andrer hätte dumm gehandelt und gleich mit dem Anfang angefangen; ich aber dachte, ich könnte allemal noch sagen, wo ich hause —
im Grunde am Aequator; denn ich wohne auf der Insel St. Johannis,
die bekanntlich in den ostindischen Gewässern liegt, die ganz vom Fürsten-
thum Scheerau umgeben sind. Es kann nämlich guten Häusern, die
ihre ordentliche literarische Strazza (den Meßkatalog) und ihr ordentliches

3*

Kapitalbuch (die Literaturzeitung) halten, nichts weniger unbekannt sein als mein neuestes Landeserzeugniß, die unsichtbare Loge; ein Werk, zu dessen Lesung mein Landesherr seine Landeskinder und selber die Schriftsassen (es wäre nicht ausdrücklich gegen die Rezesse) noch mehr nöthigen sollte, als zum Besuche der Landesuniversität. In diese Loge hab' ich nun den außerordentlichen Teich gesetzt, welcher unter dem Namen ostindischer Ozean bekannt ist, und in den wir Scheerauer die wenigen Molucken und andere Inseln hineingefahren und gepflastert haben, auf denen unser Aktivhandel ruht. Während daß die unsichtbare Loge in eine sichtbare umgedruckt wurde, haben wir wieder eine Insel verfertigt — das ist die Insel St. Johannis, auf der ich jetzt hause und spreche.

Der folgende Absatz dürfte anziehend werden, weil man darin dem Leser aufdeckt, warum ich auf dieses Buch den tollen Titel setzte, Hunds=posttage.

Es war vorgestern am 29. April, daß ich Abends auf= und abging auf meiner Insel — der Abend hatte sich schon in Schatten und Nebel eingesponnen — ich konnte kaum auf die Teidor=Insel hinübersehen, auf dieses Grabmal schöner untergesunkner Frühlinge, und ich hüpfte mit dem Auge blos auf den nahen Laub= und Blütenknospen herum, diesen Flügelkleidern des wachsenden Frühlings — die Ebene und Küste um mich sah wie eine Anziehstube der Blumengöttin aus, und ihr Putz=werk lag zerstreut und verschlossen in Thälern und Stauden herum — der Mond lag noch hinter der Erde, aber sein Stralen=Springbrunnen spritzte schon am ganzen Rande des Himmels hinauf — der blaue Himmel war endlich mit Silberflittern durchwirkt, aber die Erde noch schwarz von der Nacht gemalt — ich sah blos in den Himmel ... als etwas plätscherte auf der Erde....

Ein Spitzhund that's, der in den indischen Ozean gesprungen war und nun lestrang auf St. Johannis. Er kroch an meine Küste hinauf und regnete wedelnd neben mir. Mit einem blutfremden Hunde ist eine Unterredung noch saurer anzuspinnen als mit einem Engländer, weil

man den Charakter und Namen des Viehes nicht kennt. Der Spitz
hatte etwas mit mir vor und schien ein Bevollmächtigter zu sein. Endlich
machte der Mond seine Stralen = Schleußen auf und setzte mich und den
Hund unter Licht.

„Sr. Wohlgeboren
des Herrn Berg = Hauptmann*) Jean Paul
auf
Frei. St. Johannis.‟

Diese Aufschrift an mich hing vom Halse der Bestie herunter, und
war an eine Kürbißflasche, die als Halsband gebunden war, angepicht.
Der Hund willigte ein, daß ich ihm sein Felleisen abstreifte, wie den
Alpenhunden ihren tragbaren Konviktstisch. Ich zog aus dem Kürbiß,
der in Marketenderzelten oft mit Geist gefüllt worden, etwas heraus,
was mich noch besser berauschte — ein Bündel Briefe. Gelehrte, Ver=
liebte, Müßige und Mädchen sind unbändig auf Briefe erpicht; Geschäft=
leute gar nicht.

Das ganze Bündel — Name und Hand waren mir fremd — drehte
sich um den Inhalt, ich wäre ein berühmter Mann und hätte mit Kaisern
und Königen Verkehr**), und Berghauptmänner meines Schlages gäb’
es wol wenig, u. s. w. Aber genug! Denn ich müßte nicht eine Unze
Bescheidenheit mehr in mir tragen, wenn ich mit der Unverschämtheit,
die einige wirklich haben, so fort exzerpieren und es aus den Briefen
extrahieren wollte, daß ich der Scherauische Gibbon und Möser wäre
(zwar im biographischen Fache nur, aber welche Schmeichelei!) — daß

---

*) Es ist bekannt, wie wenig ich vom Bergwesen verstehe; ich habe daher Ur=
sache zu haben geglaubt, bei meinen Obern um einen Sporn anzuhalten, der mich
antriebe, daß ich in einer so wichtigen Wissenschaft etwas thäte — und so ein Sporn
ist eine Berghauptmannstelle allemal.

**) Außer den zwei Kaisern Silluck und Athnach und den vier Königen Se=
golta, Saleph=Katon ꝛc. bin ich weiter mit keinen umgegangen; und das nur als
Primaner, weil wir Juristen mit Teufels Gewalt hebräisch lernen mußten; worin
eben die gedachten sechs Potentaten als Akzente der Wörter vorkommen. Vielleicht
meint aber der Briefsteller die großen, scharfen, gekrönten Akzente der Völker.

jeder, der ein Leben besäße, und es von mir biographisch abgeschattet sehen wollte, damit fortmachen sollte, ehe ich von irgend einem königlichen Hause zum Historiographen weggepresset würde und gar nicht mehr zu haben wäre — daß es mir gleichwol wie andern Berghauptleuten ergehen könnte, vor denen das zerstreuete Publikum oft nicht eher den Hut abgenommen, als bis sie schon in eine andere Gasse, d. h. Welt, hineingewesen, u. s. w. Wer besorgt letztes mehr als ich selber? Aber auch diese Besorgniß bringt einen bescheidnen Mann nicht dazu, daß er hinabkriecht und den Einbläser seines Lobredners macht; wie ich doch gethan haben würde, wenn ich fort ausgezogen hätte. Meinem Gefühle sind sogar die Schriftsteller verhaßt, die mit dem Endtriller: „Bescheidenheit verbiete ihnen mehr zu sagen," unverschämt erst dann nachkommen, wenn sie alles schon gesagt haben, was jene verbieten kann.

Jetzo wagt sich der Korrespondent mit seiner Absicht hervor, mich zum Lebensbeschreiber einer ungenannten Familiengeschichte zu machen. Er bittet, er intriguieret, er trotzt. „Er könne" — (schreibt er weitläuftiger, aber ich abbreviere alles und trag' überhaupt diesen Briefauszug mit außerordentlich wenig Verstand vor; denn ich werde seit einer halben Stunde von einer verdammten Ratten=Bestie ungemein ärgerlich gekratzt und genagt) — „mir alles gerichtlich dokumentieren, dürfe mir aber keine „andere Namen der Personagen in dieser Historie melden als verfälschte, „weil mir nicht ganz zu trauen sei — er kläre mir schon alles mit der Zeit „auf — denn an dieser Geschichte und deren Entwicklung arbeite das „Schicksal selber noch, und er händige mir hier nur die Schnauze davon „ein, und werde mir ein Glied nach dem andern, so wie es von der „Drechselbank der Zeit abfalle, richtig übermachen, bis wir den Schwanz „hätten — daher werde der briefliche Spitz regelmäßig weg= und an= „schwimmen wie ein poste aux ânes, aber nachschiffen dürf' ich dem „Briefträger nicht — und so (schließet der Korrespondent, der sich Knef „unterzeichnet) werde mir der Hund wie ein Pegasus so viel Nahrungsaft „zutragen, daß ich statt des dünnen Vergißmeinnichts eines Almanachs „einen dicken Kohlstrunk von Folianten in die Höhe zöge."

Wie glücklich er seine Absicht erreicht habe, weiß der Leser, der ja eben aus dem ersten Kapitel dieser Geschichte herkömmt, das der Spitz von Eymanns Ratten bis zur Kanonade auf einmal in der Flasche hatte.

Ich schrieb H. Knef nur so viel im Kürbiß zurück: „Etwas Tolles „schlag' ich selten ab. — Ihre Schmeicheleien würden mich stolz machen, „wenn ich's nicht schon wäre; daher schaden Schmeichler wenig. — Ich „finde die beste Welt blos im Mikrokosmus ansäffig, und mein Arkadien „langt nicht über die vier Gehirnkammern hinaus; die Gegenwart „ist für nichts als den Magen des Menschen gemacht; die Vergangen= „heit besteht aus der Geschichte, die wieder eine zusammengeschobene „von Ermordeten bewohnte Gegenwart, und blos ein Deklinatorium „unsrer ewigen wagrechten Abweichungen vom kalten Pole der Wahr- „heit, und ein Inklinatorium unsrer senkrechten von der Sonne „der Tugend ist. — Es bleibt also dem Menschen, der in sich glücklicher, „als außer sich sein will, nichts übrig, als die Zukunft oder Phantasie, „d. h. der Roman. Da nun eine Lebensbeschreibung von geschickten „Händen leicht zu einem Roman zu veredeln ist, wie wir an Voltairens „Karl und Peter und an den Selbstbiographien sehen: so übernehm' ich „das biographische Werk, unter der Bedingung, daß darin die Wahrheit „nur meine Gesellschaftdame, aber nicht meine Führerin sei."

„In Besuchzimmern macht man sich durch allgemeine Satiren verhaßt, „weil sie jeder auf sich ziehen kann; persönliche rechnet man zu den Pflichten „der Medisance, und verzeiht sie, weil man hofft, der Satiriker falle mehr „die Person als das Laster an. In Büchern aber ist es gerade umge= „kehrt, und es ist mir, falls einige oder mehre Spitzbuben in unsrer Bio= „graphie, wie ich hoffe, Rollen haben, das Inkognito derselben ganz lieb. „Ein Satiriker ist hierin nicht so unglücklich wie ein Arzt. Ein lebhafter „medizinischer Schriftsteller kann wenige Krankheiten beschreiben, die nicht „ein lebhafter Leser zu haben meine; dem Hypochondristen impfet er „durch seine historischen Pazienten ihre Wehen so gut ein, als wenn er „ihn ins Bette zu ihnen legte; und ich bin fest versichert, daß wenige „Leute von Stande lebhafte Schilderungen der Lustseuche lesen können,

„ohne sich einzubilden, sie hätten sie, so schwach sind ihre Nerven und so
„stark ihre Phantasien. Hingegen ein Satiriker kann sich Hoffnung
„machen, daß selten ein Leser seine Gemälde moralischer Krankheiten,
„seine anatomischen Tafeln von geistigen Mißgeburten auf sich anwenden
„werde; er kann froh und frei Despotismus, Schwäche, Stolz und
„Narrheit ohne die geringste Sorge malen, daß einer dergleichen zu
„haben sich einbilde; ja ich kann das ganze Publikum oder alle Deutsche
„einer ästhetischen Schlafsucht, einer politischen Abspannung, eines
„kameralistischen Phlegma gegen alles, was nicht in den Magen oder
„Beutel geht, beschuldigen; aber ich traue jedem, der mich lieset, zu, daß
„er wenigstens sich nicht darunter rechne, und wenn dieser Brief gedruckt
„würde, wollt' ich mich auf eines jeden inneres Zeugniß berufen. —
„Der einzige Spieler, dessen wahren Namen ich in diesem historischen
„Schauspiel haben muß, zumal da er nur den Einbläser macht, ist
„der — Hund."

Jean Paul.

Ich habe noch keine Antwort und auch noch kein zweites Kapitel:
jetzo kommt es ganz auf den Spitzhund an, ob der der gelehrten Welt die
Fortsetzung dieser Historie schenken will oder nicht.

— Ist's aber möglich, daß ein biographischer Berghauptmann blos
einer verdammten Ratte wegen, die noch dazu in keinem Journal arbeitet,
sondern in meinem Hause, eben vom Publikum weglaufen und alle Zimmer
durchdonnern muß, um das Aas in Angst zu jagen? . . .

. . . Spitzius Hofmann heißet der Hund; der war die Ratte
und kratzte an der Thüre mit dem zweiten Kapitel im Kürbiß. Ein ganzes
volles Proviantschiff, das die gelehrte Welt ausnaschen darf, hab' ich vom
Halse Hofmanns abgehoben: und es thun sich für den Leser, der das Ge=
scheidte so gern lieset wie das Dumme, heute — denn nunmehr ist's ge=
wiß, daß ich fortschreibe — freudige Aussichten auf, die ich aus einem
gewissen Gefühle der Bescheidenheit nicht abzeichne . . . Der Leser sitzt
jetzt in seinem Kanapee, die schönsten Lese=Horen tanzen um ihn und ver=
stecken ihm seine Repetieruhr — die Grazien halten ihm mein Buch und

reichen ihm die Heftlein — die Mufen wenden ihm die Blätter um oder
lefen gar alles vor — er läffet fich von nichts ftören, fondern der Schweizer
oder die Kinder müffen fagen, „Papa ift aus" — da das Leben an einem
Fuß einen Kothurn und am andern einen Soккus trägt, fo ift's ihm lieb,
daß eine Lebensbeschreibung auch in einem Athem lacht und weint —
und da die Schönschreiber immer mit dem Moralischen ihrer Schriften,
das nützt, etwas Unmoralisches, das vergiftet, aber reizt, zu verbinden
wiffen, gleich den Apothekern, die zugleich Arzneien und Aquavit
verzapfen, fo vergibt er mir gern für das Unmoralische, das vorfticht, das
Religiöfe, das ich etwa habe, und umgekehrt — und da diefe Biographie
in Mufik gefeßt wird, weil Ramler fie vorher in Hexameter feßt (welches
fie auch mehr bedarf, als der harmonische Geßner), fo kann er, wenn er
fie gelefen hat, aufftehen und fie auch fpielen oder fingen... Auch ich
bin faft eben fo glücklich, als läf' ich das Werk — der indifche Ozean
schlägt die Pfauenräder feiner beleuchteten Wellenkreife vor meiner Infel
— mit allem fteh' ich auf dem beften Fuße, mit dem Lefer, mit dem
Rezenfenten und mit dem Hund — alles ift schon zu den Hundspoft =
tagen da, ein Dintenrezept von einem Alchemiker, der Gänfehirt mit
Spulen war schon geftern da, der Buchbinder mit bunten Schreibbüchern
erst heute — die Natur knospet, mein Leib blüht, mein Geift trägt — und
fo häng' ich über den Loh= und Treibkaften (d. h. über die Infel) meine
Blüten, durchschieße den Kaften mit meinen Wurzelfafern, kann es (ich
Hamadryade) aus meinem Laubwerk heraus nicht wahrnehmen, wie viel
Moos die Jahre in meine Rinde, wie viel Holzkäfer die Zukunft in das
Mark meines Herzens, und wie viel Baumheber der Tod unter meine
Wurzel feßen wird, nehme alles nicht wahr, fondern schwinge froh — du
gütiges Schicksal! — die Zweige in dem Winde, lege die Blätter faugend
an die mit Licht und Thau gefüllte Natur, und errege, vom allgemeinen
Lebensodem durchblättert, fo viel artikuliertes Geräusch als nöthig ift, daß
irgend ein trübes Menschenherz unter der Aufmerksamkeit auf diefe
Blätter feine Stiche, fein Pochen, fein Stocken vergeffe in kurzen
fanften Träumen — — warum ift ein Mensch zuweilen fo glücklich?

Darum: weil er zuweilen ein Literatus ist. So oft das Schicksal
unter seinem Schleier das Lebensströmchen eines Literatus, das über
einige Hörsäle und Bücherbreter rinnt, aus dem großen Weltatlas in eine
Spezialkarte hineinpunktiert: so kann es so denken und sagen: „wohlfeiler
„und sonderbarer kann man doch kein Wesen glücklich machen, als wenn
„man es zu einem literarischen macht: sein Freudenbecher ist eine Dinten=
„flasche — sein Trommetenfest und Fasching ist (wenn es rezensiert) die
„Ostermesse — sein ganzer Paphischer Hain geht in ein Bücherfutteral
„hinein — und in was anderm bestehen denn seine blauen Montage als
„(geschriebnen oder gelesenen) Hundsposttagen?" Und so führt mich das
Schicksal selber in den

Zweiten Hundsposttag.

Vorsündflutliche Geschichte — Viktors Lebens-Prozeß=Ordnung.

Beim Thor des ersten Kapitels fragen die Leser die Einpassierenden,
„wie heißen Sie? — Ihren Charakter? — Ihre Geschäfte?" —

Der Hund nimmt für Alle das Wort. Vom H. Januar — d. h.
Herrn Januar, nicht heiligen Januar, sondern der Flachsenfingische Fürst
hieß so — wurde in den jüngern Jahren die große Tour oder Reise um
die schöne und die große Welt gemacht. Er theilte überall an Fremde
Geschenke aus, die ihn ein einziges don gratuit seiner Unterthanen kosteten,
und unterstützte und bedauerte viele gedrückte Bauern in Frankreich, die
es so schlimm hatten, wie seine in Flachsenfingen. Für das wehrlose
weibliche Geschlecht that er, wie alle reisende Fürsten, fast noch mehr:
man kann von der größern Zahl derselben sagen, daß sie wie Titus oder
wie ein östlicher Weltumsegler zwar zuweilen einen Tag verlieren, aber
selten eine Nacht, ohne glücklich zu machen und folglich zu — werben.
Der Regent muß überhaupt die jetzige Entvölkerung Frankreichs voraus=
gesehen haben; denn er setzte sich ihr bei Zeiten entgegen und hinterließ in

…i gallischen Seestädten drei Söhne, und auf den sogenannten sieben Inseln nur Einen. Der erste hieß der Walliser, der zweite der Brasilier, der dritte der Kalabrier, der auf den sieben Inseln der Monsieur oder Mosge: wahrscheinlich sollten die Namen auf Prinzen von Wallis, von Brasilien und Asturien hinspielen. Er ließ die Kinder blos in der Unwissenheit ihres Standes und in keiner schlimmern erziehen: man sollte sie zu künftigen Mitarbeitern seiner Regierung formen. Januar war zwar sinnlich und ein wenig schwach, aber — außer wo er f ü r c h t e t e — äußerst menschenfreundlich.

Der Lord Horion war dem Fürsten Januar zweimal auf seiner Reise begegnet; das erstemal durchschnitt er die fürstliche Planetenbahn als Haarsternkomet, das zweitemal als sonnennaher Schwanzkomet. Ich will sagen: Horion sah gerade, als er eine Abkömmlingin aus Januars Hause liebte, die in London wohnte, den Fürsten zum zweitenmal, und nahm ihn und den Hofstaat desselben in seinem Hause zu London auf. Ueber diese sehr weitläuftige Verwandte des Fürsten werfen meine Nachrichten — aus zu großer Rücksicht auf Staats- und Familienverhältnisse — einen unzeitigen Schleier. Sie war bei der Vermählung mit dem Lord 22 Jahre alt, und ihr ganzes Wesen war (wenn ich den kühnen Ausdruck eines Londner Lobredners derselben nehmen darf) nichts als ein einziges zartes stilles blaues Auge. Das ist alles, was man dem Publikum zuwendet. —

Der Fürst ließ sich gern vom Lord besiegen und beherrschen, den eine sonderbare Mischung von Kälte und Genie zum uneingeschränkten Monarchen und Kommandeur der Seelen machte. Der Lord hatte noch eine schöne Nichte im Hause, deren Reize in den fürstlichen Augen einen solchen geistigen Alten vom Berge, wie er, sowol j ü n g e r als e b e n e r machten. —

Aber die Todtenglocke warf ihre Mißtöne in diese Wohllaute des Lebens. Die Geliebte des Lords flog aus der rauhen Erde und ließ ihr seinen ersten Sohn als Andenken und Herzpfand zurück; sie starb im 23sten Jahr gleichsam am Leben des Kindes, einige Tage nach dessen Geburt, und der zarte dünne Zweig brach unter der reifen Frucht zusammen. Lord Horion schwieg vor dem Geschick. Er hatte sie fürchterlich geliebt, ohne es zu zeigen; er betrauerte sie eben so, ohne sein tiefes schwarzes Auge zu benetzen.

Der Fürst fand an der Nichte, d. h. an einer wahren Engländerin, darum Geschmack, weil er vorher einen eben so großen an den Französinnen gefunden hatte; und aus diesem Grunde hätt' er umgekehrt diese geliebt, hätt' er vorher jene gekannt. Der nachherige Obrist-Kammerherr Le Baut hatte dieselbe Gesinnung, und was noch mehr ist, gegen dieselbe Person: und wie die indischen Hofleute alle Wunden ihres Herrn nachahmen, so machte Le Baut mit einem Amors-Pfeil die des seinigen nach, und versetzte sich eine der stärksten damit.

— Diese Londoner Historien können nicht lange mehr dauern, und wir langen dann alle in unserm St. Lüne fröhlich wieder an. —

Ein hitziges Fieber befiel den Regenten, das sein Arzt D. Kuhlpepper blos für Kreuz- und Querzüge einer unstäten Gichtmaterie hielt. Es war mir bisher noch nicht möglich, es auszumitteln, ob dieser Kuhlpepper mit seinem bekannten Namenvetter und medizinischen Mitmeister in London etwan näher verwandt ist. Das Fieber heizte Januarn so sehr ein, und der Beichtvater machte bei dessen Gewissen statt der Löschanstalten so viele Brennanstalten, daß er in der Todesnoth einen förmlichen Schwur ableistete, bei keinem Mädchen mehr an Entvölkerung und Revoluzion zu gedenken. Dieselbe Schwäche, die seinen Aberglauben und Kinderglauben stärkte, diente seiner Sinnlichkeit; als er wieder auf war, wußt' er gar nicht, was er machen sollte. Die Nichte und seine Eidleistung waren in seinen Gehirnkammern Wandnachbarn. Ein geschickter Exjesuit aus Irland, der blos für Gewissenszweifel lebte und selber conscientiam dubiam hatte, sprang dem Zweifler bei, und macht' ihm faßlich: „seine Ge- „lübbe müss' er, zumal vor der Lossprechung davon, gewissenhaft halten, „ausgenommen den sündlichen und unmöglichen Punkt, der darin sei, „den nämlich, den er ohne Einwilligung seiner Gemahlin weder ge- „loben dürfte, noch erfüllen könnte." Mit andern Worten, der Jesuit verhielt ihm nicht, er habe im Fieber nur dem unverheiratheten Geschlechte abgeschworen und sein Zölibat lediglich auf Nonnen eingeschränkt, mithin verbiet' ihm sein Gelübbe zwar nicht den **boppelten** Ebebruch (den hebe der Beichtstuhl), aber äußerst streng den **einfachen**. Januar war zu fromm, um sich nicht des einfachen gänzlich zu enthalten.

Es ist schwer, die Verbindung zu untersuchen, in welcher seine jetzo **größere** Liebe gegen seine vier Groß= oder Kleinfürsten in Gallien mit seinem erfüllten Gelübbe stand; kurz, er gab dem Lorb das Geschäft und die Vollmacht, die vier Menschen aus Gallien abzuholen nach London, weil er seine geliebte anonyme kleine Nachwelt mit nach Deutschland nehmen wollte. Es war ungewiß, lieb' er in den Müttern die Kinder so herzlich — ober in den Kindern die Mütter. Der Lorb ging gern wie Kotzebue (aber anders) nach dem Untergange des Geliebten nach Frankreich. Endlich kam, nicht von ihm, sondern von den Hofmeistern des Wallisers, des Brasiliers, des Kalabriers die trübe Nachricht, daß in einer Nacht, wahrscheinlich nach einem gemeinschaftlichen Plane verbundner Prinzenräuber, die 3 Kinder entführt worden — nicht lange barauf wurde vom Lorb diese Trauerpost nicht nur bestätigt, sondern auch mit der neuen vergrößert, daß der Monsieur oder Mosge auf den sieben Inseln nicht mehr — auf ihnen sei.

Das Schicksal gibt dem Menschen oft den **Wundbalsam** früher als die **Wunde**. Januar erhielt den fünften Sohn, den ich allezeit blos den **Infanten** nennen will, noch eher als die Nachricht seines eingebüßten Kindersegens. Der Obrist=Kammerherr von Le Baut hatte sich mit der Mutter des Infanten (der Nichte des Lorbs) vermählt; aber er batierte seine Vermählung um drei Quatember zurück, anstatt sie um einen später anzusagen. Ich habe nie den Zusammenhang dieses Anachronismus (Zeitverrechnung) mit dem fürstlichen Gelübbe einzusehen vermocht. Uebrigens so gefährlich Jenner den **Eheherren** seines Hofes durch sein Botum wurde, und so unschädlich den **Vätern**: so war doch das tugendhafte Vertrauen, das die Eheherren auf die ihnen ankopulierte weibliche Tugend setzten, so unbegränzt, daß sie ohne Anstand diese Tugend in sein entbundnes Feuer führten. Ja sie setzten sich sogar über den Verdacht hinweg, daß sie es etwan thäten, damit sie, wenn er seine Krone

auf den Putztisch ihrer Gemahlinnen ablegte, mit der blanken Mauer=
Krone (corona muralis) wie mit einem Joujou spielen und mit ihrem
Glanze Leuten in die Fenster blenden könnten: denn lieber will ein Hof=
mann seine Gemahlin bewähren als bewahren.

— Es wird gleich angehen, rufen Puppenspieler; es wird gleich
auswerden, ruf' ich. —

Als endlich der Lord mit leeren Händen ankam, war er sehr betrof=
fen — nicht von der Gegenwart des Infanten, sondern — von der Adop=
zion desselben, nämlich von der Vermählung Le Bauts. Aber dieser
Obrist = Kammerherr war — und das bedachte niemand weniger als
Horion — ein feuriger Freund des Fürsten: das machte ihn fähig, für
diesen (wie Cicero verlangt) sogar das zu begehen, was er nie für sich be=
gangen hätte — etwas wider die Ehre. Es ist überhaupt für einen Hof=
und Weltmann, dessen Ehre der hohe Posten oft der schlimmsten Witte=
rung bloßstellt, ein ungemeines Glück, daß diese Ehre, sei sie auch noch so
empfindlich bei kleinen Stößen *), doch große leicht verwindet, und wenn
nicht mit Worten, doch mit Thaten ohne Nachtheil anzutasten ist: etwas
ähnliches bemerken die Aerzte an Rasenden, oder vielmehr an deren Haut,
die zwar die leiseste Betastung verspürt, auf welcher aber dennoch keine
Blasenpflaster ziehen. — Der Fürst wurde durch einen dreifachen Bast
an Le Baut geknüpft, durch Dankbarkeit, durch Sohn und Frau: der
Lord zausete den Bast auseinander. Er entblößte nämlich vor seiner
Nichte das kammerherrliche Herz, und deckte den Giftsack darin auf und
einen dramatisch durchführten Plan, den sie bisher für Nachsicht an=
gesehen hatte. Alles Edle und Stolze entbrannte in ihr vor Scham und
Zorn; und sie floh vor den erdrückenden Erinnerungen mit ihrem Kinde
und mit der Aussicht eines zweiten aus der Stadt auf ein Landgut des
Lords.

Nun ging der Fürst mit dem Lord und seinem Hofstaat (sogar mit

*) Ihre Ehre leidet z. B. dabei, wenn ihr Wagen einem andern Wagen von
Stande nicht vorfährt.

dem D. Kuhlpepper) nach Deutschland zurück. Le Baut verweilte noch einige Zeit, um die Nichte zu beruhigen und zu bereden zur Reise. Aber es war ihr nicht nur unmöglich, alle ihre senkrecht laufenden Wurzeln aus dem Lande der Freiheit zu ziehen und nach Deutschland mitzugehen, sie trennte sich auch — nicht blos durch Meere, sondern durch einen Scheidebrief vom schmutzigen Günstling ab. Sie mußte dem Kammerherrn ihr zweites Kind, seine wahre Tochter lassen; aber das erste, den Infanten, befestigte sie an ihrer Mutterbrust. Le Baut litt es auch gern, und dachte, nach der Baurede gehört das Baugerüst ohnehin in den Ofen des Hauses.

Aber als er unter dem deutschen Thronhimmel erschien, stand seine Sonne (Januar) in der Sommer-Sonnenwende, die von abnehmender Wärme allmälig zu kalten Stürmen überging. Januars Liebe konnte leichter steigen und fallen als stehen, und das größte Verbrechen war bei ihm — Abwesenheit. Le Baut mußte jetzt ohne Frau und Kind schon darum gegen den Lord verlieren, weil dieser als Schatzmeister und Küstenbewahrer zweier in London gelassener Schätze unter Jenners Thronhimmel auftrat. Aber es gab tiefere Gründe. Der Lord regierte den Regenten leicht, weil er ihn weder an eignen noch fremden Lastern zügelte, sondern an eignen Tugenden. Erstlich begehrte er nichts von ihm, nicht einmal Diät und Keuschheit. Zweitens hob er keine Vettern in den Sattel, sondern schlimme daraus; er trug ihn wie einen Habicht auf der beschuhten Faust, aber der Falkenier that's nicht, um den Fürsten auf Tauben und Hasen zu werfen, sondern um ihn immer w a c h und z a h m zugleich zu machen. Drittens machten seine Festigkeit und seine Feinheit einander wechselseitig gut; über Veränderliche regiert am besten der Unveränderliche. Viertens war er nicht der Günstling, sondern der Gesellschafter, blieb immer ein Britte und ein Lord und des Landes wohlthätiger B i e n e n v a t e r, indeß Januar der W e i s e l und im W e i s e l g e fängniß war. Fünftens gehörte er unter die wenigen Menschen, denen man g l e i c h sein muß, um ihnen u n g e h o r s a m zu sein; und einer, der das Taschenspielerkunststück machen wollte, ihm ein Schloß unversehends

an den Mund zu werfen, hatte leicht eines an Bein und Handschellen der
Seele. Sechstens hatt' er einen guten Käse. Das letzte braucht nicht
weitläuftig erklärt zu werden; in Chester hatt' er einen Pachter, der einen
Käse lieferte, dergleichen es weiter keinen in Europa gibt; Fürsten aber
ist im Ganzen ein außerordentlicher Käse lieber, als eine außerordentliche
Dankadresse des Landschaftsyndikus. —

Bei einem Zusammentreffen solcher Unsterne wurde freilich dem
Kammerherrn der Absagebrief, der anfangs mit sympathetischer Dinte auf
Jenners Gesicht geschrieben war, allmälig immer leserlicher — doch las
er ihn wöchentlich etliche male durch, um recht zu lesen — er konnte jetzo
keinem Schooßhunde eine Stelle mehr verschaffen, nämlich einen Schooß
— seine Empfehlschreiben wurden Uriasbriefe — als er nun gar durch
den Lord die Charge eines Obrist-Kammerherrn erstand, hielt er's für
hohe Zeit, gegen seine Kniegicht das Bad auf seinem Rittergut St. Lüne
Jahr aus Jahr ein zu brauchen, und zog ab, nachdem er vorher dem
ganzen Hof geloben müssen, bald genesen zurück zu kommen. —

— Eigentlich wäre jetzt diese Vor-Geschichte versprochner maßen
aus, so daß ich gut in der neuern dieses Werkes weiter gehen könnte,
müßt' ich nicht des Hofkaplans wegen durchaus noch dieses nachholen:

Die einzige Stelle, die Le Baut gleichwol am Hofe noch besetzen
konnte, war die Pfarrei in St. Lüne. Er fand als Patronatherr damit
den Ratten-Kontradiktor Eymann ab, der ihm in London die mündliche
Vokazion zur Hofkaplanei abgebettelt hatte, und der sie nicht mehr kriegen
konnte. Daher nennen ihn die Hundsposttage immer den Hofkaplan,
wiewol er in der That nur ein Landpastor ist.

Aus dem kleinen Umstande, daß Eymann als Reiseprediger mit in
Jenners Gefolge ging, entspann sich viel. Eymann machte auf dem Landgut des Lords seiner jetzigen Frau mit dem Hals- und Brustgehenke seiner
von der Schwindsucht durchgrabenen Herzkugel ein kleines Präsent, das
angenommen wurde. Beide zeugten noch in England ihren Flamin.
Die Lady liebte in der Hofkaplänin eine würdige Mitschwester ihres Geschlechts und eine würdige Mitbürgerin ihres Vaterlands, sie drang in

sie mit heißen Bitten, in England zu bleiben, und als alle abgeschlagen waren, erbat und erzwang sie es von ihr, daß wenigstens ihr Flamin — um doch ein halber Britte zu werden — so lange in der Gesellschaft des Infanten und Viktors bleiben durfte, bis das freundliche Kleeblatt auf einmal in die deutsche Erde verpflanzet würde.

Die Pfarrerin war stark genug, für die schönere Erziehung ihres Flamins den Genuß seines Anblicks hinzugeben, und ließ ihn unter den Augen der Liebe und in den kleinen Armen der kindlichen Freundschaft zurück. Dieselbe erziehende Hand — Dahore hieß der Lehrer — richtete und begoß die drei edlen Blumen, die aus einerlei Beete und Aether breier=lei Farben sogen und sich mit unähnlichen Staubfäden und Honiggefäßen ausbildeten. Dahore hatte das Herz aller Kinder in seiner weichen Hand, blos weil seines niemals brausete und zürnte, und weil auf seiner jungen Gestalt eine ideale Schönheit und in seiner reinen Brust eine ideale Liebe wohnte. Die drei Kinder liebten und umarmten sich unter seinen Augen wärmer, wie vor der Venus Urania die Grazien einander umschlingen: sie trugen sogar alle Einen Namen, wie die Otaheiter aus Liebe ihre Namen tauschen.

Als sie einige Reise hatten, kam der Lord, um sie sammt Dahore nach Deutschland einzuschiffen. Aber vor der Abfahrt bekam der Infant die Blattern und wurde blind — und Dahore mußte mit ihm zur ängstlichen weinenden Lady umkehren. Viktor hatte sich lange und sprachlos an den Hals des kranken Freundes gehangen und um Dahore's Knie geschlungen, und wollte von den zwei Geliebten nicht scheiden; aber der Lord schied sie. — Flamin und Viktor wurden dann in Flachsenfingen erzogen, jener zum Juristen, dieser zum Arzte. — Es sind in der Kürbißflasche Spitzius Hofmanns einige Unwahrscheinlichkeiten; aber der Hund muß für das stehen, was er liefert. Jetzo geht die Historie wieder gerade aus.

Der Lord entfernte sich, unter dem Kanonenlösen der löcherigen Gar=nison, mit Viktor in ein anderes Zimmer, und sein erstes Wort war: „binde mich ein wenig auf und lasse Deine Hand in meiner, damit ich „Deine Aufmerksamkeit bemerken kann; denn ich habe Dir viel zu sagen."

Guter Mann; wir merken es alle, daß du zärtlicher bist, als du scheinen willst, und wir loben es alle; nicht Kälte, sondern Abkühlung ist die größere Weisheit; und unser innerer Mensch soll, wie ein heißer Metallguß in seiner Form, nur langsam erkalten, damit er sich zu einer glättern Gestalt abründe: eben darum hat ihn die Natur — wie man für Bildmetall die Form erwärmt — in einen heißen Körper gegossen.

Er fuhr fort: „ich habe, mein Theurer, in meiner Blindheit nur „leere Briefe an Dich diktieren können; ich wollte erst für Deine Ankunft „meine Geheimnisse aufsparen. Eine kleine Pulververschwörung beobachtet „mich.‟ Viktor unterbrach ihn mit der Frage, wie er so plötzlich blind ge= worden. Der Lord antwortete ungern: „das eine Auge war es wahrschein= „lich schon vor Deiner Abreise nach Göttingen, aber ich wußt' es nicht.‟

„Aber das andere?‟ sagte Viktor. Ueber das Angesicht des Lords strich der kalte Schatten eines begrabnen Schmerzes: er sah den Sohn lange an, und antwortete wie zerstreut und eilig: „auch! — Ich sehe „Dich an, Du kommst mir viel länger und größer vor.‟ — „Das ist viel= „leicht (versetzt' er, denn er errieth ihn) Augen = Täuschung der empfind= „lichern Netzhaut *). — Sie sprachen von der Pulververschwörung‟ — „Diese hat erfahren (sprach der Lord weiter), daß der Sohn des Fürsten „nicht in London sei; sie vermuthet sogar, daß die Blattern absichtlich „damals inokuliert wurden — und der Fürst spricht täglich von dem „Augenblick, wo ich ihm seinen Sohn wiederbringe: er weiß vielleicht „jene Vermuthungen. Ich mußte meine Abreise nach London auf meine „Heilung verschieben. Jetzo reis' ich in kurzem ab nach England, wo „der Sohn nicht ist, und hole seine Mutter; ihn bringe ich anders wo= „her und mit eben so guten Augen, als Du mir gegeben hast.‟

„Dann, fuhr Viktor heraus, wird der beste Mann nicht gestürzt, „wol aber seine Feinde.‟

„Nein, ich bin vorher gestürzt, um mich wie Du auszudrücken. „— Aber Du hast mich unterbrochen. Ich habe nie den Muth gehabt,

---

*) Nach dem Staarstechen bildet die empfindlichere Netzhaut alles größer vor.

„andere Leute zu unterbrechen als Thoren. Denn meine Abwesenheit „will man eben."

Ich als bestallter Historiograph frage nichts nach allem und unter= breche, wen ich will. Einer, den man unterbricht, kann zwar spaßen, aber nicht mehr beweisen. Der auf den Plato gepelzte Sokrates, der keinen Sophisten ausreden ließ, war eben darum selber einer. In Eng= land, wo man noch Systeme unter den Weingläsern duldet, kann sich ein Mann so sehr ausbreiten wie ein Royalbogen; in Frankreich, wo sich die Brille der Weisheit in glänzende Spitzen zersplittert, muß einer so kurz sein wie ein Besuchblatt. Hundertmal schweigt der Weise vor Gecken, weil er drei und zwanzig Bogen braucht, um seine Meinung zu sagen — Gecken brauchen nur Zeilen, ihre Meinungen sind herauffahrende Inseln und hängen mit nichts zusammen als mit der Eitelkeit. . . .

Noch merk' ich an, daß zwischen dem Lord und seinem Sohne eine höfliche feine Behutsamkeit obwaltete, die in einem so nahen Verhältnisse nur aus ihrem Stande, aus ihrer Denkart und ihrer häufigen Ab= trennung zu beurtheilen ist. —

„Aber meine Gegenwart ist vielleicht noch schlimmer. Die Prin= zessin" — —

(Die Braut des Fürsten, da seine erste Gemahlin bald und kinderlos starb, wie Spitz sagt.)

„Die Prinzessin bringt einen Strom von Zerstreuungen mit, worin „er keine Stimme als die, die zum Vergnügen lockt, mehr hören wird. „Ein unterbrochner Einfluß ist ein verlorner. Auch bin ich bis zu einem „gewissen Punkte dieses Spieles so müde, daß ich den neuen Ver= „bindungen, in die mich diese neue Erscheinung zöge, gern entfliehe. „Sollte sie ihn nicht lieben, wie man sagt, so könnte sie ihn um so leichter „beherrschen; und dann wäre meine Abwesenheit wieder nicht gut. — „Mich bei Seite! aber was nimmst Du vor, so lang' ich weg bin?"

Nach einer Viertelpause antwortete er selber. „Du wirst sein Leib= „arzt, Viktor!" Viktors Hand zuckte in der väterlichen. „Du bist ihm „schon versprochen und er sehnet sich nach Dir, blos weil ich Dich oft

„genannt habe. Er kann es nicht erwarten, zu erfahren, wie jemand
„aussieht, dessen Vater er so gut kennt. Als Leibarzt kannst Du ihn
„mit Deiner Kunst und mit Deiner Laune so lange fremden Fesseln ent=
„ziehen, bis ich wieder komme; dann leg' ich ihm noch sanftere an, und
„gehe auf immer zurück. Meine Verbindung hatte bisher blos die Absicht,
„fremde abzuwenden, besonders eine gewisse" — (Mit voller Brust und
andrer Stimme) „Mein Geliebter! Es ist auf der Erde schwer, Tugend,
„Freiheit und Glück zu erwerben, aber es ist noch schwerer, sie auszu=
„breiten; der Weise bekömmt alles von sich, der Thor alles von andern.
„Der Freie muß den Sklaven erlösen, der Weise für den Thoren denken,
„der Glückliche für den Unglücklichen arbeiten."

Er stand auf und setzte Viktors Ja voraus. Dieser mußte ihm also
unter dem Gehen seinen Rednerfluß zutröpfeln. Er fing mit gehäuftem
Athem an: „Ich verabscheue aufs heftigste den Samielwind der Hofluft"...

Bei mir hat's der Lord zu verantworten, daß der Sohn hier die con-
junctio concessiva „zwar" ausläffet: wer sich die Erwartung des Ge=
horsams merken läffet, erhält ihn wenigstens unter einer stolzern Ein=
faffung —

„die über lauter liegende Menschen streicht und den zu Pulver macht,
„der aufrecht bleibt — Ich wollt', ich wär' in einem Vorzimmer an
„einem Courtage, ich wollte zu allen in Gedanken sagen: wie haff' ich
„euch und euern tollen Sauerhonig von Lust= und Plag-Partien — die
„verdammten Wart= und Ruderbänke eurer Spieltische — die vollen
„Schlachtschüsseln hingerichteter Provinzen, ich meine eure Spiel=
„und Speiseteller — Aber ich weiß schon, ich drücke mich nie mit Stärke
„aus über die knechtischen lauernden Hofaustern, die nichts zu bewegen
„und aufzuschließen wissen — das Herz ohnehin nicht — als ihr Gehäuse,
„um etwas hineinzunehmen"...

Ich habe Dich noch nicht unterbrochen; sagte der Lord, und
stand ein wenig still.

„Inzwischen, fuhr der Sohn fort, wate ich mit größter Luft zur
„Austerbank hinab.. O mein theurer Vater, wie könnt' ich nicht gehen?

„Warum ließ ich nicht bisher Ihr krankes Auge aufgebunden, damit Sie
„auf meinem Gesichte keine einzige Einwendung gegen Ihre Wünsche er-
„blickten? — Ach, um jeden Thron stehen tausend nasse Augen, die von
„verstümmelten Menschen ohne Hände hinaufgerichtet werden: droben
„sitzt das eiserne Schicksal in Gestalt eines Fürsten, und streckt keine Hand
„aus — warum soll kein weicher Mensch hinaufgehen und dem Schicksal
„die starre Hand führen und mit Einer unter tausend Augen trocknen?"
— Horion lächelte, als wollt' er sagen: Jüngling!

„Aber nur um einige prozessualische Weitläuftigkeiten und Fristen
„bitt' ich Sie, damit ich Zeit bekomme — stoischer und närrischer zu
„werden. Närrischer, mein' ich, vergnügter. Ich möchte unter den
„guten Leuten um uns und neben meinem Flamin und jetzt im Frühling
„des Kalenders und in dem meiner Jahre und eh' das Lebensschiff im
„Alter einfriert, nur noch zwei Monate lachen und zu Fuß gehen.
„Stoisch muß ich ohnehin werden. Wahrhaftig, wenn ich nicht Epiktets
„Handbuch als einen Schlangenstein an mich und meine Wunden legte,
„damit der Stein den moralischen Gift heraussaugt, sondern wenn ich
„mit einer Brust voll Krebsschäden aus dem Hause ginge; was würde
„denn der Hof von mir denken? ... Ach, ich meine es doch ernsthaft:
„der arme innere Mensch — von dem Wechselfieber der Leidenschaften
„ausgetrocknet — vom Herzklopfen der Freude ermattet — vom Wund-
„fieber der Leiden glühend — braucht wie ein andrer Kranker Einsamkeit
„und Stille und Ruhe, damit er genese." Wenn er das Wort Ruhe
nannte, war sein Inneres bis zur Auflösung bewegt; so sehr hatten schon
die Leidenschaften sein Blut umgewühlt und sein Herz erschüttert.

Jetzo gingen beide in schweigender Einigkeit wieder zu Eymann.
„Ich habe eine Bitte für meinen Flamin."   „Welche?" sagte der Lord.
„Ich weiß sie noch nicht, aber er schrieb mir, er werde sie mir bald
sagen." — „Meine an ihn ist," sagte der Lord, „daß er, wenn er an-
„gestellt werden will, mehr die Pandekten als die Taktik und statt des
„Rappiers die Feder liebe." — Der Sohn wurde zu höflich vom Vater
behandelt, als daß er zur Bitte um seine Geheimnisse — besonders um

das, wo Jenners Sohn sei — den Muth besessen hätte. Ich behandle den Leser eben so fein, und ich hoffe, er hat eben so wenig den Muth; denn wenn sich jemand verstellt erklärt, so ist nichts unhöflicher als eine neue — Frage.

Der Lord fuhr nun geheilt zum Fürsten zurück.

Dritter Hundsposttag.

Freuden = Säetag — Wartthurm — Herzens = Verbrüderung.

Der Lord war der weggenommene Damm, der bisher vor der Flut der Erzählungen, Fragen und Freuden gestanden hatte. Die erste Untersuchung, die das Pfarramt vornahm, war, ob's noch der alte Bastian sei. — Und der war's mit Haut und Haar, sogar das linke Seitenhaar hatt' er noch wie sonst kürzer als das rechte. Wenn der Fleischerknecht heimkömmt aus Ungarn, so wundert er sich, daß seine Sippschaft die alte ist — diese wundert sich, daß er es nicht mehr ist. Hier freute man sich über die doppelte Unveränderlichkeit. Auf jedem Gesicht lag der Heiligenschein der Freude, aber auf jedem mit andern Stralen. Die Entzückung sieht auf einem sanften Gesicht, wie Viktors seinem, wie die Tugend aus. — Die alte Appel, die in ihrem Leben nichts durchblättert hatte als den Psalter Davids und den Psalter im Ochsenmagen, legte vor den Kupferpfannen ihr Vergnügen dadurch an den Tag, daß sie ungemein zuschürte. Das Wiener Thierspital von einem alten Mops und Kater, die einander nicht mehr haßten — wie sich im alten Menschen die gute und böse Seele aussöhnen — und die Vogel= sammlung unter dem Ofen, die einen schwarzgebaizten Gimpel stark war, nahmen Antheil genug an der allgemeinen Unruhe, und stellten sich vor und ließen gern — das thäte kein Ambassadeur — das Recht der ersten Visite fahren. Agathe drückte ihre Freude blos mit ihren Lippen aus, indem sie damit schwieg und sie an ihres Bruders seine drückte. Am Hofkaplan will man's rühmen, daß er den invaliden Mops, der an den Hinterfüßen das Podagra und an den Vorderfüßen das Chiragra hatte, ruhig in seinem Wohn= und Schlafkorb wieder unter den Ofen schob, die Säulenordnung der Sessel ohne Reisen herstellte und den kleinen Bastian unter der freudigen Sprachenverwirrung wiegte, damit er sie nicht ver= mehrte, wenn er erwachte. Aber im erhaben geschliffnen Herzen der Landsmännin, der Kaplänin, gingen die Freudenstralen der Familie in Einen Brennpunkt zusammen und verbreiteten in ihrer ganzen Brust die Lebenswärme der Liebe. — Viktor lächelte sie so sehr in sein Gesicht hin= ein, daß sie sich mit nichts zu retten wußte, als mit seiner künftigen Stube, die sie ihm zu öffnen und zu zeigen befahl. Agathe flog mit dem Schlüssel=Geläute voran, und dem Gaste zogen nicht mehr Leute hinter= drein, als im Hause waren, und wollten sämmtlich sehen, was er dazu sagte.

Er übergab sich der ganzen freundschaftlichen Handhabung, nicht mit dem eiteln Selbstgefühl eines ausgebildeten Fremdlings, sondern mit einer vergnügten, folgsamen, fast kindlichen Verwirrung — er kümmerte sich nichts darum, daß er wie ein Kind aussah, so sanft, so froh und so ohne Ansprüche. In solchen Stunden ist's schwer, zu sitzen — oder eine Historie anzuhören — oder eine zu erzählen.... Jedes fing eine an; aber der Kaplan sprang dazwischen: „wir haben ganz andere Dinge zu sagen"... Aber es kamen keine ganz andere Dinge. — Jedes wollte den Fremdling unter vier Ohren genießen, aber die sechs bleibenden Ohren waren nicht wegzubringen. — Meine Beschreibung seiner Ver= wirrung ist selber verwirrt; aber es geht mir allemal so: z. B. wenn ich Eiligkeit schilderte, so thu' ich's unbewußt selber mit der größten. — War's einem solchen Herzen wie seinem, das in den Federn der Liebe wiegend hing, noch nöthig, daß es in jedem zersägten Fensterstock, in jedem glatten Pflastersteinchen, in jeder vom Regen gebohrten vertieften Arbeit auf dem Hausthürstein seine Knabenjahre musivisch abgebildet sah, und daß er in denselben Gegenständen Alter und Neuheit genoß? Diese

Knabenjahre, die ihm aus einem Schatten erschienen, wohnend auf St.
Lünens Fluren, zwischen frohen Sonntagen in lauter Blumen und bei
geliebten Gesichtern, diese Knabenjahre hatten einen dunkeln Spiegel
in Händen, in dem die dämmernde Perspektive seiner Kinderjahre
zurücklief — und in dieser entfernten Zauber-Nacht stand schimmernd
Dahore, sein unvergeßlicher Lehrer in London, der ihn so geliebt, so
geschont, so veredelt hatte.   „Ach, dacht' er, du unbelohntes, für die
„Erde zu warmes Herz, wo schlägst du jetzt? warum kann ich nicht meine
„Seufzer mit deinen vereinigen, und zu dir sagen: Lehrer, Geliebter?
„O! der Mensch sieht es oft spät ein, wie sehr er geliebt wurde, wie ver=
„geßlich und undankbar er war, und wie groß das verkannte Herz.".
Was seine stille Freude am meisten ernährte, war der Gedanke, daß er sie
verdiene durch seinen kindlichen Gehorsam gegen seinen Vater und durch
seinen Entschluß zu künftigen Herkules-Arbeiten am Hofe — denn ihm
fiel in jede große Freude der Zweifel wie ein bitterer Magentropfen hin=
ein, ob er sie verdiene; ein Zweifel, der regierenden Häusern, Woiwoden,
Patriarchen und Hochmeistern in der Kindheit geschickt benommen wird.
Der bessere Mensch findet die Freude erst nach einer guten That am
süßesten, das Osterfest nach einer Passionswoche.

Die Leserinnen werden jetzo hören wollen, was auf Mittag gekocht
war: aber die Dokumente dieses Posttags, die mir halb auf der Achse,
halb zu Wasser einlaufen, besagen erstlich, daß niemand Appetit hatte
— die Freude nimmt ihn mehr als der Gram — ausgenommen die drei
Regimenter, die wie Veteranen in den Feind einhieben, nämlich in den
Tafel-Abhub; zweitens, daß das Mahl noch magerer war, als der Gast
selber. Man will aber sämmtliche Lesegesellschaften hiemit auf das unbe=
wegliche Fest des 4ten Maies einladen, auf den Freitag, wo erst Viktors
Ankunft und seines Pathchens Kirchgang anständig gefeiert wird.

Die Pfarrerin zog den umzingelten Geliebten Nachmittags aus dem
musikalischen Zirkel so vieler Töne, und kaperte ihn ihrem Manne, dessen
Direktrice und Lady Maire sie war, vor den Augen weg, und führte ihn
in sein Zimmer, um da vor ihm allein sich zu betrüben, sich zu erfreuen

und sich auszureden wie eine Mutter; lang eingeschlossene Seufzer und veraltete Thränen drangen jetzt aus dem geöffneten Mutterherzen in das fremde weiche über, das ja der beste Freund ihres Sohnes war. Sie klagte bei ihm über Flamins Aufbrausen, das Viktor sonst immer gestillet; „über seine Liebe zum Soldatenwesen, da er doch ein Gelehrter sei" — und endlich über seine Gesellschaft. „Er treibe sich nämlich mit „einem Hofjunker M a t t h i e u — Sohn des Ministers von S c h l e u n e s „— herum, einem wüsten, überall beliebten, überall verschlimmerten, „pfiffigen, kühnen, spöttischen Menschen, der, wenn es sein Dienst er= „laube, entweder drüben bei den Kammerherrlichen oder hier bei ihrem „Sohne liege; der Himmel wisse überhaupt, was er im Schilde führe bei „seinen Besuchen in einem bürgerlichen Hause." Sie freuete sich, daß Viktor seinen alten Freund von den Fangeisen und Fangzähnen dieses Wüstlings wegführen würde. Viktor drückte ihr gerührt die Hand und sagte: „ich möchte sein Herz kaum mit dem besten Bundgenossen theilen „— nicht einmal verlieben dürft' er sich, wenn's auf mich ankäme — „blos mich und eine Person müßt' er lieben, die ihn gar nicht richtig „schildert — — nämlich Sie." Er setzte noch viel Mißtrauen in die Zeichnung von den Sonnenflecken Matthieus, weil die Weiber selten exzentrische Menschen fassen, und weil zwar Mädchen oft wilde Männer lieben, aber die (durch die Ehe aufgeklärten) Frauen allemal sanfte.

Er brachte das Herz verehelichter Weiber leichtlich in sein Zuggarn durch eine gewisse wohlwollende Galanterie gegen sie, die ein Deutscher nur für ledige aufhebt. Alte Damen und alte Tabackpfeifen aber bekleben leicht an männlichen Lippen. Die jüngern Tauben lockte er durch sein t o m i s c h e s Salz an sich, wie man Turteltauben durch anderes fängt; ein Bonmot ist ihnen ein dictum probans, ein Pasquino ein magister sententiarum, und die kritische Lastergeschichte ist ihnen Kants Kritik der reinen Vernunft, die verbesserte Auflage. Auch mit seinem medizinischen Doktorring hätelte er weibliche Seelen an sich an; als Arzt macht' er auf körperliche Mysterien Anspruch, und diesen gehen dann leicht die geistigen nach.

Abends, als das Waldwasser des ersten Jubels verlaufen war, waren endlich drei gescheidte Worte möglich; auch keifte der Pfarrer jetzt weniger; denn die Freude hatte ihn Vormittags bissig gemacht. Der Zorn und Körper werden mit einander gestärkt, daher durch die Freude — daher hat man im Januar und Februar, wo die Hunde die längere Wuth bekommen, die kurze des Zorns — daher brummen Wiedergenesende stärker um sich, so wie Leute unter starken Geistes-Anspannungen, z. B. Hundspostschreiber — daher ist man in den Ermattungen nach Migraine oder nach dem Rausche sanfter als ein Lamm.

Gegen Abend trug sich schon etwas von Bedeutung zu. Apollonia fegte ihre Blutverwandtschaft und ihren Gast mit Kehrwischen noch früher hinaus, als Spinnen und Staub. — Es sollte am 4ten Mai die heutige Ankunft des bisherigen Flüchtlings recht anständig gefeiert werden. — Flamin und Viktor gingen voraus durch den Pfarrgarten, dessen Merk= würdigkeiten und curiosa so erheblich sind, daß der Korreferent dieser Akten sich wünscht, er könnte mir den Garten durch die Hundsstaffette klarer schildern. Der Kaplan hatte viele Beete nicht zu Langvierecken ab= gestampft, sondern sie zu lateinischen Buchstaben in Doppel=Fraktur, als Anfangbuchstaben seiner Familie, geschweift und umgebogen. Sein eignes E hatt' er mit Rettig ausgesät, Apolloniens A mit Kapuzinersalat, Flamins F mit Kohlrabi, Sebastians S mit Süßholz oder Glycyrrhiza vulgaris. Wer nicht zu säen war, dem blieb allemal noch ein Platz und almanac royal auf Kürbissen und Stettineräpfeln leer, die ein durch= brochenes Papier mit dem ausgeschnittenen Namen umflocht, der nach Abschälung dieses Einbands grün oder roth auf der bleichen Frucht er= schien. Viktor fragte, als er bei einem K aus Tulpen vorüberging, seinen Flamin um die Bedeutung. „Warum fragst Du?" fragte dieser; und die nachkommenden gesprächigen Pfarrleute vertrieben die Antwort. — Ueber der Pfarrwiese stand (man setzte nur über den Bach) ein Hügel, und darauf ein alter Wartthurm, in dem nichts war als eine Holztreppe, wie oben darauf nichts als ein breterner Deckel statt des italiänischen Dachs; beides hatte der Kammerherr machen lassen, damit die Leute —

(er nicht; denn die Gefühllosigkeit der Magnaten arbeitet für das Gefühl der Minoriten) — sich droben ein wenig umschauen könnten. Man sah da die Säulenordnung des Schöpfers, die Schweizerberge, stehen und den Rhein mit seinen Schiffen ziehen. Am Thurm waren zwei von der Natur in einander gewundne Lindenbäume hinaufgestiegen, um oben mit ihrem Gesträuche, das man zu einer grünen Nische ausgehöhlet und einer Grasbank unterbauet hatte, zuweilen einen gerührten Eiländer zu fächeln. Das liebende Personale erstieg die Zinne, und brachte in der ländlichen Brust eine Ruhe mit, die darin sanft den äußern stillen Himmel nachmalte, der diese Guten mit seinen verhüllten Sonnen umzog. Noch eine Wolke glühte sich ab, aber sie zerfloß, ehe sie ausbrannte.

Jetzt konnten die Supplementbände der allgemeinen Welthistorie von St. Lüne bequem nachgeliefert werden. Eymann konnte seine Foliobände gravaminum (Beschwerden) über die Konsistorialräthe und Ratten einreichen. Auf einmal wurde unten Agathe wie ihre h. Namensbase angerufen vom Blasbalgtreter loci, der Dorfs=Lehnlakei und Pfarrkutscher war. Wenn einige Autores sagen, der Kutscher war blind und der Gaul taub: so kehren sie die Sache grade um. Der Kerl war taub. Er hatte in seinem mouchoir de Venus — das Schnupftuch ist beim Pöbel die Brieftasche und der Briefumschlag, weil ihm ein Brief so wichtig und selten ist wie einem Rezensenten ein guter — heute eine Briefschaft an Agathen ausgekundschaftet und ausgewickelt, die er gestern mit des Lords seiner hätte abgeben sollen. Aber Kutscher halten den Herrn nur für die Nebensonne und Nebenpartie des Pferds, und die Frau gar nur für ein Schmarotzergewächs des Stalls; daher bedeutet „Gleich!" bei ihnen ein oder ein paar Tage; und „morgen Vormittags" bedeutete auf dem Regenspurger Ansagzettel der Abstimmgegenstände ein oder ein paar Jahre. — Agathe eilte lieber hinunter, hielt den Brief gegen die lichtere Abendgegend und entzifferte etwas, was sie mit funkelnden Augen im Galopp die Treppe hinauftrug. „Sie kömmt morgen!" rief sie auf Flamin zu; denn sie schien in jedem ihrer Freunde beinahe nur den Gesellschafter und den Freund ihrer andern Freunde zu lieben. Klotilde

(Le Bauts einzige Tochter von der ersten Frau, der Nièce des Lords) ging nämlich aus dem Fräuleinstift in Maienthal, wo sie erzogen worden, zum Vater zurück.

„Nehmen Sie sich in Acht, sagte die Kaplänin, sie ist sehr schön.‟ — „Dann, sagt' er, denk' ich vielmehr darauf, mich nicht in Acht zu „nehmen.‟ — „Ueberhaupt (fuhr sie fort) sammelt sich jetzt alles Schöne „um Sie‟ (er wollte sie hier durch einen schmeichelnden Blick verwirren und abstrafen, aber vergeblich) „die italiänische Prinzessin kommt zu „Johannis auch, und diese soll so reizend sein, als wenn sie gar keine „Prinzessin wäre, sondern nur eine Italiänerin.‟ Sie that hier den meisten Prinzessinnen Unrecht; aber eine gewisse Ironie über ihr eignes Geschlecht war der einzige Fehler der Kaplänin, für die es wie für mehre Mütter beinahe keine Stiefsöhne und beinahe nichts als Stieftöchter gab. Er erwiederte, er hoffe, daß noch wenige Prinzessinnen, selbst in Amerika, kopuliert worden, in die er sich nicht vollständig verschossen hätte — und das blos aus Mitleid mit so einem armen zarten Thierchen oder Wappen= thiere, das unter die Siegelpresse und dann auf die Verträge gedruckt werde, welche oft die einzigen Kinder dieser Ehen wären — „die jungen „Landesmütter stehen wahrlich wie Bienenmütter in ihrem Weiselgefäng= „niß feil, und passen ab, in welchen Korb sie der Landes= oder Bienen= „vater noch heuer verhandle.‟

Eine Frau kann's von einem Mann, den sie hochachtet, gar nicht begreifen, daß er sich verliebt, wenn's nicht in sie ist, und sie kann's kaum erwarten, bis sie seine Geliebte zu Gesichte bekömmt — eben so erpicht ist sie auf dieses Mannes Manier in seiner Liebe, ob sie nämlich aus der niederländischen, oder aus der französischen, oder italiäni= schen Schule her sei. Die Kaplänin fragte ihren vertraulichen Gast auch darüber. „Mein Harem, fing er an, langt von dieser Warte bis zum „Kap und um die ganze Erdkugel herum — Salomo ist nur ein gelber „Strohwittwer gegen mich — ich habe sogar seine Weiber darin, und von „der Eva an mit ihrem Sodoms Borsdorfer Apfel bis zur neuesten Eva „mit einem Reichsapfel und bis zur Marquise mit einem bloßen Frucht=

„ſtück ſind ſie alle in meiner Haft und Bruſt." Eine Frau entſchuldigt
die Achtung für ihr Geſchlecht damit, daß ſie mit darin iſt: die Weiber
ſelber haben nicht einmal einen Begriff von den Eigenheiten ihres Geſchlechts. „Was ſagt aber die Favoritſultanin dazu?" fragte die Groß-
inquiſitorin.

„Die?" — ſtockt' er weniger verlegen als in die Fülle aufblühender
Träume verſunken. „Freilich die — (fuhr er fort) ich ſetze inzwiſchen
„meinen Kopf zum Pfande, jeder Jüngling hat zwei Perioden oder doch
„Minuten. In der erſten ſetzt er ſelber ſeinen Kopf zum Pfande, er wolle
„lieber ſein Herz in ſeinem Thorax oder Oberleib verſchimmeln laſſen,
„und ſeinen poples oder die Kniekehle erlahmen, als daß er beide für eine
„andre Frau bewegte als für die allerbeſte, für einen wahren Engel, für
„eine ausgemachte Quinterne — er bringt durchaus auf den höchſten
„Gewinnſt aus dem Ehelotto, in der erſten Periode nämlich — denn die
„zweite kömmt auch und hinterbringt ihm nur ſo viel, die weibliche Quin-
„terne würde natürlich eine männliche fodern und falls er die wäre". . .

„Ein dummer Auszug, ein Ambe bin ich, ſag' ich und laſſe die
„Periode gar nicht ausreden; aber ich werde doch fortpaſſen auf die
„Quinterne . . . Was käme dabei heraus, daß man ein Menſch wäre,
„wenn man kein Narr wäre? — Zög' ich nun die gedachte Quinterne,
„welches ich nun wol ohne übermäßige Hoffnung vorausſetzen darf, ſo
„würd' ich nicht gleichgültig dabei ſein, ſondern ſelig — O du lieber
„Himmel; ſtehenden Fußes müßt' ich friſiert und ſilhouettiert werden —
„ich machte Verſe und Pas, und beide mit ihren herkömmlichen pedibus
„(Füßen) — ich bückte mich öfter als ein andächtiger Mönch, um Ver-
„beugungen und (wo abzugraſen wäre) um Sträußer zu machen —
„Leib, Seele und Geiſt ſetzte ich an mir aus ſo vielen Fingerſpitzen und
„Fühlfäden zuſammen, daß ich es ſchon ſpürte (die Quinterne ſpürte es
„gar noch eher), wenn unſre zwei Schatten zuſammenſtießen — ein
„ſchmales betaſtetes Entchen Band wäre eine gute Ableitkette des elektri-
„ſchen Aethers, der in Blitzen aus mir ſchöſſe, da ſie negativ geladen
„wäre und ich poſitiv — vollends gar ihr Haar berühren, das könnte

„keine geringere Entzündung geben, als wenn eine Welt in das aufge-
„bundne eines Bartkometen geriethe." . . . . . .

„Und doch, was ist denn das alles, wenn ich Verstand habe und
„bedenke, was sie verdient, diese Gute, diese Treue, diese Unverdiente —
„Was wären nicht vollends dumme Verse, Seufzer, Schuhe (die Stiefel
„thät' ich weg), ein oder ein Paar drückende Hände, ein aufopferndes
„Herz für ein kleines Grazial und don gratuit, wenn damit ein Geschöpf
„abgefunden werden sollte, das, wie ich immer mehr sehe, vom schönsten
„Engel, der den Menschen durch das Leben führt, alles besitzt, etwa die
„Unsichtbarkeit ausgenommen — das alle Tugenden hat und alle in
„Schönheiten verkleidet — das schimmert und erquickt wie dieser Früh-
„lingabend und doch wie er seine Blumen und Sterne verbirgt, ausge-
„nommen den der Liebe — in dessen allmächtige und doch leise Harmo-
„nika des Herzens ich so gern hören, in dessen Augen ich so außerordentlich
„gern die Tropfen der weichern Seele und den Blick der höhern sehen
„möchte, neben dem ich so gern stehen bleiben möchte unter der ganzen
„fliehenden opera buffa und seria des Lebens, so gern, sag' ich, damit
„der arme Sebastian doch, wenn am heiligen Abend des Lebens sein
„Schatten immer länger würde, und die Gegend um ihn selber zu einem
„weiten Schatten zerflösse, und er selber, damit ich doch b e i d e Schatten-
„hände — (die eine hielt gerade Flamin) beschauen und ausrufen könnte:
„— — (stockend) der alte Balgtreter kommt auch mit was in einer!"

Da er weder seine Rührung mehr hinter Scherz, noch die Merkmale
derselben in seinen Augen hinter einige tief hängende Lindenblätter ver-
decken konnte: so war's in der Sekunde, wo seine Stimme unter ihr er-
liegen wollte, ein rechtes Glück, daß er über die Warte hinausschauete
und den Kutscher wieder heranschreiten sah. Dieser rief unten: „von
Seebaßen hätt' er's gekriegt, aber den Augenblick erst." Agathe lief lei-
denschaftlich hinab und unten, nach Lesung eines Blättchens, über die —
Wiesen hinüber. Der Balgtreter stieg, gleich einem Barometer vor dauer-
haftem Wetter, langsam hinauf und brachte sich und den zurückgelangten
Zettel trotz alles obern Winkens mit seinen Hebelarmen keine Minute

früher auf den Thurm. Im Zettel stand mit Klotilbens Hand: „komm' in Deine Laube, Geliebte!"

Alle Augen liefen jetzt der Läuferin nach und flatterten mit ihr durch das Hellbunkel des Abends in den Pfarrgarten, um dessen Laube man doch niemand sah. Kaum hatte Agathe die Oeffnung der letzten ins Auge bekommen, als ihr Eilen Fliegen wurde — und als sie beinahe an ihr war, flog eine weiße Gestalt mit ausgebreiteten Armen heraus und in ihre hinein, aber die Laube verhüllte das Ende der Umarmung, und lange standen alle wartende Augen vergeblich auf der Klause der Liebe.

Die Kaplänin, die sonst allen Mädchen nur Standeserniebrigungen, nicht Standeserhöhungen gewährte, ertheilte jetzo Klotilden alle sieben Weihen, und lobte sie so sehr — vielleicht auch da sie ihre Landsmännin von mütterlicher Seite war — daß Viktor die Lobrednerin und die Gelobte hätte zugleich umarmen mögen. — Der Kaplan setzte zu ihrem Lobe noch dazu, er habe ihren Namens-Inizial-K mit Tulpen gleichsam wie einen Titel roth gedruckt, und der Buchstabe auf dem Beete glänze, wenn er blühe, weit und breit.

Der Ehe- und Säemann fiel jetzt immer mehr in den Sphärengesang der Nacht mit dem Schnarrwerk seines Hustens ein; endlich machte er sich mit der enthusiastischen Freundin Viktors fort, und ließ die beiden Freunde allein in der schönen Nacht mit den zwei vollen Herzen zurück, die in einander sich zu ergießen lechzten.

Flamin hatte diesen ganzen Tag eine schweigende rührende Sanftmuth gezeigt, die selten in sein Inneres kam, und die zu sagen schien: ich habe etwas auf dem Herzen. Als die Warte über war, so verheimlichte Viktor, der von liebenden Träumen voll und weich geworden, seine in Thränen stehenden Augen nicht mehr, er schlug sie frei auf vor dem ältesten Liebling seiner Tage und zeigte ihm jenes offne Auge, welches sagt: blicke immer durch bis zum Herzen hinunter, es ist nichts darin als lauter Liebe ... Stumm gingen die Wirbel der Liebe um beide und zogen sie näher — sie öffneten die Arme für einander und sanken ohne Laut zusammen, und zwischen den verbrüderten Seelen lagen blos zwei sterbende

Körper — hoch vom Strome der Liebe und Wonne überdeckt, drückten sich auf eine Minute die trunknen Augen zu; und als sie wieder aufgingen, stand die Nacht erhaben mit ihren in ewige Tiefen versunknen Sonnen vor ihnen, die Milchstraße ging als der Ring der Ewigkeit um die Unermeßlichkeit, die scharfe Sichel des Erdenmonds rückte schneidend in die kurzen Tage und Freuden der Menschen. —

Aber in dem, was unter den Sonnen stand, was der Ring umzog, was die Sichel angriff, war etwas höher, fester und heller als diese — es war die unvergängliche Freundschaft in den vergänglichen Hüllen.

Flamin, anstatt durch diesen erschöpfenden Ausbruck unserer sprachlosen Liebe befriedigt zu sein, wurde jetzt ein lebendes fliegendes Feuer. „Viktor! in dieser Nacht gib mir Deine Freundschaft auf ewig, und „schwöre mir, daß Du mich nie in meiner Liebe zu Dir stören willst!“— O Du Guter! ich hab' Dir ja längst mein Herz gegeben, aber ich will gern heute wieder schwören. — „Und schwöre mir, daß Du mich niemals „in Unglück und Verzweiflung stürzen willst.“ — Flamin! das thut mir „zu weh. — „O ich fleh' Dich an, schwöre es und hebe Deine Hand auf „und versprich mir, wenn Du mich auch hast unglücklich gemacht, daß „Du mich doch nicht verlässest und nicht hassest. . . . (Viktor preßte ihn „an sich) Sondern wir gehen hieher, wenn wir uns nicht mehr aus „söhnen können — o es thut mir auch wehe, Viktor! — hieher und um „fassen uns und stürzen uns hinab und sterben“ — Ja! (sagte Viktor erschöpft leise) o Gott ist denn etwas vorgegangen? „Ich will Dir alles „sagen: nun leben und sterben wir mit einander“ — O Flamin! wie lieb' ich Dich heute unaussprechlich! — „Nun laß' ich Dich mein ganzes „Herz sehen, Viktor, und offenbare Dir alles.“ — —

Aber eh' er's konnte, mußt' er vorher sich durch Verstummen ermannen, und sie schwiegen lange, in den innern und den äußern Himmel vertieft.

Endlich konnt' er anfangen und ihm erzählen, daß jene Klotilde, über die er heute gescherzt, sich mit unauslöschlicher Schrift in sein Inneres geschrieben — daß er sie weder vergessen noch bekommen könne —

daß das schleichende Fieber einer furchtsamen wahnsinnigen Eifersucht aufreibend in ihm brenne — daß er mit ihr zwar kein Wort über seine Liebe nach ihrem eignen Verbote sprechen dürfe, als bis ihr Bruder (der Infant) wieder da und dabei sei — daß sie aber, nach ihrem Betragen und nach Matthieus Versicherungen, vielleicht einige für ihn habe — daß ihr Stand die ewige Scheidemauer zwischen beiden bleibe, so lang' er den juristischen Weg anstatt des militärischen zu seinem Steigen ein=schlage — und daß er auf dem letzten, wenn der Lord ihm seine Hand dazu biete, schneller zu Klotilden auf ähnliche Stufen kommen würde — und daß die Bitte, von der er in seinen Briefen an Viktor gesprochen, eben die sei, alles dem Lord wieder zu erzählen und seinen Beistand zu begehren. — Im Grunde konnte nur sein wilder Arm den Degen besser als die Gerechtigkeitwage halten. Eine fürchterliche Anlage zur Eifersucht, die schon von künftigen Möglichkeiten Zuckungen bekömmt, war die Haupt=ursache. Viktor freuete sich, daß er seinen Gefühlen die beste Sprache geben konnte, nämlich Handlung, und sagte ihm alles mit Entzücken über sein Zutrauen und über das Außenbleiben befürchteter Neuigkeiten zu. — So gingen sie, von neuem an einander befestigt, zur Ruhe, und das Zwillinggestirn — dieser fortbrennende verschlungene Name der Freundschaft — schimmerte in Westen zuwinkend aus der irdischen Ewigkeit herüber, und das Herz des Löwen war zu seiner Rechten ange=zündet...

Auf diese Erde sind Menschen gelegt und an den Fußboden befestigt, die sich nie aufrichten zum Anblick einer Freundschaft, welche um zwei Seelen nicht erdige, metallene und schmutzige Bande legt, sondern die geistigen, die selber diese Welt mit einer andern und den Menschen mit Gott verweben. Solche zum Schmutz erniedrigte sind es, die gleich den Reisenden, den Tempel, der um die Alpenspitze hängt, von unten für bodenlos und schwebend ansehen, weil sie nicht in der Höhe auf dem großen Raume des Tempels selber stehen, weil sie nicht wissen, daß wir zu der Freundschaft etwas Höheres als unser Ich, das nicht die Quelle und der Gegenstand der Liebe zugleich sein kann, achten und lieben, etwas Höheres, nämlich die Verkörperung und den Wiederschein der Tugend, die wir an uns nur billigen, aber an andern erst lieben.

Ach können denn höhere Wesen die Schwächen von Schatten-Gruppen strenge berechnen, die einander festzuhalten suchen, von Nordwinden auseinander gedrängt — die von einander die edle unsichtbare Gestalt an sich drücken wollen, worüber dick und plump die Erdenlarve hängt — und die einander in Gräber nachfallen, worein die Beweinten ihre Weinenden ziehen?

Vierter Hundsposttag.

Schattenriß-Schneider — Klotildens historische Figur — einige Hofleute und
ein erhabener Mensch. —

Eigentlich wollte Klotilde — erfuhr Sebastian am Morgen — bis nach Johannis im Stifte bleiben: aber da ihre beste Freundin und Stift-Genossin Giulia voraus fortgegangen war, nicht zu den Eltern, sondern unter die Erde, so mußte sie das verwundete Auge durch eine schnellere Abreise wegziehen von dem Grabhügel, der wie eine Ruine über dem verlornen Herzen ruhte. Ohne Gepäck war sie dem blumenlosen Golgatha ihrer verwundeten Seele entflohen, und ihr stand noch ein zweiter Anblick desselben, eine zweite Abreise und die Wiederholung der alten Thränen bevor.

Nie wurde eine große Schönheit von einer kleinen unbefangner gelobt, als von Agathen Klotilde. Sonst schätzen Mädchen an Mädchen nur das Herz: die zerstiebenden Reize eines fremden Gesichts haben so wenig Werth in ihren Augen, daß sie ihrer kaum erwähnen mögen. Jünglingen wirft man richtig vor, daß sie gern schöne Jünglinge zu ihren Freunden auslesen; bei Mädchen hingegen wollen ihre Lobredner viel daraus machen, daß sie die weibliche Schönheit als einen zu lockern und niedrigen Mörtel und Leim der Freundschaft gänzlich verschmähen, und daß daher einer schönen Frau das Herz der allerhäßlichsten theurer sei als das Gesicht der Schönsten auf den fünf Erdgürteln und Erd= scherpen. Agathe war anders: sie lief schon am Morgen ins Schloß, um die Freundin anzukleiden.

Flamin macht' es noch ärger: er konnt' es nicht erwarten, daß die Wirklichkeit selber Klotildens Madonnenbild in Viktors Gehirnkammern aufhing; er kam ihr mit der Federzeichnung eines Malers zuvor, die wenigstens nicht — kalt ist: denn Maler schreiben im ästhetischen und im kalligraphischen Sinne selten gut. Der Maler hatte, blos um Klotilden zu sehen und zu zeichnen, fast alle Sonntagmorgen auf einem Berg von Maienthal gelegen, wo er die glänzende Landschaft um das Stift auf seine Blätter trug, und den schönen Kopf, der aus dem achten Fenster heraussah, in sein Herz. Sogar Flamin, der sonst sogar die prosaischen Buchdruckerstöcke über die lebenden Oelgemälde der Dichtkunst stellte, fand an der folgenden Madonna oder Klotilbe des Malers Ge= schmack:

„Wenn mein Ich ein einziger Gedanke ist und brennt, und wenn „ich, von Flammen umweht, die Hand in Farben tauche, um mich dar= „in abzukühlen — wenn dann die hohe Schönheit*), die ewig in mir „stralet, ihr Spiegelbild auf die Wellen, die Himmel und Erde zitternd „malen, herunterfallen lässet und den klaren Strom entflammt, wenn „alsdann ein dem Himmel entsunknes Pallasbild auf dem Strome ruht, „eine Lilienhülle und eines aufgeflognen Engels weggelegte Flügelbecke „— eine Gestalt, deren unbefleckte Seele kein Leib, sondern der Schnee „umwallet, der um den Thron Gottes liegt, und aus dem die Engel ihre „flüchtigen Reisekörper**) bauen — und wenn die zarteste Bekleidung „zu grob und hart, und ein hölzerner Rahmen um diesen geistigen Hauch „auf dem Antlitz wird, um diesen zitternden Blumensammet von Fleisch, „um diese Haut aus weißen Rosen von rothen durchglommen — wenn

---

*) Das Ideal des Schönen.
**) Wie die Rabbinen nach Eisenmengers Judenthum P. II. 7. glauben.

„dieſer Wiederſchein meiner leuchtenden Seele auf die Farbenfläche fällt;
„ſo wendet ſich jeder um und denkt: Klotilde ruht am Ufer und ſchlummert.
„ ... Und hier iſt meine Kunſt aus; denn ach, wenn ſie erwacht, und wenn
„erſt die Seele dieſe Reize wie Schwingen bewegt — wenn die ver=
„ſchloſſene Lippenknoſpe zum Lächeln aufbricht, und der Buſen einen
„halben Seufzer einathmet und blöde nicht ausathmet — wenn die
„Seufzer in Geſänge verhüllet aus dieſen Lippen, die wie zwei Seelen
„einander überſchweben, aber nicht berühren, wie Bienen aus Roſen
„ziehen — wenn ſich das Auge zwiſchen Glanz und Thränen bewegt —
„wenn dann endlich die Göttin der himmliſchen Liebe zu ihrer Tochter
„tritt und elektriſch ihr ſtilles Herz berührt und ſagt: liebe auch! und
„wenn nun alle Reize erbeben und aufblühen, zögern und ſchmachten,
„hoffen und zagen, und ſich das träumende Herz tiefer in ſeine Blüten
„verſchließet und zitternd ſich hinter eine Thräne vor dem Glücklichen ver=
„ſteckt, der es erräth und verdient. . . . Dann verſtummt die Glückliche,
„der Glückliche und der Maler.“ — —

Viktor ſah den Glücklichen neben ſich, der ſein Freund war, mit
feuchten Augen an und ſagte: das warſt du werth! — Aber nun ſtachen
ihn zwanzig Spornräder, Agathen nachzufolgen ins Schloß, die Feder=
zeichnung des Malers — die Kleiderordnung — die Verwandtſchaft —
die Begierde, die jeder Menſch hat, die Huldin und Infantin ſeines
Freundes zu ſehen — die Begierde, die nicht jeder hat, aber er, jemand
zum erſtenmale (lieber als zum achtenmale) zu ſprechen — am meiſten der
geſtrige Abend. Flamins Feuer hatte Viktors Bruſt geſtern ganz voll
Zunder gebrannt, durch welchen lauter Funken liefen — er hätt’ ihm
alles gleichgültig vorſtellen ſollen, weil der Kampf gegen die Liebe ſich
vom Kampfe für ſie in nichts unterſcheidet, als in der Rangordnung.
Aber der Leſer glaube ja nicht, jetzo werde (wie in einem entmannten
und entmannenden Roman) in der Biographie der Teufel losgehen und
der Held ins Schloß marſchieren und da vor Klotilden hinfallen und
kniefällig ſtehen: „ſei die Heldin“ und ſich mit ihr herumzanken aus Liebe
und mit dem vorigen Paſtor Fido aus Haß, und werde wirklich nichts

anders machen als den ästhetischen selbstsüchtigen empfindsamen — Schuft. Wenn ich letztes wünschte, so könnt' ich mich nur damit entschuldigen, daß ich dann etwan zu einigen biographischen Mordthaten und Duellen käme; ich hoffe aber, ich werde schon ohne Nachtheil der Moral und ehrlich es zu einem und dem andern Mord- und Todtschlag in diesen Blättern treiben — wenigstens im letzten Bande, wo jeder ästhetische Schnitter seine Leute ausholzet und die Hälfte in die Oubliette oder Familiengruft des Dintenfasses wirft.

Viktor hatte zu viel Jahre und Bekanntschaften, um so ohne Respekt-Tage und Doppel-Uso — auf dem Platze — noch vor dem Abendessen — cito citissime — was hast du was kannst du — verliebt zu werden. Sein Sehnerve zerfaserte sich täglich in feinere zartere Spitzen, und berührte alle Punkte einer neuen Gestalt, aber die wunden Fühlfäden krümmten sich leichter zurück; in jedem Monate machte ein ungesehenes Gesicht, wie neue Musik, einen stärkern und kürzern Eindruck. Er konnte sich nur in die Liebe hinein — reden, nicht hineinschauen. Blos Worte, von Tugend und Empfindung beflügelt, sind die Bienen, die den Samenstaub der Liebe in solchen Fällen von einer Seele in die andre tragen. Eine solche bessere Liebe aber wird vom kleinsten unmoralischen Zusatz vernichtet; wie könnte sie sich zusammensetzen und heraufläutern in einem besudelten Herzen, das der Hochverrath gegen einen Freund erfüllte?

Viktor wollte schon um halb zehn Uhr ins Schloß, aber die Kammerherrin hatte die Augenbraunen und den Seidenpudel noch nicht ausgekämmt. — Seebaß brachte ein Billet an Flamin:

„Ich sehe Sie, mein Theuerster, heute nicht. Mich binden drei „Grazien an; und die dritte haben Sie selber geschickt. Sagen Sie „Ihrem brittischen Freunde, er soll mich lieben, da ich Sie liebe. Ohne „Sympathie kann wol die Chirurgie bestehen, aber nicht die Freundschaft.

Ihr

Matthieu.“

Ein närrisches Billet! Als Viktor hörte, daß Agathe die britte - Grazie sei: so war ihm ein großes Loch in den Vorhang des Theaters geschnitten, auf welchem Matthieu Flamins Freund und Agathens — ersten Liebhaber machte. Nichts ist fataler als ein Nest, worin lauter Brüder oder lauter Schwestern sitzen; gemischt zu einer bunten Reihe muß das Nest sein, Brüder und Schwestern nämlich schichtweise gepackt, so daß ein 'ehrlicher pastor fido kommen und nach dem Bruder fragen kann, wenn er blos nach der Schwester aus ist; und so muß auch die Liebhaberin eines Bruders durchaus und noch nöthiger eine Schwester haben, deren Freundin sie ist, und die der Henkel und Schaft am Bruder wird. Unsre türkische Anständigkeit verlangte also, daß Matthieu mit seinem Operngucker nach Flamin zielte, um Agathen zu sehen; und daß Klotilde diese besuchte, da Flamin als Mann ohne Ahnen, aber von Ehre, durchaus seine bürgerlichen Besuche dem kammerherrlichen Hause nicht aufdrang. Klotilde kam oft und war dadurch in einem mir bis jetzt un= aufgelöseten Widerspruch mit ihrem weiblich=erhabenen Charakter.

Flamin tauchte Matthieu's Bild in einen ganz andern Färbekessel, als der Mutter ihren, ein lüderliches Genie war er und nichts schlimmers. Er machte alles in der Welt nach, und ihn konnte man nicht nachmachen er konnte alle Spieler der Flachsenfinger Truppe nachspielen und trave= stieren, und die Logen dazu — er verstand mehr Wissenschaften als der ganze Hof und mehr Sprachen, bis sogar auf die Stimmen der Nachtigall und des Hahns, welche er so täuschend nachmachte, daß Petrarka*) und Petrus davongelaufen wären — er konnte bei den Weibern thun was er wollte, und jede Hofdame entschuldigte sich mit der andern — denn es gehörte einmal zum Ton in Flachsenfingen, seine Treue einmal auf die Probe gesetzt zu haben. — Man sagt, die Liebe gegen ihn wurde wie ein Strumpf bei der Wade zu stricken angefangen, es ist aber grundfalsch — es ist daher bei so einer ununterbrochenen Mäßigkeit in Hofluftbar=

---

*) Petrarka mied (wie deutsche Rezensenten) die Nachtigallen und suchte die Frösche.

keiten kein Wunder, daß er stärker und gesünder war, als der ganze
ausgebrannte abgedampfte Hof — nur stechend war er zu sehr und zu
philosophisch und fast zu schelmisch.

Ich, Viktor und der Leser haben noch immer nur eine unbestimmte
verwischte Kreidenzeichnung von Matthieu im Kopf. Meinem Helden
gefiel er ein wenig, wie jeder exzentrische Mensch einem exzentrischen; es
war sein Fehler, daß er der Kraft zu leicht die ihrigen, sogar moralische
verzieh. — Mit verdoppelter Neugierde trat er seinen Weg ins Schloß
oder vielmehr in dessen großen Garten an, der an jenes seinen Halb=
zirkel von grünen Schönheiten anschließt. Er lief im Hafen eines Lauben=
ganges ein, und freute sich, wie der durchlöcherte Schatten der Lauben,
um deren Eisen=Gerippe sich weiche Zweige wie sanftes Haar um Haar=
nadeln wickelten, blendend über seinen Körper glitt. Neben seinem
Laubengange strich ein anderer gleich. Er ging versäeten schwarzen
Papierschnitzeln als Wegweisern nach. Das Geflüster des Morgenwindes
warf von einem Zweige ein Blättchen seines Papier herab, das er nahm,
um es zu lesen. Er war noch über der ersten Zeile: „der Mensch hat
dritthalb Minuten, eine um einmal zu lächeln . . ." als er an einen fast
wagrechten Zopf anstieß, der eine schwarze Herkules=Keule war, ver=
glichen mit meinem oder des Lesers geflochtenen Haar=Röhrchen. Den
Zopf stülpte ein niedergekrempter Kopf empor, der in einem horchenden
Zielen aus einer Lauben=Nische eine weibliche Silhouette ausschnitt,
deren Urbild im Nebenlaubengang mit Agathen sprach. Auf Viktors
Geräusch kehrte die Person, der man das Halbgesicht durch die Nische ent=
wendete, sich verwundert herum und erblickte den Inhaber des Cyklopen=
Zopfes mit der Silhouettenscheere und den Helden der Hundsposttage.
Der Inhaber drückte, ohne weiter ein Wort zu sagen, seine Künstler=
Hand durch das Gesträuch und langte ihr ihren Schattenriß oder Schatten=
schnitt hinaus. Agathe nahm ihn lächelnd; aber die Ungenannte schien
jenen Ernst, der sich auf weiblichen Gesichtern in nichts von der Ver=
achtung unterscheidet, als in der Zweideutigkeit, gegen den Form= und
Gesichterschneider anzunehmen, weil er den Verdacht des Horchens durch

seine Scheere zu sehr erweckte. Viktor konnte von der Ungenannten noch nichts als die Länge wahrnehmen, die, obgleich ein wenig vorgebogen gehalten, doch über das Gewöhnliche ging. Der Gesichterschneider drehte sich mit zwei blitzenden schwarzen Augen gegen Viktor herum, empfing ihn recht artig, wußte dessen Namen, sagte seinen eignen — — Matthieu — und hatte beim achten Schritt schon vier gute Einfälle gehabt. Der fünfte war, daß er meinen Helden ungebeten dem Paar in der Seiten= laube vorstellte.

Das Laubsprachgitter hörte auf, eine weibliche Gestalt trat hervor, und Viktor war darüber so betroffen, daß er, der wenig von Ver= legenheiten wußte, oder durch sie nur geistreicher wurde, seine Anzug= predigt ohne das Exordium anfing. Und das war — Klotilde.

Als sie drei Worte sagte: hörte er so sehr auf die Melodie, nicht auf den Text, daß er nichts davon verstand ...

— Hier liegt auf dem schneeweißen Grunde von Schweizerpapier eben die Silhouette neben mir, die Matthieu von ihr mit der Scheere ge= nommen. Mein Korrespondent will haben, ich soll Klotilden ungemein schön vorschildern (er sagt, 100 Dinge sind sonst in dieser Historie nicht zu begreifen), und deswegen schickt er mir (weil er meiner Phantasie nicht trauet) wenigstens ihren Schattenriß. Und der soll auch unter dem Schreiben in einem fort angesehen werden, um so mehr, da er einem schönsten andern weiblichen Engel, der je aus einem unbekannten Para= dies in diese Erde hereingeflogen, gleichsam aus den Augen oder vielmehr aus dem Gesicht geschnitten ist — ich meine das Fräulein von **, jetzige Hofdame in Scheeran; ich weiß nicht, ob sie alle Leser kennen.

Viktor kam es vor, als wenn auf einmal sein Blut herausgedrungen wäre und mit warmen Berührungen außen auf der Haut seine Zirkel beschriebe. Endlich brachte Klotildens kaltes Auge, das nicht der trunkene Stolz auf Reize, sondern der nüchterne zurücktretende und nur dem weiblichen Geschlechte eigne auf Unschuld regierte, und — ihre Nase, die zu viel Besonnenheit verrieth, seinen neuen Adam wieder auf die Beine, auf den sich schon der alte gesetzt hatte. Er pries sich glücklich, daß er

Flamins Freund sei, und mithin auf ihre Aufmerksamkeit und ihren Um=
gang einige Rechte habe. — Gleichwol war ihm noch immer, als wenn
alles, was sie thäte, zum erstenmale in der Welt geschähe, und er gab
auf sie Acht wie auf einen operierten Blindgebornen oder auf einen Omai
oder einen Li=Bu. Er dachte immer, „wie sollt' ihr wol das Sitzen
„lassen — oder das Darreichen eines Fruchttellers — oder das Essen
„einer Kirsche — oder das Niedersehen in ein Briefchen." Ich bin noch
ein ärgerer Narr neben der besagten Hofdame.

Endlich kam in den Garten Le Baut nach der ersten Toilette, und
seine Frau nach der zweiten. Der Kammerherr — ein kurzes, biegsames,
geschnürtes Ding, das vor dem Teufel in der Hölle den Hut abziehen
wird, wenn's hineintritt — empfing den Sohn seines Erbfeindes unge=
mein verbindlich, und doch mit Würde, zu welcher ihm aber nicht sein
Herz, sondern sein Stand die Kräfte gab. Viktor hegte, eben weil er sich
ihn beleidigt dachte, zuvorkommendes Wohlwollen für ihn. Obgleich
Le Bauts Zunge fast wie seine Zähne falsch und eingesetzt waren, und
mithin die aus Zahn= und Zungenbuchstaben gemachten Wörter auch:
so gefiel er doch mit seinen weder plumpen, noch unhöflichen Schmeiche=
leien — wozu auch seine Stellungen und Absichten gehören — unserm
aufrichtigen Viktor, welcher seine Schmeichler, als Schwache, nicht hassen
konnte. Die Kammerherrin — die schon in den Jahren war, die eine
Kokette zu verhehlen sucht, ob sie gleich die vorhergehenden noch eher
zu verbergen hätte — nahm unsern gutmeinenden Helden mit der auf=
richtigsten Stimme auf, die noch aus einem falschen Judasbusen gekom=
men, und mit dem listigsten Gesicht, auf dem nie die Täuschungen der
Liebe (wie es schien) Platz zu einer Miene hatten finden können.

Die neue Gesellschaft nahm auf einmal Viktors Verlegenheit weg.
Er bemerkte zwar bald die besondern Fecht= und Tanz=Stellungen des
Bundes gegen einander: Klotilde schien gegen alle zurückhaltend und
gleichgültig, außer gegen ihren Vater nicht — die Stiefmutter war fein
gegen den Kammerherrn, hochmüthig gegen die Stieftochter, verbindlich
gegen Viktor und leicht= und gehorchend=kolet gegen Matthieu — dieser

war gegen das Ehepaar abwechſelnd ſchmeichleriſch und ſpottend, gegen
Klotilde eiskalt, und gegen meinen Helden ſo höflich, wie Le Baut gegen
alle. Gleichwol war Viktor froher und freier als alle, nicht blos weil er
im Freien war — da ein Zimmer allemal wie ein Stockhaus auf ihm
lag und ein Seſſel wie ein Fußblock — ſondern weil er unter ſ e i n e n
Leuten war, die (trotz der ſpitzigſten Verhältniſſe) dem Geſpräche vier
Schmetterlingflügel geben, damit er — als Gegenſpiel der klebenden
Raupe, die ſich in jedem Dorn aufſpießet — ohne Getöſe in kleinen
Bögen über Stacheln fliege und nur auf Blüten falle. Er war der
größte Freund ſeiner Leute und ſeiner Wendungen; daher ging er ſo gern
in die Geſellſchaft eines Fontenelle, Crebillon, Marivaux, des ganzen
weiblichen Geſchlechts und beſonders des anſtändig koketten Theils deſ=
ſelben. Man werde nicht irre! Ach an ſeinem Flamin, an ſeinem
Dahore, an großen über die feinen, feigen, leeren Mikro=Kosmologen der
großen Welt erhabnen Menſchen hing glühend ſeine ganze Seele; aber
eben darum ſuchte er zur größern Vollkommenheit die kleinern als Ge=
bräme und Eckenbeſchläge mit ſo vielem Eifer auf.

Vier Perſonen hatten jetzt auf einmal vier Sehröhre auf ſeine Seele
gerichtet; er nahm gar nichts in die Hand, weil er zu gutmüthig und zu
freudig war', um der Spion eines Herzens zu ſein; und erſt nach Ver=
lauf einiger Tage beobachtete er an einem Geſellſchafter das zurückge=
bliebene Bild in ſeinem Kopf. Er verbarg ſich nicht — und wurde doch
falſch geſehen; gute Menſchen können ſich leichter in ſchlimme hinein=
benken, als dieſe in jene — er errieth beſſer, als er errathen wurde.
Blos Klotilde verdient eine Schutzrede, daß ſie meinen Helden bis nach
dem Eſſen — unter welchem Le Baut, der größte Erzähler dieſes er=
zählenden Jahrhunderts, ſeine Rolle durchführte — für zu boshaft und
ſatiriſch hielt. Sie mußte aber faſt; — eine Frau erräth leicht die
menſchliche, aber ſchwer die göttliche (oder teufliſche) Natur eines Man=
nes, ſchwer ſeinen Werth und leicht ſeine Abſichten, leichter ſeine innere
Farbengebung als ſeine Zeichnung. — Matthieu gab Anlaß zu ihrem
Irrthum, aber auch (wie ich ſogleich berichten werde) zur Zurücknahme

deffelben. Diefer Evangelift, der ein viel größerer Satirikus war als
fein Namenvetter im N. T., stellte fast ganz Flachsenfingen auf feine
Privat=Pillory, den Fürsten, den Hof bis zu Zeuseln nieder — nur
den Minister (feinen Vater) und feine vielen Schwestern mußt' er leider
auslassen, desgleichen die Personen, mit denen er gerade sprach. Was
man Verläumdung an ihm nannte, war im Grunde übertriebne Herrn=
huterei. Denn da der heilige Makarius befiehlt, daß man sich aus
Demuth zwanzig Unzen Böses beilegen müsse, wenn man dessen fünf
habe — das Gute aber umgekehrt — so suchen redliche Hofseelen, weil sie
sehen, daß keiner diese bescheidene Sprache führen will, in jedes Namen
sie zu reden, und schreiben dem, dessen Demuth sie repräsentieren wollen,
allezeit funfzehn Unzen mehr Böses und weniger Gutes zu, als er
wirklich hat. Hingegen bei gegenwärtigen Personen haben sie diese stell=
vertretende Genugthuung nicht nöthig. Daher ist das Leben solcher Hof=
Edeln ganz bramatisch; denn da nach Aristoteles die Komödie die Men=
schen schlechter, und die Tragödie sie besser malt, als sie sind, so
lassen gedachte Edle in jener nur Abwesende, in dieser nur
Gegenwärtige agieren. Ich weiß nicht, ob diese Vollkommenheit
hinreicht, einen wirklichen Fehler des Evangelisten gut zu machen, welches
der war, daß er, wie die Römer an Luperkalien, zu oft nach dem weib=
lichen Geschlecht Hiebe führte. So sagte er heute z. B.: Mädchen und
Himbeere hätten schon Maden, eh' sie nur reif wären — die weibliche
Tugend wäre das glühende Eisen, das eine Frau (wie auch sonst bei den
Ordalien) vom Taufstein (Tauftag) bis zum Altar (Trautag) zu
tragen hätte, um unschuldig zu sein u. s. w.

Nichts fiel Klotilden — und so hab' ich's allemal bei den Besten
ihres Geschlechts gefunden — empfindlicher, als Satire auf ihr ganzes
Geschlecht; aber Viktor erstaunte über ihre dem Geschlecht und der Welt=
erfahrenheit gleich sehr eigne Kunst, es zu verbergen, daß sie — dulde
und verachte.

Des Evangelisten Beispiel machte, daß auch Viktor anfing zu phos=
phoreszieren auf allen Punkten seiner Seele — der Funke des Witzes

umlief den ganzen Kreis seiner Ideen, die einander wie Grazien bei der
Hand faßten, und sein elektrisches Glockenspiel übertraf des Junkers Ent-
ladungen, welche Blitze waren und nach Schwefel stanken. Klotilde, die
sehr beobachtete, mißtrauete den Lippen und dem Herzen Sebastians.

Der Hofjunker hielt ihn für seines Gleichen und für verliebt in
Klotilde; und das aus dem Grunde, „weil der lustigere oder ernstere
„Ton, worin ein Mann in einer Gesellschaft verfalle, ein Zeichen sei,
„daß ein weiblicher Zitteraal darin in seinen Busen eingeschlagen.“ Ich
muß es gestehen, Viktors überwallende Seele ließ ihn nie jenen Ausdruck
der Achtung für Weiber treffen, der sich nicht in unzeitige Zärtlichkeit
verirrt, und den er oft gebildeten Weltleuten beneidete; seine Achtung
sah leider allemal wie eine Liebeklärung aus. — Die Kammerherrin
hielt ihn für so falsch wie ihren Zizisbeo; Leute, wie sie, begreifen kein
anderes Wohlwollen als höfliches oder einfädelndes.

Man behielt unsern Helden den ganzen Tag und den halben Abend
drüben.

Den ganzen Tag war er nicht im Stande — obgleich die unsichtbaren Augen seines innern Menschen voll Thränen standen über Klotildens edle Gestalt, über ihre verborgne Trauer um die kalte hinabgesenkte
Freundin, über ihre rührende Stimme, wenn sie blos mit Agathen
sprach — gleichwol war er nicht im Stande, nur ein ernsthaftes Wort zu
sagen: gegen Fremde zwang ihn seine Natur allemal im Anfang einige
satirische und andere Hasensprünge zu machen. Aber Abends, da man
im feierlichen Garten war, da sein gewöhnlicher Schauer vor der Leerheit
des Lebens durch die Lustigkeit heftiger wurde — das wurde jener dadurch
allezeit; hingegen durch ernsthafte, traurige, leidenschaftliche Gespräche
nahm er ab — und da Klotilde ihm blos eine sehr kalte, gleichsam von
einem Vater auf ihn angewiesene Höflichkeit gewährte, und den Unterschied
zwischen ihm und dem Matthieu, der keine zweite Welt und keinen dafür
organisierten innern Menschen annahm, nicht in seiner ganzen Größe
errieth: so wurd' ihm beklommen ums sehnende Herz, zu viele Thränen
schienen seine ganze Brust anzufüllen und durchzudrücken, und so oft er

zu dem großen tiefen Himmel aufblickte, sagte etwas in seiner Seele: schier dich gar nichts um den feinen Cercle und rede heraus!

Aber es gab für ihn nur Eine Seele, an der jene Erhöhtritte wie an Pedalharfen geschaffen waren, die jedem Gedanken einen höhern Sphärenton ertheilen, dem Leben einen heiligen Werth und dem Herzen ein Echo aus Eden; diese Seele war nicht sein sonst so geliebter Flamin, sondern sein Lehrer D a h o r e in England, den er ach schon lange aus seinen Augen, aber nie aus seinen Träumen verloren. Der Schatten dieses großen Menschen stand gleichsam an die Nacht geworfen, flatternd und aufgerichtet vor ihm und sagte: „Lieber, ich sehe Dein inneres „Weinen, Dein frommes Sehnen, Dein ödes Herz und Deine aus= „gebreiteten bebenden Arme; aber alles ist umsonst: Du findest mich „nicht und ich Dich nicht.“ Er schauete an die Sterne, deren erhebende Kenntniß sein Lehrer schon damals in seine junge Seele angeleget hatte; er sagte zu Klotilden: „die Topographie des Himmels sollte ein Stück „unserer Religion sein; eine Frau sollte den Katechismus und den Fon= „tenelle auswendig lernen.“ Er beschrieb hier die astronomischen Stun= den seines Dahore und diesen selber. —

Aus Klotildens Angesicht brach eine große Verklärung, und sie zeichnete mit Worten und Mienen ihren eignen astronomischen Lehrer im Stifte ab — daß er eben so edel sei und eben so still — daß seine Gestalt so gut besser mache, wie seine Lehre — daß er sich E m a n u e l nenne und keinen Geschlechtnamen führe, weil er sage: „am verfliegenden Menschen, „an seinem so eilig versinkenden Stammbaum, sei zwischen dem Ge= „schlechtnamen und Taufnamen der Unterschied zu klein“ — daß leider seine veredelte Seele in einem zernickten Körper lebe, der schon tief ins Grab einhänge — daß er nach der Versicherung ihrer Aebtissin der sanf= teste und größte Mensch sei, der noch aus Ostindien (seinem Vaterlande) gekommen, wiewol man über einige Sonderbarkeiten seiner Lebensart in Maienthal wegzusehen habe. — —

Matthieu, dessen Witz die Schönheitlinie, den Giftzahn, den Sprung und die Kälte den Schlangen abborgte, sagte leise und unbefangen:

„es ist gut für seinen siechen Körper, daß er hier nicht Astronom und
„Nachtwächter zugleich wurde; er suchte vor einigen Jahren darum an,
„um ein Sehrohr und ein Horn." — — Klotilde wurde zum erstenmale
von einer zürnenden Röthe überflogen, wie der Morgen vor dem Regen:
„wenn Sie ihn (sagte sie schnell) blos aus meiner Schilderung kennen, so
„können Sie diese Sonderbarkeit unmöglich unter den seinigen suchen."
Aber der Kammerherr trat dem Junker bei und sagte, Emanuel sei
wirklich vor fünf Jahren mit diesem Gesuche abgewiesen worden. Klotilde
sah den einzigen, dessen Aufmerksamkeit nicht ironisch war, unsern Viktor,
den der Wiederschein ihrer Verklärung schmückte, wie um Hülfe an, und
fragte mehr hoffend als behauptend: „sollte man so etwas einem solchen
„Kopfe zutrauen?" —. „Meinem Kopf eher" — (versetzte er, um aus=
zuweichen; denn er, der dem jetzigen Pabste widersprochen hätte, konnte
oft unmöglich schönen Lippen widersprechen, zumal einer mit so vieler
Hoffnung auf sein Nein vorgelegten Frage derselben) — „so oft ich
„Nachts durch Dörfer gehe, so hör' ich den leiblichen Nachtwächter lieber
„als den geistlichen. In der horchenden stillen Nacht, unter dem ausge=
„breiteten Sternenhimmel liegt im homiletischen Eulengesang des Nacht=
„wächters etwas so Erhabnes, daß ich mir hundertmal ein Horn wünschte
„und sechs Verse." —

Der Kammerherr und sein Associé hielten's für verfehlte Persiflage;
letzter setzte die seinige — vielleicht um Klotilden, zum Vortheil seiner
mit Unterziehbusen und Unterziehfleiß bewaffneten Herzens=Zaarin, zu
mißfallen — unverschämt fort, und führte an: das beste Mittel, den
namhaften Namenlosen traurig zu machen, sei ein sehr lustiges, eine
Komödie — freilich rührte ihn noch stärker ein Possenspiel, wie er selber
an ihm in Göthe's moralischem Puppenspiel oder Jahrmarkt gesehen.

Da flog dem betroffenen Viktor ein neues Gesicht und eine neue
Stellung an; denn er war gerade wie Emanuel. Ein Jahrmarkt mit
seinen hinab= und hinauflaufenden Menschen=Bächen — mit dem Vor=
und Zurückspringen der Gestalten wie an einer Bilderuhr — mit der
fortsummenden Luft, in der Geigengeschrei und Menschengezänk und

Viehgeblök zu einem einzigen betäubenden Brausen zusammenfließen —
und mit den Buden = Waarenlagern, die ein musivisches Bild des kleinen
aus Bedürfnissen zusammengeflickten Lebens reichen — — ein Jahrmarkt machte durch alle diese Erinnerungen an die große frostige Neu-
jahrsmesse des Lebens Viktors edlen Busen schwer und voll; er ver-
sank süß=betäubt in das Getöse, und die Menschen=Reihen um ihn
schloßen seine Seele in ihre stillern Phantasien ein.   Das war die
Ursache, warum ihn Göthe's hogarthisches S c h w a n z st ü ck eines Jahr-
markts (so wie Shakspeare) immer melancholisch zurückließ; so wie er überhaupt gerade im Niedriglomischen das hohe Ernsthafte am liebsten fand
— (Weiber sind nur zum umgekehrten Funde fähig) — und ein komisches Buch ohne jeden eblern Zug und Wink (z. B. Blumauers Aeneis)
kount' er so wenig wie La Mettrie's ekelhaft lachendes Gesicht ertragen,
oder die Gesichter auf den Titelkupfern des Vademekums. — —

Er vergaß sich und die Nachbarschaft wie ein wahrer Jüngling,
breitete die Arme halb aus und sagte mit einem Auge, an dem man die
sehnsüchtig an einem Bilde Emanuels arbeitende Seele sah: „nun kenn'
„ich dich, du Namenloser! du bist der hohe Mensch, der so selten ist. — — —
„Ich versichre Sie, Herr v. Schleunes, an Hrn. Emanuel ist was!....
„Nein, unter diesem Leben im Flug sollte doch das Ding, das so prac-
„tissimo hinschießt aus einem Regenschauer in den andern und von
„Gewölke zu Gewölke, doch nicht in einem fort den Schnabel auffsperren
„zum Gelächter... Ich las heute wo: der Mensch hat nur brittehalb
„Minuten, und nur eine zum Lächeln....." Er war ganz in seine Gefühle verirrt: sonst hätt' er mehr zurückbehalten, besonders die letzte Zeile
aus dem im Garten gefundnen Blättchen.   Klotilde wurde über irgend
etwas betroffen.   Er hätte jetzo gern das Blättchen hinausgelesen.   Sie
erzählte ihm nun diejenigen Sonderbarkeiten von ihrem Lehrer, in die sie
sich besser zu finden wußte: daß er ein Pythagoräer sei — nur in weißen
Kleidern gehe — mit Flöten sich einschläfern und wecken lasse — keine
Hülsenfrüchte und Thiere esse — und oft die halbe Nacht unter den
Sternen gehe.

Er ruhte, in stummes Entzücken über den Lehrer verloren, mit
enthusiastischen Augen auf den freundschaftlichen Lippen der Schülerin,
die der Geschmack an einem erhabnen Sonderling adelte. Sie fand hier
den ersten Mann, den sie in einen ungeheuchelten Enthusiasmus für
ihren pythagorischen Liebling setzte; und alle ihre Schönheiten wandten
sich blühend nach Emanuels Bild, wie Blumen nach der Sonne. Zwei
schöne Seelen entdecken ihre Verwandtschaft am ersten in der gleichen
Liebe, die sie an eine dritte bindet. Das volle begeisterte Herz verschweigt
und verhüllt sich gern in einem Putzzimmer, das lauter ungleichartige
hegt; aber wenn es darin sein zweites antrifft, so muß es darüber sein
Verstummen und Verhüllen und das Putzzimmer vergessen.

Viktors Quecksilber seiner morgendlichen Lustigkeit war um zehn
Grade gefallen. In seiner dämmernden Seele ragte nichts hervor als
der Zettel, den er lesen wollte und auch schon las draußen auf der Gasse;
und vorher schied er.

Das Blatt war aus Klotildens fliegendem Stammbuch geflattert
und von — Emanuel geschrieben.

„Der Mensch hat hier dritthalb Minuten, eine zu lächeln — eine
„zu seufzen — und eine halbe zu lieben; denn mitten in dieser Minute
„stirbt er.

„Aber das Grab ist nicht tief, es ist der leuchtende Fußtritt eines
„Engels, der uns sucht. Wenn die unbekannte Hand den letzten Pfeil an
„das Haupt des Menschen sendet: so blickt er vorher das Haupt, und der
„Pfeil hebt blos die Dornenkrone von seinen Wunden ab*).

„Und mit dieser Hoffnung zieh' aus Maienthal, edle Seele; aber
„weder Welttheile, noch Gräber, noch die zweite Welt können zwei Men=
„schen zertrennen oder verbinden; sondern nur Gedanken scheiden und
„gatten die Seelen. —

*) Vielleicht eine Anspielung auf das für die Phantasie liebliche Mährchen,
daß in Neapel ein Crucifix, da darin Alphons 1439 belagert wurde, den Kopf vor
einer Kanonenkugel neigte, die also nur die Dornenkrone nahm. Voyage d'un
François. T. VI. p. 303.

„O Dein Leben hänge voll Blüten! Aus Deinem ersten Paradies-
„müsse ein zweites, wie mitten aus einer Rose eine zweite, sprießen! Die
„Erde müsse Dir schimmern, als ständest Du über ihr und sähest ihrem
„Zug im Himmel nach! — Und wie Moses starb, weil ihn Gott küßte:
„so sei Dein Leben ein langer Kuß des Ewigen! Und Dein Tod werde
„meiner.“ ...   Emanuel.

„O du guter, guter Geist! (rief Viktor) ich kann Dich nun nicht mehr
„vergessen — Du mußt, Du wirst mein schwaches Herz annehmen!“
Von seinen innern Saiten waren jetzt die Dunsttropfen, die ihren Klang
aufhielten, abgefallen. Sein Kopf wurde eine helle Landschaft, in der
nichts stand, als Emanuels glänzende Gestalt. Er kam mit einem selig
bewegten Angesicht spät im Pfarrhaus an; und in dieser Glut stellte er
vor seinen Zuschauern das Bild von Klotilden auf, dem er von einem
Engel alles, sogar Flügel gab, welche ein kurzes Verweilen drohten.
Seine Freundschaft erhob ihn über den Argwohn eines Argwohns so sehr,
daß er seinem Freunde keine wärmere und zärtere Probe derselben zu geben
glaubte, als durch das stärkste sympathetische Lob Klotildens; Flamins
Liebe gegen sie ging durch die Freundschaft in seine Seele über. Die
Empfindung für die Geliebte eines Freundes führt eine unnennbare
Süßigkeit und moralische Zartheit mit sich. Für Viktor steh' ich in diesem
Punkte, daß er zwar begriff, wie ein Freund dem andern die Liebe zum
Opfer bringen, aber nicht, wie der andere das Opfer annehmen könne;
allein für Flamin sag' ich nicht gut, daß er kalt und Menschenkenner
genug ist, um die Preismünzen, die Viktor auf Klotilden schlägt, und
worauf er ihr schönes Angesicht und sein Wappen setzt, immer für eben
so viele Münzen de confiance und für Pfänder der brüderlichen Treue
anzusehen. Er war zu brausend und zu ehrgeizig, um die Wahrheit zu
sehen, ja nur anzuhören: denn sein offenherziger Freund mußte manchen
zärtlichen Tadel unterdrücken, der ihn zu sehr gekränkt hätte, weil er zuviel Ehrgeiz und Feuer und zu wenig Selbervertrauen hatte. Daher
heftete sich ein Schmeichler wie Matthieu mit seinen Epheu-Häkchen besto
fester in die Risse dieses Felsen ein. Da er ein wenig barsch den namen-

losen Emanuel einen Schwärmer nannte: so sagte Viktor von diesem heute wenig. Flamin konnte — weil er entweder ein Jurist oder ein hitziger Kopf oder beides war — nichts so wenig ausstehen, als Poeten, Philosophen, Hofleute und Enthusiasten — einen ausgenommen, der alles das auf einmal war, seinen Sebastian Viktor.

Fünfter Hundsposttag.

Der dritte Mai — die Nachtigall — der auf der Musik sitzende Abbate.

Ich muß überhaupt voraus bemerken, daß ich sehr dumm wäre, wenn ich die Menge von Unwahrscheinlichkeiten in dieser Historie nicht merkte; aber ich merke sie sämmtlich gut; ja ich habe solche — z. B. die in Klotildens Betragen, oder die des medizinischen Doktorats des Helden — noch eher als der Leser selber wahrgenommen, weil ich alles eher — gelesen habe. Ich schob es daher nicht länger auf, sondern ging mit der heutigen Hofmanns-Post meinen Korrespondenten an, mir das nächstemal durch den Hund in seiner Portraitbüchse zu schreiben, woran wir alle wären. — Ich schrieb's ihm gerade zu, er müßte den Henker davon, obwol aber ich, von den Lesern und ihrer Tyrannei — ich müßt' ihm sagen (sagt' ich), sie wären Leute von Verstand, denen ein Lebensbeschreiber, ja ein Romanbauherr nicht mit Dichtertruge kommen dürfte, sondern die sagten, wie der Areopag, „das nackte historische Faktum her, ohne alle „weitere poetische Einkleidung." — Und es nähme mich überhaupt Wunder (fuhr ich fort), daß er noch nicht wüßte, daß sie soviel, theils Verstand, theils vierblätterigen Klee*) in sich hätten, daß sie die größten Verfasser und Trauerdichter, wenn diese sein seien und sie durch ästhetische

---

*) Dieser Klee macht, zufällig gefunden, daß man nicht mehr zu täuschen ist. Bisher fanden ihn nur — Fürsten und Philosophen.

Gaukeleien entweder wie Schröpfer in Furcht oder wie Bettler in Mit=
leiden setzen wollten, daß sie diese kaltblütig sich abarbeiten ließen und
sagten: „wir lassen uns nicht fangen." — Gleichwol wären die Rezen=
senten noch toller und gescheidter und vielleicht die besten jetzigen Skoto=
meter (Dunkelmesser), zumal da sie so elende Photometer (Licht=
messer) wären. — Und endlich sagt' ich meinem historischen Adjutanten
gerade heraus, er hätte keinen Schaden davon, ich jedoch, daß man mich
in mehre Sprachen übersetzte und darin für jede Unwahrscheinlichkeit des
Textes in das Geißelgewölbe einer Note hinunterzöge und da sehr striche,
indeß ich nicht den Mund aufthun dürfte, wenn der verdollmetschende
Spitzbube, der meinen Kürbißflaschenkeller wie ein Faß Wein aus einem
Land ins andre führe, den Wein unterweges wie alle Fuhrleute mit
Wasser außen begöße und innen nachfüllte. — Er sollte mir nur wenig=
stens, bat ich, Antwort geben, damit ich sie den Lesern zeigen könnte als
einen Beweis, daß ich ihm geschrieben. — —

Im nächsten Hundsposttag möchten also in jedem Falle große Dinge
zu erwarten sein. —

Noch dazu fällt der vierte Mai hinein mit seinen, wie es scheint,
wichtigen zwei Dankfesten für die Ankunft der zwei Sebastiane, des kleinen
in der Welt, des großen im Babdorfe. Sogar Klotilde ist morgen dabei;
und Viktor ist recht begierig (ich selber), sie in der Sonne der Liebe zu
sehen neben Flamin: denn drüben schienen alle ihre Schönheiten ein vom
Stral der Liebe noch nicht getroffnes und gereiftes Herz zu umblühen, wie
Blumenblätter die weißen Herzblätter vor der Sonne überbauen. —
Matthieu kam heute zum Abschied, weil er morgen in die Stadt zurück=
fuhr. Er gefiel unserm Helden immer weniger; und eine Pagengeschichte,
die er von sich erzählte, erneuerte Viktors Entschluß, die Bitte der Pfar=
rerin um die Verscheuchung eines solchen Menschen frühe zu erfüllen.

Matthieu hatte als Page den Dienst bei der Oberhofmeisterin, ich
glaube den großen und den kleinen. Gleichwol mußt' er einmal einen
Abbate und Gewissensrath in ein Kabinet derselben bestellen, das der
Betstuhl und die heilige Stätte in einem Grabe sein sollte, den freilich ihr

dummer eiferfüchtiger Mann nicht begriff. Nun war im Nebenzimmer ein mufikalifcher Armfeffel, den man im Grunde mit nichts spielte, als mit dem Steiß: fobald man sich hineinfeßte, fing er feine Ouver= türe an, und ich faß einmal beim Fürften Efterhazy in so einem. Unfer Maß — so nennt ihn das ganze bürgerliche Flachfenfingen; einige Kanzleiverwandte heißen ihn auch den Evangeliften — beftellte den Abbate um zwei Stunden zu bald; fetzte aber, damit der Mann mit der tonfurierten Perücke nicht vom Paffen ermattete, vorher den muſizierenden Seffel hinein, als Ruhebank und Ankerplatz für matte Expektanten. Gegen drei Uhr Nachts, als die Gefellfchaft fort war, ausgenommen den Oberhofmeifter, fenkte der ftehensfatte Gewiffensrath feinen Rumpf endlich in den mit Favorit=Arien ausgepolfterten Sorgeftuhl, und weckte mit feinen Hofen die ganze Trauermufik und deren Mordanten darin auf, ohne die geringfte Möglichkeit, das Kabinet=Ständchen dieses Weckers zu ftillen. Der Ehegemahl ging endlich, wie ein Hering, den Final= kadenzen nach, und zog den mitten im Kontrapunkt und in Pralltrillern feßhaften Gewiffensmann aus feinem Orgelftuhl, und verfalzte ihm den Wachtelruf, glaube ich, durch kommandierte Prügel. Die Oberhofmeifterin errieth leicht den Meifter vom Stuhl, Maßen; aber so fehr gewöhnlich ift Verzeihung am Hofe — nicht blos vergangne Beleidigungen werden dort von guten Weiberfeelen vergeben, fondern auch zukünftige — daß die Hofmeifterin fich doch nicht eher an Maßen rächte — ob er gleich noch dritthalb Wochen ihr diente — als eben nach dritthalb Wochen . . . . .

Viktor zürnte über Flamins Gelächter; er liebte Laune, aber keine Neckerei. Sein verfüßtes Blut fing durch diefe Effigmutter allmälig zu verfäuern an gegen diefen Maß, deffen kalte ironifche Galanterie gegen die ehrliche Agathe ihn fchon empörte, deren phlegmatifcher, gleichfam ver= heiratheter Puls übrigens in deffen Ab= und in deffen Anwefenheit die= felben Schläge that. Noch mehr Sodbrennen und Säure fammelte fich in Viktors Herzen, weil er — der alles duldete, Eitle, Stolze, Atheiften, Schwärmer — gleichwol keine Menfchen dulden konnte, die die Tugend für eine Art von feiner Proviantbäckerei anfehen, die Wolluft für erlaubt,

den Geist für einen Almosensammler des Leibes, das Herz für eine Blut-
spritze und unsere Seele für einen neuen Holztrieb des Körpers. Dieses
aber that Matthieu, der noch dazu Neigung zum Philosophieren hatte,
und der den Freund Viktors, welcher ohnehin gegen die Dichter- und
Geisterwelt so kalt war wie ein Staatsmann, mit seinem philosophischen
Krebsgifte anzustecken drohte.

Abends suchte er ein wenig näher an Flamins Gehör in die zweite
Trompete der Fama gegen den entfernten Pseudo-Evangelisten zu stoßen.
Im Garten stieß er darein. Er nahm die Hand, deren die Matthäische
nicht würdig war, in seine bessere und fing mit der herzlichsten feinsten
Schonung, die man sogar der wahren Freundschaft für einen unächten
Freund gewähren muß, seinen Bildersturm an. Denn indem er die
Kammerherrin tadelte, daß sie auf Agathen Blicke von ihrem Wipfel her-
unterwürfe, die nichts reineres wären, als was sonst Affen vom ihrigen
auf die Leute schickten; und indem er den Hofjunker tadelte, daß er wie
viele Edelleute erst unter Edelleuten den ketzerischen Geruch eines Bürgerlichen am meisten (vielleicht durch Hülfe des Gegensatzes) verspürte, und
daß seine Worte und Mienen im Schlosse wie Eisspitzen ans gute warme
Herz Agathens anflögen: so war der Tadel dieses Maifrostes gegen die
Schwester nur ein Vorwand, in welchen er die Anmerkung einhüllte,
daß der Hofjunker Flamins Freund nicht sein würde, wenn er nicht
Agathens Liebhaber wäre. —

Flamins Schweigen (das Zeichen seiner Entrüstung) gab dem Strom
seiner Beredsamkeit einen neuen schnellern Abhang; noch dazu rief eine
in Le Bauts Garten dichtende Nachtigall alle Echo der Liebe aus seiner
Seele wach *). Daher ergriff er freilich Flamins beide Hände in jener
Ueberwallung, die immer seine Schritte zum Ziele in Sprünge umsetzte
und dadurch das ganze Ziel überrennte. — Viele Plane verunglücken,
weil das Herz dem Kopfe nacharbeitet, und weil man beim Ende der
Ausführung weniger Behutsamkeit aufwendet, als beim Anfange der-

---

*) 1795. 1798; nach 1819. 1826.   M.

felben. Er sah seinen Geliebten an, die Flötenkehle der Nachtigall setzte den Text seiner Liebe in Musik, und unbeschreiblich gerührt sagte er: „Du „bester! Dein Herz ist zu gut, um nicht von denen überlistet zu werden, „die Dich nicht erreichen. O wenn einmal die Schneide des Hoftons „blutig über die Adern Deiner Brust wegzöge" — (Flamins Miene sah wie die Frage aus: bist du denn nicht auch satirisch?) „o wenn der, der „keine Tugend und Uneigennützigkeit glaubt, auch einmal keine mehr be= „wiese; wenn er Dich sehr betröge, wenn die vom Hof gehärtete Hand „einmal Blut und Thränen wie ein Zitronenquetscher aus Deinem Her= „zen drückte: dann verzweifle doch nicht, nur an der Freundschaft nicht — „denn Deine Mutter und ich lieben Dich doch anders. O wahrlich, zu „der Zeit, wo Du sagen müssest: warum hab' ich nicht meinem Freunde „gehorcht, der mich so warnte, und meiner Mutter, die mich so liebte — „da darfst Du zu mir kommen, zu dem, der sich niemals ändert und der „Deinen Irrthum höher schätzet, als eigennützige Behutsamkeit; dann „führ' ich Dich weinend zu Deiner Mutter und sage zu ihr: „nimm ihn „ganz, nur du bist werth, ihn zu lieben." — Flamin sagte gar nichts „darauf. — „Bist Du traurig, mein Flamin?" — „Verdrießlich!" — „Ich bin traurig; die Klagen der Nachtigall tönen mich wie künftige „an," sagte Viktor. „Gefällt Dir diese Nachtigall, Viktor?" — „Unbe= „schreiblich, wie eine Freundin meines Innersten." — „So irret man, „Matthieu singt," versetzte schnell Flamin. Denn der Evangelist unterschied sich von einer Nachtigall in nichts als der Größe. — Und dann ging Flamin empfindlich und d o ch mit einem Handdruck davon.

Sechster Hundsposttag.

Der dreifache Betrug der Liebe — verlorne Bibel und Puderquaste — Kirchgang — neue Konkordaten mit dem Leser.

~~~~~~~~~

Knefs Antwort ist elend: „Aus dem vom 6ten dieses von Ew.
„Wohlgeboren erlassenen ersehe, daß das Publikum Geschmack hat und
„einige Feinheit — welches mich gar nicht wundert, da man solches den
„Goldplatten, die erst zwischen einem Buch von Pergament und dann
„zwischen zwei von Rindsblättern dünn und fein geschlagen werden,
„ähnlich behandelt, und es eben so von einem Buch ins andre thut, und
„darin durch den Druck der Preß=Bengel so fein macht wie Kavalier=
„papier. Wenn's Publikum noch ein paar Jahre so fortlieset, so kann's
„zuletzt gescheidter werden, als Deutschland selber. Anlangend die Un=
„wahrscheinlichkeiten in unserem Werke, so wären dergleichen freilich mehre
„zu wünschen, weil ohne diese eine Lebensbeschreibung und ein Roman
„schlecht gefallen, da ihnen der Reiz fehlet, womit uns das deutsche Ho=
„spital = und Narrenschiff voll romantischer Originalromane so sehr an=
„zieht — welches Schiff als Absonderungdrüse widerlicher Werke mit
„Recht die Leber der gelehrten Republik genannt werden mag, und der
„Buchladen die Gallengang. Aber in Rücksicht der Unwahrscheinlich=
„keiten besorge selber nur gar zu sehr, daß auch die wenigen, worauf wir
„fußen, am Ende verschwinden. Der ich u. s. w."

Der Schäker, merkt man leicht, will nur mich und den Leser gern
mit Hasenschwänzen behängen. Für mich aber ist's doch ein herrliches
Dokument, daß ich das Meinige gethan und an den Schelm geschrieben
habe. —

Gewisse Menschen sind, wenn sie Abends sehr warm und freund-
schaftlich waren, am Morgen sehr finster und kalt — wie Maupertuis
Halbsonnen, die nur auf der einen Hälfte brennen, und die uns verschwinden, wenn sie die erdige vorkehren — und waren sie kalt, so werden
sie warm. Flamin vergaß am Morgen entweder den warmen Abend

ober die Nachtkälte. Heute ist das Kirchgangfest! — Droben bei Se=
bastian rückt' er wie ein deutscher Polizei = Puritaner und Purist mit
Speiteufeln und Musketenfeuer aus gegen den Kirchgang — gegen Kind=
taufschmäuse — gegen das Holzfällen zu Weihnachten und Pfingsten —
gegen Feiertage und gegen allen Spaß der Menschen.

Viktor wurde von unserm Jahrhundert durch nichts so erzürnt als
durch dessen stolze Kreuzpredigten gegen unmodische Thorheiten, indeß es
mit unmodischen Lastern in Subsidientraktaten steht. Er holte mit einem
weiten Athem aus, und bewies, daß das Glück eines Staates, wie eines
Menschen, nicht im Reichthum, sondern im Gebrauche des Reichthums,
nicht in seinem kaufmännischen, sondern moralischen Werthe bestehe —
daß die Ausscheurung des alterthümlichen Sauerteigs und unsre meisten
Instituzionen und Novellen und Edikte nur die fürstlichen Gefälle, nicht
die Moralität zu erhöhen suchten, und daß man begehre, die Laster und
die Unterthanen brächten, wie die alten Juden, ihre Opfer nur in Einer
Stadt, nämlich in der Residenzstadt — daß die Menschheit von jeher sich
die Nägel nur an den nackten Händen, nicht an den verhüllten Füßen,
die oft darüber selber herunterkamen, beschnitten habe — daß Aufwand=
und Prachtgesetze den Fürsten selber noch nöthiger wären, wenigstens den
höchsten Ständen, als den tiefsten — daß Rom seinen vielen Feiertagen
viel von seiner Vaterlandliebe verdanke. . . . Flamin hatte für die kleine
Perlenschrift der häuslichen Freude, für Aufgußblümchen des Vergnügens
keine Augen; dafür hielt seine Seele mit einem Brutus gleichen Schritt,
wenn er groß ans Bild des Pompejus trat und mit einem Seufzer über
das Schicksal die Parzenscheere in das größte Herz der Erde trieb, das
seinen Werth mit seinem Recht verwechselte. Viktor hatte ein geräumiges
Herz für die unähnlichsten Gefühle.

Ich kann es nicht oft genug wiederholen, daß heute der Kirchgang
ist. Ich will ihn der Nachwelt abzeichnen, aber nicht mit jener Kürze,
womit ein Zeitungschreiber den Leichenzug eines Königs auf drei Bogen
bringt, sondern ein wenig umständlicher. Zu den pomphaften Anfang=
buchstaben dieses Tages hatte das Pfarrhaus ganz andre Gründe in petto,

als man meines Wissens unserem Zeitalter noch zu entdecken beliebte: betrügen wollten drei Theilnehmer einander, allemal zwei einen.

Betrügen wollte erstlich die Pfarrfrau den Helden, der nicht wußte, daß heute der Geburttag seines Vaters war, und daß dieser — freimüthig von ihr eingeladen — heute auf fünf Minuten lang komme. Sie ließ am Morgen ihre zwei Töchter Garn sieden, damit sie dem Viktor — nichts beichteten, wenigstens keine Wahrheit; denn es ist ein bekannter Aberglaube, daß das Garn am weißesten gesotten werde, wenn man dabei recht lügt. Daher sollte man auch, wenn die Weiber lügen, behutsamer sein und fragen, ob sie mit ihren poetischen Täuschungen etwas anderes weißbrennen wollen, als Garn. Ihr geliebter Viktor sollte — das war ihr Plan — ihrem Manne, dessen Wiegenfest heute auch einfiel, den gewöhnlichen Glückwunsch bringen und ihn nachher halbieren und dem Lord hinlangen müssen, der mit seinem eignen Geburttag ausstieg.

Betrügen wollte zweitens Sebastian und sie den alten Kaplan, der vergessen, daß er geboren worden — welches ihm schon bei seinem ersten Geburttage begegnet war. Die Menschen behalten einen fremden Lebenslauf besser, als den eignen: wahrhaftig, wir achten eine Geschichte, die einmal die unsrige war, und welche die Hülse der verflognen Stunden ist, viel zu wenig, und doch werden die Zeittropfen, durch die wir schwimmen, erst in der Ferne der Erinnerung zum Regenbogen des Genusses. Die Männer wissen, wenn alle Kaiser geboren und alle Philosophen gestorben sind — die Weiber wissen aus der Chronologie blos das, wenn ihre Männer, die ihre Regenten und klassischen Autoren sind, beides thaten. Viktor, dessen feines Gefühl von zu großen Aufmerksamkeiten für ihn verkehret wurde, war froh, daß Eymanns Schultern die Hälfte der heutigen Ehre tragen mußten.

Betrügen wollte drittens der Pfarrherr so gut als einer, und zwar jeden. Da für ihn dieser Festtag — wie die drei hohen Feste der Klöster — zugleich Rasiertag war, an welchem die gescheidtsten Köpfe die dümmsten Gesichter machen: so schnitt der Barbier mit der Rasier = Lanzette in des Seelensorgers Haut wie in eine Birkenrinde sein Andenken; aber dieses wenige Blut, das ausquoll, führte dem Pfarrer einen klügern Gedanken zu, als das, was der Bader darin ließ, welches doch den Nervensaft absonderte, der nach den seichtesten Denkern die Gelenkschmiere unsrer geistigen Bewegungen, die Goldauflösung unsrer reichhaltigsten Ideen und der Geist unsers Geistes ist. Dieser klügere Gedanke, den ich so lobe, war der, sich auf dem linken Arm zur Ader zu lassen — es dem ganzen Hause zu verhalten — Abends dem Lord Glück zu wünschen und jedem — und am Ende den Aermel auszuziehen und die Wunde zu zeigen, wie ein Römer, und zu sagen: gratuliert doch zur Aderlaß! — Er setzte es durch, und der Scheerer mußte staunend etwas anderes zerhacken als das Kinn. Der Blessierte gab ihm das Geleite bis an die Hofthüre, nicht sowol aus Höflichkeit, als damit er's nicht der ganzen Hausgenossenschaft vortrüge, sondern den Vorfall überhaupt bei sich behielte, ausgenommen in Häusern, wo ein Bart war und ein Ohr. Denn ein Geschichtschreiber sei immerhin der Monatzeiger der Zeit — und folglich sei der Zeitungsetzer der Stundenzeiger derselben — mithin ein Weib ihr Sekundenzeiger: so ist doch der Bartputzer beides, das Weib und der Sekundenzeiger.

Als Flamin und Viktor hinuntergingen ins Wohn-, Putz-, Sommer- und Winterzimmer, stach unter lauter frohen Gesichtern ein verdrießliches vor, das dem wie besessen umhersetzenden Pfarrer gehörte: er konnte zweierlei unmöglich ausspüren, seine Bibel und seine Puderquaste. Drei Minuten vorher hatte er so gejammert: „Bin ich und mein elendes „Leben denn zu einer wahren Passionhistorie ausersehen? Man gebe „mir einen Glücktopf, aus dem jeder andre ganze Königreiche herauskrebsen würde — sobald mich der böse Feind nahe merkt, so legt er seinen „Unrath hinein; und diesen heb' ich statt der Krebse und Königreiche „heraus, und weiter nichts. — Es wär' heute hübsch geworden, sah der „Teufel — wir hätten bis Abends um vier Uhr keine Lust gehabt, sondern „Hundearbeit — dann wär's losgegangen das Essen im Gartenhaus, „das Gratulieren und Salutieren und wahrer Spaß.... Euch ist er auch „noch beschert; mir aber schenkt nur, wenn der Püster und die Bibel

„nicht erſcheinen, etwas Ruß und Aſche (die etwa vom Abendſchmauſe
„nachbleiben), damit ich damit dem Fuchs (Pferd) das Gebiß abbürſte —
„und Abends kann ich neben dem Gartenhauſe den Rettig ausjäten.‟

Hier mußte er mit der niedergelaſſenen Flagge ſeines Kopfes, mit
der Troddelmütze den eintretenden Britten ſalutieren — als dadurch aus
der Mütze ein Haar = Büſchel ausfiel, der zwar nicht die geſuchte Bibel,
aber der gegebene Püſter war. Es muß nämlich die Denk = und Leſe =
Welt, der man oft die wichtigern Thatſachen nicht hinterbringt, am
wenigſten um dieſe kommen, daß der Hofkaplan — ſo wie Menſchen aus
Menſchen geriſſen werden, um die übrigen zu übertreffen und zu be =
herrſchen — gerade ſo die Haare, die ſein Kamm auszupfte, in einen Pelz =
ſafzikel oder Haarverein zuſammenwickelte, um damit die übrigen, die
noch ſtanden, einzupudern, welches nun wol vom erhabenſten Geiſt und
Pentameter nicht anders zu benamſen iſt, als ein Haarpüſter. Gleichwol
wurde Eymanns Geſicht länger, als die Mütze: er ließ dieſe Spritze des
Farbenpulvers des Kopfes kalt da liegen und ſagte: „mach’ ich nicht die
„Bibel ausfindig: ſo ſeh’ ich nicht ab, wie mich dieſer Schopf allein
„herausziehen will.‟

Wie vor Luther die Bibel, wurde jetzt die Caſteiniſche mit ihren
ſchwarzen Käfer=Flügeldecken geſucht. Wenn etwas dieſen harten Schlag
noch herber machen konnte, ſo war’s dieß, daß Eymanns Bäschen —
gleich ſeiner Vernunft — zwiſchen den verlornen kanoniſchen Blättern wie
zwiſchen einer Serviettenpreſſe lag: denn die Geiſtlichen — beſonders der
Pabſt — machen das Bibelwerk gern zur Glanzpreſſe und zum Schmuck =
käſtchen ihres äußern Menſchen. Ob er gleich noch acht Bibeln, ſogar
die einfältige Seileriſche Bibel = Chreſtomathie, im Hauſe hatte, und in
der Wochenkirche heute gar keine brauchte: ſo war es doch beſſer und
menſchlicher — d. h. närriſcher — daß er den Kopf ſeines Sakriſtei =
Pedells, des Schulmeiſters, aus dem Fenſter pfiff, und den Gottesdienſt
— wie eine Aufklärung — durch ein viertelſtündiges Interim verſchob,
als daß er ſtatt der Stunde des Lautens nichts geringeres änderte als
Bibel und Bäschen.

Lieber Himmel! wie man gleich Exegeten und Kennikotisten suchte und lächelte! — „Dieses Forschen nach der Bibel," sagte Sebastian, „gereicht einem Geistlichen zur Ehre, zumal da er die biblischen Wahr= „heiten nur beim Taglicht, nicht bei Scheiterhaufen = Fackeln „sucht."

Die Mönche haben, wie die Anzünder der öffentlichen Laternen, eine Leiter und viel Oel, aber mit dem Oel löschen sie die Lampen aus und den eignen Durst, und mit der Leiter reichen sie die, die wieder anzünden, dem — Galgen.

Als der Kaplan vor dem ruhigen Kopf des sechswöchentlichen Kindes vorbeiging, den schon die heutige Tressenhaube preßte: so ging er aus Aerger über dessen Gleichgültigkeit wieder zurück, hob seinen geputzten Kopf empor mit der rechten Hand und fuhr in den Schacht des Wiegen= strohes ein mit der linken, und wollte da die Bibel — die gewöhnlich das Kopfkissen und die Amulet=Unterlage der Kinder (besonders des Dauphins) ist — ausgraben, indem er sagte: „der miserable kleine „Fratz läge bei unserm Elend nur kalt da, mir nichts dir nichts, wenn „ich ihn nicht aufstörte." — Und hier fiel etwas, nicht wie ein Schuß, sondern wie ein Buch, wiewol man's durch meinen Kiel bis ins dreißigste Jahrhundert hören kann. Eymann sprang denkend ins zweite Stockwerk und fand zu seinen Füßen eine erschmissene — Maus unter seiner ge= suchten Bibel. Den protestantischen Reichskreisen können die Studenten= oder Doktor Luthers=Mausfallen niemals unbekannt gewesen sein, zu denen man nichts braucht, als Ein Buch, und die für Mäuse sind was symbolische Bücher für Kandidaten. Sebastian zog die Leiche beim Schwanze unter der biblischen Quetschform und Seilerischen Bibelanstalt hervor, schwenkte den Kadaver gegen das Licht und hielt diesen Leichen= sermon ex tempore: „armer Schismatiker! Dich erschlug das alte und „neue Testament, aber Du und die Testamente sind außer Schuld! — „Sei nur froh, daß die Bibel Dich nicht gar zu Asche sengte, wie einen „portugiesischen Israeliten; aber Du fielest in aufgeklärte Zeiten, wo sie „nichts nimmt als Pfarrdienste. Es ist ächter Witz, wenn ich frage: da

„sonst die Bibel die Feuerbrünste, worein man sie warf, auslöschte:
„warum denn Autodafees nicht auch?" —

Ich laure hier längst der Welt auf, um sie zur Untersuchung zu
nöthigen, warum ein Maus = Sterbefall sie mehr interessiert als eine
erschossene Armee in der allgemeinen Weltgeschichte, ein verlorner fremder
Haarpüster mehr als Christinens verlegte Krone... Daher kömmt dieses
Interesse, woher es bei denen kommt, denen die Sache wirklich begegnet:
weil ich sie weitläuftig erzähle, d. h. weil die Leser gleich den dabei interes=
sierten Helden mühsam einen Augenblick der kindischen Historie um den
andern überleben. Viele kleine Schläge durchlöchern den festesten Menschen
so sicher, als Ein großer, und es ist einerlei, ob sie das Schicksal oder
ein Autor thut. So ist also der hiesige Mensch so nahe an den Zeiger
der Zeit gestellt, daß er ihn rücken sehen kann; darum wird uns eine
Kleinigkeit, wenn sie viele Augenblicke einnimmt, so groß, und das
kurze Leben, das wie unsere gemalte Seele im orbis pictus aus Punkten
besteht, aus schwarzen und goldnen, so lang. Und darum steht überall,
wie auf diesem Blatte, unser Ernst so nahe an unserem Lachen!

Flamin ausgenommen, rückten sie alle in die Kirche, Path und
Pathchen: es war eine sogenannte Wochen = Betstunde, die in jedem
vernünftigen Herzogthum und Markgrafthum wird beibehalten werden,
wo man noch darauf sieht, daß der Pfarrer wöchentlich ein Paarmal
erfriert, und daß er, so wie Novizen zur Uebung der Obedienz verdorrte
Stecken begießen müssen, den Samen des göttlichen Wortes in leere
Kirchenstühle wirft, wie Melanchthon in leere Töpfe. In den deutschen
Ländern — meines und wenige ausgenommen — gehören zwei Jahr=
hunderte dazu, um eine vollständige Narrheit abzuschaffen — eines, um
sie einzusehen — noch eines, um sie abzuschaffen. Die Einsichten
eines Konsistoriums werden allemal Ein Jahrhundert früher vernünftig,
als die Befehle (Circularia) desselben.

Im Eymannischen Gitterstuhle, dessen Thüre mit der Sakristei
ihrer fast einen rechten Winkel machte, fand Sebastian alle Blumen,
wenigstens die Blätterskelette derselben wieder, die um seine schönen

Kindertage geblühet hatten — uneigentliche und eigentliche — und die eigentlichen, die beschmutzt unter dem Fußschemel des Chorstuhls sich verkrochen, schlugen zu Blumen der Erinnerung wieder aus. Er dachte an seine kindischen Leiden darin — worunter die Länge der Predigt — und an seine kindischen Freuden, unter welche die Länge des Präludiums und Eymanns Knieen auf der Mitte der Kanzeltreppe gehörte. Er schob das hölzerne Gitterfenster zurück, und fand in dessen hölzernem Gleise seinen Namenzug V. S. H. von eignen Händen eingesägt. Vom Kinde zum Jüngling ist so weit! Und der Mensch verwundert sich über die Ferne. „Ach damals" — sagte Horion, und wir wollen's mit ihm sagen — „war dir noch alles unendlich und nichts klein als dein Herz — ach in „jener warmen erquickenden Zeit, wo der Vater uns noch Gott der Vater „und die Mutter die Mutter Gottes ist, drückte sich noch die von Geistern, „Gräbern und Stürmen geklemmte Brust getröstet an eine menschliche „— alle vier Welttheile waren in diese Kirche eingeßparret, alle Ströme „hießen Rhein und alle Fürsten Jenner — ach! diesen schönen stillen „Tag faßte ein goldner Horizont der unendlichen Hoffnung ein und ein „Ring aus Morgenroth. — Jetzo ist der Tag dahin, und der Horizont „hinab, und blos das Gerippe noch da: der Gitterstuhl."

Aber wenn wir schon jetzt in den Mittagstunden des Lebens so denken und seufzen: wie wird uns nicht am Abend, wo der Mensch seine Blumenblätter zusammenlegt und unkenntlich wird wie andre Blumen, am Abend, wo wir unten am Horizont in Westen stehen und auslöschen, wird uns da nicht, wenn wir uns umwenden und den kurzen mit ertretenen Hoffnungen bedeckten Weg überschauen, wird dann uns der Garten der Kindheit, der in Osten, tief an unserm Aufgange und noch unter einem alten blassen Rothe liegt, nicht noch holder anblicken, noch magischer anschimmern, aber auch noch weicher machen? — Und darauf legt sich der Mensch nicht weit vom Grabe nieder auf die Erde, und hofft hienieden nicht mehr.

Für Eymann mußt es rührend sein, daß er, da er jahrelang fremde Kindbetterinnen in der Kirche einsegnete, einmal einer nähern seine Wünsche geben konnte. Viktor kroch in alle Knabensonntage und ihre Täuschungen dadurch zurück, daß er heute — wie im zehnten Jahr — unter dem Singen der ganzen Gemeinde in die Sakristei zum Pfarrer ging und ihn fragte um die Blattseite des Lieds. Es labte ihn als Kind, daß es vier gehende Wesen im Tempel gab, den Pfarrer, den Schulmeister, den Renteimeister des Gotteskastens und ihn: gibt es etwas erhabeners, dacht' er, als ein Klingelbeutelvater mit einer langen wagrechten Balancierstange allein einherwandelnd durch lauter befestigte Statuen?

Nach der Kirche fing sich das Fest an mit bloßen Vorarbeiten dazu, wie ein Friedenschluß mit den Schlüssen über den neutralen Ort, über den Rang u. s. w. Die Welt muß nur nicht denken, daß eher als um fünf Uhr Nachmittags etwas angehe, oder daß jemand früher aus der prosaischen Wochen=Einkleidung in die poetische festliche wischen oder sich ruhig neben einem Nachbar niederlassen könne — sondern, nach der Prozeßordnung der Lust, muß jetzt alles hinauf, hinab rennen — Apollonien, dieser Majorin domus gehorchen — die Bohnenstangen und Samenbüten aus dem Gartenhause tragen — entpuppte Schmetterlinge daraus fächeln und aufgewachte Brummfliegen — das vergeschossene Gezweig von den Fenstern zurückbinden — die Orangerie, die aus hundert Blüten eines Pomeranzenbaums bestand, aus dem Pfarrhause in die Garten = Straße herunterheben, desgleichen ein invalides Klavier, dessen Sangboden nicht so oft als sein Saitenbezug gesprungen war ... Der ernsthafte Flamin wurde vom lärmenden Sebastian zu diesen Haupt = und Staatsaktionen mit gezwungen, und zwischen ihnen mußte in dieser Vorjagd der Freude das gequälte Eymannische Gesicht arbeiten, an das Viktor die nöthigsten Ermahnungen hielt: „Herr Gevatter, wir „können nicht ernsthaft und fleißig genug sein — es kann von diesem „Feste noch an Orten gesprochen werden, wo es Einfluß hat — aber ein „Mittelweg zwischen Fürstenpracht und belgischer Knauserei wird, denk' „ich, das vortheilhafteste Licht auf uns werfen." — Es ging alles gut — sogar das Gewölk zerwarf sich — Klotilde wollte kommen — der Primas des Festes, dem zu Ehren der Kirchgang war, der kleine Sechswöchner, memorierte laut an seiner Rolle, die er nach fünf Uhr zu machen hatte, und die, wie bei mehren Helden von Festlichkeiten, in nichts bestehen sollte, als in Schlafen. — —

Das Memorieren bestand darin, daß er in einem fort wachte und schrie nach dem Busen, in dem der Schöpfer ihm das erste Manna in der Lebenswüste bereit gelegt. Aber nicht eher als um fünf Uhr stillte die Mutter ihn mit dem mütterlichen Schlaftrunk, und ließ den kleinen Sprecher Kehldeckel und Augendeckel mit einander schließen. Anfangs hätt' ich's beinahe — aus Achtung gegen die Pfarrerin — unterdrückt, daß sie säugte und so, gleichsam wie ein Wallfisch noch unter die S ä u g e= t h i e r e gehörig, an ihrem Busen ein andres Kind ernährte, als den Amor; aber ich schmeichelte mir nachher, eine Person, die weder eine Theater= noch eine Kronprinzessin ist, werde nicht so strenge als andre beurtheilt werden, wenn sie Kinder hat oder Milch ....

Eh' ich sage, daß Klotilde kam, will ich sie, da sie acht Quartiere hat — wiewol mancher Magnat, der sechzehn ablige Quartiere hat, doch noch ein siebzehntes gemauertes sucht, wo er schläft — ein wenig ent= schuldigen, daß sie in ein bürgerliches ging; es kömmt ihr aber in der That nichts zu statten, als daß sie auf dem Lande war, wo oft das älteste Blut keinen bessern Umgang habhaft wird, als bürgerlichen, wenn's nicht etwan Vieh ist, das auch einige nicht unkluge Kavaliere wirklich vorziehen ....

Es schlägt fünf Uhr — die Schönste tritt herein — der Mond hängt wie ein weißes Blütenblatt aus dem Himmel auf sie herab — das freudige schuldlose Blut in St. Lüne steigt wie die Flut unter ihm auf — alles ist umgekleidet ...

Aber das sechste Kapitel ist aus ....

— Und da der Spitz mit dem siebenten noch nicht da ist: so können ich und der Leser ein vernünftiges Wort mit einander reden. Ich gestehe, er schätzt mich und mein Thun lange, er sieht ein, alles ist im schönsten biographischen Gange, der Hund, meine Wenigkeit und die Helden dieser Hundstage. — Ich habe auch nie abgeläugnet, daß er immer mehr von dem Glanz und Blitze dieser Fußgeburt werde geblendet werden; da ich so sehr daran wichse, reibe und bohne, mehr als an einem Menschenstiefel oder militairischen Roßhuf in Berlin. — Ja ich brauche aus keiner Tasse voll Kaffeesatz es mir erst wahrsagen zu lassen (denn ich erseh' es schon aus der menschlichen Natur und aus dem Kaffee, den ich trinke), daß das noch das Geringste ist, und daß die eigentliche Lesewuth den guten Schelm erst dann befallen wird, wenn in diesem Werke, woran wie in der Basselisse zwei Arbeiter auf Einem Stuhle seßhaft werden, die historischen Figuren dieser Basselisse sammt ihrer Gruppierung von dem Fußballen bis zur Wirbelnaht hervorsteigen werden. — — Jetzt ist ja kaum noch eine Ferse, ein Schienbein, ein Strumpf fertig gewirkt . . .

Aber wenn zwanzig bis dreißig Ellen am Werke werden abgewoben sein: dann können ich und mein Beisitzer das erwarten, was ich hier schildern will: des Teufels völlig wird der Leser sein mit Eilen — einen Hundsposttag hinauszubringen, lässet er sechs Schüsseln kalt werden und den Nachtisch warm — Doch was will dieß sagen: ein leibhafter römischer König reite durch die Straße, und ein Kanonendonner fahre hinterdrein, er hört's nicht — seine Ehehälfte gebe in seinem Lesekabinet einem ehelichen Ueberbein das beste Abendessen, er sieht's nicht — das Ueberbein selber halte ihm Teufelsdreck unter die Nase, es gebe ihm scherzend mit einem Waldhammer leichte Hiebe, er spürt's nicht . . . so außer sich ist er über mich, ordentlich nicht recht bei Sinnen. — —

Das ist nun das Unglück, dessen Gewißheit ich mir vergeblich zu verbergen suche. Ist's einmal da, und bring' ich ihn unglücklicherweise in jene historische Hellseherei, wo er nichts mehr hört und sieht, als meine mit ihm in Rapport gesetzte Personen: weder seinen Vater noch Vetter: so kann ich versichert sein, daß er einen Berghauptmann noch weniger hört — denn Geschichte will er, und von mir weiß er gar nichts mehr — ja ich will setzen, ich brännte die buntesten Feuerwerke des Witzes ab, ja es hingen aus meinem Maul philosophische Schlußketten wie aus eines Taschenspielers seinem Bänder in Zaspeln heraus: hülf's mir was? —

Dennoch müssen Bänder heraushängen und Feuerwerke abbrennen;

es soll aber so werden: Wie von jedem Jahre so viel Stunden übrig-
bleiben, daß aus den Ueberbleibseln von vier Jahren ein Schalttag zu
machen ist — und wie mir selber nach vier Hundsposttagen allezeit so
viel Nachschriften, so viel Witz und Scharfsinn ganz unnütz als Laden-
hüter liegen bleiben, daß daraus recht gut ein eigner Schalttag zu
machen wäre: so soll er auch gemacht werden, so oft vier Hunds-Dyna-
stien vorüber sind; nur dieß braucht es noch, daß ich vorher mit dem
Leser folgenden Gränz- und Hausvertrag abschließe und ratifizire, also
und dergestalt:

I. Daß von Seiten des Lesers dem Berghauptmann auf St. Johannis für ihn und seine Erben zugestanden und bewilligt werde, von
nun an nach jedem vierten Hundsposttage einen witzigen und gelehrten
Schalttag, in dem keine Historie ist, zu verfertigen und drucken zu lassen.

II. Daß von Seiten des Berghauptmanns dem Leser bewilligt wird,
jeden Schalttag zu überschlagen und nur die Geschichttage zu lesen —
wofür beide Mächte entsagen allen beneficiis juris — restitutioni in
integrum — exceptioni laesionis enormis et enormissimae — dispen-
sationi — absolutioni etc.   Auf dem Kongreß zu St. Johannis den
4ten Mai 1793.

So lautet das ächte Instrument des so bekannten Hundsvertrags
zwischen dem Berghauptmann und Leser, und diese Renunziazionsakte
kann und muß in zukünftigen Mißbelligkeiten beider Mächte von einem
Mediateur oder einem Austrägalgericht einzig zum Grunde gelegt werden.

Siebenter Hundsposttag.

Der große Pfarr-Park — Orangerie — Flamins Standeserhöhung — Fest-
Nachmittag der häuslichen Liebe — Feuerregen — Brief an Emanuel.

Den Lord ausgenommen, sitzt schon alles im Pfarrgarten und passet
auf mich; aber den Garten kennt noch kein Henker.   Er ist eine Chresto-

mathie von allen Gärten, und doch nicht größer als die Kirche. Viele Gärten sind wie er zugleich Küchen=, Blumen=, Baumgärten; aber er ist noch ein Thiergarten — wie er denn die ganze Fauna von St. Lüne enthält — und noch ein botanischer — mit der vollständigen Flora des Dorfs ist er bewachsen — und ein Bienen= und Hummelngarten — so oft sie gerade hineinfliegen. Indessen sollte man doch solche kleinere Vor= züge gar nicht namhaft machen, wenn ein Garten wie er einmal den hat, daß er der größte englische ist, durch den je ein Mensch schritt. Er ver= birgt nicht nur sein Ende — wie jeder Park gleich jeder Kasse thun muß — sondern auch seinen Anfang, und scheint blos die Terrasse zu sein, von der man in das hineinsehen kann, was man nicht übersehen, aber wol wie Cook umfahren kann. Im englischen Pfarrgarten sind nicht einzelne Ruinen, sondern ganze zerschlagene Städte, und die größten Fürsten haben sich um die Wette beeifert, ihn mit romantischen Wüsten und Schlachtfeldern und Galgen zu versorgen, an die noch dazu (das treibt die Täuschung höher) wahre Spitzbuben gebunden sind als Frucht= gehänge. — Die Gebäude und Gesträuche verschiedener Welttheile sind darin nicht in eine widersinnige Nachbarschaft zusammengetrieben, sondern durch ordentliche Meere oder Wasserpartien nett auseinander gestoßen, welches bei dessen Größe leicht gewesen, da er über neun Millionen Quadratmeilen hält — und mit welchem Geschmack überhaupt diese Massen an einander gelagert sind, mögen die Leser daraus ermessen, daß alle Lords und alle Rezensenten der Literaturzeitungen und die Leser selber in den Garten gezogen sind, und oft sechzig Jahre darin bleiben. —

Der Pfarrer denkt mit ihm auch als holländischem Garten einige Ehre einzulegen, besonders durch eine Perücke aus Wasser, die nicht an einem Perückenstock, sondern an einem Blechaufsatze hängt, und die so lockig springt, daß schon mehre Stadtpfarrer wünschten, sie könnten sie aufsetzen. Schmetterling=Glaskasten wendeten die Nachtkälte von früh= zeitigen Rosen aus Seide ab, und von Frühgurken aus Wachs. Gurken, die aus wahren Gurken bestanden, legte er unter allen Pastoren am frühesten ein, um in die Angst zu gerathen, sie könnten erfrieren; denn

7*

diese Angst mußt' er haben, um sich zu freuen, wenn eine Glasflasche in seinem Hause zerbrochen wurde: er konnte dann den Eis- oder Glasberg, der in den Weinen leider jährlich mit unserem Durste steigt, in den Garten tragen, und mit dieser Mistglocke die Herzblätter überbauen. — Um wichtigere Beete führte er einen bunten musivischen Scherbenrand; seine Familie war seine Rändelmaschine, ich meine, sie mußte ihm die wenigen Porzellantassen zerbrechen, die er brauchte, um mit diesem bunten Streuzucker ansehnlichere Partien zu heben, wie ein Fürst sich mit den bunten, durch die Knopflöcher seiner Vorzimmer gezognen Ordensbändern einfasset und beringet. Da er die Tassen nicht g a n z um die Beete setzen konnte, sondern erst durch seine Scheidekünstler zerlegt: so muß ein Rezensent, der bei ihm isset, meinen Wink benutzen, um sich's zu erklären, wenn ein solcher Lungensüchtiger nicht vor Zorn außer sich ist, sobald sehr kostbares Geschirr zerbrochen wird; denn blos bei elendem ist er seiner nicht mächtig. Jede Ehefrau sollte ein solches Beet als Arndts Paradiesgärtlein, als Schädelstätte für Porzellan von geänderter Façon abstechen, zum Besten ihrer Seele, um bei Sinnen zu bleiben, wenn eine Tasse fällt — „Schatz!" würd' ich sagen, „halte dieses Unglück wie eine „Christin aus, es nützt dir entweder dort in der Ewigkeit oder hier im „— Garten."

Nahe an einem Hause nehmen sich die holländischen Gartenschnörkel mit ihrer häuslichen Winzigkeit besser aus, als die erschütternde Natur mit ihrer ewigen Majestät. Eymanns geschnitzter Pfarrgarten war im Grunde blos eine fortgesetzte Wohnstube ohne Dach und Fach.

Als der Pfarrer unsern Viktor im Garten herumzerrete, hätte der Gast beinahe vergessen, das Ideenmagazin im Garten zu loben, blos weil er zu neugierig und zu warm der Ankunft Klotildens und ihrem Benehmen gegen seinen Freund entgegensah. Zum Glücke fiel es ihm ein, daß der Pfarrer auf Räuchopfer und Räuchfässer sich spitze; er hinterging ein Lorbeer-hoffendes Herz so ungern, daß er sich eben darum gern zu Personen von einigem Werthe hielt, um seinem menschenfreundlichen Hange, zu loben, ohne Kosten der Wahrheit nachzugeben.

Viktor freuete sich auf Flamins und Klotildens Zusammenkommen
wie schön, dacht' er, wird auf sein und ihr stolzes Gesicht der Mondschein
der weichen Liebe fallen! — Und er hielt eine reichliche Duldung und
Liebe für ihre Liebe vorräthig. Denn er hatte nicht nur so viel Einsicht in
die Flucht unsrer Freuden, daß er kaum über die tollsten zankte, sondern
er konnte auch dem Handwerkgruß (oder der Methodologie) zweier
Liebenden mit Vergnügen beiwohnen. „Es ist sehr toll" — sagt er in
Göttingen — „jeder gute Mensch thut seine Arme theilnehmend auf,
„wenn er Freunde, oder Geschwister, oder Eltern in den ihrigen sieht;
„wenn aber ein Paar verliebte Schelme vor uns am Seile der Liebe her-
„umtanzen, und wär's auf dem Theater, so will kein Henker Antheil
„nehmen — sie müßten denn in einem Romane tanzen. Warum aber?
„— Sicher nicht aus Eigennutz, sonst bliebe das hölzerne Herz im Men-
„schenklotz auch bei fremder Freundschaft, bei kindlicher Liebe, fest ge-
„nagelt — sondern weil die verliebte Liebe eigennützig ist, sind wir's
„auch, und weil sie im Roman es nicht ist, sind wir's auch nicht. Ich
„meines Orts denke weiter und mache mir von jedem verliebten Gespann,
„das mir begegnet, weiß, es wäre gedruckt und eingebunden, und ich hätte
„es vom Bücherverleiher für schlechtes Lesegeld. Es gehört zur höhern
„Uneigennützigkeit, sogar mit dem Eigennutz zu sympathisieren. — Und
„vollends mit euch armen Weibern! Wüßtet ihr oder ich denn in eurem
„vernähten, verkochten, verwaschnen Leben oft, daß ihr eine Seele hättet,
„wenn ihr euch nicht damit verliebtet? Manche von euch brachte in
„langen Thränenjahren ihr Haupt nie empor, als am sonnenhellen
„kurzen Tage der Liebe, und nach ihm sank das beraubte Herz wieder in
„die kühle Tiefe: so liegen die Wasserpflanzen das ganze Jahr ersäuft im
„Wasser, blos zur Zeit ihrer Blüte und Liebe sitzen ihre heraufgestiegenen
„Blätter auf dem Wasser und sonnen sich herrlich und — fallen dann
„wieder hinab."

Endlich trat Klotilde mit der Pfarrerin in einem Gespräche herein.
Sie hatte einen Florhut mit einem schwarzen Spitzen-Fallgitter auf, das
mit einem durchbrochnen Schatten ihr schönes Angesicht zugleich ver-

schönerte, theilte und verbarg. Aber ihr Auge vermied Flamins Auge, und schlich ihm zur zuweilen denkend nach. Er bewies, daß gerade Leute vom größten Muthe den kleinsten gegen Schönheit zeigen — er that ihr nicht einen Schritt entgegen. Sie fragte unsern Viktor angelegentlich über die Ankunft und über das Befinden des Lords. Sie legte ihm dann mit der gewöhnlichen medizinischen Unbestimmtheit ihres Geschlechts die Frage vor, ob eine solche Operazion öfters so leicht gerathe, und ob er vielen schon so viel wiedergegeben, als seinem Vater: er verneinte beides, und sie seufzete unverholen. Seine ehrerbietige Entfernung von ihr wäre durch die, worin sein Freund sich von ihr hielt, größer geworden, hätt' er ihr nicht etwas zu geben gehabt — Emanuels Zettel. Er konnte ihn nicht stehlen, da er ihr neulich schon die erste Zeile vorgesagt; zweitens mußt er ihn unter vier Augen — nicht z. B. durch Agathen — zustellen, weil er ihre bis an die äußerste Gränze getriebne Diskrezion kannte. Klotilde gehörte unter die — dem Lebensbeschreiber und dem Helden beschwer- lichen — Personen, die gern alles Kleine verbergen, z. B. was sie essen, wohin sie morgen gehen, die auf den Freund toll werden, wenn er aus- plaudert, sie hätten voriges Jahr am Thomastage leichte Kopfschmerzen gehabt. Bei Klotilden kam's nicht von Furcht, sondern von der dunkeln Ahnung, daß der, der gleichgültige Mysterien ausschwatze, endlich wichtige sage. Er fühlte, ihres Stolzes ungeachtet, gegen sie einen mächtigen Zug zur Aufrichtigkeit. Er führte sie allein dem Pomeranzenbaume zu, und gab ihr dort — indem er ihr durch seine offenherzige Leichtigkeit die be- schwerliche Verbindlichkeit für ein Geheimniß ersparte — das Blatt zurück. Sie erstaunte, sagte aber sogleich; ihr Erstaunen gehe blos ihre eigne Nachlässigkeit an — d. h. sie glaubte ihm, hatt' aber irgend einen Verdacht gegen ihre Schloßgenossen und gegen die Art, wie es in die Laube gekommen. Sie machte sich die Orangerie zu Nutze, und drängte ihr beseeltes Angesicht in die Pomeranzenblüten. Viktor konnte unmöglich so dumm allein dort stehen — er, noch ein wenig betroffen über das Er- staunen, und am Ende über einen fast zu großen Stolz, wurde auch lüstern nach dem Pomeranzenweihrauch, und hielt ihr darin sein Gesicht entgegen. Er hätte aber wissen sollen, daß einer, der an etwas riecht, nicht auf das etwas blicke, sondern gerade aus. Er war also kaum mit seinen Geruchnerven in den Blüten, so schlug er seine Augen auf, und Klotildens große standen ihm offen entgegen; sie waren gerade in der wirksamsten und höchsten Erhebung von 45°, man mag nun Augen- oder Bogenschüsse meinen. Er drehte seine Augäpfel gewaltsam auf die Blätter nieder, sie trat noch klüger von der betäubenden Orangerie zurück.

Gleichwol war sie nicht verlegen; er hielt es für Unrecht gegen Flamin, ihre Gesinnungen gegen ihn selber zu beobachten! aber so viel merkte er doch, daß die Sternwarte, auf der man die Sternbedeckungen ihres Herzens beobachten wollte, höher sein müsse, als gegen andere Weiber nöthig ist. Die Gewohnheit, bewundert zu werden, hatte sie gegen die Vorspiegelung des Eindrucks ihrer Reize, mit der sich die Männer so oft die Aufmerksamkeit der weiblichen Eitelkeit erwerben, fest gemacht. Sie war, wie gesagt, nicht verlegen: sondern erzählte ihrem Zuhörer noch etwas von Emanuels Charakter, was sie neulich vor so unheilige Ohren aus Achtung für ihren Lehrer nicht bringen wollte — daß er nämlich gewiß glaube, er werde nach einem Jahre in der Johannis-Mitternacht sterben. Viktor konnte leicht errathen, daß sie es selber glaube; aber das errieth er nicht, daß diese Stolze aus bloßer Weichheit des Herzens ihren Termin, zu Johannis aus Maienthal zu ziehen, beschleunigt habe, um nicht dem geliebten Menschen an dem Namentage des künftigen Sterbetages zu begegnen. Zufolge ihrer Erzählung hatte dieser Emanuel eine hart erhabne Stellung unter den Menschen: er war allein, an seiner Brust waren große Freunde gewesen — aber alles war ihm unter die Erde gegangen — darum wollt' er auch sich darunter verhüllen. Die Jahre geben den stürmischen überkräftigen Menschen eine schönere Harmonie des Herzens, aber den verfeinerten kalten Menschen nehmen sie mehr, als sie geben; jene Kraftherzen gleichen den englischen Gärten, die das Alter immer grüner, voller, belaubter macht; hingegen der Weltmann wird, wie ein französischer, durch die Jahre mit ausgedorrten und entstellten Aesten überdeckt.

Viktor wurde ängstlicher; jedes Wort, das er ihr abgewann, hielt er für Tempelraub an seinem Freund, da ohnehin der letzte nicht so gut als er die Kunst verstand, mit einer Frau in ein Gespräch zu kommen. Jener hatte nicht den Muth zu glänzen, weil er dadurch um ihren Beifall mit seinem Freunde zu wetteifern besorgte. Sein Flamin kam ihm heute länger, schöner, besser vor; und er sich kürzer und dümmer. Er wünschte tausendmal, sein Vater wäre schon da, damit er ihm Flamins Bitte, ihm Klotildens Besitz leichter zu machen, mit dem größten Feuer übergeben könnte.

Endlich kam er, und Viktor athmete wieder voll. Der gute Mensch sucht oft durch aufopfernde Thaten sein Gewissen wieder mit seinen Gedanken auszusöhnen. Mit herzklopfendem Enthusiasmus wartete er auf die Minute der Einsamkeit. Ein Garten vereinzelt und verbindet Leute auf die leichteste Weise, und nur darin sollte man Geheimnisse vertheilen; Viktor konnte bald in einer Laube, die sich an vier Kastanien-bäumen mit Blütengeäder über den Menschen zusammennistete, mit ge-rührtem Zittern seinen Vater umfassen, und für seinen Freund sprechen und glühen mit Zunge und Herz. Des Lords Ueberraschung war größer, als dessen Rührung. „Hier (sagt' er) ist Deine Bitte auf eine andere „Art längst erfüllt; ich wollte Dir aber das Vergnügen der Botschaft „aufheben" — und damit gab er ihm ein allerhöchstes Handbillet, worin der Fürst den praktizierenden Advokaten Flamin zum Regierungrath beruft.

Ein allerhöchstes Handbillet ist das Tetragammaton und Gnaden-mittel, das die übernatürlichen Wirkungen und Staatswunder thut; und der durchlauchtigte Schreibdaumen ist gleichsam ein zauberischer Diebs-daumen, der die verschiedenen Räder der Staatsrepetieruhr, das Heberad, das Zifferblatt, oft blos den Zeiger voraus= oder zurückstößet, je nachdem er eine Stunde früher oder später begehrt. Daher steigen oft Minister hinauf und schneiden sich einen solchen Diebsdaumen für ihre Taschen ab.

Sebastian wird von der Freude wie von Habakuks Engel beim Schopfe erfaßt und durch den Garten geführt, und mit seiner Novelle an

den erften beften getrieben — an den Kaplan, welcher mit einem närri=
ſchen Geſicht beſchwor, es wären nur Finten von Viktor; aber der ver=
haltene Jubel ſprengte ihm faſt die zugebundene Ader auf. Viktor hatte
keine Zeit, zu widerlegen; ſondern eilte mit einer ſolchen Botſchaft an das
rechte Herz, in das ſie gehörte — ans mütterliche. Die Mutter konnte
ihren Mund zu nichts als einem ſeligen Lächeln öffnen, in das die Augen
ihre Freudentropfen goſſen. In der Natur iſt keine Freude ſo erhaben
rührend, als die Freude einer Mutter über das Glück eines Kindes. Aber
der Sohn, in deſſen heutiger Seele dieſer Sonnenblick des Schickſals
nöthig war, wurde in der Ueberraſchung nicht ſogleich gefunden.

Der Lord ſprach unterdeſſen mit Klotilden wie mit ſeiner Tochter,
und gab ihr einen Brief von ihrer Mutter und die Nachricht ſeiner nahen
Abreiſe. Sein von Achtung geleitetes und von Feinheit verſchönertes
männliches Wohlwollen veredelte ihre Aufmerkſamkeit auf ſeine Mienen,
und als ſie aus dem warmen leiſen Geſpräch mit glänzenden Augen
ging, war ihre hohe Geſtalt, die ſich ſonſt ein wenig bückte, von einer Be=
geiſterung zum erhabenen Wuchſe aufgerichtet, und ſie ſtand unendlich
ſchön in dem Tempel der Natur, wie eine Prieſterin dieſes Tempels. —
Der Lord entfernte ſich von ihr. — Sie fand Flamin am Tulpen=K, und
die Göttin des Glücks erſchien ihm in der holdeſten menſchgewordnen Ge=
ſtalt, um ihm ihr Geſchenk zu liefern. Freilich ſetzte ihn hier die Zeitung
und die Zeitungträgerin in gleiches Entzücken.

Die Freude hatte den ganzen Bienengarten in einem Schwarmſack
zum Chaos zuſammengerüttelt. Die ſchäumende Weingährung mußte
ſich erſt zum hellen ſtillen Entzücken abarbeiten. Der Lord ging der mit
ſo vielen Ripienſtimmen beſetzten Dankbarkeit aus dem Wege und an
ſeinen Wagen, als ihn die Mutter mit ihrer ſtummen Herzensfülle
erreichte; aber ſie konnte nichts aus der froh beſchwerten Bruſt auf die
Lippen heben, als die demüthigen Worte: „heute ſei ſein Geburttag, und
„ſein Sohn wiſſ' es nicht und habe auch mit einer Entzückung überraſcht
„werden ſollen." Er wollte ihr mit einem dankbaren Lächeln entfliehen
und ſagte, daß er zum Fürſten zurückzueilen habe, der vielleicht auf eben

diesen Tag eine so gütige Rücksicht genommen, wie sie; allein Sebastian holte mit dem gefundenen Freund ihn an der Gartenschwelle ein, und der eilende Lord verspätete sich noch durch eine schnelle Umarmung seines Sohnes. Erst als er weg war, faßte die Mutter, die ihre Liebe zu ent= laden suchte, Viktors Hand zärtlich an, und vergaß die Abrede und fragte: „o Theuerster! warum haben Sie ihm denn nicht Glück gewünscht zu seinem Geburttage? Denn ich konnte ja nicht." Jetzo verstand und fühlte er erst die schnelle Umarmung des Vaters und breitete die Arme nach ihm aus und wollte sie erwiedern.

Darüber traf auch der alte Pfarrer aus dem Garten ein, und sagte wie närrisch: „ich wollt', er wäre Regierungsrath;" aber die Frau sagte, ohne darauf zu antworten, mit überfließender Stimme und Liebe zu ihm: „So ein Wiegenfest hast Du noch nicht erlebt wie heute, Peter!" Agathe sah sie fragend und zurechtweisend an. „Fahre nur damit heraus" — sagte sie, und umfing die zwei Kinder, und zog beide in die väterliche Um= armung hinein — „und wünscht Eurem guten Vater lange Tage und noch drei beglückte Kinder." —

Der Vater konnte nichts sagen und streckte die Hand nach der Mut= ter entgegen, um die Gruppe des liebenden Edens zu ründen. Viktors sympathetisches Blut häufte sich in sein Herz, um es in Liebe aufzulösen, und er dachte das stille Gebet: „reiße nie diese verschlungnen Arme, du Allgütiger, durch ein Unglück auseinander!" — Aber Flamin zog sich bald aus der Verkettung und sagte zu Viktor mit dem dankbarsten Hände= druck: „Du weißt nicht, wie Unrecht ich Dir immer thue." Der Kaplan dachte, er werde allen seine Rührung verstecken, wenn er sage: „ich wollt', „ich hätt' Euch nicht betrogen. — Ich habe zur Ader gelassen, es ist aber „dumm — hätt ich's nur gewußt! — hätt' ich's nur nicht! — Wahrlich, „da seht's selber!" — Und als diese Maske nicht hinreichte, seine ganze gerührte Seele zu bedecken, rief er der armen vergessenen Apollonia, die an der Hausthür den erwachten Bastian schwenkte, überlaut zu, herzu= kommen. Allein diese Arme, deren blos entfernte freudige Theilnahme an der allgemeinen Annäherung unsern Viktor im Innersten rührte, zögerte scheu, bis die Mutter kam und sie schadlos hielt durch alles, was den Müttern nie vergolten wird. Aber erst als die Pfarrerin ihr Kind in ihren Armen und an ihren Lippen hatte, fühlte sie, daß die gefangnen Flammen ihrer Gefühle ihre Oeffnung fanden und ihr Herz seine Erleichterung. —

O! daß der Mensch gerade zu der Zeit die schönste Liebe empfängt, wo er sie noch nicht versteht. — O, daß er erst spät im Lebensjahre, wenn er seufzend einer fremden Eltern- und Kinderliebe zusieht, hoffend zu sich sagt: „ach meine haben mich gewiß auch so geliebt" — ach daß alsdann der Busen, zu dem Du mit dem Danke für ein halbes Leben, für tausend verkannte Sorgen, für eine unaussprechliche nie wiederkehrende Liebe eilen willst, schon zerdrückt liegt unter einem alten Grabe und das warme Herz verloren hat, das Dich so lange geliebt! . . . .

In der häuslichen Glückseligkeit sind die windstillen, zwischen vier engen Wänden vorgetriebnen bequemen Freuden nur der zufälligste Bestandtheil: ihr Nerven- und Lebensgeist sind die lodernden Feuerquellen der Liebe, die aus den verwandten Herzen in einander springen. —

Die unwillkürliche Ueberraschung hatte die willkürlichen vereitelt. Aber die Freudenflut hatte alle Personen zusammengeströmt; und sie blieben noch in der vertraulichen Nähe, als jene wieder verlaufen war. Man setzte sich zum Gastmahl im Gartenhaus. Selten sind Schmäuse so wie dieser durch zwei außerordentliche Vorzüge gewürzt, durch Mangel an Essen und Mangel an Platz. Nichts reizt den Appetit so sehr, als die Besorgniß, er finde nicht satt. Es war von Sebastian ausgesonnen, daß für jeden Gast nur das Leibgericht besorgt wurde — für den Pfarrer farzierte Krebse und Erdapfelkäse — für Flamin Schinken — für den Helden das Gemüse vom guten Heinrich. — Jeder wollte jetzo das Leibgericht des andern, und jeder subhastirte seines. Sogar die Damen, die sonst wie die Fische essen und nicht essen, bissen an. Der zweite berauschende Bestandtheil, den sie in ihren Freudenbecher geworfen hatten, war der Tisch sammt Gartenstube, wovon jener die Kost, diese die Kostgänger nicht faßte. Sebastian hatte sich sammt Agathen an ein Filialtischchen, das man außen ans Fenster des Speisesaales gestoßen, begeben, blos um draußen mehr hineinzulärmen und zu klagen, als zu essen. Dieser Muthwille war im Grunde die verdeckte Bescheidenheit, welche befürchtete, drinnen auf Kosten der andern Gäste, des Lords wegen, gefeiert zu werden. Sein eignes Alleinsein — vielleicht in einem schmerzlichen Sinn — malte ihm die blöde Appel vor, die als Heervestalin erst von zurückgehenden Speisen den Rückzoll aß, blos um zu versuchen, wie es andern geschmeckt. Er konnte den Gedanken dieser Abtrennung nicht länger erdulden, sondern nahm Wein und das Beste vom Nachtisch, und trug es ihr in ihr Küchen-Winterquartier hinein. Da er dabei auf seinem Gesicht statt seiner Munterkeit gegen Mädchen, von der sie eine zu bemüthige Auslegung hätte machen können, den größten höflichen Ernst ausspannte: so war er so glücklich, einer von der Natur selber zusammengedrückten Seele — die hier in keinem andern Blumentopf ihre Wurzeln herumtreibt, als in einem Kochtopf, und deren Konzertsaal in der Küche und deren Sphärenmusik im Bratenwender ist — einen goldnen Abend gegeben zu haben und ein gelüftetes Herz und eine frohe lange Erinnerung. Kein Boshafter werfe einer solchen guten Schneckenseele seine Faust in den Weg und lache dazu, wie sie sich hinüberquält — und der Aufgerichtete bücke sich gern und hebe sie sanft über ihre Steinchen weg....

Klotilden anlangend, so ging's vor dem Essen recht gut; aber nachher recht schlecht. Ich rede von Sebastian, der nach der beim Lord eingelegten Bittschrift froher und leichter war, und mit Klotilden wahrhaftig so freimüthig sprach, als wäre sie eine — Braut. Denn er hatt' es schon im Hannöverischen gesagt: „es gebe kein langweiligeres und heiligeres „Ding, als eine Braut, besonders eines Freundes seine; lieber wollt' er „an die mürben Pandekten in Florenz oder an einen Wiener h. Leib im „Glasschrank streifen und tippen, als an sie." — Ueberhaupt war's schwer, sich in Klotilde zu verlieben; ich weiß, der Leser hätt' es nicht gethan, sondern sich kalt wieder fortgemacht. „Ihre griechische Nase unter der fast „männlich breiten Stirne, hätt' er gesagt — diese Schwesternase aller „Madonnen und dieses seltne Gränzwildpret auf deutschen Gesichtern —

„ihre stillen aber hellen Augen, die außer sich nichts suchen, dieser brittische
„Ernst, diese harmonische denkende Seele erheben sie über die Rechte der
„Liebe. — Wenn diese majestätische Gestalt auch lieben wollte: wer hätte
„den Muth, ihre seine darauf zu bieten, und wer wäre so eigennützig, um
„das Geschenk eines ganzen Himmels einzustecken, oder so stolz, um sein
„Herz als Dampfkugel in ihres zu schießen und damit diese stille sinnende
„Heiterkeit zu benebeln?" — Der Leser lieset sich selber gern. —

Aber nach dem Essen ging's anders. Unter Viktors Gehirnhäuten
hatte irgend ein Poltergeist im innern Schriftkasten alle Lettern seiner
Ideen so untereinander geworfen, daß er bisher lustig, aber unzufrieden
war — er hatte versucht, Agathens Haare auf- und abzulocken, ihre Dop-
pelschleifen in ungleiche und eben darum wieder in gleiche Hälften zu zer-
ren — aber es hatt' ihm nicht wie sonst gefallen — die heutigen Zwischen=
spiele der häuslichen Liebe hatten seine ganze scherzende Seele aus den Fugen
gezogen, und es war ihm, als wenn er, entfernt von der jetzigen Freude,
wenigstens auf einige Minuten froher sein würde in irgend einer stillen
Ecke, und besonders sehnt' er sich, die Sonne untergehen zu sehen. — —

Dazu kam noch mehr: der Anblick von Klotildens wärmerer Liebe
gegen Agathe — der Anblick seines Freundes, der durch seine schweigende
Zärtlichkeit, durch seine mildere Stimme, durch eine an heftigen Menschen
so unwiderstehliche Ergebenheit jedem Herzen befahl: liebe mich — und
endlich der Anblick der Nacht...

Er war schon längst traurig, als er noch lustig schien. Jetzo brachte
die Mutter den kleinen Held des heutigen Vormittags in den lauen Abend=
himmel heraus. Sie standen alle außerhalb der Garten=Stiftshütte im
ersten Tempel des andächtigen Menschen. In die Wolken floß das Abend=
blut der versinkenden Sonne, wie ins Meer das Blut seiner in der Tiefe
sterbenden Riesen. Das lockere Gewölke langte nicht zu, den Himmel zu
decken; es schwamm um den Mond herum und ließ sein bleiches Silber
aus den Schlacken blicken.

Das rothe Gewölke schminkte den Säugling. Jeder fassete leise seine
weichen Hände, die schon aus der Kissen=Knospe und Wickelbänder=Ver-

puppung brachen. Klotilbe — anstatt an den Kleinen körperlich kokette Liebkosungen zu verschwenden, wie manche Mädchen vor oder für Mannspersonen thun — goß einen fortströmenden Blick voll herzlicher Liebe auf den neuen Menschen nieder, band seine schneidenden Hemb- ärmel auf, verbaute ihm den angeschielten Mond, und sagte spielend: „lächle her und liebe mich, Sebastian!“ Sie konnte unmöglich meta- phorische Rikoschet-Schüsse in diese Zeile laden; auch wußte der große uneingewickelte Sebastian recht gut, daß sie keinen Doppelsinn voraus- gesehen; ja er kannte die Regel, daß man aus der Aengstlichkeit, womit einige gewisse Gedanken aus ihrem Sprechen bannen, die Gegenwart derselben in ihrem Kopfe errathe. Gleichwol hatt' er doch nicht den Muth, zu lächeln wie die andern, oder das von ihr berührte Händchen in seines zu nehmen. Sie kehrte sich zu ihm und sagte: „aber wie lernt das Kind unsere Sprache, wenn es nicht schon eine kann?“

..Ich hab' es blos aus Liebe zu den Weltweisen mit Schwabacher drucken lassen.

„Also muß, antwortete er, die pantomimische Sprache gerade so viel „bezeichnen, wie die Ohrensprache. — So oft ich einen Taubstummen „zum Abendmahl gehen sehe, denk' ich daran, daß aller Unterricht nichts „in den Menschen bringe, sondern nur das Dagewesene bezeichne und „ordne. — Die Kindesseele ist ihr eigner Zeichenmeister, der Sprachlehrer „der Kolorist derselben.“ — „Wie, fuhr sie fort, wenn dieser schöne Abend „einmal wieder vor die Erinnerung dieses Kleinen käme? Warum sieht „das sechste Jahr schöner in der Erinnerung aus, als das zwölfte, und „das dritte noch schöner?“ — Eine schöne Frau unterbricht man nicht so leicht wie einen Erbekan: sie durfte also darauf kommen: „Herr Emanuel „sagte einmal, man sollte den Kindern in jedem Jahre ihre vergangnen „erzählen, damit sie einmal durch alle Jahre durchblicken könnten bis ins „zweite neblichte hinein.“ Mir ist, als hört' ich die oben gedachte Hof- dame leibhaftig sprechen, unter deren dünnen Blonden mehr Philosophie blieb, als unter manchem Doktor-Filzhut, wie Quecksilber im Flor beklebt und durch Leder rinnt. — Viktor antwortete mit der gewöhnlichen Theil-

nahme seines guten Herzens: „Emanuel steht nahe am Menschen und
„kennt ihn — Den umgaukelten Menschen führen zwei Prospekt=
„malerinnen durch das ganze Theater, die Erinnerung und die
„Hoffnung — in der Gegenwart ist er ängstlich, das Vergnügen wird
„ihm nur in tausend liliputische Augenblicke eingeschenkt wie dem Gulli=
„ver; wie soll das berauschen oder sättigen? — Wenn wir uns einen
„vergnügten Tag vorstellen, so drängen wir ihn in einen einzigen freudi=
„gen Gedanken; kommen wir hinan, so wird dieser Gedanke unter den
„ganzen Tag verdünnt."—

„Daran denk' ich," versetzte sie, „so oft ich durch Wiesen gehe: in
„der Ferne stehen Blumen an Blumen — aber in der Nähe sind sie alle
durch Gras auseinander gerückt. — Aber am Ende wird doch auch die
„Erinnerung blos in der Gegenwart genossen."... Viktor
dachte blos über die Blumen nach, und sagte vertieft: „und in der
„Nacht sehen die Blumen selber wie Gras aus" — als es plötzlich zu
tropfen anfing.

Sie traten alle feierlich in das Gartenhaus, auf dessen Dache der
Regen aufschlug, indeß in die offnen Fenster der auf= und zugedeckte
Mond wie ein Gletscher seine Schneeblitze einwarf — der laue Blüten=
Athem der ganzen leuchtenden Landschaft hauchte jeden menschlichen
Seufzer, jeden schweren Busen heilend an. — In dieser engen Nähe,
durch die mit dem Monde abwechselnde Nacht abgeschieden von der Natur,
mußte man zur Nachbarschaft, zum alten Klaviere flüchten. Klotildens
Stimme konnte die Flöten=Begleitung des äußern Regen=Gelispels sein.
Die Pfarrerin bat sie darum, und zwar um ihre Lieblingarie aus Benda's
Romeo: „vielleicht, verlorne Ruh'! vielleicht find' ich dich im Grabe
„wieder" ꝛc., ein Lied, dessen Töne wie feine auflösende Düfte in das
Herz durch tausend Oeffnungen bringen und darin beben und immer
stärker beben, bis sie es endlich zerzittern und nichts von ihm in der har=
monischen Vernichtung übrig lassen als Thränen.

Klotilde willigte ohne zögernde Eitelkeit in das Singen ein. Aber
für Sebastian, in welchem alle Töne an nackte zitternde Fühlfäden

schlugen, und der sich schon mit den Gesängen der Hirten auf dem Felde
traurig machen konnte, war dieses an einem solchen Abend für sein Herz
zu viel: während der musikalischen Aufmerksamkeit der andern mußt' er
zur Thüre hinausgehen . . .

Aber hier unter dem großen Nachthimmel können unter höhere
Tropfen ungesehen seine fallen — Welche Nacht! — Hier schlägt ein
Glanz über ihn zusammen, der Nacht und Himmel und Erde an ein=
ander reiht, die magische Natur drängt sich mit Strömen ein ins Herz,
und macht es gewaltig größer. — Oben füllet Luna die wehenden Wolken=
Flocken mit flüssigem Silber an, und die getränkte Silberwolle zittert
herab, und Glanzperlen rinnen über glattes Laub und stocken in Blüten,
und das himmlische Gefilde perlt und glimmt — — Durch dieses Eden,
worüber ein doppeltes Schneegestöber von Funken und von Tropfen
zwischen einem Staubregen von Blütendüften spielte und wirbelte, und
worin Klotildens Töne wie verirrte Engel sinkend und steigend umher=
flogen, durch dieses Zaubergewimmel wankte Viktor geblendet — über=
strömt — zitternd und weinend hin, und sank müde in die Laube nieder,
wo er heute am Herzen seines Vaters gewesen war. Er überdachte das
Winterleben dieses guten Vaters unter lauter Fremdlingen des Herzens,
und dessen einsame bange Feier des heutigen Tages, und den kalten
leeren Raum in der väterlichen Brust, den sonst die verlorne Gestalt der
Geliebten bewohnet hatte — und er sehnte sich schmerzlich an das Herz
der unsichtbaren Mutter. Er hob das angelehnte Haupt in den Regen
auf, und aus den weiten offnen Augen fielen fremde Tropfen nicht allein.
Er glühte durch sein ganzes Ich, und Nachtwolken sollten es kühlen.
Seine Fingerspitzen hingen leise in einander gefaltet nieder. Klotildens
Töne tropften bald wie geschmolzene Silberpunkte auf seinen Busen,
bald flossen sie wie verirrte Echo aus fernen Hainen in diesen stillen
Garten herein. Er nannte nichts — er dachte nichts — er sprach sich
nicht los, er klagte sich nicht an — er sah es wie im Traume, wenn
bald eine dicke Nacht über den Garten rannte, bald ein Lichtmeer ihr
nachschoß.

Aber ihm war, als wollte seine Brust aufspringen, als wär' er selig, wenn er jetzt geliebte Menschen umschlingen und an ihnen im seligen Wahnsinn seinen Busen und sein Herz zerquetschen könnte. Ihm war als wär' er überselig, wenn er jetzo vor irgend einem Wesen, vor einem bloßen Gedankenschatten hingießen könnte all' sein Blut, sein Leben, sein Wesen. Ihm war, als müßt' er in Klotildens Töne schreien und die Arme um Felsen drücken, um nur das peinliche Sehnen zu be= täuben. — —

Er hörte die Blätter tropfen und hielt es noch für Regen. Aber der Himmels=Staubbach hatte sich versprungen und blos Lunens Licht= fall übersprengte noch die Gegend. Der Himmel war tief blau. Agathe hatt' ihn unter dem Regen gesucht, und jetzt erst gefunden. Er wachte auf, ging folgsam und schweigend mit ihr hinaus, und begegnete lauter ausgeheiterten Himmels=Gesichtern — da zuckten alle seine Nerven, und er mußte sich mit einer stummen Verbeugung schmerzhaft freundlich ent= fernen. Jeder hatte andere Gedanken darüber. Aber die Pfarrerin sagte der Gesellschaft, er höre die Musik gern von ferne, nur machte sie ihn allemal zu melancholisch.

Ach in seinem Zimmer umfing ein glücklicher tröstender Gedanke seine Seele. Klotildens Grablied und alles befestigte die Gestalt des erhabnen Emanuels vor sein Auge — diese schien zu sagen: „in einem „Jahre bin ich schon unter der Erde, komme nur zu mir, Armer, ich „will dich so lange lieben, bis ich sterbe!“ Ohne ein Licht zu begehren, schrieb er mit strömenden Augen, denen ohnehin keines geholfen hätte, dieses Blatt an Emanuel:

Emanuel!

Sage nicht zu mir: ich kenne Dich nicht! — Warum kann der Mensch auf dem schmalen Sonnenstäubchen Erde, auf dem er warm wird, und während der schnellen Augenblicke, die er am Pulse abzählt, zwischen dem Blitze des Lebens und dem Schlage des Todes noch einen Unterschied machen unter Bekannten und Unbekannten? Warum fallen die kleinen Wesen, die einerlei Wunden haben, und von denen die Zeit das nämliche Maß zum Sarge nimmt, nicht einander ohne Zögern mit dem Seufzer in die Arme: „ach wol sind wir einander ähnlich und bekannt!" — Warum müssen erst die Fleischstatuen, worein unsre Geister eingekettet sind, zusammenrücken und einander betasten, damit die darin vermummten Wesen sich einander denken und lieben? — Und doch ist's so menschlich und wahr: was nimmt uns denn der Tod anders als Fleischstatuen — als das geliebte Angesicht unsern Augen — als die theure Stimme unsern Ohren und die warme Brust der unsrigen? ... Ach Emanuel! sei für mich kein Todter! Nimm mich an! Gib mir Dein Herz! Ich will es lieben! — Ich bin nicht sehr glücklich, mein Emanuel! — Da mein großer Lehrer Dahore — dieser glänzende Schwan des Himmels, der, vom zerknickten Flügelgelenk ans Leben befestigt, sehnend zu andern Schwänen aufsah, wenn sie nach den wärmern Zonen des zweiten Lebens zogen — aufhörte an mich zu schreiben: so that er's mit den Worten: „suche mein Ebenbild! Deine Brust wird so „lange bluten, bis Du mit einer andern die Narben bedeckst und die „Erde wird Dich immer stärker schütteln, wenn Du allein stehest — und „nur um den Einsamen schleichen Gespenster." — — Emanuel, bist Du nicht ruhig und sanft und nachsichtig? — Sehnet sich Deine Seele nicht, alle Menschen zu lieben, und ist ihr nicht ein einziges Herz zu enge, in das sie mit ihrer Liebe wie eine Biene in eine eingeschlafene Tulpe eingeschlossen ist? Hast Du nicht satt das Repetierwerk unseres Freuden- und Trauergeläutes, die Familienähnlichkeit aller Abende und Zeiten? — Schauest Du nicht von dieser dahin gerissenen Erde hinaus auf Deinen langen Weg über Dir, damit Dich nicht ekle und schwindle, wie man eben deswegen aus dem Wagen auf die Straße sieht? — Glaubst Du nicht an Menschen, um welche die Bergluft einer höhern Stellung geht, und die oben auf ihrem Berge mitten in einem stillen Himmel stehen und herunterschauen in die Donner und Regenbogen an der Erde? — Glaubst Du nicht an Gott und suchst seine Gedanken auf in den Lineamenten der Natur und seine ewige Liebe in Deiner Brust? — — — Wenn Du das alles bist und denkst, so bist Du mein; denn

Du bist besser als ich, und meine Seele will sich heben an einem höhern Freund. Baum des höhern Lebens, ich umfasse Dich, ich umstricke Dich mit tausend Kräften und Zweigen, damit ich aufsteige aus dem zertretenen Koth um mich! — Ach von einem großen Menschen könnte ich geheilt, gestillet, erquickt, erhoben werden — ich Armer, nur an Wünschen reich — zerrüttet vom Kriege zwischen meinen Träumen und meinen Sinnen — wund hin und her geschlagen zwischen Systemen, Thränen und Narrheiten — anekelnd die Erde, die ich mir nicht ersetzen kann, lachend über die weinerliche Komödie blos aus Jammer, und der widersprechendste, betrübteste und lustigste Schatten unter den Schatten in der weiten Nacht.... „O! schöne, gute Seele, liebe mich!"

Horion.

Den Kopf auf die Hand gestützt, ließ er so lange seine Thränen, ohne zu denken und ohne zu sehen, rinnen, bis die Natur ein Ende machte. Dann trat er ans Klavier und sang unter dessen Begleitung die heftigsten Stellen seines Briefes ab; was ihn stark bewegte, trieb ihn allezeit zum Singen an, besonders der Affekt der Sehnsucht. Was kann es uns verschlagen, daß es Prose war?

Bei der letzten Zeile seines Briefgesanges ging langsam die Thür auf: „Du bist's?" sagte eine Stimme. „Ach komm herein, Flamin!" antwortete er. „Ich wollte nur sehen, ob Du zurück wärest," sagte Flamin und ging. —

— Ich denke, es ist nöthig, daß ich wenigstens folgendes dazwischen werfe: — daß nämlich Viktor zu viel Phantasie, Laune und Besonnenheit besaß, um nicht, wenn diese drei Saiten zugleich erschüttert wurden, lauter Dissonanzen anzugeben, die bei mehr harmonischen Intervallen dieser Kräfte*) weggeblieben wären — daß er daher mehr N e i g u n g zu

---

*) Gerade der Besitz ungleichartiger Kräfte in gleichem Grade macht inkonsequent und widersprechend; Menschen mit Einer vorherrschenden Kraft handeln gleicher nur nach ihr. In Despotien ist mehr Ruhe als in Republiken; am heißen Aequator ist ein gleicherer Barometerstand, als in den Zonen mit 4 Jahrzeiten.

8*

Schwärmereien und zu Schwärmern hatte, als Ansatz dazu — daß
seine negativ-elektrische Philosophie mit seinem positiv-elektrischen Enthusiasmus immer um das Gleichgewicht zu kämpfen hatte — und daß aus
dem Aufbrausen beider Spiritus nichts wurde als Humor — daß er
alle Freudennelken auf dem nämlichen Beete haben wollte, obgleich eine
die Farbe der andern verfälschte (z. B. Feinheit und Enthusiasmus, Erhebung über die Welt und Ton der Welt) — daß daraus außer der Laune
und höchsten Toleranz auch ein unbewegliches schweres Gefühl der
Nichtigkeit unserer vorüberstreichenden und mit einer solchen Kontra-
rietät der Farben entworfnen innern Zustände werden mußte — und
daß er, den der Schlimme für doppelseitig und der Gutmüthige für veränderlich hält, nichts zum Schmücken und Rüben seines in so viel Holz
versteckten neuen Adams oder Palladiums bedürfe, als die Sense der
Zeit — Zeit also.

Achter Hundsposttag.

Ich wollte, die Historie wäre aus, damit ich sie könnte drucken lassen;
denn ich habe schon zu viele Pränumeranten darauf unter dem gemeinen
Volk. Ein Schriftsteller nimmt in unsern Tagen Vorausbezahlung auf
sein Buch vom schlechtesten Kerl an — der Schneider thut seinen Vor-
schuß in Kleidern, der Frisör in Puder, der Hauswirth in Studierstuben. —

Jeden Morgen hunzte sich Viktor unter der Bettdecke aus wegen des
Abends; das Bette ist ein guter Beichtstuhl und die Audienza des
Gewissens. Er wünschte, der gestrige Gartenverein hielte ihn für einen
wahren Narren anstatt für einen — Liebhaber. „Ach wenn gar Flamin
„selber sich mit Mißtrauen kränkte, und wenn unsre Herzen, die so lange

„geschieden waren, schon jetzo wieder es würden!" Hier wurde die Bett=
lade aus einem Beichtstuhl ein feuriger Ofen. Aber ein Engel legte sich zu
„ihm hinein und blies die Lohe weg: was hab' ich denn aber gethan? Hab'
„ich nicht für ihn mit tausend Freuden gesprochen, gehandelt, geschwiegen?
„Kein Blick, kein Wort ist mir vorzuwerfen — was denn noch sonst?"

Der Engel des Lichts oder Feuers mußte jetzt entsetzlich gegen die
vorwedelnde Flamme blasen.

„Sonst noch? Gedanken vielleicht, die aber wie Feldmäuse der
„Seele unter die Füße springen und sich wie Ottern anlegen. — Aber
„dürfen mir denn die Kantianer ansinnen, daß ich das kleine Bild der
„schönsten und besten Gestalt, die ich in dreier Herren Landen bisher
„vergeblich zitierte, einen solchen Raphaels Kopf, eine solche Paradieses
„Antike zum Fenster hinauswerfe aus der Villa meines Kopfes wie
„Aepfelschalen und Pflaumenkerne? Mich würd' es von den Kantianern
„wundern. — Und wenn's drinnen stehen bleiben soll, soll ich denn ein
„Vieh sein, ihr Katecheten, und es kalt anglotzen? — Ich mag nicht!
„Ja ich will mir selber trauen und von dem schönsten Herzen sogar die
„Freundschaft fodern und ihm doch die Liebe lassen." — Lieber Leser,
unter diesem ganzen summarischen Prozeß vor der Gesetzkommission des
Gewissens hab' ich über dreißigmal zu mir gesagt: „ihr beide, Du und
„der Leser, seid um kein Haar ehrlicher gegen das Gewissen!"

Er zog sich l a n g s a m am Bettzopf aus dem Bette, das er sonst mit
einem Sprunge verließ: es stockte ein Ideenrad in ihm. Er las seinen
gestrigen Brief und fand ihn zu stürmisch: „Das ist eben, sagte er, unsre
„Nichtigkeit, daß alles, was der Mensch für ewig hält, in Einer Nacht
„erfriert; über unser Gesicht laufen die heftigsten Züge nicht schneller und
„spurloser als über unser Herz — Warum bin ich denn heute nicht, was
„ich gestern war und vielleicht morgen sein werde? — Was gewinnt der
„Mensch durch dieses Auf= und Unterkochen? Und auf was kann er in
„sich denn bauen?"

Unterdessen hatte sich das Feuerrad der Erdenzeit, die Sonne, gießend
heraufgedreht, und brannte am Ufer der Erde. — Er riß das Fenster

auf, und wollte die unbedeckte Bruſt im friſchen Morgenwinde baden und
das heiße Auge im rothen Meer Aurorens; aber etwas in ihm drängte
ſich wie ein Nachgeſchmack zwiſchen den Genuß des Morgenlandes. Ein
guter Menſch iſt unter den Gewiſſensbiſſen künftiger Handlungen
durchaus zum Genuſſe verdorben.

Es ſtieg in ihm eine übermannende Rührung langſam auf — die
geſtrige Nacht trug wieder ihren leuchtenden Regen, ſein brauſendes Herz
und Emanuels Schatten vorüber — er lief immer ſtärker und zwar in
die Quere durchs Zimmer — ſtrickte den Schlafrock knapper an — ſchüt=
telte etwas aus dem Auge — that einen ſteilrechten Sprung — ſchnellte
ein „Nein“ hervor und ſagte mit einem unausſprechlich heitern Lächeln:
„Nein! ich will meinen Flamin nicht betrügen! Ich will ſie weder ſuchen
„noch meiden, und ihre Freundſchaft nicht eher begehren als zur Zeit
„ſeines höchſten Glücks. Wie Dich da *), ſo will ich die himmliſche Glanz=
„büſte anſchauen, und nicht begehren, daß ſie Wärme annehme und das
„kalte Gypsauge auf mich wende. Aber Du, mein Freund, ſei glücklich
„und ganz ſelig, und merke nicht einmal meinen Kampf!“

Jetzt erſt erheiterte ihn der Kirchenſchmuck des Morgens, und die
Morgenluft floß wie ein kühles Halsgehenk auf ſeinem heißen Buſen
umher und legte ſpielend Haar und Buſenſtreif zurück. Er fühlte, nun
ſei er werth, an Emanuel geſchrieben und an den Himmel geſchauet zu
haben . . . .

Flamin trat ein mit einiger Kälte, die vom erblickten Brief noch
etwas ſtieg. Viktor war nicht kalt zu machen; blos als man unten ihn
mit keinem Worte an ſeine geſtrigen Dithyramben erinnerte: that er aus
Beſorgniß errathen zu ſein, einen zornigen verſteckten Schwur, wenn ſie
käme, nicht zu kommen — welches auch zu machen war, denn ſie kam
nicht. Sie hatte in Maienthal noch Gepäck abzuholen, Freundſchaften
zu begießen und noch einmal in den Zauberkreis ihres geliebten Lehrers
zu treten; und war alſo dahin abgegangen.

---

*) Die Büſte des Vatikaniſchen Apollo, an der er keine andre Geſtalt bilden
lernen wollte, als ſeine eigne.

Die nächsten Wochen tanzten jetzt wie eben so viele Horen in Ang= laisen und Kotillons vor Sebastian vorbei. Seine Vormittage hingen voll Früchte, seine Nachmittage voll Blumen; denn am Morgen wohnte seine Seele mit ihren Anstrengungen in seinem Kopfe, gegen Abend in seinem Herzen. Abends liebt man Karten — Gedichte — Aufrichtigkeit — Weiber — Musik recht sehr, Morgens recht wenig; in der Geister= stunde ist jene Liebe am allerstärksten.

Zwei Sorgen ausgenommen — die erste war, ob sein Emanuel ihm bald genug schreiben würde, damit er ihn vielleicht noch besuchen könnte, eh' er an die Deichsel des Hof= und Staatswagens geschirret wäre; die zweite war: letztes zu bald zu werden — hatt' er jetzt fast nichts zu thun, als glücklich zu sein oder glücklich zu machen; denn in diese Wochen fielen gerade seine stillen oder Sabbathwochen ein . . . .

Ich weiß nicht, ob sie der Leser schon kennt: sie stehen nicht im verbesserten Kalender; aber sie fallen regelmäßig (bei einigen Menschen) entweder gleich nach der Frühling=Tag= und Nachtgleiche oder in den Nachsommer.

Bei Viktor war das erste, gerade mitten im Frühling. Ich brauch' es nicht auszumitteln, ob der Körper, das Wetter, oder wer diesen Gottesfrieden in unserer Brust einläute: sondern schreiben soll ich's, wie sie aussehen, die Sabbathwochen. Ihre Gestalt ist genau diese: in einer stillen oder Sabbathwoche (manche, z. B. ich, werden gar nur mit Sabbathtagen oder Stunden abgefertigt) schlummert man erstlich leicht wie auf gewiegten Wolken — Man erwacht wie ein heiterer Tag — Man hatte sich Abends vorher gewiß vorgenommen und es deswegen in Chiffern an die Thüre geschrieben, sich zu bessern und das Jätemesser alle Tage wenigstens an Ein Unkrautbeet anzusetzen. — Beim Erwachen will man's noch, und setzet es wirklich durch. — Die Galle, dieser aufbrausende Spiritus, der sonst, wenn er, statt in den Zwölffingerdarm, in das Herz oder Herzblut gegossen wird, mit Wolken aufsiedet und zischt, wird in wenigen Sekunden eingesogen oder niedergeschlagen, und der erhöhte Geist fühlt ruhig das körperliche Aufwallen ohne seines. — In dieser Windstille unserer Lungenflügel spricht man nur sanfte, leise Worte, man fasset liebend die Hand eines jeden, mit dem man spricht, und man denkt mit zerfließendem Herzen: ach ich gönnte euch's allen wol, wenn ihr noch glücklicher wäret als ich — Am reinen gesunden stillen Herzen schließen sich, wie an den homerischen Göttern, leichte Wunden sogleich zu. — „Nein!" (sagst du immerfort in der Sabbathwoche) „ich muß „mich noch einige Tage so ruhig erhalten." — Du verlangst zum Stoff der Freude fast nichts als Dasein, ja der Sonnenstich einer Entzückung würde diesen kühlen magischen durchsichtigen Morgennebel in ein Gewitter verdichten — Du siehst immerfort hinauf ins Blaue, als möchtest du danken und weinen, und umher auf der Erde, als wolltest du sagen: „wo „ich auch heute wäre, da wäre ich glücklich!" und das Herz voll schlafender Stürme trägst du, wie die Mutter das entschlummerte Kind, scheu und behutsam über die weichen Blumen der Freude. — — — Aber die Stürme fahren doch auf und greifen nach dem Herzen! . . .

Ach was müssen wir nicht alle schon verloren haben, wenn uns die Gemälde seliger Tage nichts abgewinnen als Seufzer? O Ruhe, Ruhe, du Abend der Seele, du stiller Hesperus des müden Herzens, der allezeit neben der Sonne der Tugend bleibt — wenn unser Inneres schon vor deinem sanften Namen in Thränen zerrinnt: ach ist das nicht ein Zeichen, daß wir dich suchen, aber nicht haben? —

Viktor verdankte die Sieste seines Herzens den — Wissenschaften, besonders der Dichtkunst und der Philosophie, die beide sich wie Kometen und Planeten um dieselbe Sonne (der Wahrheit) bewegen und sich nur in der Figur ihres Umlaufs unterscheiden, da Kometen und Dichter blos die größere Ellipse haben. Seine Erziehung und Anlage hatte ihn an die Lebens= und Feuerluft der Studier= stube gewöhnt, die noch die einzige Schlafkammer (Dormitorium) unserer Leidenschaften und das einzige Proßhaus und der Glückhafen der Menschen ist, die dem breiten Strudel der Sinne und Sitten entgehen wollen. Die Wissenschaften sind mehr als die Tugend ihr eigner Lohn, und jene machen der Glückseligkeit theilhaftig, diese nur würdig; und die

Preismedaillen, Pensionen und positiven Belohnungen und der Inven=
zionbank, die viele Gelehrte für ihr Studieren haben wollen, gehören
höchstens den literarischen dienenden Brüdern, die sich dabei abmartern,
aber nicht den Meistern vom Stuhle, die sich dabei entzücken. Ein
Gelehrter hat keine lange Weile; nur ein Thron = Insaß lässet sich gegen
diese Nervenschwindsucht hundert Hoffeste verschreiben, Gesellschaft=
kavaliere, ganze Länder und Menschenblut.

Du lieber Himmel! ein Leser, der in Viktors Sabbathwochen eine
Leiter genommen hätte und an sein Fenster gestiegen 'wäre: hätte der
etwas anders darin erblickt, als ein jubelndes Ding, das auf den wissen=
schaftlichen Feldern wie unter seligen Inseln umherglitt? — Ein Ding,
das entzückt nicht wußte, sollt' es denken, oder dichten, oder lesen, be=
sonders was? oder wen? aus dem ganzen vor ihm stehenden hohen
Adel der Bücher. — In dieser Brautkammer des Geistes (das sind unsere
Studierstuben), in diesem Konzertsaal der schönsten aus allen Zeiten und
Plätzen versammelten Stimmen hinderten ihn die ästhetischen und philo=
sophischen Lustbarkeiten fast an ihrer Wahl; das Lesen riß ihn ins Schreiben,
das Schreiben ins Lesen, das Nachdenken in die Empfindung, diese
in jenes. —

Ich könnte in dieser Schilderung vergnügter fortfahren, wenn ich's
vorher hätte geschrieben gehabt, wie er studierte: daß er nämlich nie schrieb,
ohne sich über dieselbe Sache voll gelesen zu haben, und umgekehrt, daß
er nie las, ohne sich vorher darüber hungrig gedacht zu haben. Man
sollte, sagte er, ohne einen heftigen äußern, d. h. innern Anlaß und
Drang nicht blos keine Verse machen, sondern auch keine philosophischen
Paragraphen, und keiner sollte sich hinsetzen und sagen: „jetzt um drei
„Uhr am Bartholomäustag will ich doch drüber her sein und folgenden
„Satz geschickt prüfen." — Ich kann jetzo fortfahren.

Wenn er nun in diesem geistigen Laboratorium, das weniger der
Scheidekunst als der Vereinkunst diente, vom Turmalin an, der Asche=
stäubchen zieht, bis zur Sonne, die Erden zieht, und bis zur unbe=
kannten Sonne, an welche Sonnensysteme anfliegen, aufstieg — oder

wenn ihm die anatomischen Tabellen der perspektivische Aufriß einer göttlichen Bauart waren, und das anatomische Messer zum Sonnenweiser
seiner Lieblingwahrheit wurde: daß es, um einen Gott zu glauben, nicht
mehr bedürfe als zweier Menschen, wovon noch dazu einer todt sein könnte,
damit ihn der lebende studiere und durchblättere *) — oder wenn ihn die
Dichtkunst als eine zweite Natur, als eine zweite Musik sanft emporwehte
auf ihrem unsichtbaren Aether, und er unentschlossen wählte zwischen der
Feder und der Taste, sobald er in der Höhe reden wollte — — — Kurz,
wenn in seiner Himmelkugel, die auf einem Menschenhalswirbel steht,
der Ideennebel allmälig zu hellen und dunkeln Partien zerfiel, und sich
unter einer ungesehenen Sonne immer mehr mit Aether füllte, wenn eine
Wolke der Funkenzieher der andern wurde, wenn endlich das leuchtende
Gewölk zusammenrückte: dann wurde Vormittags um 11 Uhr der innere
Himmel (wie oft draußen der äußere) aus allen Blitzen Eine Sonne,
aus allen Tropfen wurde Ein Guß, und der ganze Himmel der obern
Kräfte kam zur Erde der untern nieder, und ... einige blaue Stellen der
zweiten Welt waren flüchtig o f f e n.

— Unsere innern Zustände können wir nicht philosophischer und
klarer nachzeichnen, als durch Metaphern, d. h. durch die Farben ver=
wandter Zustände. Die engen Injurianten der Metaphern, die uns
statt des Pinsels lieber die Reißkohle gäben, schreiben der F a r b e n g e b u n g
die Unkenntlichkeit der Z e i c h n u n g zu; sie sollten's aber blos ihrer Un=
bekanntschaft mit dem Urbilde schuldgeben: Wahrlich, der Unsinn spielt
Versteckens leichter in den geräumigen a b g e z o g n e n Kunstwörtern der
Philosophen — da die Worte wie die sinesischen Schatten mit ihrem Um=
fange zugleich die Unsichtbarkeit und die Leerheit ihres Inhalts vermehren

---

*) Ein Sonnensystem ist nur ein punktiertes Profil des Weltgenius, aber ein
Menschenauge ist sein Miniaturbild. Die M e c h a n i k der Weltkörper können die
mathematischen Rechenmeister berechnen; aber die D i o p t r i k des unter lauter
trüben Feuchtigkeiten helle gewordenen Auges übersteigt unsre algebraischen
Rechenkammern, die daher von den nachgeäfften Augen (von den Gläsern) den
Diffusionraum und das enge Feld nicht wegzurechnen vermögen.

— als in den engen grünen Hülsen der Dichter. Von der Stoa und dem Portikus des Denkens muß man eine Aussicht haben in die epiku= rischen Gärten des Dichtens.

— In drei Minuten bin ich wieder bei der Geschichte. — Er müßte, sagte Viktor, Berg=, Garten= und Sumpfwiesen haben, weil er drei ver= schiedne närrische Seelen besäße, die er auf verschiedene Ländereien zur Weide treiben müßte. Er meinte damit nicht, wie die Scholastiker, die vegetative, sensitive und intellektuelle Seele — noch wie die Fanatiker, die drei Theile des Menschen: sondern etwas recht ähnliches, seine hu= moristische, empfindsame und philosophische Seele. Wer ihm eine davon wegnähme, sagt' er, der möchte ihm immer auch die restieren= den gar ausziehen. Ja zuweilen, wenn gerade die humoristische auf der umwechselnden Querbank obenan saß, trieb er den Leichtsinn so weit, daß er den Wunsch äußerte, in Abrahä Schooß würde Spaß gemacht, und er könnte sich auf die zwölf Stühle mit seinen drei Seelen zugleich niederlassen. — —

Seine Nachmittage übergab er bald einer strömenden Laune, die ihre rechten Zuhörer nicht einmal fand — bald den Pfarrleuten — bald der ganzen St. Lüner Schuljugend, deren Magen er (zur Aergerniß eines jeden guten Schulmeisters) mehr als ihre Köpfe verproviantierte, weil er glaubte, in den kurzen Jahren, wo das Geiferfleckchen sich ausbreitet bis zu einem Tellertuche, nehme das Vergnügen seinen Weg über die Kinder= serviette, und habe keinen andern Eingang als den Mund. Er ging nie ohne eine ganze Operazionkasse voll kleines Geld in der Weste aus: „ich „vertheil' es ohne allen Verstand," sagt' er; „aber wenn aus diesem „herumgesäeten metallischen Samen ganze Freudenabende für arme „Teufel aufgehen und wenn sie gerade die Unschuldigen so selten „haben: warum will man nicht für die geschonte Tugend und für die „Freude zugleich etwas thun?"

Er sagte, er habe Moral gehört und verlange für seine außergericht= lichen Schenkungen und milden Stiftungen nichts als — Verzeihung. Sein Flamin, der ihn für eine sorglose Säemaschine auf Felsen erklärte, verbrachte seine kleinen Ferien bis zu dem Sessiontisch in glühenden Hoffnungen, an diesem Tische zu nützen, und in Vorbereitungen, um es zu können; oft wenn der höhere Patriotismus mit Heiligenschein und Mosis-Glanz aus dem Angesicht des geliebten Flamins hervorbracht, so standen Thränen der freudigen Freundschaft in Viktors Augen, und im Augenblick einer lyrischen Menschenliebe schworen sich beide an ihren Herzen für die Zukunft gegenseitige Unterstützung im Gutesthun und gemeinschaftliche Aufopferungen für die Menschen zu. — Ihr Unterschied war blos wechselseitige Uebertreibung — Flamin war gegen Laster zu intolerant, Viktor zu tolerant — jener verwarf als Regierungrath wie Anabaptisten alle Feste und wie die ersten Christen alle Blumen (in jedem Sinn) — dieser liebte gleich den Griechen beides zu sehr — jener hätte der Ehre Menschenopfer gebracht — dieser kannte keinen Ehrenräuber, als das eigne Herz, er sprang über den papiernen Halb=Adel unserer jämmerlichen Ehrenpunkte am Theetisch hinweg, und war, spottend über den Spott, nur dem hohen Adel der Tugend unterthan. — —

Viktor sog sich mit Laubfroschfüßen an jedes Blumenblatt der Freude an, an Kinder, an Thiere, an Dorf-Luperkalien, an Stunden; — am liebsten aber hatt' er den Sonnabend. Hier that er Streifzüge durch die freudige Unruhe des Dorfes, vor Knechten vorbei, die ihre Sensen nicht magnetisch, sondern schärfer hämmerten, und vor der Ladenthüre des Schulmeisters, an der sein Auge als Schweizer oft eine halbe Stunde stand. Denn er konnte den St. Lünischen Handelsflor recht gut im kleinen Großavanturhandel des Schulmeisters bemerken, der keine geringere Börse der Kaufleute kannte, als die in seiner Hosentasche. Aus diesem ostindischen Hause sah er spät die wohlfeilen Freuden des Sonntags holen — der Grossierer (der Schulmeister wird gemeint) machte, von den Negersklaven unterstützt, den Sonntagmorgen von St. Lüne mit seinem Syrup süß und mit seinem Kaffee heiß; und sowol durch den Tabackbau in Deutschland wurde dieser Handelsherr in Stand gesetzt, mit Spiral= würsten von Lausewenzel die Köpfe der Pfeifen, als durch den Seidenbau der Töchter ihre mit Sabbathwimpeln zu versorgen aus seinem Auer=

bachischen Hofe. — Unsern Helden kannte alles. Aus jeder Hundshütte wedelte ihm ein Hund entgegen, dem er Brod hineingeworfen; aus jedem Fenster schrien ihm Kinder nach, die er geneckt hatte; und viele Buben, vor denen er vorüberlief, hielten sich für glücklich, wenn sie eine Mütze aufhatten — sie konnten sie vor dem Herrn abnehmen. Denn sein erstes Treiben in St. Lüne war die Geschichte in St. Lüne, die aus den mündlichen Konduitenlisten der historischen Personen selber und aus der Reichspostreiterin, aus der Pfarrerin, geschöpft werden mußte. Letzte hielt als Plutarchin allemal zwei Charaktere wie Tücher zusammen; und ihr Mann las ihm nach besten Wissen und Gewissen über die Kirchen= und Reformaziongeschichte seines Beichtsprengels. Viktor legte sich auf diese mikroloskomische Weltgeschichte aus zwei Absichten; erstlich, um sie — welches Brodstudenten auch bei der größern vorhaben — rein wieder zu vergessen; zweitens, um im Dorfe so zu Hause zu sein, wie der Bettelvogt oder die Hebamme, woraus er den Vortheil zu ziehen hoffte, daß er betrübt wurde, wenn ein St. Lüner verstarb, und fröhlich, wenn er vorher heirathete.

— Jetzo schreitet die Geschichte wieder von einem Tage auf den andern fort, gleichsam auf den Steinchen im Strome der Zeit. —

So schön war also der Frühling vor ihm vorübergegangen mit Sabbathwochen, mit den Pfingsttagen, mit weißen Blüten, die dem Lenze allmälig wie Schmetterlingflügel ausfielen; — Viktor hatte den Besuch Le Bauts verschoben, weil er dachte: „ich muß ohnehin bald „genug vom weichen Schooße der Natur herunter und auf das Hof= „Drahtgestell hinauf, und auf den Objektenträger (Thron) des Hof= „Mikroskops;" — er hatte sich zwar täglich zugeredet, bald, noch vor Klotildens Ankunft, hinzugehen, um auf seine Absichten keinen Verdacht zu laden, aber immer vergeblich — — als plötzlich (denn Tags vorher war der 13te Jul.) der 14te erschien und mit ihm Klotildens Gepäck ohne sie. Nun passierte er (wie die offiziellen Hundsberichte enthalten) wirklich am 15ten den Bach von St. Lüne, und ging über die Alpen der kammerherrlichen Treppen, und schlug auf Le Bauts Kanapee sein Cäsars-Lager auf. Er wußte, daß heute niemand da war, nicht einmal Matz.

„Der Himmel erhalt' uns (sagt' er) die Höflichkeit gesund; es wäre „ohne sie nicht nur unter keinen Spitzbuben auszuhalten, sondern sie „gibt auch Minutensteuer von Freuden, indeß die Wohlthätigkeit nur „Quartalsteuer und Kammerzieler und Charitativsubsidien zahlt.“ Herr und Frau Le Baut waren so höflich als nie (ich schwöre darauf, sie hatten etwas von Viktors Hof=Doktorhut und Doktorkrone ausgewittert); nur wußten sie nicht, was für ein Mundstück auf ein so närrisch gewundnes Instrument, wie Viktor war, aufzuschrauben sei. Wie alle Studier= stuben=Schalthiere sprach er lieber von Sachen als Personen; Flamin aber umgekehrt. Für das Ehepaar gab's in keiner Messiade etwas er= habeners, als daß jetzt am Johannistage die italiänische Prinzessin kommen würde; davon konnte kein Sterblicher genug reden, zumal auf dem Dorfe. Ich weiß nicht, worin es Viktor versah', daß er die meisten Weiber auf die Meinung brachte, er liebe sie. Genug, die Kammer= herrin, die in ihren Jahren nicht mehr Liebe, sondern den Schein der Liebe foderte, dachte: „vielleicht!“ Man verkenne sie nicht: sie brachte zwar allemal die erste Stunde mit einem Manne auf der Sternwarte der Beobachtung zu; aber die zweite nur dann im Jagdschirm, wenn die erste glücklich gewesen, und sie war kalt genug, um nicht mehr zu hoffen als zu sehen; sie verspottete sogar jeden, der bei ihr noch einer weiblichen Eitelkeit, Eroberungen zu leicht vorauszusetzen, anders schmeicheln wollte, als öffentlich. Genug, sie beurtheilte heute unsern Viktor zu günstig — in ihrem Sinn — oder zu ungünstig — in unserem; wie überhaupt die bloßen Hofleute nur bloße Hofleute errathen. — Von Klotilde sprach man kein Wort, nicht einmal von der Zeit ihrer Zurückkehr.

Ueberhaupt hatte die Le Baut einen ungeheuren Stolz in sich gegen ihre Stieftochter zu bestreiten, von dem mir mein Korrespondent hätte melden sollen, worauf er sich steifte, ob auf Verhältnisse oder auf Ver= bienste; denn beides war reichlich da, indem die Kammerherrin von des jetzigen Fürsten seligem Herrn Vater die H — gewesen. — Ich und ein gescheidter Mann haben's hin und her überlegt, ob sie dem Cäsar in der Liebe oder im Ehrgeiz gleiche. Der gescheidte Mann sagt: „in der Liebe,“

weil eine Frau die Liebe nie vergeſſe, wenn ein Fürſt ihr Lehrer darin
geweſen. Des ſel. Herrn Vaters Herz hatte beſonders zwei Schönheiten
an ihr angebetet, die vor Zeiten von den Schotten*) ſo gern gefreſſen
wurden, nämlich den Buſen und den Steiß. Die Großen haben ihre
eignen grossièretés, die den Kleinen nicht träumen. Ich würd' es nicht
drucken laſſen, aber es war am ganzen Hofe bekannt, und alſo auch vielen
meiner Leſer. Da führte der Teufel die Zeit her, die ihre Senſe häm-
merte und alles wegmähte, was von beiden Reizen Ueberhang in ihr
Gebiet geweſen. Nun hält bei Weibern an Höfen — es ſei in einem
Schulhof, Packhof, oder Viehhof — die Eitelkeit, ſobald der alte Saturn
(d. i. die Zeit) dieſe mit ſeinem Sichelwagen und mit dem kleinen Ge-
ſchütz aus ſeiner Sanduhr anfällt, einen der geſcheidtſten Rückzüge, die
ich kenne — die Eitelkeit läſſet ſich aus einem Werke oder Gliede nach
dem andern treiben — endlich aber wirft ſie ſich aus den weichen Theilen
in die feſten wie in feſte Plätze, z. B. in Fingernägel, Stirne,
Füße u. ſ. w., und da zieht ſie der Henker ſelber nicht heraus. Die
Kammerherrin mußte ſich einen ſolchen feſten Theil erſt machen, nämlich
eine gorge de Paris und einen cul de Paris: dieſe vier Gränzhügel
ihres Reichs mußten täglich gegen die Gränzverrückung der Jahre aus
Achtung für das Eigenthum hergeſtellt und erhöhet werden. Daraus
ſchließet nun der geſcheidte Mann, daß ihre Seele ihrem Körper immer
Kaperbriefe ſchreibe.

Ich bin gerade der Gegenfüßler vom geſcheidten Mann und verfechte,
daß der Amor nur ihr frère servant, nicht ihr Logenmeiſter — ihr Ad-
jutant, nicht ihr Generaliſſimus iſt; — und dieß darum, weil ſie noch
immer an der Wiederherſtellung ihres erſten ſalomoniſchen Tempels, wo
ſie ſonſt am Hofe als Göttin neben dem Gott angebetet wurde, ihre eigne
oder Le Bauts Hand anlegt — weil ſie in dieſem nichts heirathete, als
den Kammerherrnſchlüſſel und ſeine Aſſembleen und ſeine Hoffnungen
des künftigen Einfluſſes — weil ſie an Klotilden nicht das Geſicht, ſon-

---

*) Hieronym. cont. Jov. L. 2.

dern das Gehirn anfeindet — weil ihre Liebe jetzt ohne Eifersucht ist. Nämlich sie stand mit dem Evangelisten Matthieu in einem gewissen Liebeverständniß, das sich (nach unserm bürgerlichen Gefühl) vom Hasse in nichts unterscheidet, als in der — Dauer. Liebe=Persiflagen waren ihre Liebe=Erklärungen — ihre Blicke waren Epigramme — seine Schäfer= stunden salzte er mit komischen Erzählungen von seinen Schäferstunden an andern Orten — und zur Zeit, wo ein heiliger Mann seinen Psalm abzubeten pflegt*), waren beide ironisch. Eine solche erotische Ver= bindung ist nichts, als die Unterabtheilung irgend einer politischen... Aber zurück zur Geschichte!

Der Kammerherr wollte seinem Gaste jetzt etwas zeigen, was einen Doktor und Gelehrten mehr interessirte. Zu dem Zimmer, worin das Etwas war, kam man durch der Kammerherrin und durch Klotildens Zimmer. Da man in jener ihrem einen Rasttag hielt: so standen Viktors Augen träumend auf Klotildens Silhouette fest, die Matthieu neulich aus dem Nichts geschnitten, und die die Kammerherrin hier aus Schmeichelei gegen den Schattenreißer unter Glas aufgehangen hatte. Sonderbarer d. h. zufälliger Weise zersprang jetzo das Glas über dem schönen Ange= sicht, und Viktor und der Vater fuhren zusammen. Denn letzterer war wie die meisten Großen aus Mangel an Zeit abergläubig und ungläubig zugleich; und bekanntlich hält der Aberglaube das Zerspringen eines Porträtglases für einen Vorboten des Todes des Urbildes. Der Vater warf sich ängstlich die Erlaubniß vor, die er Klotilden gegeben, so lange in Maienthal zu bleiben, da sie doch da ihre Gesundheit in unnützen jugend= lichen Schwärmereien verderbe. Er meinte ihre Trauer um ihre begra= bene Giulia; denn sie war (erzählte er) blos vor Schmerz über diese, ohne alles Gepäck, am ersten Mai hieher geeilt; und sogar die Kleider der ge= liebten Freundin hatte sie heute mit unter den ihrigen geschickt. Er brach heiter ab; denn Matthieu kam, der Bruder dieser Giulia; der sich nur

---

*) Bayle's Dictionnaire art. François d'Assise not. C.

zeigen und beurlauben wollte, weil er wie mehre von der Stief-Brüder-
gemeine des Hofs der Prinzessin entgegen reisete.

Viktor wurde stiller und trüber; seine Brust quoll ihm auf einmal
voll unsichtbarer Thränen, deren Quelle er an seinem Herzen nicht finden
konnte. Und als man noch dazu durch Klotildens stilles leeres Zimmer
ging, wo Ordnung und Einfachheit an die schöne Seele der Besitzerin zu
stark erinnerten: so fiel sein plötzliches gerührtes Verstummen auch andern
auf. Er riß die Augen eiligst weg von einigen Blumenzeichnungen ihrer
Hand, von ihrem weißen Schreibzeug und von der schönen Landschaft der
Deltapete, und trat hastig auf das zu, was Le Baut aufsperrte — es war
kein edles Herz, was dieser mit seinem obwol wie eine Kanone gebohrten
Kammerherrnschlüssel sperren konnte (die Titularkammerherren in Wien
heften nur einen hermetisch-versiegelten an), sondern sein Cabinet
d'histoire naturelle öffnete er. Das Kabinet hatte rare Exemplare und
einige Curiosa — einen Blasenstein eines Kindes $\frac{7}{4}$ Zoll lang und
$\frac{3}{4}$ Zoll breit, oder umgekehrt — die verhärtete Hohlader eines alten
Ministers — ein Paar amerikanische Federhosen — erträgliche Fungiten
und bessere strombi (z. B. eine unächte Wendeltreppe) — das Modell
eines Hebammenstuhls und einer Säemaschine — graue Marmorarten
aus Hof im Voigtland — und ein versteinertes Vogelnest — Doubletten
gar nicht gerechnet — — inzwischen zieh' ich und der Leser diesem todten
Gerümpel darin den Affen vor, der lebte und der das Kabinet allein
zierte und — besaß. Camper sollte von diesem lebendigen Exemplar den
Kammerherrnkopf wegschneiden und solches sezieren, um nur zu sehen,
wie nahe der Affe an den Menschen gränze.

Ein Großer hat allemal irgend einen wissenschaftlichen Zweig, nach
dem er nichts fragt, und auf den er sich also vorzüglich legt. Für
Le Bauts wissens-hungrige Seele war's gleich viel, ob sie in ein Siegel-,
oder in ein Gemmen-, oder ein Pistolenkabinet eingestellet wurde. Wär'
ich ein Großer: so würd' ich mit dem größten Eifer Knöpfe — oder
Entbindungen — oder Bücher — oder Nürnberger Waare — oder
Kriege — oder recht gute Anstalten machen, blos aus verdammter langer

— Weile, dieser Essigmutter aller Laster und Tugenden, die unter Hermelinen und Ordensternen hervorgucken. Nichts ist ein größerer Beweis der allgemein wachsenden Verfeinerung, als die allgemein wachsende Langeweile. — Sogar die Damen machen sich hundertmal aus bloßer platter Langerweile — Kurzweile; und der gescheidteste Mensch sagt seine meisten Dummheiten und der beste seine meisten Verläumbungen blos einem Zirkel, der ihn hinlänglich zu langweilen weiß.

Der Hofjunker war der Musterschreiber des Kabinets, um vielleicht herumzugehen. Viktor that ihm Unrecht durch die medizinische Vermuthung, er affektiere einen gewissen schwankenden weichen Gang vornehmer Wollüstlinge; denn er hatt' ihn wirklich, und das darum, weil er aus ganz andern als Viktors schönen Gründen ungern — saß. Aber weiter! Wenn nicht die Kammerherrin den Vorhang vor Viktors Seele aus einander schlagen, und darin die Gesinnungen gegen sich und Klotilde durch den Schrecken, den ich erzählen will, erforschen wollte; wenn's also das nicht war: so kann es nichts als ein sehr böser Geist gewesen sein, der dieser Kammerherrin die Hand führte zu einer Silberstufe. Hinter der Stufe lag eine vielleicht von abgebröckeltem Arsenik verreckte Maus. Eine Leierin, die in ähnlichen Gefahren als Dulderin litt, stelle sich's vor, wie der Kammerherrin war, als sie mit dem Harten etwas Weiches umgriff und hervorbrachte und dann ersah, was es war. Eine wahre Ohnmacht war unvermeidlich. Ich gesteh' es, ich würde selber ihre Ohnmacht blos für eine verstellte halten, wäre der Anlaß geringer, und z. B. der Angriff nicht auf ihre Sinne, sondern nur auf ihre Ehre gewesen; aber etwas anderes ist eine Maus. — Ueberhaupt mußte sie vor so boshaften Zuschauern, wie ihr Mann und ihr Zizisbeo ist, diesen fünften Akts-Mord längst von ihrem Theater wie vom gallischen verbannt haben; ja ich glaube, sie hätte sich vor einem siegenden Feind ihrer Tugend durch nichts (eine wahre Ohnmacht ausgenommen) so lächerlich machen können, als durch eine scheinbare. Der Schrecken über den Scheintod beraubte den Evangelisten des Gebrauchs seiner Vernunft, und ließ ihm nur den Gebrauch seiner Bosheit und seiner Hände, mit denen er sogleich das Blendwerk und Sparrwerk ihres Busens, kurz die ganze optische Brust zerriß, um der wahren, in deren Brete er einen S t e i n hatte, nämlich ihr Herz, Luft genug zu machen. Aber Viktor drängte ihn weg und spritzte sie, mit zarter Achtung für ihre Reize und für ihr Leben, durch wenige Eistropfen wieder empor. Gleichwol vergab sie dem Junker alles, was sie errieth, und dankte dem Hofmedikus für alles, worin sie irrte. . . .

—·— Lasset mich einen Augenblick wegsehen von diesem Haßgespinnste, und die schönere Welt um mich mit Erquickung anschauen auf meiner Insel, wo kein Feind ist — und das plätschernde Spiel der Fische und Kinder am Ufer — und die spielende Mutter, die ihnen Blumen und hütende Blicke zuwirft — und die großen Ahornbäume, die sanft und mit tausend Blättern und Mücken flüsternd dem unter den Wellen gaukelnden Baumschlag entgegen schwanken — und wie die warme Erde und der warme Himmel in schlafender Liebe an einander ruhen und ein Jahrhundert ums andre gebären. . . .

Viktor ging bange vor dem Ende seiner ländlichen Tage nach Haus. — Der Sonnabend (der 16te Junius) eilte sanft vorüber, und schüttelte ein ganzes Blumenhaupt von beflügelten Samen zu neuen Freudenblumen unter dem Eilen auseinander.

Die Sterne glitten leise über seine Nacht. Ein freundlicher blauer Sonntagmorgen legte sich schwebend über das geputzte Dörfchen, und hielt den Athem an, damit er nicht einmal eine reife Lindenblüte oder Dotterblumen-Spreu ausriß. — Viktor konnte das Fortepianissimo aus dem Schloſſe über das ausruhende Dorf herübertönen hören und mußte mit der Engbrüstigkeit des glücklichen Sehnens seufzen: „ach wann muß „ich aufhören, über diesem glänzenden stillen Meere, über diesem schönen „Ankerplatz des Lebens aufzuschwimmen?“ — — als das Schicksal antwortete: heute! Denn gerade heute, am Sonntage, kam aus der Residenzstadt Flachsenfingen ein leichter Narr (im Grunde zwei) in einer eben so leichten Berline an, und packte ein Briefchen vom Lord an ihn aus.

„Den 21sten Junius (Donnerstags) trifft die italiänische Prinzeſſin

9*

„in Kuffewiz ein. Den Mittwoch reiſ' ich ab und präſentiere Dich in
„St. Lüne dem Fürſten, der mich bis dahin begleitet. Doch bitt' ich
„Dich, am Sonnabend darauf Dich in die Inſel der Vereinigung*)
„zu begeben, weil ich das Wenige, was ich Dir in St. Lüne aus Mangel
„an Gelegenheit nicht ſagen kann, auf die Inſel verſpare. Du wirſt mich
„dort treffen. Der Ueberbringer dieſes iſt unſer H. Hofapotheker Zeuſel,
„in deſſen Hauſe Du Deine künftige Wohnung als Hofmedikus haben
„wirſt. Lebe wohl!‟   H.

„Zeuſel?‟ (fragt der Leſer und denkt nach) „ich kenne die Zeuſel
„nicht!‟ — Und ich eben ſo wenig; aber er iſage mir, geht es nicht zu
weit? Und iſt es nicht wahre Plackerei, daß der Korreſpondent dieſes
Werks durch alle Vorſtellungen, die ich ihm durch den Hund thue, gleichwol nicht dahin zu bringen iſt, daß er's in dieſer Hiſtorie nur ſo ordentlich einrichtete, wie es ja in jedem elenden Roman und ſogar im — Zucht-
haus iſt, wo jeder neue Züchtling den alten gleich in der erſten Stunde
ſeine ſämmtlichen Fata bis zu den Inizialprügeln des Eintritts, von
denen der Hiſtoriker eben kommt, ſchön vorerzählt? Beim Himmel! die
Leute ſetzen und ſpringen ja in mein Werk, wie in eine Paſſagierſtube
hinein, und kein Teufel und kein Leſer weiß, wer ihre Hund' und
Katzen ſind.

„Ich wollt'——‟ ſagte Viktor und machte ſechs Dehnzeichen darauf
als Apoſtrophen von eben ſo vielen weggelaſſenen Flüchen. Denn er
ſollte jetzt aus der Idylle des Landlebens in die traveſtierte Aeneis des
Stadtlebens überziehen; und kein Steig iſt doch elender gepflaſtert, als
der von der Studierſtube in die Hof-Schmelzhütten und chambres
ardentes, von der Ruhe zum Gewühl. Zudem hatt' ihm Emanuel
noch nicht geſchrieben. Klotilde, der Hesperus jener zwei ſchönen
Abende, war gleich dem Hesperus am Himmel nicht zu ſehen über St.
Lüne. Wie geſagt, erbärmlich war ihm. Nun war noch dazu dieſer Zeu-

---

*) Sowol der Hund als ich wiſſen davon, was das für eine Inſel iſt, weiter
nichts.

fel, sein künftiger Miethherr, der Hofapotheker', so zu sagen ein Narr,
eben so leicht wie seine Berline oder wie der Hoffourier, mit dem er kam,
aber 53 Jahre älter als der Wagen, nämlich 54 Jahr alt, und im Gan=
zen ein menschliches Diminutiv und Essigälchen an Leib und Seele,
überall spitz geschaffen, an Kinn, Nase, Witz, Kopf, Lippen und Achsel.
Dieser seine Essigaal — denn der Aal verfocht, er kenne eine gewisse Fein=
heit, die nie die Sache eines Rotürier wäre, und er läugne nicht, daß sich
seine Urahnen nicht Zeusels, sondern von Swoboda's geschrieben — rei=
sete mit dem Hoffourier, der in Kussewiz das Quartiermeisterthum für
die fürstliche Braut versah, dahin ab, um so lange da zu sein, als er da
unnöthig war. Zeusel wollte durchaus auf den Flachsenfingischen Hof
mit etwas anderem Einfluß haben, als mit seiner Klystier=Wasserkunst,
und durch anderes auf den Hofstaat wirken, als durch Sennesblätter;
daher kaufte er alle geheime Nachrichten (er besserte sie sogleich in öffent=
liche um), die er über neue Lufterscheinungen der Hofluft einzog, theuer
auf, und dann, wenn einige Leute von den Thronstaffeln herabpurzelten,
lächelte er fein genug, und bemerkte, er hoffe, diese hätten ihn für ihren
Freund genommen und sein Bein nicht gesehen, das er ihnen aus seiner
Apotheke heraus heimlich untergeschlagen. Er war trotz einiger Herzens=
güte ein Lügner von Haus aus, nicht weil er boshaft, sondern weil er
fein sein wollte; und dämpfte seinen gesunden Verstand, um witzig zu
perlen. —

Gegen Viktor, als künftigen Hofmann und Gönner, wußt' er doch
nicht den aufrechten Hofanstand anzunehmen, der sich und andere zugleich
ehret; aber gegen die Pfarrleute beobachtete er die ordentliche Hofverach=
tung hinlänglich, und zeigte ihnen genugsam, wie wenig er, ohne Absich=
ten auf den Sohn des Lords, nur über ihre Gartenmauer oder Fenster=
brüstung geschauet hätte, geschweige gekommen wäre. Viktor haßte an
seinem Nächsten nie etwas anders, als den Haß der andern Nächsten;
und seine Achtung aller Stände, seine Verachtung aller Standes=
narren, sein Groll gegen Zeremonien und seine humoristische Zueignung
zu den kleinen Bühnen des Lebens machten den größten Kontrast mit dem

pharmazeutiſchen Aufgußthierchen, und mit deſſen Ekel vor Menſchen und mit deſſen Bücken vor Großen.

Viktor gab ſeinem Hausherrn dreißig Grüße an den Italiäner Toſtato in Kuſſewiz mit, der mit ihm von Göttingen aus 1½ Tage gereiſet und gelacht und getanzt hatte. — Der wegfahrende Apotheker ließ in Viktor einen verdrießlichen ſauern Bodenſatz zurück; ſogar über den Blasbalgtreter, der jeden Sonntag den Kaffee hinauftrug, konnt' er nicht wie ſonſt lachen. Ich will ſagen, warum er ſonſt lachte.

Der Kutſcher war dann raſirt und zwar aus der erſten Hand, von ſeiner eignen. Nun hatte das Kinn dieſes trägen Bockinſaſſen mehr Maulwurfhügel — ſo nenn' ich zierlich die Warzen — vorgeſtoßen, als nöthig ſind zum Raſieren und Mähen. Inzwiſchen hobelte der alte Mann an dem Sonntag-Morgen — denn da ziehen die gemeinen Leute zugleich den alten Adam und das alte Hemd aus, und laſſen Sünden und Bart blos die Werkeltage wachſen — mit ſeinem Meſſer kühn zwiſchen dem Warzen-Chagrin auf und nieder, und ſchnitt ab. Nun würde der Menſch erbärmlich mit ſeinem zerpflügten Geſichtvorgrund ausgeſehen haben — ſo daß man hätte Blut weinen müſſen über dasjenige, ſo über das Kinn dieſes ſteinernen Flußgottes in rothen Linien ging — wenn der Proſektor wie ein Römer ſeine Wunden aus Dummheit vorgezeigt hätte; aber er zeigte nichts; er zauſete, verſtändiger, Tabackſchwamm in kleine Kappen aus, und ſetzte die Mützen den wunden bleſſierten Warzen auf, und ſtellte ſich ſo dar.

„Ein Spener, ein Kato der jüngere,“ ſagte Viktor, „komm' einmal „in meine Stube und lache nicht, wenn ein Balgtreter nachkommt mit „Kaffeetaſſen und mit ſechzehn ſkalpierten Warzen und mit einem in „Schwamm gebundnen Kinn, das ausſieht wie Gartenfelſen mit ſchön „vertheiltem Moos bewachſen — ein Spener lache nicht, ſage ich, wenn „er kann.“

Er konnt' es heute ſelber. Müde des Tages ging er hinaus in den friedlichen Abend, und legte ſich mit dem Rücken über die Gipfel eines ſteilen Bergs herüber; und als die Sonne in ein Goldgewölke aufgelöſet

über den quellenden Blumenfirniß zitternd zerfloß und an dem Gräser=
meere der Berge herunter schwamm — und als er näher am warmen
schlagenden Herzen der Natur anlag, auf die weiche Erde wie ein ruhen=
der Todter hingesenkt, die Wolken mit Seufzern in sich herunterziehend,
von weit herkommenden Winden überflossen, von Bienen und Lerchen
eingewiegt: so kam die Erinnerung, dieser N a c h s o m m e r der Menschen=
freude, in seine Seele, und eine Thräne in sein Auge, und Sehnsucht in
die Brust, und er wünschte, daß ihn Emanuel nicht verschmähen möge. —
Plötzlich näherten sich kleine Tritte seinen liegenden Ohren: er fuhr auf,
erschrack und erschreckte. Ein schwerer Reisewagen taumelte matt herauf;
hinten in den Lakaienriemen hatten statt der Bedienten drei bleiche In=
fanteristen die Hände gesteckt, die zusammen nur ein einziges Bein be=
saßen, das von Fleisch war, indem sie auf fünf hölzernen Stelzfüßen oder
Schusterabzeichen fußten, die sie nebst noch etwas längerem von Holz,
nämlich drei gut gearbeiteten Bettelstäben, dem Feinde abgenommen hat=
ten — ein Kutscher ging neben dem Wagen und eine Kammerfrau, und
nahe am aufgesprungnen Viktor stand — — Klotilde.

Sie kam aus Maienthal. Ihm verfinsterte diese plötzliche Ueber=
stralung alle in seiner Seele aufgehangenen Gesetztafeln, und er konnte
die Tafeln nicht gleich lesen. Sie schauete ihn mit sanftern Stralen an
als sonst, und die Sonne lieh einige dazu. Mit einem Lächeln, als er=
riethe sie seine ersten Fragen, gab sie ihm einen — Brief von Emanuel.
Ein zusammenfahrendes Ach! war seine Antwort; und eh' er sich in zwei
Entzückungen schicken konnte: war der Wagen schon oben und sie darin
und alles davon.

Er zögerte zitternd, in den stillen blauen Paradiesfluß der schönsten
Seele, die sich je ergoß, versunken zu schauen. Endlich blickte er die Züge
einer geliebten Menschenhand, die er noch nicht berührt hatte, an und
las:

H o r i o n !

Auf einen Berg steigt der Mensch wie das Kind auf einen Stuhl,
um näher am Angesicht der unendlichen Mutter zu stehen und sie zu er=

langen mit seiner kleinen Umarmung. Um meine Höhe liegt die Erde unter dem weichen Nebel mit allen ihren Blumenaugen schlafend — aber der Himmel richtet sich schon mit der Sonne unter dem Augenliede auf — unter dem erblaßten Arkturus glimmen Nebel an, und aus Farben ringen sich Farben los — der Erdball wälzt sich groß und trunken voll Blüten und Thiere in den glühenden Schooß des Morgens. — —

Sobald die Sonne kommt, so schau' ich in sie hinein, und mein Herz hebt sich empor und schwört Dir, daß es Dich liebt, Horion!.... Durchglühe, Aurora, das Menschenherz wie dein Gewölk, erhelle das Menschenauge wie deinen Thau, und zieh in die dunkle Brust, wie in deinen Himmel, eine Sonne herauf!...

Ich habe Dir jetzo geschworen — ich gebe Dir meine ganze Seele und mein kleines Leben, und die Sonne ist das Siegel auf dem Bunde zwischen mir und Dir.

Ich kenne Dich, Geliebter; aber weißt Du, wessen Hand Du in Deine genommen? Sieh, diese Hand hat in Asien acht edle Augen zu-geschlossen — mich überlebte kein Freund — in Europa verhüll' ich mich — meine trübe Geschichte liegt neben der Asche meiner Eltern im Ganges-strom, und am 24sten Junius des künftigen Jahres geh' ich aus der Welt... O Ewiger, ich gehe — am längsten Tage zieht der glückliche Geist geflügelt aus diesem Sonnentempel, und die grüne Erde geht aus-einander und schlägt über meine fallende Puppe mit ihren Blumen zu-sammen und deckt das vergangne Herz mit Rosen zu....

Wehe größere Wellen auf mich zu, Morgenluft! Ziehe mich in deine weiten Fluten, die über unsern Auen und Wäldern stehen, und führe mich im Blütengewölk' über funkelnde Gärten und über glimmende Ströme, und laß mich, zwischen fliegenden Blüten und Schmetterlingen taumelnd, unter der Sonne mit ausgebreiteten Armen zerfließend, leise über der Erde schwebend sterben, und die Bluthülle falle zerronnen zu einer rothen Morgenflocke, gleich dem Jchor des Schmetterlings*), der

---

*) Den Schmetterlingen entfallen in ihrer letzten Verwandlung rothe Tro-pfen, die man sonst Blutregen hieß.

sich befreiet, in die Blumen herab, und den blauhellen Geist sauge ein heißer Sonnenstral aus dem Rosenkelch des Herzens in die zweite Welt hinauf. — — Ach ihr Geliebten, ihr Abgeschiednen, seid ihr's, zieht ihr denn jetzt als dunkle Wellen*) im bebenden Blau des Himmels dahin, wogen in jener Tiefe voll überhüllter Welten jetzt eure Aetherhüllen um die verdeckten Sonnen? Ach kommt wieder, wogt wieder, in einem Jahr rinn' ich aufgelöst in euer Herz!

— Und Du, mein Freund, suche mich bald! Dich kann auf der Erde keiner so lieben wie ein Mensch, der bald sterben muß. Du gutes Herz, das mir diese milden Tage noch zum Abschied in die Hände drücken, unaussprechlich will ich Dich lieben und wärmen; — in diesem Jahr, wo ich noch nicht weggehoben werde, will ich blos bei Dir bleiben, und wenn der Tod kommt und mein Herz fodert, findet er es blos an Deiner Brust.

Ich kenne meinen Freund, sein Leben und seine Zukunft. In Deinen kommenden Jahren stehen dunkle Marterkammern offen, und wenn ich sterbe, und Du bei mir bist, werd' ich seufzen: warum kann ich ihn nicht mitnehmen, eh' er seine Thränen vergießet!

Ach Horion! im Menschen steht ein schwarzes Todtenmeer, aus dem sich erst, wenn er zittert, die glückliche Insel der zweiten Welt mit ihren Nebeln vorhebt! Aber meine Lippen werden schon unter dem Erdenkloß liegen, wenn die kalte Stunde zu Dir kommt, wo Du keinen Gott mehr sehen wirst, wo auf seinem Thron der Tod liegt und um sich mäht und bis ans Nichts seine Frostschatten und seine Sensenblitze wirft. — O Geliebter, mein Hügel wird dann schon stehen, wenn Deine innere Mitternacht anbricht; mit Jammer wirst Du auf ihn steigen, und ergrimmt in die sanften Sternenkränze blicken und rufen**): „Wo ist der, dessen Herz „unter mir entzweigeht? Wo ist die Ewigkeit, die Maske der Zeit?

---

*) Wenn man lange ins Himmelblaue schauet: so fängt es an zu wallen, und diese Luftwogen hält man in der Kindheit für spielende Engel.

**) Dieser Monolog ist ein Stück aus einer frühern schwarzen Stunde, die jedes Herz von Empfindung einmal ergreift.

„Wo ist der Unendliche? Das verhüllte Ich greift nach sich selber umher „und stößet an seine kalte Gestalt.... Schimmere mich nicht an, weites „Sternengefild, du bist nur das aus Farbenerden zusammengeworfene „Gemälde an einem unendlichen Gottesackerthore, das vor der „Wüste des unter dem Raume begrabnen Lebens steht.... Höhnet mich „nicht aus, Gestalten auf höhern Sternen, denn zerrinn' ich, zerrinnt „ihr auch. Ein, Ein Ding, das der Mensch nicht nennen kann, glüht „ewig im unermeßlichen Rauche, und ein Mittelpunkt ohne Maß verkalkt „einen Umkreis ohne Maß. — Doch bin ich noch; der Vesuv des Todes „dampft noch über mich hinüber und seine Asche hüllt mich zu — seine „fliegenden Felsen durchbohren Sonnen, seine Lavagüsse bewegen zer= „laffene Welten, und in seinem Krater liegt die Vorwelt ausgestreckt und „lauter Gräber treibt er auf... O Hoffnung, wo bleibst du?"...

Walle trunken um mich, beseelter Goldstaub, mit deinen dünnen Flügeln, ich zerdrücke dein kurzes Blumenleben nicht — schwelle herauf taumelnder Zephyr, und spüle mich in deine Blütenkelche hinab — o du unermeßlicher Stralenguß, falle aus der Sonne über die enge Erde und führ' auf deinen Glanzfluten das schwere Herz vor den höchsten Thron, damit das ewige unendliche Herz die kleinen an Asche gränzenden nehme und heile und wärme!

Ist denn ein armer Sohn dieser Erde so unglücklich, daß er verzagen kann mitten im Glanze des Morgens, so nahe an Gott auf den heißen Stufen seines Throns?

Fliehe mich nicht, mein Theurer, weil mich immer ein Schatten umzingelt, der sich täglich verdunkelt, bis er endlich als eine kleine Nacht mich einbauet. Ich sehe den Himmel und Dich durch den Schatten; in der Mitternacht lächle ich und im Nachtwind geht mein Athem voll und warm. Denn, o Mensch, meine Seele hat sich aufgerichtet gegen die Sterne: der Mensch ist ein Engbrüstiger, der erstickt, wenn er liegt und seinen Busen nicht aufhebt. — Aber darfst Du die Erde, diesen Vor= himmel, verachten, den der Ewige gewürdigt, unter dem lichten Heer seiner Welten mitzugehen? Das Große, das Göttliche, das Du in

Deiner Seele haſt und in der fremden liebſt, ſuch' auf keinem Sonnen-
krater, auf keinem Planetenboden — die ganze zweite Welt, das ganze
Elyſium, Gott ſelbſt erſcheinen Dir an keinem andern Ort, als mitten in
Dir. Sei ſo groß, die Erde zu verſchmähen, werde größer, um ſie zu
achten. Dem Munb, der an ſie gebückt iſt, ſcheint ſie eine fette Blumen-
ebene — dem Menſchen in der Erbnähe ein dunkler Weltkörper —
dem Menſchen in der Erbferne ein ſchimmernder Mond. Dann
erſt fließet das Heilige, das von unbekannten Höhen in den Menſchen
geſenkt, aus Deiner Seele, vermiſcht ſich mit dem irbiſchen Leben und
erquickt alles, was Dich umgibt: ſo muß das Waſſer aus dem Himmel
und ſeinem Gewölk erſt'unter die Erde rinnen und aus ihr wieder auf-
quellen, eh' es zum friſchen hellen Trunk geläutert iſt. — Die ganze Erde
bebt jetzo vor Wonne, daß alles ertönt und ſingt und ruft, wie Glocken
unter dem Erbbeben von ſelber erklingen. — Und die Seele des Menſchen
wird immer größer gemacht vom nahen Unſichtbaren — —

Ich liebe Dich ſehr! —

Emanuel.

Horion las durch ſchwimmende Augen: „ach," wünſcht er, „wär'
„ich ſchon heute mit meinem unordentlichen Herzen bei Dir, Du Ver-
„klärter!" und jetzt fiel ihm erſt die Nähe des Johannistages ein, und
er nahm ſich vor, ihn da zu ſehen. Die Sonne war ſchon verſchwunden,
die Abendröthe ſank wie eine reife Apfelblüte hinab, er fühlte nicht die
beißen Tropfen auf ſeinem Angeſicht und den Eisthau der Dämmerung
an ſeinen Händen, und irrte mit einer von Träumen erleuchteten Bruſt,
mit einem beruhigten, mit der Erde ausgeſöhnten Herzen zurück. — —

— Beiläufig! iſt's denn nöthig, daß ich eine Schutzſchrift aus-
arbeite für Emanuel als Styliſten und als Styliten (im höhern
Sinne)? Und wenn ſie nöthig iſt, brauch' ich darin etwas anders beizubringen als dieſes — daß ſeine Seele noch das Echo ſeiner indiſchen
Palmen und des Gangesſtromes iſt — daß der Gang der beſſern ent-
feſſelten Menſchen, ſo wie im Traume, immer ein Flug iſt — daß er ſein
Leben nicht wie Europäer mit fremdem Thierblut·düngt oder im ge-

storbnen Fleiſch auswärmt, und daß dieſes Faſten im Eſſen (ganz anders als das Ueberladen im Trinken) die Flügel der Phantaſie leichter und breiter macht — das wenige Ideen in ihm, da er ihnen allen geiſtigen Nahrungſaft einſeitig zuleitet (welches nicht nur Wahnſinnige, ſondern auch außerordentliche Menſchen von ordentlichen abtrennt), ein unverhältnißmäßiges Gewicht bekommen müſſen, weil die Früchte eines Baums deſto dicker und ſüßer werden, wenn man die andern abgebrochen — und dergleichen mehr. — Denn aufrichtig zu ſprechen, die Leſer, die eine Schutzſchrift begehren, bedürfen ſelber eine, und Emanuel iſt etwas beſſeres werth, als einer — peinlichen Defenſion. —

Jetzo ſprang dem Helden der Troſt wie eine Quelle auf, daß er am Donnerſtag ſeine Seelenwanderung durch die Natur, ſeine Reiſe, anhebe: „beim Henker!" ſagt' er aufhüpfend, „was hat ein Chriſt da „nöthig, daß er Nothmünzen ſchlägt und Trauermäntel umthut, wenn „er am Donnerſtage nach Kuſſewiz zur Uebergabe der italiäniſchen „Prinzeſſin reiſen kann — und am Sonnabend nach der Inſel der „Vereinigung, und noch am nämlichen Tage, welches Ein Tag vor „Johannis iſt, nach Maienthal zu ſeinem Theuern, zu ſeinem „Engel?" —

O Himmel, ich wollt', er und ich wären ſchon über die Reiſe her — wahrhaftig ſie kann, wenn mich nicht alle Hoffnungen belügen, vielleicht ganz erträglich werden! —

— Unter der Wochenbetſtunde des Mittwochs rollten zwei Wagen vor; aus dem vollen traten der Lord und der Fürſt, aus dem leeren nichts. Die alte Appel hatte ſich prächtig angekleidet und in die Speiſekammer eingeſperrt. Der Kaplan war glücklich, er bozierte im Tempel. Man macht ſelten ein geſcheidtes Geſicht, wenn man vorgeſtellt wird — oder ein dummes, wenn man vorſtellt. Der Lord führte dem Fürſten ſeinen Sohn als ein Unterpfand ſeiner künftigen Treue in die Hände und ans Herz, aber mit einer Würde, die eben ſo viel Ehrfurcht erwarb, als ſie erwies. Mein guter Held betrug ſich wie ein — Narr; er hatte weit mehr Witz, als unſre Achtung gegen Höhere oder die ihrige gegen uns verstattet; ein Talent, das außer dem Hof-Lehndienste sich äußert, kann als Hochverrath betrachtet werden.

Sein Witz war blos eine versteckte Verlegenheit, worin ihn zwei Gesichter und eine dritte Ursache setzten. Erstlich das fürstliche . . . .

— Wenn sich die Lesewelt beschwert, daß so allmälig, wie sie sehe, ein neuer Name und Aktör nach dem andern in diesen Benusstern hereinschleiche und ihn so voll mache, bis aus dem historischen Bildersaal ein ordentlicher Vokabelsaal werde, in welchem sie mit einem Abreßkalender in der Hand herumwandeln müsse: so hat sie wahrhaftig nur zu sehr Recht, und ich habe mich selber schon am meisten darüber beschwert; denn mir bleibt am Ende doch die größte Last auf dem Halse, weil jeder neue Tropf ein neues herausgezogenes Orgelregister ist, das ich mit spielen muß und das mir das Niederdrücken der Tasten saurer macht; aber der Korrespondent schickt mir im Kürbiß ohne anzufragen alle diese Einquartierung zu, und der Schnakenmacher schreibt gar, ich sollt' es nur der Welt sagen, es komme noch mehr Volk. —

Das fürstliche Gesicht setzte den Helden in Verlegenheit, nicht weil es imponierte, sondern weil es dieses bleiben ließ. Es war ein Wochentag- und Kurrentgesicht, das auf Münzen, aber nicht auf Preismedaillen gehörte — mit Arabesken-Zügen, die weder Gutes noch Böses bedeuten — von wenigem Hofmattgold überflogen — eingeölet mit einem sanften Oel, das die stärksten Wellen erdrücken konnte — eine Art süßer Wein, mehr den Weibern als Männern trinkbar. Von den feinsten Wendungen, die Viktor zu erwiedern gesonnen war, stand nichts zu hören und zu sehen; aber von passenden leichten desto mehr. Viktor wurde durch den Kampf und Wechsel zwischen Höflichkeit und Wahrheit verlegen. Die geselligen Verlegenheiten entstehen nicht aus der Ungewißheit und Unwegsamkeit des Steigs, sondern auf den Kreuzwegen der Wahl und zwischen den zwei Heubündeln des scholastischen Esels. Viktor, dessen Höflichkeit immer aus Menschenliebe entsprang, mußte die heutige aus Eigennutz entspringen lassen; aber dieses wollt' ihm eben nicht ein. Außer dem Vatergesicht, vor dem schon bei den meisten Kindern das ganze Räderwerk eines freien Betragens knarrt und stockt, macht' ihn drittens das verlegen und witzig, daß er etwas haben wollte. Ich kann's einem jeden — einen Hofmann ausgenommen, dessen Leben wie das eines Christen ein beständiges Gebet um etwas ist — ansehen, wenn er zur Thür hereinkommt, ob er als Almosensammler und Werktheiliger oder als bloßer Freudenklubbist einspricht.

Noch ehe die Leute aus der Kirche gingen, faßete Viktor schon herzliche Liebe zum Fürsten — die Ursache war, er wollt' ihn lieben und stände der Teufel selber da. Er sagte oft, gebt mir zwei Tage oder Eine Nacht, so will ich mich verlieben, in wen ihr vorschlagt. Er fand mit Vergnügen auf Jenners Gesicht keinen Sekunden-, keinen Monatzeiger der Schäferstunden, mit denen ein guter Cäsar sonst gern die langweiligen Ehejahre wie mit Flitterwochen zu durchschießen sucht: sondern in seinem Gesichte war nichts als Enthaltsamkeit aufgeschlagen, und Viktor pflichtete lieber dem Gesichte als dem Rufe bei. Er schießet fehl; denn auf das männliche Gesicht — ob es gleich, wie gewisse Gemälde aus Schreibelettern, eben so aus lauter Buchstaben der Physiognomik gemacht ist — hat doch die Natur die Lesemütter und Malzeichen der Wollust sehr klein geschrieben, auf das weibliche aber größer; welches ein wahres Glück für das erste und stärkere und — untäuschere Geschlecht ist. Ueberhaupt ist Ehebrechen für Jenner-Fürsten nichts, als eine gelindere Art von Regieren und Kriegen. Und doch stellen rechtschaffene Regenten die Weiber, sobald sie solche erobert haben, stets dem vorigen Eheherrn mit Vergnügen wieder zu. Es ist aber dieß dieselbe Größe, womit die Römer von größten Königen ihre Reiche wegnahmen, um sie nachher damit wieder zu beschenken.

Da Fürsten nicht wie die Juristen böse Christen, sondern lieber keine sind: so nahm Jenner unsern Viktor durch verschiedene Funken von Religion und durch einigen Haß gegen die gallischen Enzyklopädisten ein; wiewol er einsah, daß für einen Fürsten die Religion zwar ihr Gutes, aber auch ihr Schlimmes habe, da nur ein gekrönter Atheist, aber kein Theist das unschätzbare privilegium de non appellando besitzt, das darin besteht, daß die beschwerte Partei nicht (per saltus oder durch einen salto mortale) an die höchste Instanz außerhalb der Erde appellieren darf.

Das Gespräch war gleichgültig und leer wie jedes in solchen Lagen. Ueberhaupt verdienen die Menschen für ihre Gespräche stumm zu sein; ihre Gedanken sind allezeit besser als ihre Gespräche, und es ist Schade, daß man an gute Köpfe keinen Barometrographen oder kein Setzklavier anbringen kann, das außen alles nachschreibt, was innen gedacht wird. Ich wollte wetten, jeder große Kopf geht mit einer ganzen Bibliothek ungedruckter Gedanken in die Erde, und blos einige wenige Bücherbreter voll gedruckter lässet er in die Welt auslaufen.

Viktor stellte an den Fürsten die gewöhnlichen medizinischen Frag=stücke, nicht blos als Leibarzt, sondern auch als Mensch, um ihn zu lieben. Obgleich Leute aus der großen und größten Welt wie der Unter=Mensch, der Urangutang, im 25sten Jahre ausgelebt und aus=gestorben haben — vielleicht sind deswegen die Könige in manchen Ländern schon im 14ten Jahre mündig — so hatte doch Jenner sein Leben nicht so weit zurückdatiert, und war wirklich älter als mancher Jüngling. — Am meisten bemächtigte sich der Fürst des guten warmen Herzens Sebastians durch das schlichte Betragen ohne Ansprüche, das weder der Eitelkeit noch dem Stolze diente, und dessen Aufrichtigkeit sich durch nichts von der gewöhnlichen unterschied, als durch Feinheit. Viktor hatte schon Vasallen neben dem Munde ihres Lehnherrns so stehen sehen, daß der letzte aussah wie ein Haifisch, der quer einen Menschen im Rachen trägt; aber Jenner glich einem Petermännchen *), das darin einen hübschen Stater vorweist.

Dem Hofkaplan war's, da er kam, in seinem Erstaunen über einen gekrönten Gast unmöglich, Lippe oder Fuß zu rühren; er ver=blieb unbeweglich in der weiten Wasserhose des Priesterrocks, der um ihn wie um Marzipan ein Regalbogen geschlagen war. Das einzige,

---

*) So heißet der Fisch, in dessen Maule Petrus die Steuer Christi gefunden.

was er sich erlaubte und erfrechte, war — nicht die Bibel (den Maus-
kloben) wegzulegen, sondern die — Augen heimlich in der Stube
herumzutreiben, um herauszubringen, ob sie gehörig geheftet, foliiert
und überschrieben sei von den Stuben-Registratorinnen.

Der Fürst reisete sogleich mit dem Lord weiter, der seinen Abschied
vom Sohne und seine Abschiedpredigten bis auf den einsamen Tag
auf der Insel der Vereinigung versparen mußte. Der Sohn bekam
zur Nachbarschaft des Fürsten Lust, wenn er dessen Betragen gegen
seinen Vater überdachte; er hatte die doppelte Freude des Kindes und
des Menschen, da sein Vater das eigne Glück in das Glück des armen
Landes verwandelte und blos, um Gutes zu thun, in dem Thron-
felsen sich Fußstapfen austrat, wie man in Italien die Fußtritte der
Engel, die erschienen und beglückten, in den Felsen zeigt. Andre
Günstlinge gleichen dem Henker, der sich im Sande Fußstapfen aus-
höhlt, um fester zu stehen, wenn er — köpft.

In der ausgeleerten Stube wurde unter Eymanns Gliedern —
er stand noch im Priesterrock-Schilderhaus — der Zeigefinger zuerst
wach, der sich ausstreckte und dem Familienzirkel das Bette wies: „es
„wäre mir lieber und dienlicher," sagte er, „hätte man mich mit
„diesem Lumpen todtstranguliert, als daß ihn der Serenissimus aus-
„spioniert." Er meinte aber seine eigne beschmutzte Halsbinde, die er
selber in das Ehebette — die Kunstkammer und den Packhof seiner
Wäsche — geworfen hatte. Wenn man ihm einen Qualeinfall wider-
sprach, so bewies er ihn so lange, bis er ihn selber glaubte; räumte
man ihn aber ein, so sann er sich einige Skrupel aus und nahm eine
andere Meinung an: „durch die Vorhänge muß seine Durchlaucht
„unfehlbar den Fetzen gesehen haben," versetzte er. Endlich bereisete
er alle Plätze, wo Jenner gestanden hatte, und visierte nach der
Lumpenbinde und untersuchte ihre Parallaxe. „Ans Blenden der
„Fenster müssen wir uns halten, wenn wir ruhig bleiben wollen"
beschloß er und —

ich.

Nachſchrift. Ich werde allemal nach einem achten Kapitel — weil ich gerade 2 Hundstage in Einer Woche fertig bringe — bemerken, daß ich wieder einen Monat lang gearbeitet habe. Ich berichte daher, daß morgen der Junius angeht.

Erſter Schalttag.

Müſſen Traktaten gehalten werden, oder iſt es genug, daß man ſie macht? —

Das letzte. — Heute übt der Berghauptmann zum erſtenmal auf des Leſers Grund und Boden das Recht (Servitus oneris ferendi, oder auch Servitus projiciendi) aus, das er nach dem Vertrag vom 4ten Mai wirklich beſitzt. Die Hauptfrage iſt jetzt, ob ein Hunds=Vertrag zwiſchen zwei ſo großen Mächten — indem der Leſer alle Welttheile hat, und ich wieder den Leſer — nach dem Schließen noch zu halten iſt.

Friedrich, der Antimachiavelliſt, antwortet uns und ſtützt ſich auf den Machiavell: allerdings muß jeder von uns ſein Wort ſo lange halten, als er — Nutzen davon hat. Dieſes iſt ſo wahr, daß ſolche Traktaten ſogar nicht gebrochen würden, wenn ſie nicht einmal — geſchloſſen wären; und die Schweizer, die noch 1715 einen mit Frankreich beſchworen, hätten eben ſo gut in allen Kantons die Finger aufheben und beeidigen können, daß ſie alle Tage ordentlich — ihr Waſſer laſſen wollten.

Sobald aber der Nutzen von Verträgen aufhört, ſo iſt ein Regent befugt, deren zweierlei zu brechen — die mit andern Regenten, die mit ſeinen eignen Landes=Stiefkindern.

Als ich noch im Kabinet arbeitete (ſchon um 6 Uhr mit dem Fleber= wiſch, die Seſſiontiſche abzuſtäuben, nicht mit der Feder), hatt' ich ein geſcheites fliegendes Blatt unter der letztern, worin ich die Traktaten= Ouvertüre: au nom de la Sainte Trinité, oder in nomine sanctissimae et individuae Trinitatis, für die Chiffre ausgeben wollte, welche die Gesandten zuweilen über ihre Berichte zum Zeichen setzen, daß man das Gegentheil zu verstehen habe — es wurd' aber nichts aus dem fliegenden Blatt, als ein — Manuskript. In diesem war ich einfältig genug und wollte den Fürsten erst rathen, von Nothlügen und Noth= wahrheiten der Traktaten müßten sie in jeder Breite und Stunde deklinieren und inklinieren; ich wollte die Staatskanzleien in einen Winkel zu mir heraufpfeifen und ihnen in die Ohren sagen: ich würd' es, und hätt' ich nur neun Regimenter in Sold und Hunger, nie leiden, daß man mir mit dem Wachs und Siegellack der Verträge Hände und Füße zusammenpichte und mit der Dinte die Flügel ver= klebte; das wollt' ich in die Staatspraxis erst einführen — aber die Staatskanzleien lachten mich von weitem in meinem närrischen Winkel aus und sagten: der Pfeifer muß glauben, wir machen's anders.

In den Werken des H. Herkommen — des besten deutschen Publizisten, der aber keine acta sanctorum schreibt — wird es erwiesen, daß ein Landesfürst die Verträge, Privilegien und Bewilligungen zwischen seinem Vorfahrer und den Unterthanen gar nicht zu beob= achten brauche; — daraus folgt, daß er noch weit weniger seine eignen Verträge mit ihnen zu halten vonnöthen habe, da ihm die Nutznießung dieser Verträge, die in nichts als im Halten oder Brechen besteht, offen= klar als Eigenthümer gebührt. H. Herkommen sagt das nämliche auf allen Blättern und schwört gar dazu. — Ja kann es einen Dekan oder Rektor Magnifikus geben, der so wenig Vernunft annimmt, daß ihm — da doch nach einer allgemeinen Annahme ein König nicht stirbt, und mithin Vor= und Nachfahrer zu Einem Mann ineinanderver= wachsen — nicht der Schluß daraus beizubringen ist, daß der Nach= fahrer seine eignen Verträge für die seines Vorfahrers halten, und mit= hin, da beide nur Ein Mann sind, eben so gut wie geerbte brechen könne?

Wer philosophisch darüber reden wollte, der könnte darthun, daß überhaupt gar kein Mensch sein Wort zu halten brauche, nicht blos kein Fürst. Nach der Physiologie rückt der alte Körper eines Königs (eines

Lesers, eines Berghauptmanns) in drei Jahren einem neuen zu; — Hume treibt's mit der Seele noch weiter, weil er sie für einen dahinrinnenden (nicht gefrornen) Fluß von Erscheinungen hält. So sehr also der König (Leser, Autor) im Augenblick des Versprechens an dessen Haltung gefesselt ist: so unmöglich kann er noch daran gebunden sein im nächsten Augenblick darauf, wo er schon sein eigner Nachfahrer und Erbe geworden, so daß in der That von uns beiden am 4ten Mai hier kontrahierenden Wesen am heutigen Mai nichts mehr da ist, als unsre bloßen Posthumi und Nachfahrer, nämlich wir. Da nun glücklicherweise niemals in einen und denselben Augenblick zugleich Versprechen und Halten hineingehen: so kann die angenehme Folge für uns alle daraus fließen, daß überhaupt gar keiner sein Wort zu halten verbunden sei, er mag Kuppel oder Sägespan eines Thrones sein. Auch die Hofleute (die Thron-Eckenbeschläge) setzen sich diesem Satze nicht darwider.

Das Publikum wird gebeten, die Vorrede für den zweiten Schalttag zu halten, damit schönes Ebenmaß da ist.

Neunter Hundsposttag.

Himmels-Morgen, Himmels-Nachmittag — Haus ohne Mauer, Bette ohne Haus.

Ach der arme Bergmann, der Minierer im Steinsalz und der Insel-Neger haben in ihrem Kalender keinen solchen Tag, als hier beschrieben oder wiederholet wird! Sebastian stand Donnerstags schon um 3 Uhr auf dem Flugbret seines Bienenstocks, um in Großkussewiz in Einem Tage anzulanden und wegzusein, eh' man auf war. Ein Leser, der einen Atlas unten auf dem Fußboden hat, kann unmöglich diesen Marktflecken, wo die Uebergabe der Fürstenbraut vorgeht, mit einem Namenvetter von Dorf verwirren, den die Stadt Roſtock zu ihrem unbeweglichen Vermögen geſchlagen. Das ganze Haus hatte ihn leider ſo lieb, daß es ſchon eine halbe Stunde früher aus den Morgenfedern, woraus die größten Flügel der Träume gemacht werden, heraus war. Unter dem Getöſe der Wagenketten, der Hunde und Hähne trennte er ſein ſanftes Herz von lauter liebenden Augen, und indem ihn das Klopfen des einen und das Erweichen des andern verdroß, wurde alles noch ärger; denn der äußere Lärm ſtillt den innern der Seele.

Draußen ſchwammen alle Grasebnen und Samenfelder im Tropfbad des Thaus und im kalten Luftbad des Morgenwinds. Er wurde darin wie heißes Eiſen gehärtet; ein Morgenland voll un= überſehlicher Hoffnungen umzog ihn, er entkleidete ſeine Bruſt, warf ſich brennend ins tropfende Gras, wuſch ſich (aber nicht aus höhern Abſichten als Mädchen) das feſte Geſicht mit flüſſigem Juniusſchnee, und trat, mit ſtraffern Fiebern beſpannt, aus dem Tropfbad in den Anzug zurück — blos Haar und Bruſt ſteckt' er in kein Gefängniß.

Er wäre gewiß eher abgegangen; aber er wollte dem Monde ausweichen, den er ſo wenig mit der Sonne gatten konnte, als die Kinder von beiden, nämlich Nachtgedanken mit Morgengedanken. Denn wenn die Morgenwolken um den Menſchen thauen, wenn die liebenden Vögel ſchreiend durch den Glanznebel ſchießen, wenn die Sonne aus der Wolkenglut vorſchwillt: ſo drückt der erfriſchte Menſch ſeinen Fuß tiefer in ſeine Erde ein, und wächſet mit neuem Lebens= ·Epheu feſter an ſeinen Planeten an.

Langſam watete er durch einen niedrigen Haſelſtaudengang und ſtreifte ungern ihre erkälteten Käfer ab; er hielt an ſich und ſtand endlich, um ſich zu verſpäten, damit er nicht im nahen Wäldchen wäre, wenn gerade die Sonne ihr Theater betrat. Er hörte ſchon den muſi= kaliſchen Wirrwarr im Wäldchen — Roſenwolken waren als Blumen in die Sonnenbahn gebreitet — die Warte des Pfarrdorfs, dieſer Hoch= altar, worauf ſein erſter ſchöner Abend gebrannt, entflammte ſich —

die singende Welt der Luft hing jauchzend in den Morgenfarben und im Himmelblau — Funken von Wolken hüpften vom Goldbarren am Horizont empor — endlich wehten die Flammen der Sonne über die Erde herein. . . .

Wahrlich, wenn ich an jedem Abende den Sonnenaufgang malte und an jedem Morgen ihn sähe: ich würde doch wie Kinder rufen: noch einmal, noch einmal!

Mit betäubten Sehnerven und mit vorausschwimmenden Farben-flocken ging er langsam in den Wald wie in einen dunkeln Dom, und sein Herz wurde groß bis zur Andacht. . . .

— Ich will nicht voraussetzen, daß mein Leser ein so prosaisches Gefühl für den Morgen habe, um dieses poetische unverträglich mit Viktors Charakter zu finden — ja ich darf seiner Menschenkenntniß zutrauen, daß sie wenig Mühe habe, zwischen solchen entlegnen Ton-arten in Viktor, wie Humor und Empfindsamkeit sind, den Leitton auszufinden; ich will mich also unbesorgt dem frohen Anschauen seiner weichen Seele und dem Vertrauen auf fremden Einklang überlassen. —

Der Venusstern und ein Wald blühen am schönsten am Morgen und Abend; auf beide treffen dann die meisten Stralen der Sonne. Daher war unserm Viktor im Walde, als ging' er durch die Pforte eines neuen Lebens, da er an diesem feurigen Morgen mit der Sonne, die neben ihm von Zweigen zu Zweigen flog, durch das brausende Ge-hölze, hinweg unter vollstimmigen Aesten, die eben so viele bewegte Spiel-Walzen waren, über das im grünen Sonnenfeuer stehende Moos und unter dem ins himmlische Blau getauchten Tannengrün durch-wankte. — Und an diesem Morgen erneuerte sich in seinem Herzen die schmerzhafte Aehnlichkeit von vier Dingen — von dem Leben, von einem Tage, einem Jahre, einer Reise, die einander gleichen im frischen Jubel-Anfang — im schwülen Mittelstück — im müden satten Ende. —

Draußen im Anfluge, im Hintergrund des Wäldchens rollte vor ihm die Natur ihr meilenlanges Altarblatt auf mit den Hügelketten desselben, mit seinen blendenden Landhäusern, die sich mit Gärten wie mit Fruchtſchnitren putzten, und mit den Miniaturfarben der Blümchen, die ſich an der ſilbernen Schönheitlinie der Bäche bewegten. Und eine Wolke trunkner, ſpielender, ſchwirrender Kleinweſen aus Seidenſtaub zog und hing über das wallende Gemälde her. — Welchen Weg ſollte Viktor im Labyrinth der Schönheit nehmen? — Alle 64 Stralen des Kompaſſes ſtreckten ſich als wegweiſende Arme aus, und er hatte ſoviel Verſtand, daß er ſich keine Stunde vorſetzte, um anzukommen — er wich daher überall rechts und links aus — er ſtieg in jedes Thal, das ſich hinter einem Hügel verſteckte — er beſuchte die durchbrochnen Schattenwürfe jeder Baumreihe — er legte ſich zu den Füßen einer ſchönern Blume nieder, und erquickte ſich mit reiner Liebe an ihrem Geiſte, ohne ihren Körper abzuknicken — er war der Reiſegefährte des gepuderten Schmetterlings, und ſah ſeinem Einwühlen in ſeine Blume zu, und der Grasmücke folgte er durch Gebüſche in ihre Brutzelle und Kinderſtube nach — er ließ ſich feſtmachen durch den Kreis, den eine Biene um ihn zog, und ließ ſie ruhig in den Schacht ſeines eignen Blumenſtraußes einſchlagen — er übte in jedem Dorfe, das ihm der bunte Grund vorhielt, die Durchgangsgerechtigkeit, und begegnete am liebſten den Kindern, deren Tage noch ſo ſpielten wie ſeine Stunden — —

Aber Menſchen vermied er . . . .

Und doch ſprang aus ſeinem Herzen eine hohe Quelle der Liebe, die bis zum entfernteſten Bruder drang; und doch war er ſo ſehr ohne Ichſucht, ſo ohne jene empfindſame Intoleranz, die den Grab und die Quelle mit der herrnhutiſchen gemein hat. — — Der Grund aber war der: der erſte Tag einer Reiſe war ganz anders als der zweite, dritte, achtzigſte. Denn am zweiten, dritten, achtzigſten war er proſaiſch, humoriſtiſch, geſellig, d. h. ſein Herz hing ſich wie gehäkelter Same überall an und ſchlug die Wurzeln ſeines Glücks in jedem fremden Schickſal ein. Aber am erſten Tage kamen verhüllte Geiſter aus alten Stunden, in ſeine Seele, welche verſchwanden, wenn ein Dritter ſprach — eine ſanfte Trunkenheit, die ihm der Dunſtkreis der Natur wie der eines Weinlagers mittheilte, legte ſich wie eine magiſche

Einsamkeit um seine Seele ... Warum will ich aber den ersten Tag
schildern, eh' ich ihn schildere?

In den ersten Stunden der Reise war er heute frisch, froh, glücklich,
aber nicht selig; er trank noch, allein er war nicht trunken. Aber
wenn er so einige Stunden mit schöpfendem Auge und saugendem
Herzen gewandelt war durch Perlenschnüre bethaueter Gewebe, durch
summende Thäler, über singende Hügel, und wenn der veilchenblaue
Himmel sich frieblich an die dämpfenden Höhen und an die dunkeln
wie Gartenwände übereinander steigenden Wälder anschloß; wenn die
Natur alle Röhren des Lebensstromes öffnete, und wenn alle ihre
Springbrunnen aufstiegen und brennend ineinander spielten von der
Sonne übermalt: dann wurde Viktor, der mit einem steigenden und
trinkenden Herzen durch diese fliegenden Ströme ging, von ihnen gehoben und erweicht: dann schwamm sein Herz bebend wie das Sonnenbild im unendlichen Ozean, wie der schlagende Punkt des Räberthiers
im flatternden Wasserkügelchen des Bergstroms schwimmt. — —

Dann löste sich in eine dunkle Unermeßlichkeit die Blume auf,
die Aue und der Wald; und die Farbenkörner der Natur zergingen in
eine einzige weite Flut, und über der dämmernden Flut stand der
Unendliche als Sonne, und in ihr das Menschenherz als zurückge-
spiegelte Sonne. — —

Alles ward Eins — alle Herzen wurden ein größtes — ein einziges Leben schlug — die grünenden Bilder, die wachsenden Bildsäulen,
der Staubklumpe des Erdballs und die unendliche blaue Wölbung
wurden das anblickende Angesicht Einer unermeßlichen Seele — —

Er mochte immerhin die Augen zuschließen: in seiner dunkeln
Brust ruhte noch diese blühende Unendlichkeit. — —

Ach wenn er sich in die Wolken hätte hinaufstürzen können, um
auf ihnen durch den wehenden Himmel über die unübersehliche Erde
zu ziehen! — Ach wenn er mit dem Blütenbufte hätte über die Blumen
hinüberrinnen, mit dem Winde über die Gipfel, durch die Wälder
hätte strömen können! — O jetzt wär' er einem großen Menschen lieber

an das Herz gefallen und trunken und weinend in seinen Busen ver=
sunken, um zu stammeln: „wie glücklich ist der Mensch!"

Er mußte weinen, ohne zu wissen worüber — er sang Worte ohne
Sinn, aber ihr Ton ging in sein Herz — er lief, er stand — er tauchte
das glühende Angesicht in die Wolke der Blütenstauden und wollte sich
verlieren in die sumsende Welt zwischen den Blättern — er drückte das
zerritzte Angesicht ins hohe kühlende Gras, und hing sich im Taumel
an die Brust der unsterblichen Mutter des Frühlings.

Wer ihn von weitem sah, hielt ihn für wahnsinnig; vielleicht jetzt
mancher noch, der es nie selber erfahren hat, daß durch die ausgehellte
selige Brust, wie durch den heitersten Himmel, Sturmwinde ziehen
können, die in beiden in Regen zerfließen.

In dieser Tagzeit seines Wiedergeburt=Tages gab sein Genius
seinem Herzen die Feuertaufe einer Liebe, die alle Menschen und alle
Wesen in ihre Flammen fassete. — Es gibt gewisse köstliche Wonne-
Minuten — ach warum nicht Jahre? — wo eine unaussprechliche Liebe
gegen alle menschliche Geschöpfe durch dein ganzes Wesen fließet und
deine Arme sanft für jeden Bruder aufthut. — Das wenigste war, daß
Viktor, dessen Herz in der Sonnenseite der Liebe war, jedem, der ihm
neben einem Berge aufstieß, gegen die steile Seite auswich — daß er
vor keinem, der angelte, vorüberging, um keinen verscheuchenden
Schatten ins Wasser zu werfen — daß er langsam durch Schafe wan=
derte und vor dem Kinde, das ihn scheuete, einen Umweg nahm. —
Nichts ging über die sanfte Stimme, womit er jedem Pilgrim mehr als
diesen glücklichen Morgen wünschte; nichts über den vorausgerührten
Blick, womit er in jedem Dorfe die arme Haut, deren Schwielen und
Narben und Schnittwunden einen Blutschwamm oder schmerzen-
lindernden Tropfen nöthig hatten, auskundschaften wollte. „Ach ich
„weiß es so gut, als ein Famulus bei einem Professor der Moral (sagt'
„er zu sich), daß es keine Tugend, sondern nur eine Wollust ist, die
„Dornenkrone von einer zerritzten Stirne, den Stachelgürtel von
„wunden Nerven wegzunehmen; aber diese unschuldige Freude wird

„man mir doch vergönnen, und da auf so vielen Wegen zersplitterte
„Menschen liegen, warum streckt auf meinem keiner seine Hand aus,
„damit ich etwas hineinlegen könnte für diesen unverdienten Himmel
„in meiner Brust?"

Er wollte seine Freude einem fremden Herzen zum Kosten entgegen=
tragen, wie die Biene ihren Mund voll Honig in die Lippen einer
andern übergibt. Endlich keuchten zwei Kinder daher, davon eines als
Zugvieh an einem Schiebekarren angestrickt war, und das andere vornen
als schiebender Fuhrmann nachgespannt. Der Karren war mit sechs
löcherichten Säcken voll Tannenzapfen befrachtet, die das arme Gespann
zu einem schwindsüchtigen Feuer zusammenfuhr. Beide vertauschten
häufig ihre Aemter, um es auszubauern; und der Fuhrmann wollte
immerfort sogleich wieder der Gaul werden. „Ihr guten Kinder!
kann denn nicht Euer Vater schieben?" — „Der Baum hat ihm die
zwei Beine entzwei geschlagen" — „So könnte doch Euer großer
Bruder in den Wald?" — „Er muß dort brachen." — Viktor stand
am Brachacker neben einem Wammis mit eben so viel Farben als
Löchern, und neben einem schmutzigen Brodsack, welches beides dem
Bruder angehörte, der in der Ferne mit einem halben Postzug magerer
Kühe auf der Bühne dieses Auftritts ackerte. — — Eine volle Hand,
die sich in den Schooß des Elends ausleerte, machte Viktors schwere
Seele leichter wie das volle Auge, das sich jener nachergoß; sein Ge=
wissen, nicht sein Eigennutz, war sein Einwender gegen die Größe
seiner Gabe — er gab sie doch, aber in kleinen Münzsorten — die
Kinder verließen ihre Kaufmannsgüter, und das eine lief über das
Feld hinüber zum Pfluge und das andre ins Dörfchen hinab zur
Mutter. — Der Ackermann zog in der Ferne den Hut ab — wollte
laut danken, konnte sich aber nur schnäuzen — ackerte ohne Hut heran
— aber erst als er dem Jüngling den Dank nachrief, war dieser schon
weit aus dem Gehörkreise hinausgeflüchtet . . .

— Wünsche, lieber Leser, nicht diesen oder den kommenden
Zwischenakt des Menschengrams aus den großen Auftritten der glück=

lichen Natur heraus, und dein Herz verdiene wie Viktor durch Geben
das Nehmen! —

Er kam in seiner gutherzigen Eile bald einem fieberkranken
Schmiedegesellen nach, dessen Reisekoffer oder Mantelsack ein ange=
fülltes Schnupftuch war; am Stecken trug er noch ein entfärbtes
elendes Stiefelpaar, das er schonen mußte, weil das andre, das er an
andern Stecken, nämlich an den Beinen, schleppte, noch elender und
weniger ohne Farbe als ohne den Boden dazu war. Als er den
Fiebrischen schonend gegrüßet und beschenkt hatte, so sah er ihm ins
bleiche erstorbene Gesicht, und er konnte ihm einiges S c h m e r z e n g e l d
nicht versagen ... Ach das ganze Schmerzengeld für dieses Leben wird
erst in einem höheren ausgezahlt! ... Als er ihn höflich ausgefragt
und sich um seine hungrige Wanderschaft, um seine Zuchthauskost, um
sein Flüchten von Länder in Länder und um seinen dünnen Zehr=
pfennig, den ihm die Meisterin abschlug, wenn der Meister aus war,
erkundigt hatte: so schämte er sich vor dem Allgütigen seines Blumen=
feldes von Entzückungen, welches er nicht mehr verdiene „wie der arme
Teufel da", und er begabte noch einmal nach — Und als er wieder ihn
erwartete und sein funfzigjähriges Alter ohne Aussicht erfuhr, und
ihn die Beklemmung überwältigte, die ihm allezeit a l t e, aber u n e n t =
w i c k e l t e Menschen machten, graue Gesellen, alte Schreiber, alte Provisores, alte Famuli: so war er etwas entschuldigt, daß er wieder zu=
rücklief und dem erstaunten Alten stumm die neuen Zeichen seiner
überfließenden beglückenden Seele gab — — Und als er in der neuen
Entfernung sein in Liebe zergangnes, gleichsam nur um seine Seele
schwimmendes Herz immer mehr nach Wohlthun dürsten, und einen
unbegreiflichen Hang zu neuem Geben und das Sehnen fühlte, irgend
einem Menschen heute alles, alles hinzulegen: so merkt' er erst, daß er
jetzt zu weich sei und zu selig und zu trunken und zu schwach.

Sobald man im Dorfe die gewissen Nachrichten von diesem Durch=
gangzoll der Wohlthätigkeit in Händen hatte: so legten sich Nachmit=
tags ungefähr 15 Kinder in verschiedenen Posten an den Weg, besetzten

die engen Pässe und stellten Schildwachen und enfans perdus aus, um
Zollverkürzungen abzukehren . . .

Ein Mensch, der aus drei geraden Stunden sieben krumme kon=
struierte wie Viktor, hat oft Hunger, aber sicher größern als er; — er
nahm blos das Leibnitzische Monadenmahl aus der Tasche, Zwieback
und Wein, und speisete damit den an den Geist gehangnen ziehenden
Magen ab, um die helle mit Himmelblau und Himmelroth ausgewölbte
See seines Innern durch keine hineingeworfne Fleischstücke dunkel und
schmutzig zu machen. Ueberhaupt haßte er Fresser als Menschen von
zu grobem Eigennutz, so wie alle lebendige Speckkammern, wo Fett=
lagen den Geist, wie Schneeklumpen eine Hütte, einquetschen. Die
Seele, sagt er, nimmt von den Inlagen des Körpers, wie der Wein
vom Obst, das neben ihm im Keller ist, den Geruch an, und im mephi=
tischen Dampfe, in welchem die Seelen der Flachsenflinger über den
ihre Kartoffeln und Biere siedenden Braukesseln ihrer Magen zappeln,
müssen wol die armen Vögelchen besoffen und erstickt in dieses todte
Meer herunterfallen.

Er brach seinen Zwieback nicht in einem Hause, sondern im
Knochengebäude, d. h. im Sparrwerk eines Hauses, das erst aus den
Händen und Beilen der Zimmerleute vor das Dorf gekommen war.
Indem er durch alle Abtheilungen und Unterabtheilungen dieses Bau-
gerippes und auf einmal durch Stube, Küche, Stall und Boden sah,
so dachte er: „wieder ein Schauspielhaus für eine arme kleine Menschen=
„truppe, die hier ihre Benefizkomödie, ihre Gay's Bettleroper abspielet,
„ohne daß eine Stimme aus der großen Loge schreiet: bis! Ach bis
„diese Balken der Winterrauch zu Ebenholz geräuchert hat, wird
„manche Augenhöhle roth gequälet werden; mancher Nordwestwind
„des Lebens wird durchs Fenster an zagende Herzen fahren, und in
„diese Winkel, die erst dunkel vermauert werden, wird mancher Rücken
„mit Quetschwunden vom Gewehrtragen des bürgerlichen Lebens
„treten, um den Schweiß abzutrocknen oder das Blut. — Aber die
„Freude (dacht' er fort und sah an die Stelle des Ofens und des

„Tiſches) wird euch Inſaſſen auch ein paar Nelkenbäume vors Fenſter
„ſetzen und mit dem Brautwagen der drei h. Feſte und der Kirmeß
„und der Kindtaufe vor eurer Hausthüre, die erſt eingeſetzt wird, vor=
„fahren und abladen. — — Himmel, wie närriſch, daß ich mir hier
„im gegitterten alles das lieber denke, als in den ausge=
„mauerten Häuſern des Dorfes dort ſehe!"

Unter dieſer Tiſch= und Baurede, wobei kein Trinkglas zerſchlagen
wurde, ſtrich die weiße Bruſt der Schwalbe tief über den Fuhrweg,
und ihr Schnabel lud — den gelöſchten Kalk zu ihrem Dachſtübchen
auf. Die Weſpe hobelte ſich aus dem Sparrwerk Papierſpäne zu ihrer
Zwiebelkugel. Die Spinne hatte ihr Spinnhaus ſchon ins große hin-
eingeknüpft. Alle Weſen zimmerten und mauerten ſich im unendlichen
Meere ihre kleinen Inſeln; aber der wühlende Menſch wendet ſich nicht
um und ſieht nicht, daß ihm alles ähnlich iſt.

Sebaſtian verließ ſein hölzernes Gaſthaus, ſein Gerippe von
einem Frankfurtiſchen rothen Hauſe, trunkner und glücklicher, als er
aus einem ausgemauerten hätte gehen können. In gewiſſen Menſchen
breitet ſich eine dunkle Wehmuth, ein deſto größerer Seelenſchatten aus,
wenn die Schatten außer ihnen am kleinſten ſind, ich meine um 1 Uhr
Nachmittags im Sommer. Wann Nachmittags unter der brütenden
Sonne Wieſen ſtärker duftend und mit geſenkten Blättern Wälder
ſanfter brauſend und ruhend daſtehen, und die Vögel darin als ſtumme
Figuranten ſitzen: dann umfaßte im Eden, worüber ſchwül das
Blütengewölk auflag, eine ſehnſüchtige Beklommenheit ſein Herz —
dann wurd' er von ſeinen Phantaſien unter den ewig=blauen Himmel
des Morgenlandes und unter die Weinpalmen Hindoſtans verweht —
dann ruhte er in jenen ſtillen Ländern aus, wo er ohne ſtechende Be-
dürfniſſe und ohne ſengende Leidenſchaften auseinanderfloß in die
träumende Ruhe des Braminen, und wo die Seele ſich in ihrer Erhebung feſthält und nicht mehr zittert mit der zitternden Erde, gleich
den Firſternen, deren Schimmer nicht zittert auf Bergen angeſchauet —
dann war er zu glücklich für einen deutſchen Koloniſten, zu dichteriſch

für einen Europäer, zu schwelgend für einen Nordpol-Nachbar . . . . .
An jedem Sommermorgen besorgt' er, daß er am Sommernachmittag
zu weichlich phantasieren werde.

Das Fasten — der Wein — der Himmel — die Erde hatten
heute seine Herzkammern so freigebig mit dem Schlaftrunk der Wonne
vollgegossen, daß sie, wenn nachgeschüttet wurde, überfließen mußten
durch die Augen. Jene gossen nach; und hinter seinen verdunkelten
Augen, in seinem überschatteten, mit dem Grün der Natur ausge-
schlagnen Innern, das gleichsam abendrothe Vorhänge dunkel machten,
brach eine Farbennacht an, in welcher alle kleine Gestalten seiner
Kindheit neblig aufstiegen — das erste Spielzeug des Lebens wurde
ausgelegt — seine ersten Wonnemonate spielten wie kleine Engel auf
einer Abendwolke, und sie konnten nicht in ihren Flügelkleidern um
die große Wolke fliegen und die Sonne versengte sie nicht. — —

Ach was er längst vergessen, längst verloren — längst geliebt hatte
— Lieder ohne Sinn und Töne ohne Worte — namenlose Gespielen
— beerdigte Wärterinnen — verstorbene Bedienten — diese alle wurden
lebendig, aber vor ihnen voraus ging am größesten sein erster, sein
theuerster Lehrer Dahore in England und sagte zur zerschmolzenen
Seele: „wir waren sonst beisammen.“ — O, dieser ewig geliebte
Geist, der schon damals in unserem Viktor die Flügel sah, die sich nach
der andern Welt aufrichten, der schon damals mehr der Freund als
der Lehrmeister seines so weichen, so wogenden, so liebevollen, so
ahnungvollen Herzens war, dieser unvergeßliche Geist wollte nicht
weichen, seine Gestalt schlug den Leichenschleier zurück, fing an zu
glänzen und an zu reden: „Horion, mein Horion, warst du nicht an
„meiner Hand, warst du nicht an meinem Herzen? Aber es ist lange,
„daß wir uns geliebt haben, und meine Stimme ist dir nicht mehr
„kenntlich, kaum noch mein Angesicht — ach, die Zeiten der Liebe
„rollen nicht zurück, sondern ewig weiter hinab.“ Er lehnte sich an
einen Baum und trocknete unaufhörlich das Auge, das den Weg nicht
mehr fand, und seine Blicke ruhten fest an den Wäldern, die nach St.

Lüne gehen, und an den neblichten Bergen, die sich vor Maienthal und vor seinen zweiten Lehrer stellen ...

— Kussewiz sprang vor.

Aber zu bald; seine bewegte Seele wollte noch nicht unter fremde Menschen. Es war ihm lieb, daß er an eine umgestürzte Rinne stieß, aus welcher Schafe Salz lecken, und an einen Zaun, der sie zu Nachts behütet, und an die Hütte auf zwei Rädern, worin ihr Wärter schläft. Er hatte eine eigne Neugierde und Vorliebe für kleine Nachbilder der Häuser; er trat in oder an jede Köhlerhütte, in jede Jäger= und Vogelhütte, um sich mit seiner eignen Einschränkung und mit den Parodien unsers kleinen Lebens und mit dem Erdgeschoß der Armuth zu betrüben und zu erfreuen. Er ging vor nichts Kleinem blind vorbei, worüber der Welt= und Geschäftmann verschmähend schreitet; so wie er wieder vor keinem Pomp des bürgerlichen Lebens stehen blieb. Er machte also ein Thürchen am Fahrbette des Schäfers auf: es sah darin so armselig aus, und das Stroh, das Eiderdunen und Seidensäcke ersetzte, war so niedrig und zerknüllt, daß er sich unbeschreiblich hinein= sehnte: er brauchte jetzt eine Täucherglocke, die ihn aus dem treiben= den, drückenden, erhabnen Meere um ihn absonderte. Ich wollt', man könnt' es den europäischen Kabinetten, dem Reichstag und dem Prinzipalkommissarius verbergen, daß er sich wirklich hineinlegte. Hier aber ging die Anspannung seiner Sinne, in welche die Bettpforte nur einen kleinen Ausschnitt vom Himmelblau einließ, bald in die Erschlaffung des Schlummers zurück, und über das heiße Auge sank das Augenlied.

Zehnter Hundsposttag.

Zeidler — Offizieren Zeufels — Ankunft der Prinzeffin.

Seit einem Posttage schläft der Held. Die deutschen Rezen = soren sollten mir den Gefallen thun, ihn aufzuschreien. — —

Aber Schelme sind sie, diese Nachrichter und Maskopeibrüder der Zensoren; sie wecken weder Leser noch Fürsten, nur homerische Schäfer auf. Die Sonne steht schon tief und guckt gerade wagrecht in sein D. Grahams-Bette, und er glüht noch vor ihr …

— Das Schafvieh mußt' es thun durch Blöken und Glocken. Als in seine aufgehenden Ohren die Thurmglocke aus Groß - Kussewiz, unter Begleitung der Schafglocken, mit einem in Musik gesetzten Abendgebet eindrang — als in seine aufgehenden Augen der rothe Schattenriß der vergangnen Sonne, die seine heutigen Paradiese beschienen hatte, und das Abendroth einfiel, dessen Goldblättchen der Abendwind den Wolken anhauchte — als die wie sein Blumenstrauß bethaute Luft seine Brust erfrischte: so war der heutige schwüle Nachmittag um eine ganze Woche zurückgerollet; Viktor war in eine neue selige Insel herabgefallen; neugeboren und froh kroch er rückwärts aus seiner fahrenden Habe. „O ich tolles Ich!" sagt' er — „ich freue „mich aber nicht außerordentlich darüber, daß ein halbes Loth Schlaf- „körner eine ganze glühende Welt im Menschen wegbaizen kann, ganz „weg — und daß das Umlegen des Körpers der Erbfall seines „Paradieses und seiner Hölle wird."

Auf der Landstraße sprangen zwei Sänftenträger in kurzem Galopp zwischen den Tragestangen ihres ledernen Würfels dahin. Er setzte ihnen nach — ihre Last, dacht' er, muß ihnen noch viel leichter sein als ein ganzes Land und dessen Zepter, die beide gleichwol ein Regent, wie ein Gaukler den Degen, tanzend zu tragen versteht auf der Nase, auf den Zähnen, auf allem. Sie trugen aber das schwerste Ding in der Welt, worunter oft Städte und Thronen und Welttheile einbrachen.

„Womit setzt Ihr so herum?" fragt' er. — „Mit unserem aller- „gnädigsten Herrn!" — Januar war's — es ist aber den ästhetischen Kunstgriffen, womit ein Autor die Erwartung seiner Leser so außer- ordentlich anspannt, ganz gemäß, daß ich's nicht eher eröffne, was von Jenner in der springenden Sänfte saß, als in dem folgenden Wort.

Sein Bild war's. Das Brustſtück reiſete allemal vor der Braut
voraus, um bei Zeiten in ihrem Schlafzimmer anzukommen und ſich
an die Wand an einen Nagel zu begeben. Auf der ganzen empfind=
ſamen Reiſe hat der Kubikinhalt der Braut in lauter Zimmern
geſchlafen, an denen der Flächeninhalt des Bräutigams wie eine
Kreuzſpinne die ganze Nacht herunterhing ...

Da ich mir durch den Barrièren=Traktat, den ich mit dem Vetter
Leſer abgeſchloſſen, das Recht auf keine Weiſe abgeſchnitten haben will,
außer den Schalttagen auch noch Extrablätter — Extrablättchen —
und Pſeudo=Extrablätter zu machen, indem ich mir's vielmehr durch
gewiſſe geheime Separatartikel, die ich blos im Kopfe gemacht, wie
der Pabſt gewiſſe Karbinäle, erſt ertheilt habe: ſo will ich das Recht,
das mir mein von mir gemachter Neben=Rezeß anbeut, auf der Stelle
ausüben.

Extrablättchen über obige Bruſtſtücke.

Ich behaupte — ſagt' ich auf dem Billard in Scheerau, als ich
gerade nicht ſtieß — daß Herzoge, Mark= und andre Grafen und viele
vom hohen Abel dumm wären, wenn ſie in unſern Tagen — oder gar
in den künftigen — wo die Scheitelhaare ſich fortmachen, eh' die Bart=
haare ankommen — wo manchem Geſicht zur Brille nichts fehlt, als
der Sattel dazu — wo beſonders der Mann von Stande froh iſt,
ſtatt eines Abguſſes doch ein Abriß von einem Menſchen zu ſein —
nicht weiſe wären ſie, rekapitulirt' ich, wenn ſie kein beſſeres Beilager
hielten als ein wahres, kein gemaltes nämlich; wenn ihre Bruſtbilder
auf nichts beſſeres — an keine Bruſt nämlich — gedrückt würden, als
auf zinnerne Deckel von Bierkrügen, ſo daß ſie auf keine andre Art
berauſchten, als auf die letztere; und wenn ſie, da ſie überall durch
Bevollmächtigte handeln, auf Reichsbänken, in Seſſionſtühlen, in
Brautbetten (bei der Vermählung durch Geſandte) dächten, es gäbe in
der Sache einen treuern und unſchuldigern Prinzipalkommiſſarius,
als eine Elle Leinwand, worauf ſie ſelber hingefärbt ſind ... Da wir

gerade in Menge spielten und ich eben König war und im Feuer so
fortfuhr: „was Teufel! wir Könige wiſſen die in der Tugend und in
„der Ehe bildenden Künſte geſcheidt genug durch die zeichnenden
„zu erſetzen; und nicht blos im Billard ſteht ein König ganz müßig
„da mit ſeinem Zepter-Queue!" ſo ſollte und konnte das Feuer
wenig auffallen.

Ende des Extrablättchens über obige Bruſtſtücke.

Beim Grafen von O. — ſo hieß im ſiebenjährigen Kriege auch
ein berühmter Offizier und bei Shakſpeare die Erde; und das ganze
Gebet einer alten Frau; und nach Brüce liebten die Hebräer dieſen
Vokal vorzüglich; das iſt aber im Grunde hier unnütze Gelehrſamkeit
— ſtieg die Prinzeſſin und der gemalte Eheherr ab. Viktor wollte ſich
mit ſeinem heutigen Anzug und ſeinem heutigen Herzen nicht in den
Taumel der Welt miſchen — und wäre doch gern bei allem geweſen.

Aus Kuſſewiz drängte ſich ein roth und weißes kleines Häuschen
hervor, ſo roth wie ein Eichhornbauer und ſo fröhlich wie ein Gartenhaus. Er trat hinan und an deſſen wiederſcheinende Fenſter — aber
wieder davon zurück; er wollte ein altes Menſchenpaar, für das die
Glocke die Orgel geweſen, gar hinausbeten laſſen. Als er mit ſeinem
vom Wiederſchein der heutigen Verklärung erhöhten Geſichte hinein-
trat: wandte ein alter Mann einen Silberkopf, der wie ein lichter
Mond über dem Abend ſeines Lebens ſtand, mit lächelnden Runzeln
gegen den Gaſt. Nur ein Heuchler — der Agioteur der Tugend —
iſt nach dem Beten nicht ſanfter und gefälliger. Die alte Frau legte
zuerſt die Miene der Anbacht ab. Viktor begehrte mit ſeiner ſiegenden
Unbefangenheit — ein Nachtquartier. Es ihm bewilligen — das
konnten nur ſo zufriebne Leute wie dieſe; es verlangen — das konnte
nur einer, der ſo wie er die Wirthe floh, weil ihre mit jedem Gaſt an-
kommende und abgehende eigenſüchtige kalte Theilnahme und Liebe
ſeiner warmen Seele zu ſehr zuwider war. Zweitens zog ihn die
Reinlichkeit an, die ſogar der Schmutzfink in fremden Stuben liebt

und die darin ein Beweis der Zufriedenheit und der — Kinderlosigkeit ist. Drittens wollt' er im Inkognito und aus dem Gassengewühle heute mit seiner von der Natur geweihten Seele bleiben.

Er wurde bald einheimisch; noch ehe das Essen abgewaschen und abgeblattet und fertig war; hatt' er's heraus oder vielmehr hinein, daß der sanfte Greis — Lind mit Namen — ein Zeidler sei. Letzteres glaub' ich; denn sonst wär' er nicht so sanft, wie denn in den meisten Fällen die thierische Gesellschaft weniger verdirbt, als menschliche: daher Plato die Langischen Kolloquia mit den Thieren als das Beste aus Saturns goldner Regierung angibt. Es ist nicht einerlei, ob man ein Hunde-, ein Löwen-, oder ein Bienenwärter ist; denn unser Thiergarten im Unterleib — nach der Platonischen Allegorie — bellt und blökt dem Unisono des äußern nach. — Als Viktor vollends mit dem Alten um das Haus und um die Bienenkörbe ging: so kam er wieder ins Tafelzimmer mit dem Gesichte eines Menschen, der in der Kussewizer Kirche schon einen Stuhl und im Kirchenbuch eine Blattseite behauptete; wußt' er nicht schon, daß der Bienenvater drei Pfarrer und fünf Amtmänner in Kussewiz zu Grabe begleitet — daß er die erste Hochzeit mit seiner Mutter (so hieß er die Frau) in dem Alter gemacht, in das sonst die Silberhochzeit fällt — daß sein Kopf noch das Gedächtniß und die Haare habe — daß er unter den Sargdeckel schwarze Augenbrauen zu bringen gedenke — daß er, Lind, ganz und gar nicht, wie etwan der alte Gobel und selber der Vogt Stenz in der Kirche der Augen wegen die Stellung neben dem Kirchenfenster zu nehmen brauche, sondern seinen Vers überall lesen könne, und daß er jährlich nach Maienthal in die Kirche einmal gehe und ein Kopfstück in den kirchlichen Billardsack stoße, weil der Kirchhof da alle seine Verwandten von väterlicher Seite bedecke?

O, diese Zufriedenheit mit den Abendwolken des Lebens erquickt den hypochondrischen Zuhörer und Zuschauer, dessen melancholischer Saitenbezug so leicht in eines alten Menschen Gegenwart gleich einem Todesanzeiger zu zittern anfängt; und ein feuriger Greis scheint uns

ein unſterbliches, gegen bie Todesſenſe verhärtetes Weſen und ein in
bie zweite Welt wegweiſender Arm! — Viktor beſonders ſah mit
ſchweren Gedanken in einem alten Menſchen eine organiſierte Vergangenheit, gebückte verkörperte Jahre, ben Gypsabbruck ſeiner eignen
Mumie vor ſich ſtehen. Jeder kindiſche, vergeßliche, verſteinerte Alte
erinnerte ihn an bie Eiſenhammermeiſter, bie in ihrem Alter wie bie
Menſchenſeele eine krebsgängige Beförberung erbulden und wegen
ihrer gewöhnlichen Erblindung wieder Aufgießer — bann Vorſchmidte
— bann Hüttenjungen werden. Der gute Newton, Linnee, Swiſt
wurden wieder Hüttenjungen der Gelehrſamkeit. Aber ſo ſonderbar
furchtſam iſt der Menſch, baß er, ber bie Seele bei ber größten vor-
theilhaften Abhängigkeit von ben Organen boch noch für einen
Selbſtlauter anſieht — und mit Recht — gleichwol bei einer nach-
theiligen beſorgt, ſie ſei blos ber Mitlauter des Körpers — und
mit Unrecht. — — —

Da ein Spaziergang um einen fremden Ort einem Reiſenden bie
beſte Naturaliſazionakte gibt — und ba Viktor nirgends fähig war,
ein Fremder zu ſein: ſo ging er — ein wenig hinaus. In manchen
Nächten wird es nicht Nacht. Er ſah draußen — nicht weit von ben
Gartenſtackten des Seniors, nicht des abeligen, ſondern des geiſtlichen — ein ſehr ſchönes Mädchen ſitzen, in ein lateiniſches Pfingſtprogramm vertieft und baraus mit gefalteten Händen betend. Einer
vereinigten Schön- und Tollheit wiberſtand er nie; er grüßte ſie, und
wollte ſie ihr lateiniſches Gebetbuch nicht aufrollen und einſtecken laſſen.
Die gute Seele hatte, ba ſie ihr Gebetbuch und Paternoſter verloren,
aus bem Pfingſtprogramm de Chalifis literarum ſtudioſis ihre Anbacht
mit Leichtigkeit verrichtet, ba ſie weder Lateiniſch, noch Leſen konnte,
und bas Händefalten für bie Maureriſche Fingerſprache anſah, bie man
höhern Orts ſchon verſtehen wilrbe. Sie wickelte einen ſechſten abge-
ſchnittenen Finger aus einem Papier heraus und ſagte, ben hätte bas
Marienkloſter zu Flachſenfingen, an beſſen Mutter Gottes ihr Vater
ihn zur Dankbarkeit habe henken wollen, nicht angenommen, weil er

11*

nicht von Silber sei. — Da Büffon den Fingern des Menschen die Deutlichkeit seiner Begriffe zuschreibt — so daß sich die Gedanken zugleich mit der Hand zergliedern: — so muß einer, der eine Sexte von Finger hat, um $1/6$ oder $1/11$ deutlicher denken; und blos so einer könnte mit einem solchen Supranumerar-Schreibfinger mehr in den Wissenschaften thun, als wir mit der ganzen Hand. —

Sie erzählte, daß ihr Vater sie erst in zwei Jahren heirathen werde, und daß sein Sohn ihre Schwester bekommen könnte, wenn diese nicht erst sechs Jahre alt wäre — und daß sie beide wie an Kindesstatt beim Sechsfinger angenommen worden — und daß er seine Bijouteriebude, womit er aus einem gräflichen Schlosse ins andre wanderte, gerade in dem des Grafen von O. habe, nebst Tisch und Wohnung — und daß er ein Italiäner sei, mit Namen — — T o s t a t o. Himmel! den kannte ja Viktor so gut. Ohne weitere Frage — denn er ging ohnehin gern mit jedem Mädchen und mit jedem Spitzhunde ein paar Sabbatherwege, und sagte, zwischen einem neuen und einem schönen Gesichte würd' er gar keinen Unterschied machen, wenn er auch müßte — marschierte er mit ihr gerade hin zum Vater beim Grafen. Er enthüllete immer mehr an seiner kleinen Gesellschaftdame: sie war nicht nur außerordentlich schön, sondern auch eben so — dumm.

Jetzt aber entlief sie ihm; der Flachsenfingische Hofstaat kam gefahren und sie mußte das Aussteigen der Damen sehen. Er hielt sich nahe an den Schwanz des ganzen Corps, der noch auf der Straße aufstreifte, indeß der halbe Rumpf schon im Schlosse steckte. Der nachfahrende Schwanz war etwas kurz und dünn, der Hofapotheker Z e u s e l, der aus Eitelkeit mit seinen 54 Jahren und Jugendkleidern und mit seiner stoßenden Kutsche bei der Sache war. Das kleinste Männchen von der Welt war im größten Wagen von der Welt so wenig für ein ens zu nehmen, daß ich seinen Wagen für einen leeren Zeremonienwagen anrechne, in welchen ihm der Kutscher wie einen dürren Kern in einer Wallnuß schüttelte.

Ich will's weitläuftig beschreiben, wie ihn der Kutscher worfelte und siebte, und mich dafür in unwichtigern Dingen kürzer fassen.

Wenn ich's freilich dem Kutscher zuschreibe und sage, daß er dem Kutschkasten durch Steine und Schnelle jenen harten Pulsschlag zu geben wußte, daß Zeusel mehr auf der Luft aufsaß, als auf dem Kutsch= kissen: so wird Kästner in Göttingen gegen mich schreiben und darthun, daß der Apotheker selber durch die Gegenwirkung, die er dem Kissen durch seinen Hintern that, an dem Abstoßen des gleichnamigen Poles schuld war; allein hier ist uns hoffentlich weniger um die Wahrheit als um den Apotheker zu thun. Viktor als Hofdoktor nahm von weitem Antheil am Hofapotheker und lachte ihn aus; ja er hätte ihn gern gebeten, sich selber einsetzen zu dürfen, damit er's deutlicher sehen könnte, wie der gewandte Vetturin den Zeuselschen Ball geschickt in die Lüfte schlug. Aber den weichen Nerven Viktors wurden komische Szenen durch das physische Leiden, das sie in der Wirklichkeit bei sich führen, zu hart und grell — und er begnügte sich damit, daß er dem springenden Kasten hinten nachging und sich es blos dachte, wie drinnen das Ding stieg gleich einem Barometer, um das heitere Wetter des betrunknen Kutschers anzudeuten — er malte sich's blos aus (daher ich's nicht brauche), wie das gute Hofmännchen bei einem Klimax, wozu es der Kerl trieb, der jede Erhebung mit einer größern endigte, die linke Hand statt in die Westentasche blos in den Kutschriemen stecken, und in der rechten eine Prise Schnupftaback seit einer Stunde wärmen und drücken muß, und sie aus Mangel an Ruh' und Rast nicht eher in die öde Nase heben kann, als bis der Spitzbube von Kutscher schreiet: brrr!

Fort! sagte die Dumme zu Viktor und zog ihn zum Vater. Der Italiäner machte seine Windmühlen=Gestus und legte sich an Viktors Ohr an und sagte leise hinein: dio vi salvi; und dieser dankte ihm noch leiser ins italiänische: gran merce. Darauf that Tostato drei oder vier ungemein leise Flüche in Viktors Gehör. Er hatte nicht den Ver= stand verloren, sondern nur die Stimme, und durch nichts als einen Schnupfen. Er fluchte und kondolierte darüber, daß er gerade morgen so stockfischstumm sein müsse, wo so viel zu schneiden wäre. Viktor gratulierte ihm aufrichtig dazu und bat ihn, er möchte ihn bis auf morgen nicht nur zum Doktor annehmen, sondern auch zum Associé und Sprecher; er wolle morgen in der Bude für ihn reden, um besser und inkognito allem zuzusehen; „wenn Ihr mir heute, versetzte „Tostato, noch eine lustige Historie erzählt." Da er nun die von Zeusel vorbrachte mit einer italiänischen Systole und Diastole der Hände; und da Tostato darüber närrisch wurde vor Spaß — der Italiäner und Franzose lachen mit dem ganzen Körper, der Britte nur im Gehirne — so war's kein Wunder, daß er mit ihm in Handels-Kompagnie trat. Das Doktorat fing er damit an, daß er dem Pazienten den Strumpf auszog und damit den verstimmten Hals umringelte, weil ein warmer Strumpf mit gleichem medizinischen Vortheil am Fuß und am Halse getragen wird; — mit einem Strumpfband wär' es anders.

Jetzo kam ihm die Schönheit und Dummheit der Programmen-Beterin noch größer vor; er hätte sie gern geküßt; es war aber nicht zu machen: der Bijoutier setzte überall seinen witzigen Ausleerungen nach, und hielt die beiden Ohren unter.

Er hatte bei dieser Gelegenheit, als er an die deutsche Kälte gegen Witz und schöne Künste dachte, den grundfalschen Satz: der Britte, der Gallier und der Italiäner sind M e n s c h e n — die Deutschen sind B ü r g e r — diese v e r d i e n e n das Leben — jene g e n i e ß e n es; und die Holländer sind eine wohlfeilere Ausgabe der Deutschen auf bloßem Druckpapier ohne Kupfer.

Er wollte wieder zum Zeidler L i n d zurück: als so spät in der Nacht — so, daß der Hoffourier die Erscheinung dieses Haarkometen um eine ganze Stunde zu bald in seinen astronomischen Tabellen angesetzt hatte — die Prinzessin sammt ihrem Begleit-Dunstkreis anfuhr. Da er so lange von ihr gesprochen hatte: so brauchte er, um sie zu lieben, nichts als noch das Rollen ihres Wagens und das Seidengeräusch ihres Ganges zu hören. „Eine fürstliche Braut — sagt' er —

„ift viel eher auszustehen, als eine andre; man zeige mir zwischen einer „Kron-Prinzeſſin, einer Kron-Braut und einer Kron-Ehefrau einen „andern Unterſchied, als der Staatskalender angibt." Wer noch bedenkt, daß er ihre perſönliche Abneigung gegen den Fürſten kannte, der bei der erſten Vermählung ſie ihrer Schweſter nachgeſetzt hatte — und wer jetzo lieſet, daß ihm Toſtato ſagte, mit einem Schnupftuch in der Hand ſei ſie ausgeſtiegen: der iſt ſchon ſo geſcheidt, daß er ſich über ſeine Rede nicht erzürnt: „ich wollte, dieſe Kronthiere, die einem ſo „ſchönen Kinde ſo ſchöne weiche Hände wegſchnappen dürfen, wie „Schweine den Kindern die zarten abfreſſen — — ich wollte.... Aber „meine Waaren ſind doch morgen nahe genug an ihr, daß das Schnupf= „tuch zu ſehen iſt, Herr Aſſocié?" — —

Beim Bienenvater, zu dem er heimkehrte, war eine ruhigere Welt, und ſein Haus ſtand im Grünen, ſtumm wie ein Kloſter des Schlafes und eine heilige Stätte der Träume. Viktor ſchob auf dem Dachboden ſein Bettchen vor eine Mündung des einſtrömenden Mondes, und ſo überbauet mit verſtummten Schwalben= und Weſpenneſtern ſah er die Ruhe in Lunens Geſtalt auf ſein eignes Neſtchen niederſchweben — aber ſie lächelte ihn ſo mächtig an, bis er ſich in unſchuldige Träume auflöſete. Guter Menſch! du verdienſt die Freuden-Blumenſtücke der Träume und einen friſchen Kopf= und Bruſtſtrauß im Wachen — du haſt noch keinen Menſchen gequält, noch keinen geſtürzt, keine weib= liche Ehre betriegt, deine eigne nie verkauft; und biſt blos ein wenig zu leichtſinnig, zu weich, zu luſtig, zu menſchlich!

Eilfter Hundspofttag.

~~~~~~~~~~

Voltaire, der kein gutes Luftspiel schreiben konnte, wäre nicht im
Stande, den eilften Hundspofttag zu machen. —

Bei dem eilften Hundstag bemerk' ich freilich, daß die Natur Ge=
wächse mit allen Anzahlen von Staubfäden geschaffen, nur keine mit
eilf; und auch Menschen mit eilf Fingern selten.

Inzwischen ist das Leben, gleich den Krebsen, am schmackhafteften
in den Monaten ohne R.

Darwider sagen einige, die Feder eines Autors gehe wie eine Uhr
defto schneller, je länger sie geht; ich aber wend' es um und sage, aus
Vielschreibern werden vielmehr Schnellschreiber.

Und doch will man Menschen, die das fünfte Rad am Wagen
sind, nicht leiden; aber jedem Rüftwagen ist ein fünftes hinten aufge=
schnallet, und im Unglück ist es ein wahres Glückrad. Reinhold las
Kants Kritik fünfmal durch, eh' er ihn verftand — ich erbiete mich,
ihm verständlicher zu sein, und verlange nur halb so oft gelesen zu
werden.

Frei heraus zu reden, so heg' ich einige Verachtung gegen einen
Kopf voll Spring=Ideen, die mit ihren Springfüßen von einer
Gehirnkammer in die andre setzen; denn ich finde keinen Unterschied
zwischen ihnen und den Springwürmern im Gedärm, welche Göze
vor einem Licht drei Zoll hoch springen sah.

Allerdings hängt der folgende Gedanke nicht recht mit der vorigen
Schluß= und Blumenkette zusammen: daß ich besorge, Nachahmer zu
finden, um so mehr, da ich hier selber einer von gewissen witzigen
Autoren bin. In Deutschland kann kein großer Autor eine neue Fackel
anbrennen und sie so lange in die Welt hinaushalten, bis er müde ist
und das Stümpchen wegwirft, ohne daß die kleinen darüber herfallen

und mit dem Endchen Licht noch halbe Jahre herumlaufen und herum-
leuchten. So liefen mir (und andern) in Regensburg tausendmal die
Buben nach, und hatten Ueberbleibsel von Wachsfackeln, die das
Gesandten-Personale weggeworfen hatte, in Händen, und wollten
mich bis zu meinem Hauswirth leuchten für wenige Kreuzer ....
Stultis sat!

— Viktor eilte am Morgen ins Schloß. Er bekam einen kaufmännischen Anzug und die Bude. Um zehn Uhr fiel die „Uebergabe"
der Prinzessin vor. Die drei Zimmer, worin sie vorgehen sollte, lagen
mit ihren Flügelthüren seinem Kaufladen entgegen. Er hatte die
Prinzessin noch nie gesehen — außer die ganze Nacht in jedem Traum
— und konnte alles kaum erwarten ... Und der Leser auch: schnäuzt
er nicht jetzt Licht und Nase — füllt Pfeife und Glas — ändert die
Stellung, wenn er auf einem sogenannten Lese-Esel reitet — drückt
das Buch glatt auseinander und sagt mit ungemeinem Vergnügen:
„auf die Beschreibung spitz' ich mich gewissermaßen!" — Ich wahrlich
nicht; mir ist, als sollt' ich arkebusiert werden. Wahrhaftig! ein In-
fanterist, der mitten im Winter Sturm läuft gegen eine feindliche
Mauer vom dicksten Papier in einer Oper, hat seinen Himmel auf der
Erde, mit einem Berghauptmann meines Gelichters verglichen.

Denn einer, der Kaffee trinkt und eine Beschreibung von irgend
einem Schulaktus des Hofs machen will — z. B. von einem Courtag —
von einer Vermählung (im Grunde von den Vorerinnerungen dazu)
— von einer Uebergabe — ein solcher Trinker macht sich anheischig,
Auftritte, deren Würde so äußerst fein und flüchtig ist, daß der geringste
falsche Nebenzug und Halbschatten sie völlig lächerlich macht — daher
auch Zuschauer wegen solcher dazu gedachter Nebenstriche über sie in
natura lachen — er macht sich anheischig, sag' ich, solche ans Komische
gränzende Aufzüge so wiederzugeben, daß der Leser die Würde merkt
und so wenig dabei lachen kann als spielte er selber mit. Es ist wahr,
ich darf ein wenig auf mich bauen, oder vielmehr darauf bauen, daß
ich selber an Höfen gewesen und den angeblichen Klaviermeister ge-

macht (ob biefer eine Maske höherer Würben war ober nicht, laff' ich hier unentfchieden); man`follte alfo von einem Vorzug, ber mir faft vor ber ganzen fchreibenben Hanfe zu Theil geworben, unb bem ich wirflich mein (von einigen) in ber Hof-Scientia media entbecktes Ueber= gewicht über bie fchriftftellerifche fo niebrige Schiffmannfchaft gern ver= banfte, bavon follte man fich faft außerorbentliche Dinge verfprechen. — Man wirb aber fchlimm abfahren; benn ich war nicht einmal im Stanbe, meinem Zögling Guftav ben Krönprozeß in Frankfurt fo ernfthaft vorzutragen, baß biefer aufhörte zu — lachen. So mußte auch Yorik niemals fo zu fchelten, baß feine Leute bavon liefen, fonbern fie mußten es für Spaß halten.

Mein Unglück wär's gewefen, wenn ich bie Uebergabe ber Prin= zeffin — anfangs bacht' ich freilich, es wäre bann mehr Würbe barin — unter bem Bilbe einer mit einem Thürfpan befiegelten Hausfilbergabe an Gläubiger abgefchilbert hätte`, ober wie eine Uebergabe eines Feu= bums burch investitura per zonam — ober per annulum — ober per baculum secularem*). — — Ich bin aber zum Glück barauf gekommen, bie Uebergabe unter ber poetifchen Einkleibung einer hiftorifchen Benefiz= komöbie mit berjenigen Würbe abzumalen, bie Theater geben. Ich habe bazu foviel unb mehr Einheit bes Orts — (brei Zimmer) —, ber Zeit — (ben Vormittag) —, unb bes Intereffe — (ben ganzen Spaß) — in Hänben, als ich brauche. Unb wenn ein Autor noch bazu — bas thu' ich — vorher bie betrübteften ernften Werke burchliefet, Youngs Nacht= gebanken — bie afatholifchen gravamina ber Lutheraner — ben britten Banb von Siegwart — feine eignen Liebebriefe; ferner wenn er fich's noch immer nicht getrauet, fonbern gar vorher Home's unb Beat= tie's trefliche Beobachtungen über bie Quellen bes Komifchen vor fich legt unb burchgeht, um fogleich zu wiffen, welchen komifchen Quellen

---

*) Ein König von Frankreich fchickte einmal einem Vafallen illum baculum, quo se sustentabat, in symbolum traditionis zu. du Fresne Gloss. Aus bu Fresne Gloffario ift meines Wiffens noch kein guter unb brauchbarer Auszug für Frauenzimmer gemacht worben.

er auszuweichen habe: so kann ein solcher Autor schon ohne Besorgniß der Prahlerei seinen Lesern die Hoffnung machen und erfüllen, daß er, des Komischen sich so komisch erwehrend, vielleicht nicht ohne alle Züge des Erhabnen liefern und malen werde folgende

historische Benefizkomödie von der Uebergabe der Prinzessin, in fünf Akten.

(Das halbe Wort Benefiz bedeutet blos den Nutzen, den ich selber davon habe.)

Erster Akt. Unter drei Zimmern ist das mittlere der Schauplatz, wo man spielt, der Handelsplatz, wo man auslegt, der Korrelazionsaal (regenspurgisch zu reden), wo alles Wichtige zeitigt und reift — hingegen in dem ersten Nachbarzimmer steckt der italiänische, im zweiten der Flachsenfingische Hofstaat, und jeder erwartet ruhig den Anfang einer Rolle, für die ihn die Natur geschaffen. Diese zwei Zimmer halt' ich nur für die Sakristeien des größten.

Das Mittelzimmer, d. h. sein Vorhang, der aus zwei Flügelthüren gemacht ist, geht endlich auf und zeigt dem Associé Sebastian, der aus seinem Laden neben der katarrhalischen Firma hereinguckt, viel. Es tritt auf an der Thüre der Kulisse No. 1. ein rothsammtner Stuhl; an der Thüre der Kulisse No. 2. wieder einer, ein Bruder und Anverwandter von jenem; es sind diese Duplikate die Sessel, worin sich die Prinzessin setzt im Verfolge der Handlung, nicht weil die Müdigkeit, sondern weil ihr Stand es ausdrücklich begehrt. Mitten im Handeln ist schon ein langer befranzter Tisch begriffen, der das Mittelzimmer, das selber ein Abtheilzeichen der zwei Kulissen ist, abtheilt in zwei Hälften. Man sollte nicht erwarten, daß dieser Sekziontisch sich seines Orts wieder von etwas werde halbieren lassen, was ein Dummer kaum sieht. Aber ein Mensch trete in Viktors Laden: so wird er einer Seidenschnur ansichtig, die unter dem Spiegeltisch anfangend, über den Achatboden und unter dem Partage-Tisch wegstreichend, aufhört vorn an der Thürschwelle; und so theilt ein bloßer Seidenstrang leicht den Abtheiltisch und dadurch das Abtheilzimmer und am Ende die Abtheilschauspielergesellschaft in zwei der gleichsten Hälften — lasset uns daraus lernen, daß am Hofe alles tranchirt wird, und selber der Prosektor wird zu seiner Zeit hingestreckt auf den Zergliebertisch. Von dieser seidenen Schnur, womit der Großherr seine Günstlinge von oben dividiert, aber in Brüche, kann und soll im ersten Akt nicht mehr die Rede sein, weil er — aus ist . . .

Es wurde mir ungemein leicht, diesen Auftritt ernsthaft abzufassen; denn da nach Platner das Lächerliche nur am Menschen haftet, so war das Erhabene, das in meinem Aufzuge die Stelle des komischen einnimmt, in einem Akte leicht zu haben, wo gar nichts Lebendiges spielte, nicht einmal Vieh.

Zweiter Akt. Das Theater wird jetzo lebendiger, und auf dasselbe hinaus tritt nun die Prinzessin, an der Hand des italiänischen Ministers aus der Kulisse Nr. 1.; beide wirken anfangs gleich der Natur still auf diesem Paradeplatz, der schon auf dem Papier zwei Seiten lang ist . . .

Nur einen Blick vom Theater in die Hauptloge! Viktor spielt für sich, indem er unter den Lorgnetten, die er zu verkaufen hat, sich die hohleste ausklaubt und damit die Heldin meiner historischen Benefizkomödie ergreift . . . Er sah den Beicht- und Betschemel, auf dem sie heute schon gekniet hatte: „ich wollt' (sagt' er zu Tostato) ich wäre heute „der Pater gewesen, ich hätt' ihr ihre Sünden vergeben, aber nicht „ihre Tugenden." Sie hatte zwar jenes regelmäßige Statuen- und Madonnengesicht, das eben so oft hohle als volle Weiberköpfe zudeckt; ihre Hofdebut-Rolle verbarg zwar jede Welle und jeden Schimmer des Geistes und Gesichts unter der Eiskruste des Anstandes; aber ein sanftes Kindesauge, das uns auf ihre Stimme begierig macht, eine Geduld, die sich lieber ihres Geschlechtes als ihres Standes erinnert, eine milde Seele, die sich nach doppelter Ruhe, vielleicht nach den mütterlichen Gefilden, sehnte, sogar ein unmerklicher Rand um die

Augen, der von Augenschmerzen oder vielleicht von noch tiefern gezeichnet war, alle diese Reize, die zu Funken wurden, welche in den
getrockneten Zunder des Associé hinter der Brille geschlagen wurden,
machten diesen in seiner Loge ordentlich — halbtoll über das Schicksal
solcher Reize. Und warum sollt' es auch einem den Kopf nicht warm
machen — zumal wenn schon das Herz warm ist — daß diese unschul-
bigen Opfer gleich den Herrnhuterinnen zwischen ihrer Wiege und ihrem
Brautbette Alpen und Meere gestellet sehen, und daß die Kabinette
sie wie Seidenwurmsamen in Depeschen-Dülten versenden? .... Wir
kehren wieder zu unserem zweiten Akte, in dem man noch weiter nichts
vornimmt, als daß man — ankommt.

Die Kulissen No. 1. und 2. stecken noch voll Akteurs und
Aktricen, die nun herausmüssen. An diesem Tage ist es, wo zwei
Höfe wie zwei Heere einander in zwei Stuben gegenüber halten und
sich gelassen auf die Minute rüsten, wo sie ausrücken und einander im
Gesichte stehen, bis es endlich wirklich zu dem kommt, wozu es nach
solchen Zurüstungen und in solcher Nähe ganz natürlich kommen muß,
zum — Fortgehen. Der Kubikinhalt von Nr. 1. quillet der Fürstin
nach, er besteht aus Italiänern — in der nämlichen Minute richtet auch
der Hofstaat aus der Kulisse Nr. 2. seine Marschroute ins Haupt-
quartier herein, er besteht aus Flachsenfingern. Jetzo stehen zwei
Länder — eigentlich nur der aus ihnen abgezogene und abgedampfte
Geist — sich einander ganz nahe, und es kömmt jetzt alles darauf an,
daß der Seidenstrang, den ich im ersten Akt über die Stube gespannt,
anfange zu wirken; denn die Gränzverrückung und Völkermischung
zweier so naher Länder, Deutschlands und Welschlands, wäre in Einem
Zimmer fast so unvermeidlich, wie in einer päbstlichen Gehirnkammer, hätten wir den Strang nicht — aber den haben wir und
dieser hält zwei zusammengerinnende Völkerschaften so gut auseinander,
daß es nur Jammer und Schade ist — die Ehrlichkeit hat den größten
— daß die deutschen Kabinette keinen solchen Sperrstrich zwischen sich
und die italiänischen hingezogen haben; und kam's denn nicht auf sie

an, wo sie den Strick anlegen wollten, am Fußboden, oder an welschen Händen, oder an welschen Hälsen? —

Wenn die englische allgemeine Weltgeschichte und ihr deutscher Auszug einmal die Zeit so nahe eingeholet haben, daß sie das Jahr dieser Uebergabe vornehmen und erzählen, und unter andern das bemerken können, daß die Prinzessin nach dem Eintritt sich setzte in den Sammtsessel: so sollte die Weltgeschichte den Autor anführen, aus dem sie schöpft — mich .... Das war der zweite Akt, und er war sehr gut, und nicht sowol komisch, als erhaben.

Dritter Akt. Darin wird blos gesprochen. Ein Hof ist das Parloir oder Sprachzimmer des Landes, die Minister und Gesandten sind Hörbrüder*). Der Flachsenfingische Sekretär las entfernt ein Instrument oder den Kaufbrief ihrer Vermählung vor. Darauf wurden Reden gelispelt — vom italiänischen Minister zwei — vom Flachsenfingischen (Schleunes) auch zwei — von der Braut keine, welches eine kürzere Art, Nichts zu sagen, war als der Minister ihre. — —

Da wahrlich jetzt dieser erhabene Akt aus wäre, wenn ich nichts sagte: so wird mir doch nach vielen Wochen einmal erlaubt sein, ein Extrablättchen zu erbetteln und anzuhenken, und darin etwas zu sagen.

Erbetteltes Extrablättchen über die größere Freiheit in Despotien.

Nicht nur in Gymnasien und Republiken, sondern auch (wie man auf der vorigen Seite sieht) in Monarchien werden Reden genug gehalten — ans Volk nicht, aber doch an dessen curatores absentis. Eben so ist in Monarchien Freiheit genug, obgleich in Despotien deren noch mehr sein mag, als in jenen und in Republiken. Ein wahrer despotischer Staat hat wie ein erfrornes Faß Wein, nicht seinen (Frei-

---

*) So wie es Hörschwestern (les Tourières oder Soeurs écoutes) gibt, die mit den Nonnen ins Sprachzimmer gehen, um auf ihr Reden Acht zu geben.

heit-) Geist verloren, sondern ihn nur aus dem wässerigen Umkreis in einen Feuerpunkt gedrängt; in einem solchen glücklichen Staate ist die Freiheit blos unter die wenigen, die dazu reif sind, unter den Sultan und seine Bassen vertheilt, und diese Göttin (die noch öfter als der Vogel Phönix abgebildet wird) hält sich für die Menge der Anbeter desto besser durch den Werth und Eifer derselben schadlos, da ihre wenigen Epopten oder Eingeweihten — die Bassen — ihren Einfluß in einem Maß genießen, dessen ein ganzes Volk nie habhaft wird. Die Freiheit wird gleich den Erbschaftmassen durch die Menge der Erbnehmer kleiner; und ich bin überzeugt, der wäre am meisten frei, der allein frei wäre. Eine Demokratie und ein Oelgemälde sind nur auf eine Leinwand ohne Knoten (Ungleichheiten) aufzutragen, aber eine Despotie ist eine erhobene Arbeit — oder noch sonderbarer: die despotische Freiheit wohnt wie Kanarienvögel nur in hohen Vogelbauern, die republikanische wie Emmerlinge nur in langen. —

Ein Despot ist die praktische Vernunft eines ganzen Landes; die Unterthanen sind eben so viele dagegen kämpfende Triebe, die überwunden werden müssen. Ihm gehört daher die gesetzgebende Gewalt allein (die ausübende seinen Günstlingen); — schon bloße gescheidte Männer (wie Solon, Lykurg) hatten die gesetzgebende Gewalt allein, und waren die Magnetnadel, die das Staatschiff führte; ein Despot besteht als Thronfolger von jenen fast aus lauter Gesetzen, aus fremden und eignen zugleich, und ist der Magnetberg, der das Staatschiff zu sich bewegt. — „Sein eigner Sklave sein, ist die härteste „Sklaverei" sagt ein Alter, wenigstens ein Lateiner; der Despot fodert aber von andern nur die leichtere, und nimmt auf sich die schwerere. — Ein anderer sagt: parere scire, par imperio gloria est; Ruhm und Ehre erbeutet also ein Negersklave so viel, wie ein Negerkönig. — Servi pro nullis habentur; daher fühlen auch politische Nullitäten den Druck der Hofluft so wenig, wie wir den der andern Luft; despotische Realitäten aber verdienen schon darum ihre Freiheit, weil sie den Werth derselben so sehr zu fühlen und zu schätzen wissen. Ein Re-

publikaner im eblern Sinn, z. B. der Kaiser in Perſien, beſſen Frei=
heitmütze ein Turban und beſſen Freiheitbaum ein Thron iſt, ficht
hinter ſeiner militäriſchen Propaganda und hinter ſeinen Ohnehoſen
mit einer Wärme für die Freiheit, wie ſie die alten Autores in den
Gymnaſien fodern und ſchildern. Ja wir ſind nie berechtigt, ſolchen
Thron=Republikanern Brutus Seelengröße früher abzuſprechen, als
man ſie auf die Probe geſetzt; und wenn in der Geſchichte das Gute
mehr aufgezeichnet würde, als das Schlimme, ſo müßte man ſchon jetzt
unter ſo vielen Schachs, Chans, Rajahs, Khaliſen manchen Harmo=
dion, Ariſtogiton, Brutus ꝛc. aufzuweiſen haben, der im Stande war,
ſ e i n e Freiheit (Sklaven kämpfen für eine fremde) ſogar mit dem Tode
ſonſt g u t e r Menſchen und Freunde zu bezahlen. —

Ende des erbettelten Extrablättchens über die größere Freiheit in Despotien.

Das Extrablättchen und der dritte Akt ſind aus, aber dieſer war
ernſthafter und kürzer, als jenes.

V i e r t e r A k t. Indem ich den Vorhang herab und wieder hin=
auf warf: ſetzte ich die Welt aus dem kürzeſten Akt in den längſten. Zur
Prinzeſſin — die jetzt, wie die deutſche Reichsgeſchichte meldet, ſitzt —
trat ihre Landsmannſchaft*), die weder ſehr ehrlich, noch ſehr dumm
ausſah, die Oberhofmeiſterin, der Hof=Beichtvater, der Hof=Aeskulap,
Damen und Bedienten und alles. Dieſer Hofſtaat nimmt nicht Ab=
ſchied — der iſt ſchon in Geheim genommen — ſondern rekapituliert
ihn blos durch eine ſtille Verbeugung. Der nächſte Schritt aller
Welſchen war aus dem Mittelzimmer nach — Italien.

Die Italiäner gingen vor Sebaſtians Waarenlager vorbei und
wiſchten aus ihrem Geſicht, beſſen feſte Theile en haut-relief waren —
die deutſchen waren en bas relief — einen eblern Schimmer weg als

---

*) Der Flachſenfingiſche Hofſtaat küßte zwar die Hand eher; aber man wird
ſchon ſehen, warum ich's umkehre.

jener ist, den Höfe geben: — Viktor sah unter so vielen akzentuierten Augenknochen die Zeichen seiner eignen Wehmuth vervielfältigt, die ihn für das willige fremde Herz beklemmte, das allein zurückblieb unter dem frostigen Thron= und Wolkenhimmel der Deutschen, von allen geliebten Sitten und Szenen weggerissen, mikroskopischen Augen vor= geführt, deren Brennpunkt in weiche Gefühle sengt, und an eine Brust von Eis gebunden . . . .

Als er alles dieses dachte und die Landsleute sah, wie sie ein= packten, weil sie kein Wort mehr mit der Fürstin sprechen durften — und als er die stumme gelenkte Gestalt drinnen ansah, die keine andere P e r l e n zeigen durfte, als orientalische (obgleich der Traum und der Besitz der letztern abendländische bedeutet: Thränen mein' ich), so wünscht' er: „ach du Gute, könnt' ich nur einen dreifachen Schleier „so lange über dein Auge ziehen, bis es eine Thräne vergossen hätte! — „Dürft' ich dir nur die versteigerte Hand küssen, wie deine Hofdamen „jetzt thun, um mit meinen Thränen die Nähe eines gerührten Herzens „auf die verkaufte Hand zu schreiben . . ."

Seid weich und erweitert nicht Fürstenhaß zu Fürstinnen=Haß! Soll uns ein gebeugtes weibliches Haupt nicht rühren, weil es sich auf einen Tisch von Mahagony stützt, und große Thränen nicht, weil sie in Seide fallen? „Es ist zu hart" — sagte Viktor im Hannöverschen — „daß Dichter und magistri legentes, wenn sie neben einem Lust= „schloß vorbeigehen, mit einer neidischen Schadenfreude die Bemerkung „machen, darin werde vielleicht eben so viel Thränenbrod gebacken, wie „in Fischerhütten. O wol größeres und härteres! Aber ist das Auge, „aus dem im Dachsbau eines Schotten nichts Thränen presset, als „der Stubenrauch, eines größern Mitleids werth, als jenes zarte, das „gleich dem eines Albinos schon von Freudenstralen schmerzt und das „der gequälte Geist mit geistigen Zähren erfüllt? Ach unten in den „Thälern wird nur die Haut, aber oben auf den Höhen der Stände „das Herz durchstochen; und die Zeigerstange der Dorfuhr rückt blos „um Stunden des Hungers und des Schweißes, aber der mit Brillan=

„ten beſetzte Sekundenzeiger fliegt um öde, durchweinte, verzagende,
„blutige Minuten." —

Aber zum Glück wird uns die Leidensgeſchichte jener weiblichen
Opfer nie vorgeleſen, deren Herzen zum Schlagſchatz und wie andre
Juwelen zu den Throninſignien geworfen werden, die als beſeelte
Blumen, geſteckt an ein mit Hermelin umgebnes Todtenherz, unge-
noſſen zerfallen auf dem Paradebett, von niemand betrauert, als von
einer entfernten weichen Seele, die im Staatskalender nicht ſteht. . . .

Dieſer Akt beſteht faſt aus lauter Gängen: überhaupt gleicht dieſe
Komödie dem Leben eines Kindes — im erſten Akt war Hausrath-
Beſorgung für das künftige Daſein — im zweiten Ankommen
— im dritten Reden — im vierten Gehenlernen u. ſ. w.

Als Deutſchland an Welſchland, und dieſes an jenes, Reden
genug gehalten hatte: ſo nahm Deutſchland, oder vielmehr Flachſenfingen, oder eigentlich ein Stück davon, der Miniſter Schleunes, die
Fürſtin bei der Hand und führte ſie aus dem heißen Erbgürtel in den
kalten — ich meine nicht aus dem Brautbette in das Ehebette, ſondern
— aus dem italiäniſchen Territorium der Stube ins Flachſenfingiſche
über den ſeidnen Rubikon hinweg. Der Flachſenfingiſche Hofſtaat
ſteht als rechter Flügel drüben und iſt gar noch nicht zum Geſechte gekommen. Sobald ſie die ſeidne Linie paſſiert war: ſo war's gut, wenn
das erſte, was ſie in ihrem neuen Lande that, etwas Merkwürdiges
war; und in der That that ſie vor den Augen ihres neuen Hofs
4½ Schritte und — ſetzte ſich in den Flachſenfingiſchen Seſſel, den
ich ſchon im erſten Akt vakant dazu hingeſtellt. Jetzo rückte endlich der
rechte Flügel ins Feuer, zum Hand- und Rockkuß. Jeder im rechten
Flügel — der linke gar nicht — fühlte die Würde deſſen, was er an-
hob, und dieſes Gefühl, das ſich mit perſönlichem Stolz verſchmolz,
kam — da nach Platner der Stolz mit dem Erhabnen verwandt iſt —
meiner Beneſizfarce recht zu Paſſe, in der ich nicht erhaben genug aus-
fallen kann. Groß und ſtill, in ſeidne Fiſchreuſen eingeſchifft, in einen
Roben-Golf verſenkt, ſegeln die Hofdamen mit ihren Lippen an die

ſtille Hand, die mit Ehehand-Schellen an eine fremde geſchloſſen wird. Weniger erhaben, aber erhaben wird auch das adamitiſche Perſonale herangetrieben, worunter ich leider den Apotheker Zeuſel mit ſehe.

Wir kennen unter ihnen niemand als den Miniſter, ſeinen Sohn Matz, der unſern Helden gar nicht bemerkt, den Leibarzt der Prinzeſſin Kuhlpepper, der, vom Fette und Doktorhut in eine ſchwere Loths= Salzſäule verwandelt, ſich wie eine Schildkröte vor die Regentin und Pazientin ſchiebt. —

Kein Menſch weiß, wie mich Zeuſel ängſtigt. Gegen alle Rang- ordnung ſtell' ich lieber früher als ihn die feiſten in ſchelmiſche Dumm- heit verquollenen Livreebedienten vor, deren Röcke weniger aus Fäden als aus Borden beſtehen, und die ſich als gelbe Bänder=Präparate vor müden, an ſchönere Geſtalten gewöhnten Augen bücken. Viktor fand durch ſeine brittiſche Brille die italiäniſchen glaſierten Hofgeſichter wenigſtens maleriſch = ſchön, hingegen die deutſchen Parabelarven ſo abgegriffen und doch ſo geſteift, ſo matt und doch ſo geſpannt, die Blicke ſo verraucht und doch ſo geſchwefelt! . . . — Ich halte Zeuſeln noch durch einige Oſterlämmer oder agnus dei von Pagengeſichtern auf, ſo weich und ſo weiß wie Maden; eine Amme möchte ſie mit ihrer Milchpumpe von Mund an den Buſen legen.

Länger war Zeuſel nicht mehr zu halten, er iſt hereingebrochen und hat die Fürſtin beim Flügel — der ganze Spaß dieſer Komödie, ich meine der Ernſt, iſt uns nunmehr verdorben. Dieſer graue Narr hat ſich in ſeinen alten Tagen — ſeine Nächte ſind noch älter — in einen ganzen hiſtoriſchen Kupferſtich geknöpft, das will ſagen, in eine zoologiſche Modeweſte, worin er ſammt ſeinen vier bunten Ringen ordentlich ausſieht wie ein grüner Pürſchwagen, an dem die Thier- ſtücke der ganzen Jagd angemalet und vier Ringe zum Anketten der Sauen in natura ſind. Ich muß es jetzt ſehen und leiden — da er alles in der Vergangenheit thut — daß er nun, beſoffen von Eitelkeit und kaum vermögend, Uhrketten von Galaröcken zu unterſcheiden, hinläuft und ſich etwas Seidenzeug herausfängt zum Kuſſe. Es war

12*

leicht vorauszusehen, daß mir der Mensch mein ganzes Altarblatt ver-
hunzen würde mit seiner historischen Figur; und ich hätte den Hasen
gar unterdrückt und mit dem Rahmen des Gemäldes überdeckt, wenn
er nicht mit seinen Löffeln und Läufen zu weit herausstände und klaffte;
auch ist er vom Korrespondenten ausdrücklich unter den Benefiz-Kon-
föderierten mit aufgeführt und angezeichnet. — — Es lohnt kaum der
Mühe zu schreiben:

Fünfter Akt; da nun alles versalzen ist und die Lesewelt lacht.
Im fünften Akt, den ich ohne alle Lust mache, wurd' auch weiter nichts
gethan — anstatt daß Tragödiensteller und Christen die Belehrung
und alles Wichtige in den letzten Akt verlegen, wie nach Bako ein Hofmann seine Bittschriften in die Nachschrift verschob — als daß die
Prinzessin ihre neuen Hofdamen das erste Rechen- und Abziehexempel
ihres Erzamtes machen ließ: das nämlich, sie auszukleiden .... Und
da mit dem Auskleiden sich die fünften Akte der Trauerspiele — der
Tod thut's — und der Lustspiele — die Liebe thut's — beschließen:
so mag sich auch dieses Benefizding, das wie unser Leben sich zwischen
Lust- und Trauerspiel schwankt, matt mit Entkleidung enden.

Ende der Benefizakte.

— Ich war gestern zu aufgebracht. Der Apotheker ist zwar der
Hund und die Katze in meinem Gemälde, die einander unter dem Tische
des Abendmahls beißen; aber im Ganzen ist die Posse schon erhaben.
Man bedenke nur, daß alles in einer monarchischen Regierungform ab-
gethan wird — daß diese nach Beattie dem Komischen mehr als die
republikanische aufhilft — daß nach Addison und Sulzer gerade die
spaßhaftesten Menschen (z. B. Cicero) am ernsthaftesten sind, und daß
folglich das Nämliche auch von dem Zeug, das sie machen, gelten müsse:
so sieht man schon aus dem Komischen, das meine Akte haben, daß sie
ernsthaft sind. — —

Mein Held hielt im Laden eine heftige P. Merzische Kontrovers-
predigt gegen etwas, wofür die Reichsstädter und Reichsdörfer pre-
digen — dagegen: „daß die Menschen ohne alles weiße und graue

„Gehirn und ohne Geschmack und Geschmackwärzchen in dem Grade
„handeln können, daß sie sich nicht schämen, die paar Jahre, wo sie der
„Schmerz noch nicht auf seinem Pürschzettel und der Tod noch nicht
„auf seinem Nachtzettel hat, sündlich und hundsmäßig zu verzetteln,
„nicht etwa mit gar nichts thun, oder mit den halben Takt=Pausen der
„Kanzleiferien, oder den ganzen Takt=Pausen der Komizialferien, oder
„mit den Narrheiten der Freude — was wäre rühmlicher? — sondern
„mit den Narrheiten der Qual, mit zwölf herkulischen Nichts=Arbeiten,
„in den Raspelhäusern der Vorzimmer, auf dem tratto di corda des
„gespannten Zeremoniel .... Mein lieber Hofmarschall, meine schönste
„Oberhofmeisterin, ich billige alles: aber das Leben ist so kurz, daß es
„nicht die Mühe lohnt, sich einen langen Zopf darin zu machen. —
„Könnten wir nicht das Haar aufbinden und über alle Vorsäle, d. h.
„Vorhöllen, über alle Vorfechter und Vortänzer hinwegsetzen gleich mit-
„ten in die Maiblumen unsrer Tage hinein und in ihre Blumenkelche ...
„Ich will mich nicht abstrakt und scholastisch ausdrücken: sonst müßt' ich
„sagen: wie Hunde werden Zeremonien durchs Alter toll; wie Tanz=
„handschuhe taugt jede nur einmal und muß dann weggeworfen werden;
„aber der Mensch ist so ein verdammt zeremonielles Thier, daß man
„schwören sollte, er kenne keinen größern und längern Tag, als den
„Regensburger Reichstag.‟

So lange er aß, war Tostato nicht da, sondern im Laden. Nun
hatt' er schon am vorigen Abend einen Entwurf zum Kusse der schönen
Dunsin nicht aus dem Kopfe bringen können: „eine viehdumme Huldin
„küss' ich Einmal, sagt' er, dann hab' ich Ruh' auf Lebenslang.‟
Aber zum Unglück mußte um die Dunsin die sogenannte Kleinste (die
Schwester), deren Verstand und deren Nase zu groß waren, als Senk=
feder der Angel schwimmen, und die Feder wird sich, hätt' er nur eine
Lippe an den Köder gesetzt, sogleich geregt haben. Er war aber doch
pfiffig: er nahm die Kleinste auf die Schenkel und schaukelte sie wie
Zeufels Kutscher, und sagte dieser Klugen süße Namen über den Kopf
hinüber, die er alle mit den Augen der Dummen zueignete (am Hofe

wird er mit umgekehrtem Scheine zueignen). Er drückte der Kleinsten zweimal zum Spaße die Spionenaugen zu, blos um es im Ernst zum drittenmale zu thun, wo er die Dunsin an sich zog und sie mit der rechten Hand in eine Stellung brachte, daß er ihr — zumal da sie es litt, weil Mädchen der List ungern abschlagen, oft aus bloßer Freude, sie zu er= rathen — unter den Hofdiensten gegen die Blinde den schleunigen Kuß hinreichen konnte, für den er schon so viele avant propos und Marsch= routen verfertigt hatte. Jetzo war er satt und heil; hätt' er noch zwei Abende dem Kuß nachstellen müssen, er hätte sich sehr verliebt.

Er saß wieder in seinem Mastkorb, als die Fürstin aß. Es geschah bei offnen Thüren. Sie schürte sein Lauffeuer der Liebe mit dem goldnen Löffel an, so oft sie ihn an ihre kleinen Lippen drückte — sie störte das Feuer wieder auseinander mit den zwei Zahnstochern (süßen und sauern), so oft sie zu ihnen griff. Tostato et Kompagnie setzten heute die theuersten Waaren ab: kein Mensch kannte die et Kompagnie; blos Zeusel sah dem Viktor schärfer ins Gesicht und dachte: „ich sollte dich gesehen haben." Gegen 2²/₃ Uhr Nachmittags ereignete sich das Glück, daß die Prinzessin selber an die Bude trat, um italiänische Blumen für ein kleines Mädchen, das ihr wohlgefallen, auszusuchen. Bekanntlich nimmt man sich in jeder Maske Maskenfreiheit und auf jeder Reise Meßfreiheit; Viktor, der in Verkleidungen und auf Reisen fast allzu kühn war, versuchte es, in der Muttersprache der Prinzessin und zwar mit Witz zu sprechen. „Der „Teufel," dacht' er, „kann mich doch deswegen nicht holen." Er merkte daher mit dem zartesten Wohlwollen gegen dieses schöne Kind in Molochs Armen nur so viel über die seidnen Blumen an: „die Blumen der „Freude werden auch leider meistens aus Sammt, Eisendraht und mit „dem Formeisen gemacht." Es war nur ein Wunder, daß er höflich genug war, um den Umstand wegzulassen, daß gerade der italiänische Abel die italiänische Flora verfertigte. Sie sah aber auf seine Waare und schwieg; und kaufte statt der Blumen eine montre à regulateur *), die sie nachzubringen ersuchte.

---

*) Bekanntlich eine Damenuhr, wie ein Herz gestaltet, auf dem Rücken mit

Er überbrachte ihr die Uhr eigenhändig; aber leider eben so eigen=
händig — der Leser erschrickt; aber anfangs erschrak er selber und dachte
doch den Einfall so oft, bis er ihn genehmigte — hatt' er vorher über den
Imperator der Uhr ein zartes Streifchen Papier gepicht, worauf er eigen=
händig mit Perlenschrift geschrieben: Rome cacha le nom de son dieu
et elle eut tort; moi je cache celui de ma déesse et j'ai raison*).

„Ich kenne die Leute schon, dacht' er, sie machen und ziehen in
„ihrem Leben keine Uhr auf!“ Ei, Sebastian, was wird mein Leser
denken oder deine Leserin?

Sie reisete noch Abends in ihr erheirathetes Land, das künftige
Hackbret ihres Zepters. Unserm Viktor war beinahe, als hätt' er ihr ein
andres Herz als das metallene mit dem Zettel mitgegeben, und freute sich
auf den Flachsenfinger Hof. Vor ihr lief ihr nachgedruckter Bräutigam
oder seine Sänfte, aus der er ausstieg an die Wand des Schlafzimmers.
Da er ihr Gott war, so kann ich ihn oder sein Bild mit den Bildern der
alten Götter vergleichen, die auf einem eignen vis-à-vis — thensa ge=
nannt — herumfahren, oder in einer Portraitbüchse — ναὸς genannt —
oder in einem Bauer — καδίσκος genannt — herumgetragen wurden.

Darauf ging Viktor mit seinem Handelskonsul hinter den Kulissen
des Benefiztheaters herum. Er schnürte die seidne Demarkazionlinie und
Sperrkette ab — zog sie in die Höhe wie ein edles Haar — befühlte sie —
hielt sie erst weit vom Auge — dann nahe an dieses — zerrte sie aus=
einander, eh' er sagte: „die Kraft stecke wo sie will — es mag nun eine
„seidne Schnur politische Körper so gut wie elektrische isolieren — oder
„es mag mit Fürsten wie mit Hühnern sein, die keinen Schritt weiter
„setzen, wenn man Kreide nimmt und damit von ihrem Schnabel herab
„eine gerade Linie auf den Boden hinführt — so viel seht Ihr doch,

Sonnenweiser und Magnetnadel versehen. Letzte zeigt den Damen, die die
Kälte hassen, im Grunde auch Süden, und der Sonnenweiser taugt zum
Mondweiser.

*) Rom verbarg den Namen seines Gottes, aber es hatte Unrecht; ich ver=
berge meiner Göttin ihren, aber ich habe Recht.

„Associé, wenn ein Alexander die Gränzsteine der Länder verrücken sollte,
„so wäre ein solcher Strang dagegen das beste ins Enge gezogne Natur=
„recht sund eine dergleichen Barrièreallianz." Er ging in ihr Schlaf=
zimmer zum ausgeleerten h. Grabe, d. h. zum Bette der auferstandnen
Braut, in welches der an der Wand vor Anker liegende Sponsus von
seinem Nagel sehen konnte. Ganze Divisionen von Einfällen marschierten
stumm durch seinen Kopf, den er damit an ein seidnes Kopfkissen — so
groß wie ein Hunde= oder ein Seitenkissen eines Wagens — mit der
Wange andrückte. So anliegend und knieend sprach er's halb in die
Federn (nicht in die Feder) hinein: „ich wollt' auf dem andern Kissen
„läg' auch ein Gesicht und säh' in meines — du lieber Himmel! zwei
„Menschengesichter einander gegenüber — sich einander in die Augen
„ziehend — einander die Seufzer belauschend — von einander die weichen
„durchsichtigen Worte wegathmend — das ständen ich und Ihr gar nicht
„aus, Associé!" — Er sprang auf, patschte sein Hasenlager leise wieder
platt und sagte: „bette dich weich um das schwere Haupt, das auf dich
„sinkt; erdrücke seine Träume nicht; verrathe seine Thränen nicht!" —
Wäre sogar der Graf von O. mit seiner feinen ironischen Miene dazu
gekommen: er hätte nichts darnach gefragt. Es ist ein Unglück für uns
Deutsche, daß wir allein — indeß dem Engländer sogar vom Weltmann
seine Hasen=, Bock= und Luftsprünge für zierliche Rück=, Vor= und Haupt=
pas angerechnet werden — gar nicht ernsthaft und gesetzt genug einher=
schreiten können.

Er lief eines Abends wieder in den Hafen seines Zeidlers ein; und
sein schwankendes Herz warf auf die stille blühende Natur um ihn die
Anker aus. Der alte Mann hatte unterdeß alle seine alten Papiere,
Tauf=, Trauscheine und Manualakten vom Nürnberger Zeidlergericht ꝛc.
zusammengefahren und sagte: les' Er! — Er wollt' es selber wieder
hören. Er zeigte auch seinen „Dreifaltigkeitsring" aus Nürnberg, auf
welchem stand:

> Hier dieser Ring der weist,
> Wie drei in Einem heißt,
> Gott Vater, Sohn und Geist.

Der Bienenvater machte weiter kein Geheimniß daraus, daß er vorher, als er diesen Ring sich noch nicht in Nürnberg an einem Gerichttage angeschafft hatte, die Dreifaltigkeit nicht glauben können: „jetzt aber müßte „einer ein Vieh sein, wenn er's nicht begriffe."— Am Morgen vor der Abreise war Viktor in der doppelten Verlegenheit, er wollte gern ein Geschenk haben — zweitens eines machen. Was er haben wollte, war eine plumpe Stundenuhr — bei einer Ausspielung für ein Loos à 20 kr. gewonnen; — dieses Werk, dessen dicke Zeigerstange den Lebensfaden des Greises auf dem schmutzigen Zifferblatte in lauter bunten frohen Bienenstunden weggemessen hatte, sollte eine Lorenzo-Dose für ihn sein, ein Amulet, ein Ignazius-Blech gegen Saulische Stunden. „Ein Hand- „werker," sagt' er, „braucht wahrlich nur wenig Sonne, um zufrieden „und warm durchs Leben zu gehen; aber wir mit unsrer Phantasie sind „oft in der Sonnenseite so schlimm daran, als in der Wetterseite — der „Mensch steht fester auf Dreck, als auf Aether und Morgenroth." Er wollte dem glücklichen Lebens-Veteranen als Kaufschilling für die Stundenuhr und als Preismedaille für das Quartier seine Sekundenuhr aufdringen. Lind hatte das Herz nicht, wurd' aber roth. Endlich stellte ihm Viktor vor, die Sekundenuhr sei eine gute Leuchtkugel zum Dreifaltigkeitsringe, ein Thesesbild dieses Glaubensartikels, denn die dreifaltigen Zeiger machten doch nur Eine Stunde. — Lind tauschte.

Viktor konnte weder der Spötter noch der Bunklische Reformator einer solchen irrenden Seele sein, und seine sympathetische Laune ist nichts als ein zweifelnder Seufzer über das menschliche Gehirn, das 70 Normaljahre hat, und über das Leben, das ein Glaubens-Interim ist, und über die theologischen Doktorringe, die solche Dreifaltigkeitsringe sind, und über die theologischen Hör- und Sprechsäle, worin solche Sekunden-Uhren zeigen und schlagen.

— Endlich geht er aus Kussewiz um 6 Uhr Morgens. Eine sehr schöne Tochter des Grafen von O. kam erst um 7 Uhr zurück: das ist unser aller Glück, er säße sonst noch da.

Der Hundsposttag ist aus. Ich weiß nicht, soll ich ein Extrablatt machen oder nicht. Der Schalttag ist an der Thüre; ich will's also bleiben lassen und nur ein Pseudo-Extrablatt hersetzen, welches sich bekanntlich von einem kanonischen ganz dadurch unterscheidet, daß ich's im apo= kryphischen durch keine Ueberschrift merken lasse, sondern nur unter der Hand von der Geschichte wegkomme zu lauter Fremdsachen.

Ich nehme meinen historischen Faden wieder auf und befrage den Leser, was hält er von Sebastians Weiber-Liebhaberei? Und wie erklärt er sich sie? — Wahrhaft philosophisch versetzt er: „aus Klotilden: sie hat „ihn durch ihr Magnetisieren mit der ganzen Weiber-Welt in Rapport „gesetzt; sie hat an diesen Bienenschwarm geklopft, nun ist kein Ruhen „mehr. — Ein Mann kann 26 Jahre kalt und seufzerlos in seinem „Bücherstaube sitzen; hat er aber den Aether der Liebe einmal geathmet: „so ist das eirunde Loch des Herzens auf immer zu und er muß heraus „in die Himmelluft und beständig nach ihr schnappen, wie ich in den „künftigen Hundsposttagen sicherlich sehe." Einen närrischen philosophi= schen Styl hat sich der Leser angewöhnt; aber es ist wahr; daher ein Mädchen nie so begierig für ihr Theater den zweiten Liebhaber wirbt, als nach dem Hintritt des ersten und nach den Schwüren, ihr Werbepatent wegzuwerfen.

Wie konnte aber der Leser auf noch wichtigere Ursachen *) nicht fallen, 1) auf die Gesammtliebe und 2) auf Viktors Muttermäler?

1) Die Gesammt= oder Zugleichliebe ist zu wenig bekannt. Es ist noch keine Beschreibung davon da, als meine: in unsern Tagen sind nämlich die Lesekabinette, die Tanzsäle, die Konzertsäle, die Weinberge, die Kaffee= und Theetische, diese sind die Treibhäuser unsers Herzens und die Drahtmühlen unserer Nerven, jenes wird zu groß, diese zu sein — wenn nun in diesen ehelustigen und ehelosen Zeiten ein Jüngling, der noch auf seine Messiasin wie ein Jude passet und der noch ohne den höchsten Gegenstand des Herzens ist, von ungefähr mit einer Tanzhälfte,

---

*) Eine vierte Ursache wäre, daß ihm jetzt jede Liebe gegen eine andre, als gegen Klotilde', ein Verdienst um seinen Freund zu sein schien.

mit einer Klubbistin, oder Associée, oder Amtschwester, oder sonstigen Mitarbeiterin, hundert Seiten in den Wahlverwandtschaften oder in den
Hundsposttagen lieset — oder mit ihr über den Kleebau oder Seidenbau
oder über Kants Prolegomena drei bis vier Briefe wechselt — oder ihr
fünfmal den Puder mit dem Pudermesser von der Stirne kehrt — oder
neben und mit ihr betäubende Säbelbohnen anbindet — oder gar in der
Geisterstunde (die eben so oft zur Schäferstunde wird) über den ersten
Grundsatz in der Moral uneins wird: so ist soviel gewiß, daß der besagte Jüngling (wenn anders Feinheit, Gefühl und Besonnenheit einander die Wage in ihm halten) ein wenig toll thun und für die
besagte Mitarbeiterin (wenn sie anders nicht mit Hökern des Kopfes oder
Herzens an seine Fühlfäden stößet) etwas empfinden muß, das zu warm
ist für die Freundschaft und zu unreif für die Liebe, das an jene
gränzt, weil es mehre Gegenstände einschließt, und an diese, weil es an
dieser stirbt. Und das ist ja eben nichts anders, als meine Gesammt- oder
Zugleichliebe, die ich sonst Simultan- und Tuttiliebe genannt. Beispiele
sind verhaßt: sonst zög' ich meines an. Diese Universalliebe ist ein unge-
gliederter Fausthandschuh, in den, weil keine Verschläge die vier Finger
trennen, jede Hand leichtlich hineinfährt — in die Parzialliebe oder in
den Fingerhandschuh drängt sich nur eine einzige Hand. Da ich zuerst
diese Sache und Insel entdeckt habe: so kann ich ihr den Namen schenken,
womit sie andre nennen und rufen müssen. Man soll sie künftighin die
Samm- oder Zugleichliebe benamsen, ob ich sie gleich auch, wenn ich und
Kolbe wollten, die Präludierliebe — die Maskopei-Zärtlichkeit — die
Generalwärme — die Einkindschafttreue nennen lassen könnte.

Den Theologen und ihrer Kannengießerei von den Endab-
sichten zu gefallen, werf' ich noch diesen festen Grundsatz her: ich möchte
den sehen, der's ohne die Sammliebe in unsern Zeiten, wo die ein-
spännige Liebe durch die Foderungen eines größeren metallischen und
moralischen Eingebrachten seltner wird, drei Jahre aushielte.

2) Die zweite Ursache von Viktors Weiber-Liebhaberei war sein
Muttermal, d. h. eine Aehnlichkeit mit seiner und jeder Mutter. Er be-

hauptete ohnehin, seine Ideen hätten gerade den Schritt, d.h. den Sprung
der weiblichen, und er hätte überhaupt recht viel von einer Frau;
wenigstens gleichen die Weiber ihm darin, daß ihre Liebe durch Sprechen
und Umgang entsteht. Ihre Liebe hat sicher nicht viel öfter mit Haß und
Kälte angefangen als aufgehört. Aus einem aufgedrungenen verhaßten
Bräutigam wird oft ein geliebter Ehemann. „Ich will — sagte er im
„Hannöverischen — wenn nicht in ihr Herz, doch in ihre Herzohren.
„Sollte denn die Natur in die weibliche Brust zwei so weite Herz=
„kammern — man kann sich darin umkehren — und zwei so nette Herz=
„alkove — den Herzbeutel hab' ich gar nicht berührt — blos darum hin=
„eingebauet haben, daß eine Mannsseele diese vier Zimmer mutter=
„seelenallein miethe, wie Eine weibliche die vier Gehirnkammern des
„Kopf-Frauengemachs bewohnt? Ganz unmöglich! und sie thun's auch
„nicht: sondern — aber wer übermäßigen Witz scheuet, gehe mir jetzt
„aus den Füßen — in die zwei Flügel dieser Rotunda und in die Seiten=
„gebäude wird hineingelagert, was hineingeht, d.h. mehr als heraus=
„geht — wie in einem Zoll= oder Taubenhause geht's aus und ein —
„man kann nicht zählen, wenn man zusieht — es ist ein schöner Tempel,
„der Durchganggerechtigkeit hat. — Solche kehren sich an die
„wenigen gar nicht, die sich einschränken und die Hauptloge des Herzens
„nur einem einzigen Liebhaber geben und blos die zwei Seitenlogen
„tausend Freunden.“

Gleichwol konnt' es Jean Paul — es mochte immerhin Platz genug
übrig sein — nie so weit treiben, daß er nur in die zwei Koloniekörbe,
nämlich in die Herzohren hineingekommen wäre, welches doch das Aller=
wenigste ist. Weil sein Gesicht zu mager aussieht, die Farbe zu gelb,
der Kopf viel voller als die Tasche und sein Einkommen das einer Titular=
Berghauptmannschaft ist: so quartieren sie den guten Schelm blos am
kältesten Orte ganz oben unter den Kopf=Mansarden ein, nicht weit
von den Haarnadeln — und da sitzt er noch jetzunder und scherzet
(schreibend) sein eilftes Kapitel hinaus . . . .

Zwölfter Hundsposttag.

Polar = Phantasie — die seltsame Insel der Vereinigung — noch ein Stück aus
der Vorgeschichte — der Stettinerapfel als Geschlechtwappen.

Wir leben jetzt im finstern Mittelalter dieser Lebensbeschreibung, und
lesen dem aufgeklärten achtzehnten Jahrhundert oder Hundstag entgegen.
Allein schon in diesem zwölften fliegen, wie in der Nacht vor einem
schönen Tag, große Funken. Mich frappiert dieser Hundstag noch
immer. „Spitz, sagt' ich, friß mir weg was du willst, und kläre nur
„die Welt auf.‘‘

Sebastian eilte am Sonnabend mit lustiger Seele unter einem über=
wölkten Himmel auf die Insel der Vereinigung zu. Er konnte da
anlangen, wenn er sich nicht aufhielt, ehe das Gewölk eingesogen war.
Unter einem blauen Himmel führte er, wie Schikaneder, die Trauer=
spiele, unter einem aschgrauen aber die Lustspiele seines Innern
auf. Wenn's regnete, lacht' er gar. Rousseau bauete in seinem Kopfe
eine empfindsame Bühne, weil er weder aus der Kulisse noch in eine
Loge des wirklichen Lebens gehen wollte — Viktor aber besoldete zwischen
den Beinwänden seines Kopfes ein komisches Theater der Deutschen,
blos um die wirklichen Menschen nicht auszulachen: seine Laune war
so ideal wie die Tugend und Empfindsamkeit andrer Leute. In dieser
Laune hielt er (wie ein Bauchredner) lauter innerliche Reden an alle
Potentaten — er stellte sich auf die Ritterbank mit Kirchenvisitazions=
reden — auf die Städtebank mit Leichenreden — auf dem päbstlichen
Stuhl hielt er an die Jungfer Europa und kirchliche Braut Stroh=
kranzreden — die Potentaten mußten ihm alle wieder antworten, aber
man kann denken wie? da er, gleich einem Minister, ihnen aus seinem
Kopf=Souffleurloch alles in den Mund legte — und dann ging er doch
fort und lachte jeden aus.

Mandeville sagt in seinen Reisen, am Nordpol gefriere im Winter=

halbjahr jedes Wort, aber im Sommerhalbjahre thau' es wieder auf und
werde gehört. Diese Nachricht malte sich Viktor auf dem Wege nach der
Insel aus; wir wollen unsere Ohren an seinen Kopf legen und dem
innern Gesumse zuhorchen.

„Ich und Mandeville sind gar nicht verbunden, es zu erklären,
„warum am Nordpol die Worte so gut wie Speichel unter dem Fallen
„zu Eis werden, gleich dem Quecksilber allda; aber verbunden sind wir,
„aus dem Vorfalle zu folgern. Wenn ein lachender Erbe da seinem
„Testator lange Jahre wünscht: so hört der gute Mann den Wunsch
„nicht eher, als im nächsten Frühjahr, das ihn schon kann todtgeschlagen
„haben. — Die besten Weihnachtpredigten erbauen nicht früher gute
„Seelen, als im Heumonat. — Vergeblich stattet der Polarhof seine
„Neujahrwünsche vor Serenissimo ab; er hörte sie nicht, als bis es
„warm wird, und dann ist schon die Hälfte fehlgeschlagen. Man sollte
„aber einen Zirkulierofen als Sprachrohr in das Vorzimmer setzen,
„damit man in der Wärme die Hof-Sprecher hören könnte. — Ein
„Bruder Redner wäre dort ohne einen Ofenheizer ein geschlagner Mann.
„— Der Pharospieler thut zwar am Thomastag seine Flüche; aber am
„Johannistag, wo er schon wieder gewonnen, fahren sie erst herum; und
„aus den Winterkonzerten könnte man Sommerkonzerte machen ohne
„alle Instrumente: man setzte sich nur in den Saal — Woher kommt's
„anders, daß die Polar-Kriege oft halbe Jahre vor der Kriegerklärung
„geführet werden, als daher, daß die schon im Winter erlassene Erklärung
„erst bei gutem Wetter laut wird? — Und so kann man von den
„Winterfeldzügen der Polar-Armeen nicht eher etwas hören, als unter
„den Sommerfeldzügen. — Ich meines Orts möchte nur auf den Winter
„nach dem Pole reisen, blos um da den Leuten, besonders dem Hofstaat,
„wahre Injurien ins Gesicht zu sagen; wenn er sie endlich vernähme,
„säße der Injuriant schon wieder in Flachsenfingen. — Die Winter-
„lustbarkeiten sind gar nicht schuld, wenn die nördliche Regierung eine
„Menge der wichtigsten Dinge nicht vorträgt und entscheidet: sondern
„erst unter den Kanikularferien ist das Abstimmen zu hören; und da

„können auch die Bescheide der Kammer auf Gnaden= und Holzsachen
„zur Sprache kommen. — Aber, o ihr Heiligen, wenn ich am Pol —
„indeß die Sonne im Steinbock wäre und mein Herz im Krebs — nieder=
„fiele vor der schönsten Frau, und ihr in der längsten Nacht hindurch
„die heißesten Liebererklärungen thäte, die aber in einer Drittels=Terzie
„Eis ansetzen und ihr gefroren, d. h. gar nicht zu Ohren kämen: was
„würd' ich im Sommer machen, wo ich schon kalt wäre und sie schon
„hätte, wenn gerade in der Stunde, wo ich mich tüchtig mit ihr zu zanken
„verhoffte, nun mitten unter dem Reifen meine Steinbocks=Lieber=
„klärungen aufzuthauen und zu reden anfingen? Ich würde gelassen
„nichts machen, als die Regel: man sei zärtlich am Pol, aber erst im
„Widder oder Krebs. — Und wenn vollends die Uebergabe einer Prin=
„zessin am Pol vorginge und zwar an dem Punkt, wo die Erde sich nicht
„bewegt, der sich am besten für die zwiefache Unthätigkeit einer Prinzessin
„und einer Dame schickt, und wenn gar die Uebergabe in einem Saale
„wäre, wo jeder, besonders Zeusel, in den langen Winterabenden sie
„gelästert hätte; wenn dann die Luft im Saal zu lästern anfinge, und
„Zeusel in der Noth fort wollte: so würd' ich ihn freundlich packen und
„fragen: „wohin mein Freund?‟ — —

„„Nach Großkussewitz, ich helfe fangen,‟ antwortete ihm der — reelle
Büttel aus St. Lüne, der hinter einem Gemäuer mit der einen Hand ein
Buch auf= und mit der andern eine Tasche zugeknöpft hatte. Viktor
fühlte ein frohes Beklemmen über eine Antike aus St. Lüne. Er fragte
ihn um alles mit einem Eifer, als wär' er seit einer Ewigkeit a parte ante
weg. Der zuknöpfende Leser wurde ein Autor und faßte vor dem Herrn
die Jahrbücher, d. h. Stundenbücher dessen ab, was seitdem im Dorfe
vorgefallen war. In zwanzig Fragen wickelte Viktor die nach Klotilden
ein und erfuhr, daß sie bisher alle Tage beim Pfarrer gewesen war. Das
verdroß ihn: „als ob ich, dacht' er, nicht soviel Seelenstärke hätte, der
„Liebe eines Freundes zuzusehen — und auch sonst als ob.‟ Ueberhaupt
meinte er, in einer solchen Ferne sei es ihm mehr erlaubt, an sie zu denken.
Der lesende Häscher war ein Leser unter meinem Regiment: das

Buch, das er auf seinen Diebs-Heckjagden herumtrug, war die unsichtbare Loge*). Viktor ließ sich den ersten Theil vorstrecken: der Büttel stand im zweiten gerade an der Pyramide beim ersten Kuß. — Unser Held that immer schnellere Schritte im Lesen und im Gehen', und hatte Buch und Weg miteinander zu Ende — —

Die Insel stand vor ihm! —

— — Hier auf diesem Eiland, mein Leser, mache Augen und Ohren auf! . . . . Nicht, als ob merkwürdige Dinge erschienen — denn diese würden sich schon durch halboffne Ohren und Augensterne drängen — sondern eben weil lauter alltägliche kommen.

Der Lord stand einsam am Ufer der See, die um die Insel floß — und erwartete und empfing ihn mit einem Ernst, der seine Freundlichkeit überhüllte, und mit einer Rührung, die noch mit seiner gewöhnlichen Kälte rang. Er wollte jetzt zur Insel hinüber und Viktor sah doch kein Mittel des Uebergangs. Es war kein Boot da. Auch wäre keines fortzubringen gewesen, weil eiserne Spitzen unter dem Wasser in solcher Menge und Richtung standen, daß keines gehen konnte. Die Schildwache, die bisher am Ufer die Insel gegen die zerstörende Neugier des Pöbels deckte, war heute entfernt. Der Vater ging mit dem Sohne langsam um das Ufer und rückte nach und nach 27 Steine, die in gleichen Entfernungen auseinander lagen, aus ihrem Lager heraus. Die Insel war vor der Blindheit des Lords gebauet worden und den Zuschauern noch unverwehrt; aber in derselben hatt' er ihr Inneres durch unbekannte nächtliche Arbeiter vollenden und verstecken lassen. Unter dem Rundgang um die Insel sah Viktor ihr Stab- und Fruchtgeländer von hohen Baumstämmen, die ihre Schatten und ihre Stimmen in die Insel hineinzurichten schienen und deren Laubwerk die bebenden Wellen mit ihren zertheilten Sonnen und Sternen besprengten — die Tannen umarmten Bohnenbäume, und um Tannenzapfen gaukelten Purpur-Blütenlocken, die Silberpappel bückte sich unter der thronenden Eiche, feurige Büsche

---

*) Die unsichtbare Loge; eine Biographie in 2 Theilen. 8.

von arabischen Bohnen loderten tiefer aus Laub-Vorhängen, ablaktierte Bäume*) auf doppelten Stämmen vergitterten dem Auge die Eingänge, und neben einer Fichte, die alle Gipfel beherrschte, war eine höhere vom Sturm halb über das Wasser hereingedrückt, die sich über ihrem Grabe wiegte — weiße Säulen hoben in der Mitte der Insel einen griechischen Tempel unbeweglich über alle wankende Gipfel hinaus. — Zuweilen schien ein verirrter Ton durch das grüne Allerheiligste zu laufen — ein hohes schwarzes an die Tannenspitzen reichendes Thor sah mit einer weißen Sonnenscheibe bemalt nach Osten und schien zum Menschen zu sagen: gehe durch mich, hier hat nicht nur der Schöpfer, auch dein Bruder gearbeitet! —

Diesem Thore gegenüber lag der 27ste Stein. Viktors Vater verrückte ihn, nahm einen Magnet heraus, bog sich nieder und hielt dessen süblichen Pol in die Lücke. Plötzlich fingen Maschinen an zu knarren und die Wellen an zu wirbeln — und aus dem Wasser stieg eine Brücke von Eisen auf. Viktors Seele war von Träumen und Erwartungen überfüllt. Er setzte schauernd hinter seinem Vater den Fuß in die magische Insel. Hier berührte sein Vater einen dünnen Stein mit dem nördlichen Ende des Magnets, und die Eisenbrücke fiel wieder hinunter. Ehe sie an das erhöhte Thor hintraten, drehte sich von innen ein Schlüssel um und sperrte auf, und die Thüre klaffte. . Der Lord schwieg. Auf seinem Gesicht war eine höhere Sonnenseele aufgegangen — man kannte ihn nicht mehr — er schien in den Genius dieses zauberischen Eilandes verwandelt zu sein.

Welche Szene! Sobald das Thor geöffnet war, lief durch alle Zweige ein harmonisches Hinüber= und Herübertönen — Lüfte flogen durch das Thor herein und sogen die Laute in sich, und schwammen bebend damit weiter, und ruhten nur auf gebognen Blüten aus. — Jeder Schritt machte einen großen düstern Schauplatz weiter. — Im

---

*) Ablaktieren ist eine Art Pfropfen, bei welcher das Edelreis noch an dem Stamme bleibt, wenn es in den Wildling eingelassen ist, so daß der daraus erwachsende Zweig auf zwei Stämmen steht.   F.

Schauplatz lagen umher Marmorſtücke, auf welche die Schmiedekohle Raphaels Geſtalten geriſſen hatte, eingeſunkne Sphinxe, Landkarten- ſteine, worauf die dunkle Natur kleine Ruinen und ertretene Städte ge- ätzet hatte — und tiefe Oeffnungen in der Erde, die nicht ſowol Gräber als Formen zu Glocken waren, die darin gegoſſen werden — dreißig gift- volle Eibenbäume ſtanden von Roſen umflochten, gleichſam als wären ſie Zeichen der dreißig wüthend-leidenſchaftlichen Jahre des Menſchen — drei und zwanzig Trauerbirken waren zu einem niedrigen Gebüſch zu- ſammengebogen und in einander gedrückt — in das Gebüſch liefen alle Steige der Inſel — hinter dem Gebüſch verfinſterten neunfache Flöre in verſchlungenen Wallungen den Blick nach dem hohen Tempel — durch die Flöre ſtiegen fünf Gewitterableiter in den Himmel auf, und ein Regenbogen aus zweien in einander gekrümmten aufſpringenden Waſſer- ſtralen ſchwebte flimmernd am Gezweige, und immer wölbten ſich die zwei Stralen herauf, und immer zerſplitterten ſie einander oben in der Berührung. — —

Als Horion ſeinen Sohn, deſſen Herz von lauter unſichtbaren Händen gefaſſet, erſchreckt, gedrückt, entzündet, erkältet wurde, in das niedrige Birkengebüſch hineinzog: ſo begann die lallende Todtenzunge eines Orgeltremulanten durch die öde Stille den Seufzer des Menſchen anzureden, und der wankende Ton wand ſich zu tief in ein weiches Herz. — Da ſtanden beide an einem vom Gebüſche dunkel überbaueten Grabe — auf dem Grabe lag ein ſchwarzer Marmor, auf dem ein überſchleiertes blutloſes weißes Herz und die bleichen Worte ſtanden: es ruht. „Hier „wurde,“ ſagte der Lord, „mein zweites Auge blind: Mary's*) Sarg „ſteht in dieſem Grabe; als dieſer aus England ankam in der Inſel, ent- „zündete ſich das kranke Auge zu ſehr und ſah niemals wieder.“ — Nie ſchauderte Viktor ſo: nie ſah er auf einem Geſicht eine ſolche chaotiſche wechſelnde Welt von fliehenden, kommenden, kämpfenden, vergehenden

---

*) So hieß die Gemahlin des Lords, die im 23ſten Jahre der Ruhe in die ewigen Arme fiel.

Empfindungen; nie ſtarrte ein ſolches Eis der Stirne und Augen über krampfhaften Lippen — und ein Vater ſah ſo aus, und ein Sohn empfand es nach.

„Ich bin unglücklich,“ ſagte langſam ſein Vater; eine beißende bittere Thräne brannte am Augapfel; er ſtockte ein wenig und ſtellte die fünf offnen Finger auf ſein Herz, als wollt' er's ergreifen und heraus= ziehen, und blickte auf das ſteinerne blaſſe, als wollt' er ſagen: warum ruht meines nicht auch? — Der gute ſterbende Viktor, zermalmet von liebendem Jammer, zerrinnend in Mitleid, wollte an den theuern ver= heerten Buſen fallen und wollte mehr als den Seufzer ſagen: „o Gott, mein guter Vater!“ Aber der Lord hielt ihn ſanft von ſich ab, und die Gallenzähre wurde unvergoſſen vom Auge zerquetſcht. Der Lord fing wieder an, aber kälter: „glaube nicht, daß ich beſonders gerührt bin — „glaube nicht, daß ich eine Freude begehre, oder einen Schmerz ver= „wünſche — ich lebe nun ohne Hoffnung und ſterbe nun ohne Hoffnung.“

Seine Stimme kam ſchneidend über Eisfelder her, ſein Blick war ſcharf durch Froſt.

Er fuhr fort: „Wenn ich ſieben Menſchen vielleicht glücklich ge= macht habe, ſo muß auf meinen ſchwarzen Marmor geſchrieben werden: „es ruht ... Warum wunderſt Du Dich ſo? Biſt Du jetzt ſchon „ruhig?“ — Der Vater ſah ſtarr auf das weiße Herz, und ſtarrer gerade aus, als wenn eine Geſtalt ſich aufhöbe aus dem Grabe — das frierende Auge legte und drehte ſich auf eine aufbringende Thräne — ſchnell zog er einen Flor von einem Spiegel zurück und ſagte: „Blicke hinein, aber umarme mich darauf!“ ... Viktor ſtarrte in den Spiegel und ſah ſchau= dernd ein ewig geliebtes Angeſicht darin erſcheinen — das Angeſicht ſeines Lehrers Dahore — er bebte wol zuſammen, aber er ſah ſich doch nicht um, und umfaßte den Vater, der ohne Hoffnung war.

„Du zitterſt viel zu ſtark (ſagte der Lord), aber frage mich nicht, „mein Theurer, warum alles ſo iſt: in gewiſſen Jahren thut man die „alte Bruſt nicht mehr auf, ſo voll ſie auch ſei.“

Ach du dauerſt mich! Denn die Wunden, die aufgedeckt werden

13*

können, sind nicht tief; der Schmerz, den ein menschenfreundliches Auge finden, eine weiche Hand lindern kann, ist nur klein. — Aber der Gram, den der Freund nicht sehen darf, weil er ihn nicht nehmen kann, dieser Gram, der zuweilen ins beglückte Auge in Gestalt eines plötzlichen Tropfens aufsteigt, den das weggewandte Angesicht vertilgt, hängt überdeckt schwerer und schwerer am Herzen, und zieht es endlich los und fällt mit ihm unter die heilende Erde hinab: so werden die Eisenkugeln an den über dem Meer gestorbnen Menschen angeknüpft und sie sinken mit ihm schneller in sein großes Grab. — —

Er fuhr fort: „ich werde Dir etwas sagen; aber schwöre hier auf „dieser theuern Asche, zu schweigen. Es betrifft Deinen Flamin, und „diesem mußt Du es verhehlen." Das fiel dem von einer Welle auf die andre gestürzten Viktor auf. Er erinnerte sich, daß ihm Flamin das Versprechen auf der Warte abgedrungen, daß sie mit einander, wenn sie sich zu sehr beleidigt hätten, sterben wollten. Er stand mit dem Schwur an — endlich sagt' er: „aber kurz vor meinem Tode darf ich's ihm sagen?" — Kannst Du ihn wissen? sagte sein Vater. — „Aber im Fall?" — Dann! sagte jener kalt. —

Viktor schwur und zitterte vor dem künftigen Inhalt des Eides.

Auch mußt' er versprechen, vor der Wiederkehr des Lords diese dunkle Insel nicht zu besuchen.

Sie traten aus dem Laub=Mausoleum und ließen sich auf eine umgestürzte Stalaktite nieder. Zuweilen fiel unter dem Reden ein fremder Harmonika=Ton von Blatt zu Blatt, und in einer weiten Ferne schienen die vier Paradieses=Flüsse unter einem mitbebenden Zephyr hinweg zu hallen.

Der Vater begann: „Flamin ist Klotildens Bruder und des „Fürsten Sohn." — —

Nur ein solcher Gedankenblitz konnte noch in Viktors geblendete Seele bringen: eine neue Welt ging in ihm jetzt in die Höhe und riß ihn aus der nahen großen weg. —

„Auch (fuhr Horion fort) leben Januars drei andere Kinder in

„England noch, blos das vierte auf den sieben Inseln ist unsichtbar.“
Viktor begriff nichts; der Lord riß der Vergangenheit alle Schleier ab
und führte ihn vor eine neue Aussicht ins nahe Leben und ins verflossene.
Ich werde nachher alle Entdeckungen und Geheimnisse des Lords dem
Leser geben: jetzt will ich erst den Abschied des Vaters und des Sohns
erzählen.

Während der Lord seinen Sohn in die düstern unterirdischen Gänge
der vorigen Zeit begleitete, und ihm alles sagte, was er der Welt ver=
schwieg: so gingen aus Viktors Augen Thränen über manche Gering=
fügigkeit, die keine verdienen konnte; aber der Strom dieser weichen Augen
wurde nicht durch diese Erzählung, sondern durch das zurückkehrende An=
denken an den unglücklichen Vater und durch die Nähe der bedeckten
schönen Aschengestalt und des Trauermarmors aus dem fortweinenden
Herzen gedrückt. — Endlich hörten alle Töne der Insel auf — das
schwarze Thor schien zuzufallen — alles war still — der Lord war mit
der Enthüllung und allem zu Ende und sagte: „geh’ immer heute noch
nach „Maienthal — und sei vorsichtig und glücklich!“ — Aber ob er gleich
den Abschied mit jener zurückhaltenden Feinheit nahm, die in seinem
Stande sogar Eltern und Kindern die Hände und die Arme führt: so
drückte doch Viktor den kindlichen von Seufzern und Gefühlen schwangern
Busen an den väterlichen mit einer Heftigkeit, als wollt’ er sein verarmen=
des Herz zu den Thränen entzweipressen, die er immer heißer und größer
zeigen mußte. Ach der Verlassene! Als die Brücke, welche die väterlichen
und die kindlichen Tage auseinander spaltete, aufgestiegen war, ging Vik=
tor allein darüber, wankend und taub — und als sie ins Wasser wieder
eingesunken und der Vater in die Insel verschwunden war, drückte ihn
das Mitleiden auf das Ufer darnieder — und als er alle Thränen aus
dem leidenden Herzen wie Pfeile gezogen hatte, verließ er langsam und
träumend die stille Gegend der Räthsel und Schmerzen und den dunkeln
Trauergarten der todten Mutter und des düstern Vaters, und seine ganze
erschütterte Seele rief unaufhörlich: ach guter Vater, hoffe wenigstens
und kehre wieder und verlaß mich nicht! —

Wir wollen jetzt alles, was in der bisherigen Geschichte Dunkel=
heiten machte, und was der Lord seinem Sohne aufhellte, uns auch auf=
klären. Man erinnert sich noch, daß zur Zeit, da er nach Frankreich ab=
ging, um die Kinder des Fürsten — den sogenannten Walliser, Brasilier
und Asturier und den Monsieur — abzuholen, die finstere Nachricht ihrer
Entführung einlief. Diese Entführung hatt' er aber (das gestand er nun)
selber veranstaltet, blos das Verschwinden des Monsieur auf den 7 Inseln
war ohne sein Wissen vorgefallen: und in seine Unwahrheit konnt' er
also einige Wahrheit als Mundleim mischen. Diese drei Kinder ließ er
verborgen nach England bringen und sie in Eaton zu Gelehrten und in
London zu Semperfreien erziehen, um sie einmal ihrem Vater als blut=
verwandte Beistände seiner wankenden Regierung wiederzuschenken. Da=
her hatt' er dem sogenannten Infanten (Flamin) Regierrath werden
helfen. Sobald er einmal die ganze Kinderkolonie beisammen hat, so
überrascht und beglückt er den Vater mit ihrer frohen Erscheinung. Den
jetzt unsichtbaren Sohn des Kaplans, der Blattern und Blindheit vor
dem Einschiffen bekam, verheimlicht er darum, weil sonst leicht zu errathen
wäre, wem Flamin eigentlich angehöre.

Viktor fragte ihn, wie er den Fürsten von der Verwandtschaft mit
4 oder 5 Unbekannten überführe. „Durch mein Wort," versetzte Horion
anfangs; dann fügte er die übrigen Beweismittel hinzu: bei Flamin
das Zeugniß der mitkommenden Mutter (der Nichte), bei den übrigen
ihre Aehnlichkeit mit ihren Abbildern, die er noch hat, und endlich das
Muttermal eines Stettinerapfels.

Viktor hatt' es schon lange von der Pfarrerin gehört, alle Söhne
Jenners hätten ein gewisses Mutter= oder Vatermal auf dem linken
Schulterblatt, das wie Nichts aussehe, ausgenommen im Herbst, wenn
die Stettiner reifen: da werb' es auch roth und gleiche dem Urbild. —
Dem Leser selber müssen aus den Jahrbüchern der kuriosen und gelehrten
Gesellschaften ganze Fruchtkörbe voll Kirschen vorgekommen sein, deren
Röthelzeichnung nur matt auf Kindern war, und die sich erst mit den
reifenden Urbildern auf den Zweigen höher rötheten. Wäre einem Bad=

Gesellschafter von mir zu glauben, so hätt' ich selber ein solches Stettiner Fruchtstück auf der Schulter hängen: die Sache ist nicht wahrscheinlich und nicht erheblich; inzwischen dürft' ich doch im künftigen Herbste — denn ich setzte mir's einige Herbste vor, nun aber erinnert mich Knef mit seinem Hunde daran — sobald die Stettiner zeitigen, einen Spiegel nehmen und mich von hinten besehen. — Und aus demselben Grunde schiebt diese Stettiner Fruchtschnur die Rückkehr des Lords, wenigstens die Uebergabe und Erkennung der Kinder, auf die Herbstzeit ihrer Röthe auf.

Ich mache mir kein Bedenken, hier eine satirische Note meines Korrespondenten zu übergeben. „Stellen Sie sich (schreibt er) bei dieser Nach= „richt, als thäten Sie es auf mein Geheiß, und erzählen Sie des Lords „Exposizion und Offenbarung, wenn Sie sie einmal erzählet haben, „Ihrem Leser ganz ruhig zum zweitenmal; damit er sie nicht vergißt oder „verwirrt. Leser kann man nicht genug betrügen, und ein gescheidter „Autor wird sie gern an seinem Arm in Marbereisen, Wolfgruben und „Preußgarne geleiten.“ Ich bekenn' es, zu solchen Pfiffen hat ich von jeher schlechten Ansatz — und bringt es überhaupt nicht mir und dem Leser mehr Ehre, wenn er's gleich aufs erstemal behält, daß Flamin Jenners natürlicher und Le Bauts angeblicher Sohn ist — daß des Pfarrers seiner blind und nicht da ist — daß noch drei oder vier andre Jenners Kinder aus den gallischen Seestädten nachkommen — — mehr Ehre, sag' ich, als wenn ich's jetzt ihm zum zweitenmale (im Grunde wär's zum dritten= male) vorkäuen müßte, daß Flamin Jenners natürlicher und Le Bauts angeblicher Sohn ist, daß des Pfarrers seiner blind und nicht da ist, und daß noch drei oder vier andre Jenners Kinder aus den gallischen See= städten nachkommen? Ich frage.

Der Lord hatte seinem Sohn den Eid des Schweigens gegen Flamin darum abgefodert, weil dieser aus Rechtschaffenheit alle Geheimnisse be= wahrte, aber aus Zornhitze alle verrieth — weil er in dieser seine Geburt geltend machen würde, blos um sich mit einem Widersacher herumzu= schießen — weil er noch morgen deswegen aus einem Vorfechter mit dem

Themis-Schwerte ein Nachfechter mit dem Kriegsdegen werden könnte — und weil sich überhaupt ein Geheimniß gleich der Liebe noch besser unter zwei Theilnehmern befindet, als unter dreien. Auch glaubte der Lord, aus einem Menschen, dem man Geld gäbe, damit er etwas würde, würde mehr, als aus einem, der etwas wäre, weil er Geld hätte, und der die Münzen für seine Erbschaftwappen und nicht für ausgesetzte Preismedaillen künftiger Auflösungen ansähe.

Nach allen diesen Eröffnungen machte der Lord unserem Viktor noch eine wichtige, auf die er in der übereiseten Laufbahn seines künftigen Hoflebens immer wie auf eine Warntafel zurückzublicken habe.

Als der Lord vor dem Aschenhause seiner Geliebten erblindete, wurde seine ganze Korrespondenz mit England, mit der Nichte und mit den Lehrern der Fürstenkinder erschwert, wenigstens verändert. Er mußte sich die einlaufenden Briefe von einem Freunde vorlesen lassen, dem er trauen konnte; er konnt' aber keinem trauen. Allein eine Freundin fand er aus, die den glänzenden Vorzug seines Vertrauens verdiente, und die niemand war, als — Klotilde. Er, der seine Geheimnisse nicht wie ein Jüngling verschleuderte, durft' es dennoch wagen, Klotilden in den Besitz seiner größten zu setzen und sie zur Buchhalterin und Vorleserin der Briefe ihrer Mutter zu machen, der sogenannten Nichte. — Ueberhaupt hielt er die weibliche Verschwiegenheit für größer als unsere — wenigstens in wichtigen Dingen und in Sachen geliebter Männer. — — Aber man höre, was der Teufel im letzten Winkel that: mir ists bedenklich.

Der Lord erhielt einen Brief von der Mutter Flamins, worin sie alten Bitten um eine schnellere Erhebung des geliebten Kindes und die Fragen über sein Schicksal im Pfarrhaus wiederholte. Zum Glück machte gerade Klotilde einen Besuch in St. Lüne und ersparte ihm die Reise nach Maienthal. Er besuchte den Kammerherrn, um von seiner Vorleserin den Brief zu hören. Mit Mühe fand er im Zimmer Klotildens eine unbelauschte Stunde aus. Als er sie endlich hatte, und Klotilde den Brief vorlas, wird diese durch die Stiefmutter von der Vorlesung weggerufen. Der Lord höret sie sogleich wiederkommen, den Brief

nur dunkelmurmelnd überlesen und leise sagen, sie gehe wieder, komme
aber gleich zurück. Nach einigen Minuten kömmt Klotilde, und da der
Lord fragt, warum sie zum zweitenmal fortgegangen, streitet sie das
zweite Gehen ab — der Lord betheuert — sie gleichfalls — endlich fällt
Klotilde auf die bittere Vermuthung, ob nicht Matthieu dagewesen und
mit seiner Theaterkunst und Kehle, worin alle Menschenstimmen steckten,
sie selber nachgespielt und travestieret habe, um unter ihrem Kredidiv den
wichtigen Brief zu lesen. Ach es war zu viel für die Vermuthung, und
zu wenig dagegen! Zwar konnte Matthieu jetzt an Flamin, dessen aka-
demische Laufbahn eben ausgelaufen war, die Oktoberprobe der Schulter-
devise nicht vornehmen; aber er klebe sich doch (schien es nachher Klotilden
und dem Lord) mit seinen Laubfroschfüßen an diese gute Seele an, und
unter dem Deckmantel der Liebe gegen Agathe und gegen den Freund
häng' er seine Fäden aus, lasse sie vom Winde zwischen dem Fürsten-
schlosse und Pfarrhause aufspannen, spinne immer einen über den andern,
bis endlich sein Vater, der Minister Schleunes, das rechte Netz zum Umwickeln des Fanges zusammengezwirnt hätte . . . . Ich gesteh' es, durch
diese Vermuthung geht mir ein Licht über tausend Dinge auf. —

Viktor erstaunte ärger als wir, und schlug dem Lord vor, ob er nicht
ohne Schaden seines Eides Klotilden seinen Eintritt in diese Mysterien
offenbaren könnte, da er zwei Gründe dazu hätte: erstlich werde ihrer
Delikatesse die Verlegenheit über den Schein erspart, den ihre schwesterliche Liebe sonst nach ihrer Meinung in seinen Augen haben müßte *) —
zweitens behalte man ein Geheimniß besser, wenn nur noch Einer daran
schweigen helfe, wie von Midas Barbier und dem Schilfrohr bekannt sei
— der dritte Grund war, er hatte mehre Gründe. Natürlicher Weise
schlug es ihm der Lord nicht ab.

Uebrigens führte er seinen Viktor mit keinem pedantischen Marsch-
reglement auf die Eisbahn und Stechbahn des Hofes. Er rieth ihm blos,

---

*) Daher sie auch, so lange Viktor im Pfarrhause war, der Gesellschaft
Flamins auswich.

niemand zu absichtlich zu suchen und zu meiden — besonders das Schlen=
nessche Haus — blos seinen Freund Flamin, den Matthieu lenke, abzu=
zäumen und ihn, anstatt am Zaume, lieber an der freundschaftlichen
Hand zu führen — blos den Rang eines Doktors zu begehren, und mehr
nicht. Er sagte, Regeln vor Erfahrungen wären Geometrie vor dem
Staarstechen. Sogar nach der Ernte der Erfahrungen wäre Gracians
homme de cour und Rochefoucaults Maximen nicht so gut als die
mémoires und Geschichte der Höfe, d. h. die Erfahrungen andrer. End=
lich berief er sich auf sein eignes Beispiel und sagte, es wären erst wenige
Jahre, daß er folgende Regeln seines Vaters begriffe:

Der größte Haß ist, wie die größte Tugend und die schlimmsten
Hunde, still. — Die Weiber haben mehr Wallungen und weniger
Ueberwallungen, als wir. — Man hasset am Andern nichts so
sehr, als einen neuen Fehler, den er erst nach Jahren zeigt. — Die
meisten Narrheiten verübt man unter Leuten, nach denen man nichts
fragt. — Es ist die gewöhnlichste und schädlichste Täuschung, daß man
sich allzeit für den einzigen hält, der gewisse Dinge bemerkt. — Die
Weiber und sanfte Leute sind nur zaghaft in eignen Gefahren, und herz=
haft in fremden, wenn sie retten sollen. — Traue keinem (und wär' es
ein Heiliger), der in der geringsten Kleinigkeit seine Ehre im Stiche lässet;
und einer solchen Frau noch weniger. — Die meisten verwechseln ihre
Eitelkeit mit ihrer Ehrliebe und geben Wunden der einen für Wunden
der andern aus, und umgekehrt. — Was wir aus Menschenliebe vor=
haben, würden wir allemal erreichen, wenn wir keinen Eigennutz ein=
mischten. — Die Wärme eines Mannes wird von nichts leichter ver=
kannt, als von der Wärme eines Jünglings. — —

Die letzte Bemerkung, die sich vielleicht näher bezog, hatt' er schon
am Ufer der Insel in der Stellung des Abschieds gemacht, den er mit
jener besonnenen Höflichkeit nahm, die in seinem Stande sogar Eltern
und Kindern die Hände und Arme führt.

Dritter Schalttag.

Wetterbeobachtungen über den Menschen.

————

Da ich im vorigen Kapitel die Kernsprüche des Lords niederschrieb: so sah' ich, daß mir selber eigne einfielen, die für Schalttage zu brauchen wären. Ich habe niemals Eine Bemerkung allein gemacht, sondern allemal zwanzig, dreißig hinter einander — und gerade diese erste ist ein Beweis davon.

* * *

Wenn jemand bescheiden bleibt, nicht beim Lobe, sondern beim Tadel, dann ist er's.

* * *

Das Gespräch des Volks und noch mehr die Briefe der Mädchen haben einen eignen Wohlklang durch einen steten Wechsel mit langen und kurzen Sylben (Trochäen oder Jamben).

* * *

Zwei Dinge vergisset ein Mädchen am leichtesten, erstlich wie sie aussieht — daher die Spiegel erfunden wurden — und zweitens, worin sich das von daß unterscheidet. Ich besorg' aber, daß sie den Unterschied, blos um meinen Satz umzustoßen, von heute an behalten werden. Und dann geht mir einer von den beiden Probiersteinen verloren*), an die ich bisher gelehrte Frauenzimmer strich — der zweite, den ich behalte, ist ihr linker Daumennagel, welchen das Federmesser zuweilen voll Narben geschnitten, aber selten, weil sie die Feder leichter führen als schneiden.

* * *

————

*) Es lief glücklicher und ohne Verlust der Steine ab; und ich hatte die Genugthuung, daß keine, welche die erste Auflage dieses Werkes gelesen, im weiblichen Rochieren oder Chargentausche des das und daß etwas geändert hat. — Ja sogar die Leserinnen der zweiten Auflage sind sich gleich geblieben.

Einer, der viele Wohlthaten empfangen, hört auf, sie zu zählen, und fängt an, sie zu wägen — als wären's Stimmen.

* * *

Die Versetzung in gute Charaktere thut einem Dichter und Schau= spieler, der seinen behält, mehr Schaden als die Versetzung in schlimme. Ein Geistlicher, der noch dazu nur die erstere Versetzung frei hat, ist der moralischen Atonie mehr bloßgestellet, als der Vers= und Rollenmacher, der eine heilige Rolle wieder durch eine unheilige gut zu machen vermag.

* * *

Die Leidenschaft macht die besten Beobachtungen und die elendesten Schlüsse. Sie ist ein Fernrohr, dessen Feld desto heller, je enger es ist.

* * *

Die Menschen fodern von einem neuen Fürsten — Bischof — Haus= hofmeister — Kinderstuben=Hofmeister — Kapaunenstopfer — Stadt= musikus und Stadtsyndikus, nur in der ersten Woche ganz besondere Vorzüge, die dem Vorfahr fehlten: — denn in der zweiten haben sie vergessen, was sie gefodert und was sie verfehlet haben.

* * *

Solche Sentenzen gefallen und bleiben den Weibern am meisten.

* * *

Daher will ich zur Belohnung mehr als eine über sie selber ver= fertigen. Sie halten andre nur für jünger, nicht für schöner als sich.

* * *

Sie sind noch zehnmal listiger und falscher gegen einander, als gegen uns; wir aber sind gegen uns fast noch redlicher, als gegen sie.

* * *

Sie sehen nur darauf, daß man sich bei ihnen entschuldige, nicht wie.

* * *

Sie vergeben dem Geliebten mehre Flecken, als wir der Geliebten. Daher die Romanschreiber die Helden ihres Kiels saufen, toben, duellieren und überall übernachten lassen ohne den geringsten Nachtheil der Helden.

— Die Heldin hingegen muß zu Hause neben der Mutter sitzen und ein Engelein sein.

*   *   *

Ueberhaupt sind sie so weich, so mild, so theilnehmend, so fein, so liebevoll und liebesehnsüchtig, daß es mir gar nicht in den Kopf will, warum sie — einander selbst nicht recht leiden können — wenn's nicht etwa darum ist, weil sie gegen einander zu höflich sind, um sich förmlich auszusöhnen oder förmlich zu entzweien. Ihr Lieben! ihr liebt zuweilen einen Menschen, weil er einen Freund hat und einer ist — o, wie gut würde euch erst eine Freundin kleiden.

*   *   *

Man lernt Verschwiegenheit am meisten unter Menschen, die keine haben — und Plauderhaftigkeit unter Verschwiegenen.

*   *   *

Wenn Selbkenntniß der Weg zur Tugend ist: so ist Tugend noch mehr der Weg zur Selbkenntniß. Eine gebesserte gereinigte Seele wird von der kleinsten moralischen Giftart wie gewisse Edelsteine von jeder andern trübe, und jetzo nach der Besserung merkt sie erst, wie viele Unreinigkeiten sich noch in allen Winkeln aufhalten.

*   *   *

Ich will mit einigen Regeln der Besserung schließen: Stelle keinem, sobald deine Brust den Seitenstich des Zorns befürchten muß, beredt seine Fehler vor; denn indem du ihn von seiner Sträflichkeit überreden willst, so überredest du dich selber davon und wirst also erboßt. — Male dir an jedem Morgen die ungefähren Lagen und Leidenschaften vor, worin du am Tage kommen kannst: du beträgst dich dann besser, denn man ist selten in einer wiederholten Lage zum zweitenmal schlecht. — Zürnet dein Freund mit dir: so verschaff' ihm eine Gelegenheit, dir einen großen Gefallen zu erweisen; darüber muß sein Herz zerfließen, und er wird dich wieder lieben. — Keine Entschlüsse sind groß als die, welche man mehr als einmal auszuführen hat. Daher ist Unterlassen schwerer als Unternehmen; denn jenes muß länger fortgesetzet wer-

ben, und b i e f e s ist noch mit dem Gefühle einer doppelten Kraftäußerung
verknüpft, einer psychologischen und einer moralischen. — Verzage nur
nicht, wenn du einmal fehleſt; und deine ganze Reue sei eine schönere
That. — Mache dich (durch Stoizismus oder womit du kannſt) nur
r u h i g, dann haſt du wenig Mühe, dich auch t u g e n d h a f t zu machen.
— Fange deine Herzausbildung nicht mit dem Anbau der edeln Triebe,
sondern mit dem Ausschneiden der schlechten an. Iſt einmal das Unkraut
verwelkt oder ausgezogen: dann richtet sich der edlere Blumenflor von
selber kräftig in die Höhe. — Das tugendhafte Herz wird, wie der Körper, mehr durch A r b e i t als durch gute Nahrung gesund und stark.
Daher kann ich aufhören.

Dreizehnter Hundspoſttag.

Ueber des Lords Charakter — ein Abend aus Eden — M a i e n t h a l — der
Berg und Emanuel.

Ueber den Lord muß ich drei Worte sagen, nämlich drei Meinungen.
Die erste ist ganz unwahrscheinlich: er hält nach ihr wie alle Welt-
und Geschäftmänner das Menschengeschlecht für einen Apparat zu Versuchen, für Jagdzeug, für Kriegsgeräthe, für Strickzeug — diese Menschen
sehen den Himmel nur für die Klaviatur der Erde, und die Seele für die
Ordonanz des Körpers an — sie führen Kriege, nicht um die Kränze der
Eichen, sondern um ihren Boden und ihre Eicheln zu erbeuten — sie
ziehen den Glücklichen dem Verdienstvollen vor und den Erfolg der Absicht — sie brechen Eide und Herzen, um dem Staate zu dienen — sie
achten Dichtkunst, Philosophie und Religion, aber als Mittel; sie achten
Reichthum, statistischen Landesflor und Gesundheit, aber als Zwecke —
sie ehren in der reinen Mathesis und in reiner Weibertugend nur beider
Verwandlung in unreine für Fabriken und Armeen, in der erhabnen
Astronomie nur die Verwandlung der Sonnen in Schrittzähler und

Wegweiſer für Pfefferflotten, und im erhabenſten magister legens nur
den anködernden Bierkranz für arme Univerſitäten. — —

Die zweite Meinung iſt wenigſtens der erſten entgegen und beſſer:
dem Lord iſt, wie andern großen Menſchen, die Laufbahn das Ziel, und
die Schritte ſind ihm die Kränze — Glück unterſcheidet ſich bei ihm von
Unglück nicht im Werthe, ſondern in der Art, ihm ſind beide zwei zu=
ſammenlaufende Rennbahnen zum Ewigleitringe der innern Erhebung —
alle Zufälle dieſes Lebens ſind ihm bloße Rechenexempel in unbenann=
ten Zahlen, die er durchmacht, aber nicht als Kaufmann, ſondern als
Indifferenzialiſt und Algebraiſt, welchem die Produkte und die Multi=
plikanden gleich lieb ſind, und dem es einerlei iſt, mit Buchſtaben oder
mit Zentnern zu rechnen.

Wahrhaftig, der Menſch hat ſich faſt eben ſo viel vorzuwerfen, wenn
er mißvergnügt, als wenn er laſterhaft iſt; und da es auf ſeinen Ge=
danken=Ozean ankömmt, ob er aus ihm die unterſte Hölle oder ein Ar=
kadien=Otaheiti als Inſel heben will: ſo verdient er alles, was er er=
ſchafft ....

Gleichwol iſt die dritte Meinung die wahre und zugleich die meinige:
der Lord, ſo ſehr er ein indeklinabler Menſch zu ſein ſcheint, der nach nichts
geht, ſondern ein Verbum in mi iſt, hat doch folgendes Paradigma: —
(und ſo liegt umgekehrt im gewöhnlichſten Menſchen der kurze Abriß zum
ſonderbarſten) — er iſt einer der unglücklichen Großen, die zu viel Genie,
zu viel Reichthum und zu wenig Ruhe und Kenntniſſe haben, um glück=
lich zu bleiben — ſie hetzen Freude ſtatt der Tugend und verfehlen beide,
und ſchreien zuletzt über jeden bittern Tropfen, der ihnen in einem Zucker=
hut eingegeben wird — gleich der Silberfläche ſind ſie gerade in der Zer=
ſchmelzung durch Freudenfeuer am geneigteſten, ſich mit einer dunkeln
Haut zu überziehen — ihr Ehrgeiz, der ſonſt durch Plane die Leerheit des
vornehmen Lebens bedeckt, iſt nicht ſtark genug gegen ihr Herz, das in
dieſer Leerheit verwelkt — ſie thun Gutes aus Stolz, aber ohne Liebe
dazu, ſie ſpielen mit dem ausgekernten Leben wie mit einer Locke, und
halten es nicht einmal der Mühe werth, es abzukürzen — aber doch halten

sie es dieser Mühe werth, wenn ihnen, indeß sie in diesem Nachtfrost der Seele dastehen, außen lächelnd und kalt, innen überglüht, ohne Hoffnung, ohne Furcht, ohne Glauben, entsagend, spielend und zugeschlossen, wenn ihnen ein Todesfall, ein großer Schmerz ins unglückliche Herz greift.— — Ach armer Lord! kann denn deines nicht eher als unter der Decke des schwarzen Marmors ruhen?

Ach armer Lord! wiederholte unaufhörlich sein Sohn, der nach Maienthal mit einer gepreßten Seele ging. Außen um ihn war der Himmel still; ein großes Gewölk überdeckte ihn ganz, aber es stand rings-um auf einem blauen Saum am Horizont. Hingegen in Viktors Brust zogen Luftströme gegen einander und wirbelten sich zu einer Windhose zusammen, die Bäche austrinkt und Bäume aufzieht. — Sein Vater hing bleich in diesem Sturm. — Viktors künftige Tage wurden hin und her geschleudert. — Sein künftiges Leben drängte sich in ein enges überflortes Bild zusammen, und machte ihn eben so ängstlich darüber, daß er es leben müßte, als wie er es müßte.

Am wehesten that ihm gerade die sinnliche Kleinigkeit, daß sein Vater noch allein und verhüllt in der Insel geblieben war. Einmal fiel ihn die Vermuthung an, ob nicht das meiste nur dramatische Maschinerie gewesen sei, die sein Vater (der in der Jugend ein Tragödiendichter ge-wesen) gebraucht habe, um seinem Gelübbe der Verschwiegenheit mehr Festigkeit zu geben — aber sogleich ekelte ihn seines eignen Herzens. Warum sind die reinsten Seelen mit einer Menge ekelhafter, giftiger Ge-danken gequält, die wie Spinnen an den glänzenden Wänden hinauf-kriechen und die sie nur die Mühe todtzudrücken haben? Ach unsre Kriege unterscheiden sich nicht ganz von unsern Niederlagen!

Es ist sonderbar, daß er den perspektivischen Gedanken an Klotildens Blutverwandtschaft mit Flamin am wenigsten verfolgte.

Wenn der Mensch von der Vernunft keine balsamische Mittel er-langen kann: so sieht er die Hoffnung und die Täuschung darum an; und beide zertheilen dann gern den Schmerz. So wie heute nach und nach am Himmel durch lichte Fugen das Blaue durchriß, und wie das

Nebelmeer zu hängenden Seen einlief: so gingen auch in Viktors Seele die dunkeln Gedanken auseinander. — Und als die geschwollnen Wolken= klumpen im weiten Blau zu Flocken eingingen, bis endlich das blaue Meer alle Nebelbänke verschlang und nichts auf seiner unendlichen Fläche trug, als die herunterlodernde Sonne: so reinigte sich auch Viktors Seele von Dünsten, und das Sonnenbild Emanuels, den er heute erreichen sollte, schien sanft und warm und wolkenlos in alle seine Wunden .. Die Gestalt seines geliebten Dahore — die Gestalt seines geliebten Vaters — die Gestalt seiner verhüllten Mutter und alle geliebten Bilder ruhten wie Monde in einer wehmüthigen Gruppe über ihm, und diese Wehmuth und der heilige Schwur, tugendhaft zu bleiben und allen Wünschen seines Vaters zu gehorchen, wehten seiner entzündeten Brust einigen Trost über das väterliche Schicksal zu.

Er konnte heute noch die Sonne hinter Maienthals Kirchthurm untergehen sehen.

Der weite ausgeheiterte Himmel machte ihn weicher — der Gedanke, heute an das Herz eines edlen Menschen zu fallen, dessen Seele über die= sem blauen Dunstkreis wohnte, machte ihn größer — die Hoffnung, von diesem Menschen über das ganze Leben getröstet zu werden, machte ihn stiller. —

Er eilte und sein Eilen zog den wehmüthigsten Lautenzug seiner Seele. Denn er ging nicht über die Sommergefilde, sondern die Sommer= gefilde wandelten vor ihm vorüber — eine Landschaft nach der andern, Theater mit Wäldern, Theater mit Saaten flogen vorbei — neue Hügel stiegen mit andern Lichtern auf und hoben ihre Wälder empor, und andre sanken mit den ihrigen unter — lange Schatten=Steppen liefen zurück vor heranfließendem gelben Sonnenlicht — bald strömten Thäler voll Blumen um ihn, bald erhoben ihn heiße leere Hügel-Ufer — der Strom rauschte nahe an sein Ohr, und plötzlich blinkten seine Krümmungen ent= fernt über Mohnfelder herüber — weiße Straßen und grüne Pfade be= gegneten und entflohen ihm und zogen um die weite Erde — volle Dörfer rückten mit glimmenden Fenstern vorbei und Gärten mit entkleideten

Kindern — die gesenkte Sonne wurde bald erhoben, bald vertieft, bald auf Gipfel der Berge gezogen —

Dieses Vorüberfliehen der Szenen verdunkelte sein benetztes Auge und erhellte die innere Welt; aber das Stehenbleiben eines unaufhörlichen Tones, dieses über ihm bleibende Lerchenchor, dessen streitende Rufe in seiner Seele zu Einem zerflossen, dieses entfernte Getöne aus Wäldern und Büschen und Lüften, diese Harmonika der Natur machte, daß er zu sich sagte: „warum halt' ich in dieser Einsamkeit jeden Tropfen „an, der fallen will? Nein, ich bin ohnehin heute zu weich, und ich will „mich erschöpfen, eh' ich den geliebten Menschen sehe."

Endlich stieg er den breiten Berg hinauf, der sich vor das zu dessen Füßen grünende Maienthal mit seinen zerstreuten Baumsäulen und grauen Quadern stellt .... Da klang die vom ewigen gestimmte Erde mit tausend Saiten; da bewegte dieselbe Harmonie den in Gold und Nacht zerstückten Strom und den summenden Blumenkelch und die bewohnte Luft und den durchwehten Busch; da standen der geröthete Osten und der geröthete Westen wie die zwei rosafarbnen Flügelthüren eines Flügels aufgespannt, und ein bebendes Meer quoll aus dem geöffneten Himmel und aus der geöffneten Erde ...

Er ergoß sich in Freuden- und Trauerthränen mit einander, und die Zukunft und die Vergangenheit bewegten zugleich sein Herz. Die Sonne fiel immer schneller den Himmel herab, und er bestieg schneller den Berg, um ihr länger nachzusehen. Und hier sah er in das Dörfchen Maienthal hinab, das zwischen feuchten Schatten glimmte ....

Zu seinen Füßen und an diesem Berge lagerte sich wie ein bekränzter Riese, wie eine versetzte Frühlings-Insel, ein englischer Park. Dieser Berg gegen Süden und einer gegen Norden waren zu einer Wiege zusammen gerückt, in der das stille Dörfchen ruhte, und über welche die Morgen- und die Abendsonne ihr goldnes Gespinnst hindeckte. In fünf blitzenden Teichen schwankten fünf dunklere Abendhimmel, und jede aufhüpfende Welle malte sich im darüberschwebenden Sonnenfeuer zum Rubin. Zwei Bäche wateten in veränderlichen Entfernungen, von Rosen

und Weiden verdunkelt, über den langen Wiesengrund, und ein wässern-
des Feuerrad trieb wie ein gehendes Herz das vom Abend geröthete
Wasser durch alle grünende Blumengefäße. Ueberall nickten Blumen,
diese Schmetterlinge unter den Gewächsen — auf jedem bemoosten Bach-
stein, aus jedem mürben Stocke, um jedes Fenster wiegte sich eine Blume
in ihrem Duft, und spanische Wicken überzogen mit blauen und rothen
Adern einen Garten ohne Zaun. Ein durchsichtiges Wäldchen von gold-
grünen Birken stieg in hohem Gras drüben den nördlichen Berg hinan,
auf dessen Kuppel fünf hohe Tannen als Ruinen einer gestürzten Waldung horsteten.

Emanuels kleines Haus stand am Ende des Dorfes in einem Gestrick von Jelängerjelieber und in der Umarmung eines Lindenbaums,
der es durchwuchs... Sein Herz quoll auf: „sei gesegnet, stiller Hafen!
„den eine Seele heiligt, die hier gen Himmel sieht und wartet, um ins
„Meer der Ewigkeit zu gehen!" — Plötzlich warfen die Fenster der Abtei,
wo sich Klotilde erzogen hatte, die Flammen des Abendroths auf ihn —
und die Sonne ging sanft wie ein Pen nach Amerika — und die dünne
Nacht legte sich über die Natur herüber — und die grüne Klause Emanuels
hüllte sich ein ..... Da kniete er einsam auf dem Gebirge, auf dieser
Thronstufe, nieder und sah in den glühenden Westen und über die ganze
stille Erde und in den Himmel, und machte seinen Geist groß, um an
Gott zu denken ....

Als er kniete: war alles so erhaben und so mild — Welten und
Sonnen zogen von Morgen herauf, und das schillernde Würmchen
drängte sich in seinen staubigen Blumenkelch hinab — der Abendwind
schlug seinen unermeßlichen Flügel und die kleine nackte Lerche ruhte warm
unter der federweichen Brust der Mutter — ein Mensch stand auf dem
Gebirge und ein Goldkäferchen auf dem Staubfaden ... und der Ewige
liebte seine ganze Welt. — —

Sein Geist war jetzt gemacht, einen großen Menschen zu fassen, und
er sehnte sich nach der Stimme eines Bruders.

Er wankte ohne Steig ins Dorf hinab, umzogen von den großen

14*

Kreisen des Kibitzvogels und von den kleinen des Maikäfers. Am Fuße
des Berges war der Zwittertag dunkler — am Sternenhimmel hob sich
der Vorhang auf — der Dampf des Abends, der heiß aufgezogen war,
fiel kalt, wie Menschen, in die Erde zurück: noch eine laute Lerche drehte
sich als das letzte Echo des Tages über dem Berge.

Endlich hört' er Emanuels Linde. — Er hätte ihn lieber unter dem
großen Himmel als unter der engen Stubendecke umarmt. Hinter dem
Fenster sah er einen außerordentlich schönen Jüngling stehen, der auf der
Flöte blies. Dieser zog aus ihren Himmelpforten ein fließendes schwe-
bendes Elysium; Viktor hörte ihn lange an, um sein schlagendes Herz
zu stillen; endlich ging er mit thränenvollen Augen um das Haus, und
wollte sprachlos und blind an den Jüngling und an Emanuel fallen.
Als er vor dem Fenster vorbeiging, erwiederte der Jüngling den Gruß
nicht — als er die Hausthüre eröffnete, fing ein sanftes Glockenspiel zu
tönen an. Sogleich kam der Jüngling heraus und fragte ihn freundlich,
wer da sei; denn er war blind. Viktor trat in ein Allerheiligstes, da er
in die mit Linden ausgelaubte Stube ging, die den geflügelten Menschen
umgab, der jetzt außer derselben unter der großen Nacht Gottes war.
Gegen Mitternacht sollte Emanuel zurückkommen. Das Zimmer war
offen und rein — einige Blätter von genossenen Früchten lagen auf dem
Tisch — um alle Fenster glühten Blumen — ein Sternrohr lehnte an
der Wand — Reste einer orientalischen Kleiderkammer verkündigten
den Indier. — —

Die Stimme des schönen Jünglings hatte etwas unaussprechlich
Rührendes für ihn, weil sie ihm bekannt vorkam; sie zog tief in sein Herz
hinein, wie die Melodie eines Liedes, das aus der Kindheit heraufklingt.
Er durfte frei mit dem steten Blick der Liebe auf dem in eine ewige Nacht
gerichteten Angesicht ruhen; er wollte die kindlichen Lippen voll Melodien
küssen und zögerte noch; — aber da er wieder aus dem Hause ging, um
Emanuel zu suchen, und da das Glockenspiel wieder anfing — denn es
tönte, wenn die Thür auflief, um dem Blinden alles anzumelden — so
konnt' er sich nicht mehr halten unter dem lieblichen Getöne, sondern er

berührte den Mund des Blinden, da er am offnen Fenster lehnte, mit einem weichen Kusse wie mit einem Hauch. „Ach Engel! bist Du denn wieder vom Himmel herunter?" sagte der Blinde, der ihn mit irgend einem bekannten Wesen verwechselte.

Wie war draußen alles so gut! Die Abendglocke des Dorfes rief über die entschlummerten Fluren, und eine entfernte Seele neigte sich vielleicht nach ihren verwehten gebrochenen Tönen herüber. Der Abend=wind rauschte mit Gipfeln voll grüner Früchte darein. Der Abendstern — der Mond unserer Dämmerung — ruhte freundlich auf dem Wege der Sonne und des Mondes, und schickte seinen Trost zwischen die Abwesen=heit von beiden. — „Wo wirst du jetzt sein, mein Emanuel? Ruhest du vielleicht vor dem Abendroth — oder schauest du in das Sternenmeer — bist du in der Entzückung, die wir ein Gebet nennen — oder . . ."

Jetzo blitzte in ihm auf einmal der Gedanke, sein Emanuel sei, da heute Nachts der Johannistag anfing, vielleicht am Genuße des Abends verschieden .. Er suchte ihn mit den Augen eifriger unter jedem Baume, in jedem tiefern Schatten; er blickte zu den Bergen auf, als könnt' er ihn da sehen, und zu den Sternen, als dürft' er ihn da suchen. — Er um=ging das Dorf, dessen Ringmauer eine Fruchtschnur von Kirschbäumen war, die mit einer herabgeworfnen Milchstraße von längst gefallnen Blüten den grünen Umkreis versilberten, und eilte über die Ruinen der Häuser, die die Kinder am Tage erbauet hatten, gegen die ausglimmenden Fenster der Abtei zu, die sich am südlichen Berge, wovon er hereingestiegen war, in die Höhe richteten. Denn der Blinde hatte ihm gesagt, daß dieser Berg Emanuels Sternwarte sei, und daß er jede Nacht dahin komme. Die grüne Treppe, die mit Terrassen und Moosbänken absetzte, und an der ein Treppengeländer von Buschwerk hinaufwuchs, führte ihn einem Berge zu, der sich erhaben im Aether mit einer hohen Trauerbirke schloß. Mit jedem Rasenplatz hoben sich, wie aus einem Bade, neue Glieder der dunklen Natur heraus — er zog gleichsam von einem Planeten in den andern. Ueber das aufsteigende verhüllte Gefilde strömte der Nachtwind und zog einsam von Wald zu Wald, und spielte träuselnd am Gefieder des schlafenden Vogels und des schwirrenden Nachtschmetterlings. Viktor sah hinüber zur Abendröthe, die die Nacht wie eine Vorsteckrose vor den Busen, an dem die Sonnen liegen, vorgenommen hatte. Das Meer der Ewigkeit stand in Gestalt der Nacht auf dem Silbersand der Welten und Sonnen, und aus dem Meeresgrund blinkten die Sandkörner tief herauf.

Um die Trauerbirke nahm ein unbekanntes melodisches Tönen zu, das er schon heute auf der Insel gehört: endlich stand er oben unter der Birke, und das Tönen, wie das einer Harmonika, das erst über Paradiese und durch Blumenhecken geflossen ist, war laut um ihn; aber er sah nichts weiter als einen hohen Grasaltar (die Geburtstätte von Emanuels Brief) und eine tiefe Grasbank. Aus welcher unsichtbaren Hand, dacht' er schauernd, gehen diese Töne, die von Engeln abzuleiten scheinen, wenn sie über die zweite Welt fliegen, von vereinigten Seelen, wenn eine zu große Wonne sich zum Seufzer ausathmet und der Seufzer sich in vermehrtes Getöne zerlegt. Es ist ihm zu vergeben, daß er an einem solchen Tage, der seine Seele in immer größere Erschütterungen setzte, in diesem Schauder der Nacht, unter diesem melodischen Trauerbaum, an diesem Allerheiligsten des unsichtbaren Emanuels, daß er endlich glaubt, dieser sei an diesem Abend aus dem Leben geflohen, und seine Seele voll Liebe fliege noch in diesen Echos um ihn und sehne sich nach der ersten und letzten Umarmung. Er verlor sich immer mehr in die Töne und in die Stille rings um sie — seine Seele wurde ihm zu einem Traum, und die ganze Nachtlandschaft wurde zum Nebel aus Schlaf, in dem dieser lichte Traum stand — die Quelle des unendlichen Lebens, die der Ewige ausgießet, flog weit von der Erde im unermeßlichen Bogen mit den stäubenden Silberfunken der Sonnen über die Unendlichkeit, sie bog sich glimmend um die ganze Nacht, und der Wiederschein des Unendlichen bedeckte die dunkle Ewigkeit.

O Ewiger, wenn wir deinen Sternenhimmel nicht sähen, wie viel wüßte denn unser in den Erdenkoth untergesunknes Herz von dir und von der Unsterblichkeit?

Plötzlich wurde in Osten die Nacht lichter, weil der zerflossene Schimmer des Mondes an den Alpengebirgen, die ihn bedeckten, heraufschlug — und auf einmal wurden die unbekannten Töne lauter und die Blätter und der Nachtwind. Da erwachte Viktor wie aus einem Traume und Leben, und drückte die harmonischen zerrinnenden Lüfte an die schmachtende Brust, und rief unter den vorquellenden Thränen, die ihm das ganze Gefilde wie eine Regenwolke einhüllten, außer sich aus: „Ach Emanuel, komme! — ach ich dürste nach dir. — Töne nicht mehr, du Seliger, nimm dein abgelegtes Menschenangesicht und erscheine mir, und tödte mich durch einen Schauder und behalte mich in deinen Armen!" ...

Siehe! als der dunkle Thränentropfen noch auf dem Auge lag, und der Mond noch hinter den Alpen verzog: da stieg den Berg herauf eine weiße Gestalt mit zugeschlossenen Augen — lächelnd — verklärt — selig — gegen den Sirius gewandt — —

„Emanuel, erscheinst Du mir?" rief bebend Horion und riß seine Thränen herab. Die Gestalt schlug ihre Augen auf. Sie breitete ihre Arme aus. Viktor sah nicht und hörte nicht, er glühte und zitterte. Die Gestalt flog ihm entgegen, und er gab sich hin: „nimm mich!" Sie berührten einander — sie umschlangen einander — der Nachtwind riß durch sie — das fremde Getön klang näher — ein Stern zerschoß — der Mond flog über die Alpen herauf . . . .

Und als er mit seinem Edenlicht die Wangen der unbekannten Erscheinung begoß: erkannte Viktor, daß es sein theurer Lehrer — D a h o r e war, der heute in den Spiegel der Insel seine Gestalt geworfen. Und Dahore sagte: „Geliebter Sohn, kennst Du Deinen Lehrer noch? Ich bin Emanuel und Dahore." Da wurde die Umarmung enger — Horion wollte den Dank für eine ganze Kindheit in einen Kuß zusammenpressen und lag aufgelöst in den Armen des Lehrers und in den Armen der liebenden Wonne.

Umschlinget euch fest, ihr Glücklichen, drücket eure gefüllten Herzen bis zum Thränen-Erpressen an einander, vergesset Himmel und Erde und verlängert die erhabne Umarmung! — Ach sobald sie zerfallen ist, so hat dieses schlaffe Leben nicht stärkeres mehr, womit es euch verknüpfen kann, als den Anfang des — zweiten . . . .

Emanuel trat endlich aus der Stellung der Liebe heraus, und schauete abgebogen, wie eine Sonne, groß und offen in Horions Angesicht, und begegnete mit Entzückung dem veredelten Geiste und Angesicht seines blühenden Lieblings. Dieser sank vor dem Blicke der Liebe mit aufgehobenem Angesicht unwillkürlich auf die Knie und sagte: „o mein Lehrer, mein Vater — o Du Engel, liebst Du mich denn noch so sehr?" — Aber er weinte zu sehr, und seine Worte waren unverständlich und erstarben im Herzen . . . .

Ohne zu antworten legte Emanuel die Hand auf das Haupt des knieenden Schülers, und wendete sein verklärtes Auge gegen den schimmernden Himmel, und sagte mit feierlicher Stimme: „dieses Haupt, „Du Ewiger, weiht sich heute Dir in dieser großen Nacht. — Nur Deine „zweite Welt fülle dieses Haupt und dieses Herz aus — und die kleine „dunkle Erde befriedig' es nie! — O mein Horion! hier auf diesem „Berge, auf dem ich über ein Jahr aus der Erde ziehe, beschwör' ich Dich „bei der großen zweiten Welt über uns, bei allen großen Gedanken, wo= „mit Dir jetzt der Ewige in Dir erscheint, beschwör' ich Dich, daß Du „gut bleibst, auch wenn ich lange gestorben bin."

Emanuel knieete zu ihm nieder, hielt den Erschöpften und neigte sich an sein erblassendes Angesicht, und sagte leiser und betend: „mein Ge= „liebter! — mein Geliebter! wenn wir beide todt sind, in der zweiten „Welt scheid' uns Gott nie, nie mich und Dich!" — Er weinte nicht, aber konnte doch nicht mehr sprechen; ihre zwei Herzen ruhten verknüpft an einander, und die Nacht umhüllte schweigend ihre stumme Liebe und ihre großen Gedanken . . . .

Vierzehnter Hundsposttag.

Ich habe nur vorher zwei Dinge zu erklären, das unbekannte Getön und das Verschließen der Augen. Jenes floß von einer auf die Trauer= birke gelegten Aeolsharfe aus; so oft Emanuel zu Nachts hieherkam, mischte er in die flüsternden Blätter diese abgehauchten Töne wie Blüten ein, um sich zu erheben, wenn er allein die erhabne Nacht ansah. Die Augen that er oft vor der Sonne und dem Monde zu, wenn sein innerer wie ein Cherub geflügelter Mensch gerade die Erlaubniß hatte, sich in weiche Phantasien einzusenken: in die fließenden bunten Licht=Wogen, die durch die Augenlieder brangen, tauchte er sich dann wie in einen Zephyr mit süßem Verschwimmen unter, und in diesem Lichtbad sog der höhere Lichtmagnet in ihm Himmellicht aus Erdenlicht. Da es nur wenige Seelen gibt, die wissen, wie weit die Harmonie der äußern Natur mit unserer reicht, und wie sehr das ganze All nur Eine Aeolsharfe ist, mit längern und kürzern Saiten, mit langsamern und schnellern Bebungen vor einem göttlichen Hauche ruhend: so fodre ich nicht, daß jeder diesem Emanuel vergebe.

Nach dem über ein ganzes Leben hinschimmernden Wiederfinden kamen beide bei dem blinden Jüngling an, und seine Flöte hob das Herz aus dem schlagenden Fieberblut sanft in den beruhigten Aether des Him= mels im Traume hinüber.

Da ich so gerne um Emanuel bin: so gönne mir der Leser die Freude, alle Stunden auseinander zu blättern, die wir in seinem Hause verbringen dürfen und recht Schritt vor Schritt zu gehen.

Der Morgen deckte dem Zöglinge Emanuels wie Kindern erst auf, was die Nacht seinem Herzen für ein Christgeschenk bescheeret hatte. Welche Gestalt trat im Morgenglanz vor ihn, da das stille, kindliche, beruhigte Gesicht des Lehrers, über das einmal Stürme gezogen waren, wie auf

dem sanften weißen Monde Vulkane gelobert haben, ihn auf eine Weise
anlächelte, daß sein Inneres in stummer Wonne zerfloß. Besonders im
Profil angeblickt schien diese hohe Gestalt am Ufer der Erde zu stehen
und hinunterzuschauen in die zweite Halbkugel des Himmels, die uns
der Stein auf dem Grabe und der fette Triftboden dieses Lebens verdeckt.
Sein Angesicht verklärte sich, wenn er es zum Himmel aufhob — wenn
er Gott nannte oder die Ewigkeit — wenn er vom längsten Tage sprach;
in seinem Lichte erblaßte das Glanzgold der Gegenwart zum Mattgold
der Vergangenheit, und sein Geist ruhte schwebend auf dem Körper, wie
in Arabesken Genien aus Blumen keimen. So leicht stimmte sich Viktor
nie aus dem Traum in den neuen Tag als an diesem Morgen durch
Emanuels Stimme, die so zu sagen die Sphärenmusik zum blauen Himmel
seiner Augen war, aus welchem wie aus dem ägyptischen nie ein Tropfe
fiel; er konnte aus Unvermögen seiner Thränendrüsen niemals weinen;
auch erschütterte dieses Leben seine Seele nicht mehr.

Das reine Morgenzimmer machte gleichsam die Seele rein und still.
Er war der größte körperliche Purist, er wusch seinen Körper eben so oft
als seine Kleider, und der Schmutz der medizinischen Sprache wurde bis
sogar auf Wörter, wie z. B. Zahnstocher ꝛc. von seiner unbefleckten Zunge
gemieden. Ebenso blieb sein Herz sogar von den bloßen Bildern großer
Sünden unbesudelt; und diese unwissende Unschuld, so wie eine Unbe=
kanntschaft mit unsern listigen Sitten, machte ihn in drei verschiedenen
Augen entweder zum Kinde — oder zum Mädchen — oder zum Engel. —

Das Frühstück von Wasser und Früchten — die überhaupt seinen
ganzen Küchenzettel besetzten — rückte strafend unserm Viktor den Wein
und Kaffeesatz vor, womit er die Blumen seines Geistes, wie irdische, zu=
weilen düngen mußte. Blumenscherben waren Dahores Dosen und
glühten unter dem Lindengrün, das, von zwei zahmen und doch freien
Grasmücken durchhüpft, das lebendige wachsende Deckenstück des Zimmers
war. Auch seine Seele schien, wie ein Bramin, von poetischen Blumen
zu leben, und seine Sprache war oft, wie seine Sitten indisch, d. h. poetisch.
So war überall, wie bei mehren Menschen=Magnaten, eine auffallende

vorherbestimmte Harmonie zwischen der äußern Natur und seinem Herzen — er fand im Körperlichen leicht die Physiognomie des Geistigen und umgekehrt — er sagte, die Materie ist als Gedanke eben so edel und geistig, als irgend ein anderer Gedanke, und wir stellen uns in ihr doch nur die göttlichen Vorstellungen von ihr vor: — z. B. unter dem Frühstück vertiefte er sich in den glimmenden Thautropfen in einer Levkoje, und spielte durch das Wiegen des Auges das Farbenklavier derselben durch. „Es „muß — sagte er — irgend eine Harmonie zwischen diesem Wasser= „stäubchen und meinem Geiste zusammenklingen, wie zwischen der Tugend „und mir, weil beide mich sonst nicht entzücken könnten. Und ist denn „dieser Einklang, den der Mensch mit der ganzen Schöpfung (nur in „verschiedenen Oktaven) macht, nur ein Spiel des Ewigen und kein „Nachhall einer nähern, größern Harmonie?" Eben so blickte er oft eine glimmende Kohle so lange an, bis sie ihm zu einer Flammen=Aue sich ausgebreitet hatte, die er, von sanften Phantasien beleuchtet, auf= und niederwandelte . . . .

Erdulde, Leser, diese blumige Seele; wir wollen beide denken, daß die Menschen leichter Eine Religion als Eine Philosophie haben können, und daß jedes System sein eignes Gewebe des Herzens voraussetze, und daß das Herz die Knospe des Kopfes sei.

Der einzige Umstand schmerzte den beglückten Viktor an diesem Morgen, daß er den schönen Blinden nicht umfassen und fragen durfte: „haben wir nicht schon beisammen gelebt, und ist Dir meine Stimme „nicht so bekannt wie mir Deine?" Denn er hielt ihn (wie ich auch) aus mehren Gründen für den zurückgebliebenen Sohn des Pfarrers Eymann. Da aber Dahore darüber schwieg — in dessen hellen lichten Himmel man sonst bis zum kleinsten Nebelstern hinabschauen konnte: — so fürchtete er, vor diesen frommen Ohren seinem Eide des Schweigens zu nahe zu reden, wenn er auch nur seine fragenden Vermuthungen über den Blinden entdeckte. Dieser Julius schien nur zwei Wurzeläste seines Wesens zu haben, deren einer in die Flöte und der andere in seinen Lehrer ging. Auf seinem weißen Angesicht, worauf die Trunkenheit des musika=

lischen Genies und die Abgezogenheit des träumenden Blinden sich mit einer fast weiblichen Schönheit verband, stand der Wiederschein seines Lehrers, und die Fibern desselben hatten sich wie Lautensaiten nur in harmonischen Bewegungen geregt. Der arme Blinde, der seinen Dahore für seinen Vater ansah, wurde wie eine Flaumfeder blos von seinem kleinsten Hauch gelenkt. Viktor zog oft den Kopf des lieben Blinden nahe an sein Gesicht, um die zerstörten Augen zu mustern, ob sie wieder herzustellen wären. Aber ob er gleich mit Schmerzen sah, daß der Unglückliche unheilbar in der vollen lichten Erde bleibe, so wiederholt' er doch immer die nahe Erforschung, blos um die reizende liebe Gestalt näher an seinem Auge und an seiner Seele zu haben.

Emanuel führte am Morgen als Cicerone der Natur seinen Gast durch die Ruinen und Antiken der Erde; denn jeder Baum ist eine ewige Antike. Wie verschieden ist ein Spaziergang mit einem frommen Menschen und einer mit einer gemeinen Weltseele! Die Erde kam ihm heilig vor, erst aus den Händen des Schöpfers entfallen — ihm war, als ging' er in einem über uns hängenden überblümten Planeten. Emanuel zeigte ihm Gott und die Liebe überall abgespiegelt, aber überall verändert, im Lichte, in den Farben, in der Tonleiter der lebendigen Wesen, in der Blüte und in der Menschenschönheit, in den Freuden der Thiere, in den Gedanken der Menschen und in den Kreisen der Welten; — denn entweder ist alles oder nichts sein Schattenbild — so malt die Sonne ihr Bild auf alle Wesen, groß im Weltmeere, bunt in Thautropfen, klein auf die Menschen-Netzhaut, als Nebensonne in die Wolke, roth auf den Apfel, silbern in den Strom, siebenfarbig in den fallenden Regen und schimmernd über den ganzen Mond und über ihre Welten.

Viktor fühlte heute zum erstenmale die Vergrößerung und Verklärung seines Ichs vor einem Geiste, der, ihm ähnlich, aber überlegen, gleich einem sphärischen Hohlspiegel alle Züge seines edlern Theils, kolossalisch zurückwarf. Der ganze pöbelhafte Theil seiner Natur verkroch sich, als der höhere sich, von Dahore ins Große gemalt, über die liegenden Triebe aufrichtete. Ein Mensch, den die Sonnennähe eines großen Menschen nicht in

Flammen und außer sich bringt, ist nichts werth. Er wollte kaum sprechen, um nur immer ihn zu hören, ob er gleich vorhatte, recht viele Tage da zu bleiben. Er war wie vor einem höhern Wesen und vor einer Geliebten, vor denen man weder seinen Kopf noch seine Zunge zeigen will, mit Verzicht auf sein Ich in lautere Wahrheit und Liebe versunken. Von den kleinen Verhältnissen des Orts und des bürgerlichen Lebens war aller Firniß so rein abgesprungen, und sie standen ihm alle so vermooset da, daß er nicht einmal die Namen von Göttingen, von Flachsenfingen, oder leere Lebensvorfälle oder fremde Personalien nennen wollte. Viktor hatte überhaupt eine kleine Verachtung für die Menschen, denen die Nachricht an den Buchbinder lieber ist als das Buch, und die Rezension eines Autors lieber als sein System, und für welche die Erde keine Entzifferkanzlei des Buchs der Natur, sondern ein Sprachzimmer, eine Zeitungbude elender Personalien ist, die sie weder benutzen noch behalten noch beurtheilen, sondern nur erzählen wollen; und es ekelten ihn die deutschen Gesellschaften, in denen man so wenig philosophiert. — O wie selig war er, einmal einen ganzen Tag mit einem andern denken und, was noch schöner ist, zugleich dichten zu dürfen!

Seine Zweifel über das Größte, was unsern Kopf erdrücken und unser Herz erheben kann, wurden heute zu Fragen — die Fragen zu Hoffnungen — die Hoffnungen zu Ahnungen. Es gibt Wahrheiten, von denen man hofft, große Menschen werden stärker von ihnen überzeugt sein, als man es selber sein kann; und man will daher durch ihre Ueberzeugung die seinige ergänzen. Daher hielt die zwei großen Wahrheiten (Gott und Unsterblichkeit), die wie zwei Säulen das Universum tragen, fest an seinem Herzen; aber er fragte wie die seltnern Menschen, denen die Wahrheit nicht blos das Schaugericht der Eitelkeit und der Nachtisch des Kopfes ist, sondern ein heiliges Abend= und Liebemahl voll Lebensgeist für ihr müdes Herz, er fragte wenig darnach, wenn er keine Anhänger machen konnte. Viktor fühlte, daß er den Artillerie=Train und die elektrischen Pistolen und Batterien der Disputierkunst besser zu handhaben verstehe, als Emanuel; aber er würde seine eigne Zunge ver=

abſcheu haben, wenn ſie ihre Leichtigkeit gegen dieſe ſchöne Seele gerichtet hätte. Er ſchwieg aus zwei Gründen. „Verſuch' es, ſagt' er, von einer „großen, dein ganzes Weſen umfaſſenden leuchtenden Wahrheit auf dem „fliegenden Sekundenweiſer, worauf man im flüchtigen Geſpräche ſteht, „mit den wenigen trocknen Tuſchen, womit menſchliche Ideen anzufärben „ſind, und mit der unbehülflichen Menſchenzunge, womit du dieſe Far= „benkörner ausbreiten mußt, verſuch' es, von deiner Wahrheit ein „Schmelzbild, ein Altarblatt zu geben — wahrhaftig ein Schattenriß, „ein durchſichtiges Sternbild wird alles ſein, was du liefern kannſt.‟ Der lichte Himmel gewiſſer einfacher tieffühlenden Menſchen hüllet, wie der äußere, alle ſeine Sonnen, die wärmſte ausgenommen, mit dem Schein eines öden Blaues zu; aber der unreine Himmel anderer voll Witz und Logik iſt mit Nebenſonnen, Bögen, Nordſcheinen, Wolken und Roth geputzt.

Der zweite beſſere Grund, warum er die Opponenten=Ehre ver= ſchmähte, war ſein Herz, das mehr in ſich ſchloß, als der Kopf beleuchten konnte. Gewiſſe Anſichten können nicht ſo leicht wie Mauergemälde in Italien abgelöſet werden und aus einem Kopfe in den andern gebracht; — das Licht, das dir der andre geben kann, zeigt, aber zimmert nicht den Hausrath deines Innern, und das, was das Licht bei einigen wirklich erſchafft, iſt Lufterſcheinung, optiſcher Betrug, aber kein Körper*). — Daher kommt es nicht auf das Zeigen und Erſehen einer Wahrheit, d. h. eines Gegenſtandes an, ſondern auf die Wirkungen, die er durch dein ganzes Inneres macht. Warum gibt es denn Menſchen, die uns, wie Sokrates den Ariſtides, heiligen, blos wenn wir bei ihnen ſind? — Wie vermögen es große Schriftſteller, daß ihr unſichtbarer Geiſt in ihren Werken uns ergreift und feſthält, ohne daß wir die Worte und

---

*) Aufklärung in einem leeren Herzen iſt blos Gedächtnißwerk, ſie ſtrenge übrigens den Scharfſinn noch ſo ſehr an; die meiſten Menſchen unſerer Tage gleichen den neuen Häuſern in Potsdam, in die (nach Reichard) Friedrich II. Nachts Lichter ſetzen ließ, damit jeder und ſelbſt Reichard denken ſollte, ſie ſeien — bewohnt.

Stellen angeben können, womit sie es thun, wie ein vollbelaubter Wald immer brauset, ohne sich mit einzelnen Aesten zu bewegen? — Warum überwältigte Emanuel seinen geliebten Horion — mehr als durch breite **Thesesbilder**, rationes decidendi und sententiae magistrales — blos durch die Verklärung in seinem Angesicht, durch den leisen Echo-Ton seiner Stimme, durch den Glanz in seinem Blick und durch die Andacht in seiner Brust, wenn er Wahrheiten, die der Sprache alt und dem Herzen neu waren, feierlich sagte, wie folgende:

Der Mensch geht wie die Erde von Westen nach Osten, aber es kommt ihm vor, er gehe mit ihr von Osten nach Westen, vom Leben ins Grab. —

Das Höchste und Edelste im Menschen verbirgt sich und ist ohne Nutzen für die thätige Welt (wie die höchsten Berge keine Gewächse tragen) und aus der Kette schöner Gedanken können sich nur einige Glieder als Thaten ablösen*). —

Unsere zwecklose Thätigkeit, unsere Griffe nach Luft müssen höheren Wesen vorkommen wie das Fangen der Sterbenden nach dem Deckbette. —

Der Geist erwacht und wird erwachen, wenn das Sinnenlicht auslöscht, wie Schlafende erwachen, wenn das Nachtlicht auslöscht. — — — Warum blieben diese Gedanken als Schauder in der Seele? Weil Horion etwas Höheres fühlte, als je die Sprache, die nur für die Alltag-Empfindungen erfunden ist, wiedergeben kann — weil er schon in seiner Kindheit die Systeme haßte, die alles Unerklärliche verstecken, und weil der Menschengeist sich im Erklärlichen und Endlichen so erbrückt empfindet, als er es in einem Bergwerk oder durch den Gedanken ist, daß sich oben irgendwo der Himmelraum zuspülnde.

Wie hätt' er den Muth oder Anlaß haben können, an einem solchen Tage Emanuel um seinen Sterbetag zu befragen, oder um Klotilden? —

---

*) Die meisten Menschen haben vielleicht nur eine gleiche Zahl guter Gedanken und Thaten; aber es ist noch nicht bestimmt, wie lange der Tugendhafte die guten Gedanken, die weniger als gute Handlungen der äußern Welt bedürfen, durch gleichgültige unterbrechen darf.

Viktor hatte jene gesellschaftliche Poesie, die sich leicht in die Stelle der unähnlichsten Menschen, des Weibes und des Philosophen versetzt. Abends ging Dahore ins Stift, um Astronomie, seine geliebteste Wissenschaft, zu lehren. Unter der astronomischen Lehrstunde wurde Julius offnes Gesicht ein offner Himmel; er sagte seinem Viktor alles wie einem zweiten Vater. Hier erzählte er ihm treuherzig, daß im vorigen Jahre immer ein Engel zu ihm gekommen, der seine Hand ergriffen, ihm Blumen gegeben, ihn freundlich angeredet und endlich von ihm in den Himmel gewichen, ihm aber einen Brief dagelassen habe, den er nach einem Jahre zu Pfingsten sich von Klotilden dürfe lesen lassen, ja dieser gute Engel sei gestern mit einem Kusse vor ihm vorbeigeflogen. Viktor lächelte froh, aber verschwieg seine Vermuthung, daß er den Engel für ein scheues liebendes Mädchen aus dem Fräuleinstifte ansehe. — „Gestern aber, „sagte Viktor, war blos ich der Engel gewesen, der Dich so küßte!" — und wiederholte es. — Julius wußte geliebten Personen nichts schöneres zu geben, als das Bild seines Vaters — die Schilderung von der erhabenen Liebe desselben, die keinen Menschen vergaß, weil sie nicht auf die Vorzüge, sondern auf die Bedürfnisse der Menschen gebauet war — ferner von seiner Nachsicht, seiner Uneigennützigkeit, da ihm eine lange Tugend den Kampf gegen sein Herz ersparte, und er nun nichts that, als was er wünschte, und da ihm die tief herabhängende zweite Welt eine eigne Unabhängigkeit von Bedürfnissen predigte. 500,000 Fixsterne erster Größe leuchten nach Lambert kaum dem nähern Vollmond gleich; und so überglänzt die Gegenwart immer unser Inneres; aber steige näher auf zum Fixstern der zweiten Welt, so wird er eine Sonne, die den Mond der Zeit und der Gegenwart in einen schmalen Nebel verwandelt. — Diesen Emanuel hatten alle Maienthaler lieb (sogar der Pfarrer, obwol jener ein Nichtkatholik, Nichtlutheraner und Nichtkalvinist war); und er war gern von etwas abhängig, von fremder Liebe*). Unter dieser Schil-

---

*) Denn der edelste Mensch hängt eben am meisten von liebenden Seelen ab, oder doch von seinen Idealen derselben, mit denen er aber nur in so fern ausreicht, als er sie für Pfänder künftiger Urbilder ansieht. Ich nehme den Spiler

berung sehnte sich Viktor wieder so bewegt nach ihm, als wären sie ein
Jahr auseinander gewesen; daher legt' er sich im Abendrothe unter
Birkenblätter, dem Stifte gegenüber, um ihn sogleich mit heißen Armen
in Verhaft zu nehmen.

Und als Viktor seine Seele hob an hohen weißen Säulen des vom
Lord entworfenen Parks, an dem erhabenen Bildwerk, das einen großen
Gedanken schrieb, der wie ein Gewitter aussah; und als er gerade eine
herabgefallne Biene, deren Flugwerk ihr Honig verpichte, auf das Bienen=
bret getragen hatte: so wandelte freundlich Dahore daher. Dieser verfiel
selber — denn Viktor hatte das versteckte Herantreiben einer Materie für
Sünde genommen — auf Klotilde und sagte, das sei ihre Lieblingsstelle
und die Ruhebank ihrer stillen Seele gewesen. Der Ort war nicht er=
haben, aber was noch mehr ist, dem Erhabenen gegenüber — (sogar die
physische Großheit, z. B. ein Berg, hat die Ferne als ein Fußgestell
nöthig) — er lag am tiefsten im Thal, von Emanuels Blumenketten um=
fasset — die er oft unverzäunt anlegte, weil alle Maienthaler seine kleinen
Freuden schonten — von großen Kleefeldern angeweht, vom Monde, der
im Frühling erst vom Berg herab diese Tiefe anstralte, mit einem schwer=
müthigen Gemisch von Birkenschatten, Wasserglanz und lichten Stellen
überdeckt und endlich mit einer Grasbank geziert, deren ich nicht erwähnte,
wäre sie nicht an beiden Enden mit großen niederwankenden Blumen
bestect, die zärtlich keiner erdrückte, der sich zwischen ihnen niederließ.
Wie wurde Viktor betroffen — oder entzückt, als Emanuel nach dieser
Klotilde fragte! Wie Thau=Juwelen, wie Freudenthränen fielen alle
Worte des Lehrers in sein lechzendes Herz, weil es Lobsprüche auf ihre
weiche Seele waren, die i h r e Thränen nur in fremde leitet und vor
trocknen Herzen verdeckt, auf ihre feine Ehrliebe, die der männliche Tadel
zu K ä l t e und der weibliche zu S t o l z verdreht, und auf eine liebende
Wärme, die man in ihrem wie eine Knospe festgeschlossenen Herzen nicht

(diese i epikurischen Gott) und den Mystiker nicht aus: beide lieben in dem
Sch¹pfer nur den Inbegriff seiner Geschöpfe; wir jenen in diesen.

gesucht hätte, das jetzt die leblose Natur mit der belebten vermengt, um an jener diese lieben zu lernen. Es rührte Viktor bis zu Thränen, da Emanuel ihm seine aus diesem Eden entrückte Schülerin so warm an= lobte — und als er ihn noch dazu unbefangen bat, der Freund seiner Freundin zu werden, und jetzo, weil er sterbe und weil sie nicht mehr komme — denn sie war das letztemal blos da gewesen, um zu Pfingsten, unbelächelt von ihren Eltern, öffentlich mit den Stiftfräulein das Abend= mahl zu empfangen — jetzo seine Stelle zu besetzen bei diesem gegen die Sterne gehobenen Auge, bei diesem für die Ewigkeit bewegten Herzen: so hätt' er vor Rührung und vor Liebe dem Freund und der Freundin zu Füßen sinken mögen. — — In einem solchen Munde gibt das Lob des Gegenstandes allzeit der Liebe einen außerordentlichen Wachsthum, weil diese immer Vorwand sucht und dann auf einmal zeitigt, wenn sie ihn gefunden.

Wenn dir, mein Freund, das Herz für ein fremdes nicht schnell und heftig genug schlägt — ob es gleich meines Erachtens schon fieberhaft pulsiert, nämlich 111 mal in einer Minute — so gehe, um dein kaltes Fieber in ein warmes umzusetzen, dein viertägiges in ein tägliches, nur zu andern besonders geachteten Leuten hin und lasse dir sie vorloben, die Gute, oder nur oft vornennen: todtkrank und mit deinen 140 Puls= schlägen versehen, gehst du weg und hast das verlangte Fieber am Hals.

Der unschuldige Emanuel, der Viktors Wärme nicht errieth, glaubte, er müsse noch mehr thun, um ihm die siebenfache Weihe zum Priester der Freundschaft für Klotilden zu geben und gab ihm einen — Brief von ihr. Du konntest es thun, Ostindier, da du hier ein im limbus infantum (im Kinder=Himmel) zum Engel gewordnes Kind bist, da du keine Ge= heimnisse hast, ausgenommen das Geheimniß der drei Kinder (daher dich der Lord nicht zum Vorleser seiner Briefe machte) und da du gar nicht ahnest, die Weggabe des fremden Briefes sei nicht recht. Doch dein Schüler hätte ihn nicht lesen sollen.

Der las ihn aber. Er kann sich mit nichts decken als mit meinem Leser, der hier diesen nämlichen fremden Brief, den dessen Stellerin nie

für ihn geschrieben, doch auf seinem Sessel genau durchsieht. Ich meines
Orts lese nichts, sondern schreibe nur das ab, was mir der Hund gebracht.
— Es ist schön, daß dieser Brief von ihr gerade in der regnenden, me-
lodischen Nacht des Gartenfestes gemacht war, wo er seinen ersten an
Emanuel geschrieben hatte.

St. Lüne den 4ten Mai 179**

Sie verlangen es vielleicht nicht, verehrungswerther Lehrer, daß ich
mich entschuldige, da ich kaum aus Maienthal bin und schon mit einem
Briefe wiederkomme. Ich wollte gar schon unterweges schreiben, dann
am zweiten Tage und endlich gestern. Dieses Maienthal wird mir noch
viele Thäler verderben; jede Musik wird mir wie ein Alp-Horn klingen,
das mich traurig macht und in mein Herz die Erinnerung an das Alpen-
leben unter der Trauerbirke bringt.

In dieser Stimmung würd' ich es meinem Herzen nicht verweigern
können, sich zu öffnen und sich vor dem Ihrigen in den wärmsten Dank
für die schönsten und lehrreichsten Tage meines Lebens zu ergießen: wenn
ich nicht den Entschluß hätte, in einigen Tagen wieder in Maienthal zu
sein; nach meiner zweiten Zurückkehr soll mein Herz seinen Willen haben.

In unserm Hause fand ich nichts verändert*) — auch in unsers
Nachbars seinem nichts; und ich fand in allen Seelen die Liebe wieder,
womit wir auseinander geschieden waren, nur ist meine Agathe zwar
lustig, aber doch es minder als sonst. Die einzige Veränderung in H.
Eymanns Hause ist ein Gast, den jeder anders nennt: Viktor — Horion
— Sebastian — junger Lord — Doktor. Diesen letzten Namen verdient er
in vollem Maße durch seine erste Handlung und erste Freude in St. Lüne,
welche die Heilung des blinden Lords Horion war. Welch ein Glück für
den Geretteten und für den Retter! — Möge dieser Jüngling doch ein-

---

*) Der Leser dieses Briefes wird leicht voraussetzen, daß Klotilde, da sie nicht
weiß, in wessen Hände er fallen werde — ist er doch gar in unsern — über ihre
Verhältnisse und Geheimnisse (z. B. wegen Flamin, Viktor 2c.) in einer Dunkelheit hinübereilen müsse, die für ihren rechtmäßigen Leser hell genug war.

mal durch Ihr Eden gehen und Ihren guten Julius antreffen, um an ihm die schöne Kunst zu wiederholen! — O so oft ich daran denke, daß das männliche Geschlecht mit dem Stoffe zu den größten göttlichen Wohlthaten beglückt ist, daß es, wie ein Gott, Augen, Leben, Recht, Wissenschaften austheilen kann, indeß mein Geschlecht sein Herz, das sich nach Wohlthun sehnt, auf kleinere Verdienste, auf eine Thräne, die es abtrocknet, auf eine eigne, die es verbirgt, auf eine geheime Geduld mit Glücklichen und Unglücklichen einschränken muß: so wünsch' ich, möchte doch dieses Geschlecht, das die höchsten Wohlthaten in Hälften hat, uns die größte vergönnen, es — nachzuahmen und Güter in die Hände zu bekommen, die uns beglückten, wenn wir sie vertheilten! — Jetzo kann ein Weib mit nichts in ihrer Seele groß sein, als nur mit Wünschen.

Ich komme gerade vom freien Himmel herein aus einem kleinen Gartenfeste bei meiner Agathe; und mir ist ordentlich jedes schöne tiefblaue Stück vom Himmel nicht recht, wenn es nicht über Ihrer Trauerbirke steht, wo Ihr Auge alle seine Schätze und Sonnen aufzählt und meinem Herzen alle Winke der unendlichen Macht und Liebe zeigt. Ich dachte heute im Garten mit einer fast zu traurigen Sehnsucht an Ihr Maienthal; H. Sebastian erinnerte mich noch öfter daran, weil er einen Lehrer gehabt zu haben scheint, der dem meinigen ähnlich war*). Er sprach heute sehr gut und schien aus zwei Hälften zusammengesetzt zu sein, aus einer brittischen und einer französischen. Einige seiner schönen Anmerkungen sind mir nicht entfallen — z. B. „die Leiden sind wie die Ge„witterwolken; in der Ferne sehen sie schwarz aus, über uns kaum grau. „— Wie traurige Träume eine angenehme Zukunft bedeuten: so werd' „es mit dem so oft quälenden Traume des Lebens sein, wenn er aus sei. „— Alle unsere starken Gefühle regieren wie die Gespenster nur bis auf „eine gewisse Stunde, und wenn ein Mensch immer zu sich sagte: diese „Leidenschaft, dieser Schmerz, diese Entzückung ist in drei Tagen gewiß

---

*) Der Leser erinnere sich, daß sie so viel von dieser Lebensbeschreibung innen hat, wie er, wenn nicht mehr.

„aus deiner Seele heraus: so wird' er immer ruhiger und stiller werden." Ich berichte Ihnen alles dieses so ausführlich, um mich gleichsam selber zu bestrafen für ein voreiliges Urtheil, das ich vor einigen Tagen (wiewol in mir) über seinen Hang zur Satire fällte. Die Satire scheint auch blos für das stärkere Geschlecht zu sein; ich habe in dem meinigen noch keine gefunden, die Swifts oder Cervantes oder Tristrams Werke recht goutiert hätte. —— •

Zwei Tage später. Ich und mein Brief sind noch hier; aber heute reiset er auf vier Tage vor mir voraus. Ich denke ordentlich, dieses letztemal werde mir jede Blume in Maienthal und jedes Wort, das mir mein bester Lehrer sagt, noch größere und tiefere Freude machen als je, weil ich gerade aus dem Geräusche der Besuche und mit einem so melancholischen Herzen hinkomme. Am Morgen nach jener schönen Nacht des Kirchgangfestes saß ich allein in einer Laube neben dem großen Teiche und machte mich durch alles trauriger, was ich sah und dachte — denn diesen ganzen Morgen stand wegen eines Traumes meine erblichene Freundin*) in meiner Seele — ihr Grab lag durchsichtig auf ihr, und ich blickte hinein und sah diese Himmel=Lilie blaß und still in ihm liegen — ich dachte wol daran, als der Gärtner Blumen mit den Töpfen in die Erde grub, daß der Körper, in dem wir grünen, auf gleiche Weise in die Erde zum künftigen Blühen komme, aber ich konnte doch meine Thränen nicht mehr stillen. -- Vergeblich sah ich den heitern Frühling an, der jeden Tag neue Farben, neue Mücken, neue Blumen aus der Erde zieht — ich wurde nur betrübter, da er alles verjüngt, aber den Menschen nicht. — Und als ich H. von Schleunes von weitem mit einem Froschschnepper auf den Teich zugehen sah, mußt' ich mich, weil er von ferne im Vorbeigehen meine Augen sehen konnte, schlafend stellen, um sie nicht zu verrathen. —— Aber vor meinem theuersten Lehrer würd' ich sie geöffnet haben, wie jetzt, weil er mir meine Schwächen vergibt.

Klotilde v. L. B.

*) Sie meint die Giulia, von deren Leichnam sie der Schmerz weggetrieben hatte.

*   *   *

Biktor hatte den linken Arm, womit er den Brief hielt, zu nahe ans Herz gelegt, und sein Arm und Brief fingen mit dem pochenden Herzen zu zittern an, und er konnte ihn kaum vor Rührung lesen und fassen. „Ein solcher Lehrer! — eine solche Schülerin!" weiter konnten seine Blicke nichts sagen.

Es war in ihm ein Streit, ob er seinem Freund die Liebe für Klo= tilden sagen sollte. Für das Geständniß war Emanuels Bitte, mit ihr umzugehen — sein gleichsam aus Fixsternen alle Kleinigkeiten der Erde beschauendes Auge — Viktors dankbare Begierde, ein Geheimniß mit dem andern zu vergelten — und am meisten, o! diese Liebe zu seinem Lehrer, diese Liebe seines Lehrers zu ihm . . . .

— Und diese siegte auch, so viel auch sonst dagegen war. Denn wenn Viktors ganze Natur im Feuer der Freundschaft glühte, so stieg sein Herz immer höher und brannte, sich zu öffnen — er kämpfte noch mit ihm und es schwieg noch — er liebte unendlich — es hob sich wie von einer unsichtbaren Macht empor — es brach endlich entzwei — die Brust ging wie vor Gott auseinander, und nun, Geliebter! schau' hinein, aber verzeih' ihm alles.

Er kriegte noch in sich, als der hinter ihrem Rücken heraufgehobene Mond ihre beiden Schatten=Kniestücke vor ihnen voraustrieb. — Er wurde durch Emanuels ziehenden Schatten an eine Stelle in seinem Briefe*) erinnert und an sein siechtes Leben und frühes Verschwinden . . . Dieses zerspaltete sein Inneres, er wendete sanft seinen Emanuel gegen den herunterströmenden Mond um und sagte und zeigte ihm alles — aber nicht blos seine Liebe, sondern seine ganze Geschichte — seine ganze Seele — alle seine Fehler — alle seine Thorheiten — alles; er war so beredt in dieser Minute wie ein Engel, und eben so groß — sein Herz wallete zerschmolzen in Liebe, und je mehr er sagte, je mehr wollte er zu sagen haben.

---

*) „Fliehe mich nicht, weil mich immer ein großer Schatten umgibt, der sich vergrößert, bis er mich einbauet."

Auf dieser Erde schlägt keine erhabnere und seligere Stunde, als die, wo ein Mensch sich aufrichtet, erhoben von der Tugend, erweicht von der Liebe, und alle Gefahren verschmäht, und einem Freunde zeigt, wie sein Herz ist. Dieses Beben, dieses Zergehen, dieses Erheben ist köstlicher, als der Kitzel der Eitelkeit, sich in unnütze Feinheiten zu verstecken. Aber die vollendete Aufrichtigkeit steht nur der Tugend an: der Mensch, in dem Argwohn und Finsterniß ist, leg' immer seinem Busen Nachtschrauben und Nachtriegel an, der Böse verschon' uns mit seiner Leichenöffnung, und wer keine Himmelthür an sich zu öffnen hat, lasse das Höllenthor zu!

Emanuel hatte die göttliche oder mütterliche Freude, die ein Freund über die Tugend und Veredlung des Freundes empfindet, und vergaß über der Freude die verschiedenen Anlasse derselben.

Ungern trenn' ich mich auf eine Nacht von diesem tugendhaften Paar. Möge ich noch viele Tage von Maienthal zu malen bekommen, und Viktor noch viele da verleben! —

Funfzehnter Hundsposttag.

Der Abschied. —

Ach heute geht er schon! Die bisherigen Rührungen und Gespräche hatten die zarte Hülle, die Emanuels schönen Geist, wie eine Tulpe die Biene, verschließet, zu sehr erschüttert: blaß und wankend stand er auf; und der Blinde war am glücklichsten, der weder diese Blässe, noch das weiße Tuch erblickte, das er zu Nachts statt vollzuweinen vollgeblutet hatte. Er selber hatte noch das bleiche Abendroth der gestrigen Freude auf dem Angesicht; aber eben diese Gleichgültigkeit gegen seine aus- löschenden Tage, dieses schwächere leisere Sprechen machte, daß Viktor die Augen von ihm wegwenden mußte, so oft sie lange an ihm gewesen waren. Emanuel sah ruhig wie eine ewige Sonne auf den Herbst seines Körpers herab; ja je mehr Sand aus seiner Lebens-Sanduhr herausgefallen war, desto heller sah er durch das leere Glas hindurch. Gleichwol war ihm die Erde ein geliebter Ort, eine schöne Wiese zu unsern ersten Kinderspielen, und er hing dieser Mutter unsers ersten Lebens noch mit der Liebe an, womit die Braut den Abend voll kindlicher Erinnerungen an der Brust der geliebten Mutter zubringt, eh' sie am Morgen dem Herzen des Bräutigams entgegen zieht.

Viktor warf sich jeden vergossenen Bluttropfen Emanuels vor, und entschloß sich, heute zu gehen, weil diese Psyche mit ihren großen Flügeln sich in ihrem Gewebe nicht mehr ohne Risse bewegen konnte. In Emanuels Augen glänzte eine unaussprechliche Liebe für seinen gerührten Schüler. Er fing selber von seinem Todestag zu reden an, um diesen zu trösten, und stellte ihm vor, daß er erst in einem Jahre von hinnen gehen könne; er bauete seine schwärmerische Weissagung auf zwei Gründe, daß erstlich seine meisten männlichen Verwandten am nämlichen Tage und im nämlichen Stufenjahre gestorben wären, zweitens daß schon mehre Schwindsüchtige in ihrer zerstörten Brust wie in einem Zauberspiegel ihren letzten Tag gelesen hätten. Viktor bestritt ihn; er zeigte, die Erklärung der letzten Erscheinung, als könne der Hektiker aus dem regelmäßigen stufenweisen Fallen der Lebenskraft leicht die letzte Stufe oder den Gefrierpunkt vorausfühlen, sei falsch, weil Gefühle der Zukunft in der Gegenwart Widersprüche (in adjecto) wären, und weil wir mitten im Leben so wenig den Eintritt des Todes, als im Wachen den Eintritt des Schlafes (trotz gleicher Stufenfolge) voraus empfinden könnten. Viktor stellte ihm alles dieses vor; aber er glaubte es selber nicht recht: ihn übermannte der hohe Mensch, der seinen Eintritt in den Todesschatten so zuverlässig wie einen Eintritt des Mondes in den Erdschatten ansagte. — Wir wollen dem Kranken vergeben und uns deswegen nicht für weiser halten, weil er schwärmerischer ist. — Am meisten wurde Viktor durch Emanuels Wahn getröstet, daß ihm vor seinem Tode erst sein verstorbner Vater erscheinen werde.

Viktor zögerte und wollte nicht zögern, hinderte als Arzt das

Sprechen des Emanuel, um sich die Entschuldigung eines unschäblichen Aufschubs zu machen, und wurde eben, weil er selber wenig zu reden suchte, immer betrübter. — Wie kannst du, guter Viktor, schon heute von ihm eilen, von diesem Engel, der vielleicht über dem nächsten Grabe verschwindet? — Es muß dir hart fallen, da es schon so schwer ist, vom Maienthal voll Blüten, vom Blinden voll sanfter Töne wegzugeben — schmerzlich ist hier der letzte Händedruck, Viktor, und schön jede Verzögerung!

Er beschloß, in der Nacht zu scheiden, weil eine Trennung am Morgen zu lange wehe thut, und die Stelle des Herzens, wo sich das geliebte abgerissen, den ganzen Tag fortblutet. Emanuel hätte Abends sich wieder ins Stift entfernen sollen, wie gestern: Viktor würde dann seine gefüllten Augenhöhlen, mit denen er immer hinausgehen mußte, um den Schmerz hinwegzunehmen, vor dem Blinden, den er um die traurigste Melodie von der Welt gebeten hätte, satt haben strömen lassen können.

Als er Abends das letztemal aß und die Abendglocke anfing, wurde seinem Herzen, als wäre von demselben die Brust weggehoben und Eisspitzen würden darauf geweht. Er umschlang voll Liebe den blinden Jüngling, den er nicht als den Gespielen seiner Kindheit erkennen durfte, und der mit seinen Tönen mehr Entzückungen gegeben hatte, als er in seiner Nacht zurückbekam, und ließ Thränen ihren Lauf, deren doppelte, vielleicht dreifache Quelle Emanuel nicht errieth: denn der Anblick dieser Augen, die nie mehr zu öffnen waren, that nun seiner Seele nach Klotildens Wunsche ihrer Heilung viel weher. Emanuel bat er noch mit einer über den Nebensinn hinübereilenden Stimme, ihn ein wenig zu begleiten, bis Maienthal verschwunden wäre.

In der dunkeln stillen Gegend draußen blieben alle Schmerzen in der Brust neben ihren Seufzern. „Wenn der Mond in dieses Blüthenthal „hereinschimmert, dacht' er, hab' ich es auf lange verlassen." Blos die Altarlichter, die Sterne, brannten im großen Tempel. Er wollte sich von seinem Lehrer auf dem Berge trennen, wo er sich mit ihm vereinigt hatte;

aber er ging durch Umwege — Emanuel folgte ihm gern, wohin er ihn führte — hinauf, um das Schweigen und Weinen unter dem Umwege zu überwältigen.

Aber sie kamen an unter der Trauerbirke, und sein Auge und seine Stimme hatte noch der Schmerz. „Ach (dacht' er) wie freudig groß war „hier die erste Nacht und wie schmerzhaft ist diese!" Sie ruhten auf der Erde neben einander an der Grasbank einsam, schweigend, trauernd vor dem dunkel schimmernden All. Viktor konnte den belasteten Athemzug der zerstörten Brust vernehmen, und das künftige Grab auf diesem Berge schien sich neben ihm aufzuwühlen. O wenn es bitter ist, neben dem Bette zu stehen, worin ein geliebtes erlöschendes Angesicht mit den Farben des Todes liegt: so ist es noch viel bitterer, mitten in den Szenen der Gesundheit hinter der aufgerichteten theuern Gestalt den arbeitenden, leise grabenden Tod zu hören, und so oft zu denken, als die Gestalt fröhlich ist: „ach sei noch fröhlicher, in Kurzem hat er dich umgenagt, und du bist „vergangen mit deinen Freuden und mit meinen!" — Aber ach, es gibt ja keinen Freund und keine Freundin, bei denen wir das nicht denken müßten! —

Er wußte nicht, warum Dahore so lange still war. — Er sah nicht voraus, daß der Mond den Berg früher bestralen werde als die Tiefe. Der Mond, dieser Leuchtthurm am Ufer der zweiten Welt, umzog jetzt den Menschen mit bleichen Gefilden, die aus Träumen genommen waren, mit blaß schimmernden Auen aus einer überirdischen Perspektive, und die Alpen und Wälder lösete er in unbewegliche Nebel auf — über der halben Erdkugel stand tief der Lethefluß des Schlafes, unter der grünen Rinde stand das Todtenmeer, und zwei liebende Menschen lebten zwischen dem weiten Schlafe und Tod .... Jetzt dachte Viktor zwar noch glühender, hier neben diese Birke, unter diesen kalten Boden wird seine zerfallne Brust auf ewig verborgen und sie blutet nicht mehr, aber sie schlägt auch nicht mehr — er dachte zwar an trübe Aehnlichkeiten, als die unbeweglichen Sterne auf- und abzusteigen schienen, blos weil die spielende Erde sich um sie wendet und sie zeigt und deckt — er sah

zwar melancholisch von den Irrlichtern weg, die über Thäler rennend nur
an der ernsten Nacht und an den Gräbern hinanhüpften und die um
einen einsamen Pulverthurm gaukelnde Kreise beschrieben — —

Allein doch schwieg er und dachte: „wir haben uns ja noch.“

Aber dann wurd' es seinem blutigen Herzen zu viel, als die Flöten-
klagen des Blinden aus dem einsamen Hause in die Nacht auszogen und
über den Berg und über das künftige Grab hinübergingen. — Dann
wurden den Seufzern Stimmen und der Zukunft Todtenglocken gegeben,
und es that ihm zu wehe, als er unter dem Flötengetön es dachte, dieser
einzige, dieser unersetzliche Mensch, der in seinem großen Herzen doch so
viel Liebe für dich bewahret, geht dahin und erscheint nie wieder. — Ach,
da noch dazu gerade jetzt Emanuel, der still in den Himmel versenkt und
wie ein Hingeschiedener neben ihm gelegen, seine Lage wegen des schmerzlichen und gedrückten Athemholens wechselte, aber mit einem heitern von
den Bruststichen nicht getroffnen Angesicht: so fuhr eine kalte Hand in
Viktors geschwollnes Herz und wendete sich darin um, und sein Blut
gerann an ihr an, und er sagte, ohne ihn ansehen zu können, schwach,
bittend, gebrochen: „stirb nicht nach einem Jahr, mein theurer Emanuel —
„wünsche nicht zu sterben!“

Der Genius der Nacht stand bisher unsichtbar vor Emanuel und
goß hohe Entzückungen in seine Brust, aber keine Leidenschaften, und er
sagte: „wir sind nicht allein — meine Seele fühlt das Vorbeigehen ihrer
„Verwandten und richtet sich auf — unter der Erde ist Schlaf, über
„der Erde ist Traum, aber zwischen dem Schlaf und Traum seh' ich Licht-
„augen wandeln wie Sterne. — Ein kühles Wehen kömmt vom Meer
„der Ewigkeit über die glühende Erde. — Mein Herz steigt auf und will
„abbrechen vom Leben. — Es ist alles so groß um mich, wie wenn Gott
„durch die Nacht ginge. — Geister! fasset meinen Geist, er windet sich
„nach Euch und zieht ihn hinüber . . . .“

Viktor wandte sich um und sah flehend ins schöne, freudige, unbe-
thränte Angesicht: „Du willst sterben?“

Emanuels Entzückung stieg über das Leben: „der dunkle Streif in

„der zweiten Welt ist nur eine Blumenaue*) — es leuchten uns Sonnen
„voraus, es ziehen uns fliegende Himmel mit Frühlingslüften entgegen —
„blos mit leeren Gräbern fliegt die Erde um die Sonne; denn ihre
„Todten stehen entfernt auf hellern Sonnen.“ —

„Emanuel?“ — fragte Viktor laut weinend und mit der Stimme
des innigsten Sehnens, und die Flötentöne sanken jammernd unter in
die weite Nacht — „Emanuel?“

Emanuel sah ihn zurückkommend an und sagte ruhig: „Ja, mein
„Geliebter! — Ich kann mich nicht mehr an die Erde gewöhnen; der
„Wassertropfen des Lebens ist flach und seicht geworden, ich kann mich
„nicht mehr darin bewegen, und mein Herz sehnt sich unter die großen
„Menschen, die diesen Tropfen verlassen haben. — — O Geliebter, höre
„doch — (und hier brückte er das Herz seines Viktors wund) — diesen
„schweren Athem geben — siehe doch diesen zerbrochnen Körper, diese
„dichte Hülle meinen Geist umwickeln und seinen Gang erschweren.“ —

„Siehe, hier klebt mein und Dein Geist angefroren an die Eisscholle,
„und dort deckt die Nacht alle hinter einander ruhende Himmel auf, dort
„im blauen glimmenden Abgrunde wohnt alles Große, was sich auf der
Erde entkleidet hat, alles Wahre, das wir ahnen, alles Gute, das wir
„lieben.“ —

„Sieh wie alles so still ist drüben in der Unendlichkeit — wie leise
„ziehen die Welten, wie still schimmern die Sonnen — der große Ewige
„ruhet wie eine Quelle mit seiner überfließenden unendlichen Liebe mitten
„unter ihnen und erquickt und beruhigt alles; und um Gott steht
„kein Grab.“

Hier stand Emanuel, wie von einer unendlichen Seligkeit gehoben,
auf und sah liebend zum Arkturus empor, der noch unter dem Gipfel des
Himmels hing, und sagte gegen die blinkende weite Tiefe gerichtet: „ach
„wie unaussprechlich sehn' ich mich hinüber zu euch — ach zerfalle, altes
„Herz, und verschließ' mich nicht so lange!“ — „So stirb denn, große

---

*) Wie die Flecken im Monde Blumen= und Pflanzenfelder sind.

„Seele (sagte Viktor) und ziehe hinüber; aber brich mein kleines Herz „durch Deinen Tod, und behalte den Armen bei Dir, der Dich nicht „verlassen und nicht entbehren kann.“

Die Flöte hatte aufgehört, die beiden Menschen waren an einander gesunken, um ihren Abschied zu endigen. „Theurer, Geliebter, Unver= „geßlicher, (sagt' Emanuel) Du bewegst mich zu sehr — aber wenn ich „nach einem Jahre auf diesem Berge verscheide, so sollst Du bei mir stehen „und sehen, wie dem Menschen die Banden abgenommen werden. Deine „Thränen werden meine letzten Erden=Schmerzen sein: aber ich werde „sagen, was ich jetzt sage: wir scheiden uns in der Nacht, aber wir finden „uns wieder am Tage.“ Hier ging er.

Viktor hatte sich leise von den kindlichen Lippen losgewunden — er jagte nicht auf seinem Nachtsteige — langsam ging er vor lauter Schlaf vorbei. — Er wandte sich oft um und verfolgte mit Augen voll fallender Thränen die fallenden Sterne über Maienthal — und um 4 Uhr Morgens kam er mit einer himmlischen Seele in St. Lüne an, und trat in den Garten voll alter Szenen, und legte in der bekannten Laube das glühende Haupt und das bekämpfte Herz in den Thau des Morgens zu einer kühlenden Ruhe nieder.

O ruhe, ruhe! — Ach den ewig erschütterten Busen des Menschen stillet nur ein Schlaf, entweder der irdische oder der andre ....

Ende des ersten Heftleins.

Ende des fünften Bandes.

Leipzig
Stereotypie und Druck von Giesecke & Devrient.

Jean Paul's

sämmtliche Werke.

Sechster Band.

Jean Paul's

sämmtliche Werke.

Dritte vermehrte Auflage.

Sechster Band.

Berlin.

Verlag von G. Reimer.

1861.

Inhalt des sechsten Bandes.

~~~~~

Hesperus.

Zweites Heftlein.

Hesperus

oder

fünfundvierzig Hundsposttage.

Eine Lebensbeschreibung.

~~~~~~

Zweites Heftlein.

Sechszehnter Hundsposttag.

Kartoffeln = Formschneider — Hemmketten in St. Lüne — Wachsbossierungen — Schach nach der regula falsi — die Distel der Hoffnung — Begleitung nach Flachsenfingen.

◠◠◠◠◠

Man sollte wie der alte Fritz gern in Kleidern schlafen, sobald man weiß, daß man, wie zuweilen Viktor und ich, im Hembe von den Vampyren der mitternächtlichen Melancholie umzingelt und angefallen wird; sie bleiben aus, wenn man sitzt und alles an hat; besonders erhalten uns Stiefel und Hut das Gefühl des Tages am meisten. —

Eine warme Hand hob Viktors bethautes Haupt vom Schlaftisch auf und richtete es der ganzen daherschlagenden Flut des Morgens entgegen. Seine Augen gingen (wie allemal) unbeschreiblich mild und ohne Nachtwolken vor Agathen auf und überstralten sie. Aber sie führte ihn mit seinen Stralen eilig aus der belaubten Schlafkammer hinweg: denn er sollte sich einen Frisierkamm und einen Morgensegen suchen, und zweitens sollte das Tischbett zu einem Theebret für Klotilden werden, die die warmen Getränke gern an kalten Orten nahm.

— Und so steht er draußen zwischen Pfarrhaus und Schloß mitten im Morgen — alles schien ihm erst während seiner Reise gemauert und angestrichen zu sein — denn alles, was darin wohnte, schien sich verändert zu haben und machte ihn wehmüthig. „Die Eltern drinnen „(sagt' er zu sich) haben keinen Sohn — mein Freund hat keine Geliebte, „und ich . . . kein ruhiges Herz." Da er nun endlich in die Wohnung trat und wieder ein heller Ehrenbogen des liebenden Familienzirkels wurde; da er mit theilnehmenden und doch belehrten Augen die zärt-

1*

lichen Täuschungen der Eltern, die grundlofen Hoffnungen feines Freundes und das Auffteigen der gewitterhaften Tage anfchauen mußte: fo ftand fein Auge in Einer unverrückten Thräne über die Zukunft und fie wurde nicht kleiner, da feine Adoptiv=Mutter fie durch weiches Anblicken recht= fertigen wollte. — — Zum Theil aber wehete auch diefer Flor über feine Seele blos aus der vorigen Nacht herüber, deren dämmernde Szenen nur durch einen kleinen Zwifchenraum aus Schlaf von ihm gefchieden waren: denn eine in Empfindungen verwachte Nacht endigt fich allezeit mit einem fchwermüthigen Vormittag.

Der Kaplan machte gerade Butter=Vignetten; ich meine, er fägte mit keiner andern Aetzwiege als mit einem Federmeffer, und in keine andre Kupferplatten als in Kartoffeln Buchdruckerftöcke und Schließ= quabrätchen ein, die auf die Juliusbutter des Schmuckes wegen zu drucken waren. Man hätte denken follen, Viktor hätte fich dadurch viel geholfen, daß er Witz hatte und anmerkte, die alten Drucke wären zwar langer Bücher darüber und langer allgemeiner deutfchen literarifchen Rezenfionen der Bücher ganz würdig, aber keines menfchlichen Gedankens, und wären zehnmal ungenießbarer als diefe neueften Butter=Inkunabeln; denn wenn es etwas elenderes geben könnte als die Weltgefchichte (d. h. die Re= gentengefchichte), deren Inhalt aus Kriegen, wie das Theaterjournal anderer Marionetten aus Prügeleien beftände, fo wär's blos die Ge= lehrten= und Buchdruckerhiftorie *). Auch das hätt' ihm zu ftatten kommen follen, daß er hinterdrein philofophifch war und verlangte, man follte den Menfchen weder ein lachendes noch vernünftiges Thier nennen, fondern ein putzendes; zu welcher Anmerkung die Kaplänin nichts fetzte, als die Anwendung davon auf ihre Töchter.

---

*) Er ift zwar nur gegen die typographifche Gefchichte gelehrter Werke aufgebracht, und verachtet nur das ängftliche Forfchen nach den Geburtstagen ꝛc. verftorbener und dummer Bücher mitten in einer Welt voll Wunder; aber auch hier muß er bedenken, daß Köpfe, die über nichts als das Drucken felber drucken laffen können, doch beffer diefes kleine Etwas thun, das den Beffern am meiften wuchert und erfpart, als gar nichts, oder etwas über ihre Kraft.

Aber in Menschen seiner Art haben Kummer, Satire und Philosophie neben einander Platz. Er erzählte dem Kartoffeln = Medaillör und der Kaplänin, die alle Weiber auf der Erde zu ihren Töchtern zählte und gegen sie ähnliche Strafpredigten hielt, seine Reise mit so vielen Satiren und Rasuren, als für beide Parteien nöthig waren; aber als er die Wünsche der Familie hörte, daß der Lord glücklich mit dem geliebten Fürstenkinde zurückkommen möge, und die Nachricht, daß der Regier= rath schon alles eingepackt habe, um mit seinem Freunde jede Stunde, die er wolle, in die Stadt zu ziehen: so hatte Viktor nichts zu thun als — die absondernden Thränenwege in seinen Augenhöhlen hinauszu= tragen . . . .

— Aber in den Garten! — Das war unüberlegt. Flamin ging nach, und sie langten mit einander im Laub=Kloset vor den Theetrinke= rinnen an. Niemals verschatteten die Zweige desselben ein verlegneres Gesicht, weichere Augen, vollere Blicke und lebhaftere oder schönere Träume, als Viktor darunter mitbrachte. Er dachte sich jetzo Klotilde als ein ganz neues Wesen, und dachte also — da er nicht wußte, ob sie ihn liebe — recht dumm; der Mensch achtet allezeit, wenn er den Berg überstiegen hat, den kommenden Hügel für nichts; Flamin war sein Berg gewesen, und Klotilde sein Hügel. — In allen Gespräch=Untiefen, wo man schon halb im Sitzen oder Sinken ist, gibt's keine herrlichere Schiffpumpe, als eine Historie, die man zu erzählen hat. Man gebe mir Verlegenheit und den größten Zirkel und nur Ein Unglück, nämlich die Anekdote davon, die noch keiner weiß als ich, so will ich mich schon retten. Viktor brachte also seinen Schwimmgürtel heraus, nämlich sein Schifftagebuch, aus dem er für die Laube einen pragmatischen Auszug machte — ich gesteh' es, ein Zeitungschreiber hätte mehr verfälschen, aber schwerlich mehr weglassen können.

Er that sich, glaub' ich, wieder Vorschub bei der Kaplänin, und noch mehr Schaden bei Klotilden — so sehr er auch nur aus Wohlwollen für die Zuhörer und aus zu starkem Haß des Hofes gegen Klotildens Satiren=Verbot in ihrem Briefe verstieß — dadurch unbezweifelt, daß er

— da überhaupt die Mädchen nur den Spott, nicht die Spötter lieben — die Benefizkomödie der Prinzessin nicht von der erhabenen Seite darstellte, wie ich, sondern von der lustigen: Klotilde lächelte, und Agathe lachte.

Da aber der Name Emanuel von ihm genannt wurde und sein Haus und sein Berg: so breitete die Freundschaft und die Vergangenheit auf dem schönsten Auge, worüber noch ein Augenbraunenbogen, aus einer Schönheitlinie gezogen, floß, einen sanften Schimmer aus, der jeden Augenblick zur Freudenthräne werden wollte. Doch mußte er zu einer andern werden, als Viktor der Frage um seine Gesundheit, welche Klotilde hoffend an ihn als Kunstverständigen that, die Antwort der leis' umschriebenen Geschichte seines nächtlichen Blutens geben mußte. Er konnte den Schmerz des Mitleidens nicht verhehlen, und Klotilde konnt' ihn nicht bezwingen. O ihr zwei guten Seelen! welche Quetschwunden wird euer Herz noch von eurem großen Freund empfangen!

Wohin anders konnte sie jetzt ihr liebendes und trauerndes Auge als gegen ihren guten Bruder Flamin hinkehren, gegen den ihr Betragen durch den doppelten Zwang, den ihr ihre Verschwiegenheit und seine Auslegungen anlegten, bisher so unbeschreiblich mild geworden war? — Da nun Viktor das alles mit so ganz andern Augen sah; da er seinem armen Freund, der mit seinem gegenwärtigen Glück vielleicht die giftige Nahrung seiner künftigen Eifersucht vergrößerte, offen und heftend in das feste Angesicht schauete, das einst schwere Tage zerreißen konnten; da ihn überhaupt künftige oder vergangene Leiden des andern mehr angriffen, als gegenwärtige, weil ihn die Phantasie mehr in der Gewalt hatte als die Sinne: so konnt' er einen Augenblick die Herrschaft über seine Augen nicht behaupten, sondern sie legten ihren Blick, von mitleidigen Thränen umgeben, zärtlich auf seinen Freund. Klotilde wurde über den Ruheplatz seines Blickes verlegen — er auch, weil der Mensch sich der heftigsten Zeichen des Hasses weniger schämt, als der kleinsten der Liebe — Klotilde verstand die kokette Doppelkunst nicht, in Verlegenheit zu setzen oder daraus zu ziehen — und die gute Agathe verwechselte das letzte immer mit dem erſten ... „frag' ihn, was ihm fehlt, Bruder!" ſagte Agathe zu Flamin ...

Dieſer lenkte ihn mit ähnlichem Gutmeinen hinter die nächſten Stachelbeerſtauden hinaus und fragte ihn nach ſeiner feſten Art, die immer Behauptung für Frage hielt: „Dir iſt was paſſiert!" — „Komm nur!" ſagte Viktor und zerrte ihn hinter höhere ſpaniſche Wände aus Laub.

„Nichts iſt mir" — hob er endlich mit gefüllten Augenhöhlen und lächelnden Zügen an — „weiter paſſiert, als daß ich ein Narr geworden „ſeit etwan 26 Jahren — (ſo alt war er) — Ich weiß, Du biſt leider „ein Juriſt und vielleicht ein ſchlechterer Okuliſt als ich ſelbſt, und haſt „wol wenig in H. Janin*) geleſen: nicht?"

Nicht blos vom Nein wurde Flamins Kopf geſchüttelt.

„Ganz natürlich; aber ſonſt könnteſt Du es aus ihm ſelber oder aus „der Ueberſetzung von Selle recht ſchön haben, daß nicht blos die „Thränendrüſe unſre Tropfen abſondere, ſondern auch der gläſerne Körper, „die Meibomiſchen Drüſen, die Thränenkarunkel und — unſer gequältes „Herz, ſetz' ich dazu — — Gleichwol müſſen von dieſen Waſſerkügelchen, „die für die Schmerzen der armen, armen Menſchen gemacht ſind, ſich „in 24 Stunden nicht mehr als (wenn's recht zugeht) 4 Unzen abſeihen. „— — Aber, Du Lieber, es geht eben nicht recht zu, beſonders bei mir, „und es ärgert mich heute, nicht daß Du in den H. Janin nicht geguckt, „ſondern daß Du meine fatale, verdammte, dumme Weiſe nicht merkſt"... „Welche denn?" — „Ja wol, welche; aber die heutige mein' ich, daß mir „die Augen überlaufen — Du darfſt es kühn blos einem zu matten „Thränenheber beimeſſen, worunter Petit alle einſaugende Thränen= „wege befaßt — wenn mir z. B. einer Unrecht thut, oder wenn ich nur „etwas ſtark begehre, oder mir eine nahe Freude oder nur überhaupt eine „ſtarke Empfindung oder das menſchliche Leben denke oder das bloße „Weinen ſelber." — —

_____

*) Ein bekannter guter Schriftſteller über die Augen.

Sein gutes Auge stand voll Wasser, da er's sagte, und recht=
fertigte alles.

„Lieber Flamin, ich wollte, ich wäre eine Dame geworden, oder
„ein Herrnhuter, oder ein Komödiant — wahrlich, wenn ich den Zu=
„schauern weißmachen wollte, ich wäre darüber (nämlich über dem
„Weinen), so wär' es noch dazu auf der Stelle wahr." —

Und hier legt' er sich sanft und froh mit Thränen, die entschuldigt
flossen, um die geliebte Brust .... Aber zur Vipern= und Eisenkur seiner
Männlichkeit hatt' er nichts als ein „Hm!" und einen Zuck des ganzen
Körpers vonnöthen: darauf kehrten die Jünglinge als Männer in die
Laube zurück.

Es war nichts mehr darin; die Mädchen waren in die Wiesen ge=
schlichen, wo nichts zu meiden war, als hohes Gras und bethauter
Schatten. Die leere Laube war der beste einsaugende Thränenheber
seiner Augen; ja ich schließe aus Berichten des Korrespondenz=Spitzes,
daß es ihn verdroß. Da die Schwester spät allein wiederkam: so verdroß
es den andern auch. Ueberhaupt, sollte sich etwa der Held — welches für
mich und ihn ein Unglück wäre — mit der Zeit gar in Klotilden ver=
lieben: so wird uns beiden — ihm im Agieren, mir im Kopieren — die
Heldin warm genug machen, eben weil sie selber nicht warm sein will;
weil sie weder überflüssige Wärme, noch überflüssige Kälte, sondern alle=
zeit die wechselnde Temperatur hat, die sich mit dem Gespräch=Stoff, aber
nicht mit dem Redner ändert; weil sie einem zärtlichen Nebenmenschen
alle Lust nimmt, sie zu loben, da sie keinen Sachzehend davon entrichtet,
oder sie wenigstens zu beleidigen, da sie keine Ablaßbriefe austheilt, und
weil man wirklich in der Angst zuletzt annimmt, man könne keine andern
Sünden gegen sie begehen, als solche gegen den heiligen Geist. Jean
Paul, der in solchen Lagen war, und oft Jahre lang auf Einem Platz
vor solchen Bergfestungen mit seinen Sturmleitern und Labarum's
und Trompetern stand, und statt der Besatzung selber ehrenvoll abzog;
dieser Paul, sag' ich, kann sich eine Vorstellung machen, was hier in
Sachen Sebastians contra Klotilden für Aktenpapier, Zeit und Druck=

schwärze (von ihm und mir) verthan werden kann, bis wir's nur zur **Kriegsbefestigung** treiben. Es wird einem Mann überhaupt bei einer ganz **vernünftigen** Frau nie recht wohl, sondern bei einer blos feinen, phantasierenden, heißen, launenhaften ist er erst zu Hause. Durch so eine wie Klotilde kann der beste Mensch vor bloßer Angst und Achtung frostig, dumm und entzückt werden; und meistens schlägt obendrein noch das Unglück dazu, daß der arme matte Schäfer, von dem sich ein solcher irdischer Engel, wie der apokalyptische vom Jünger Johannes, durchaus nicht will anbeten lassen, selten noch die Kräfte auftreibt, und zum Engel zu sagen — wie etwan zu einem entgegengesetzten Engel mit Weltreichen, der das Anbeten haben will: — „hebe dich weg von mir!" Paul hebt sich allemal selber weg. —

Viktor that dieß nicht; er wollte jetzt gar nicht aus dem Hause, d. h. aus dem Dorfe. Die Sommertage schienen ihm im St. Lüne wie in einem Arkadien zu ruhen, wehend, duftend, selig; und er sollte aus dieser sanft irrenden Gondel hinausgeworfen werden ins Sklavenschiff des Hofs — aus der pfarrherrlichen Milchhütte in die fürstliche Arsenikhütte, aus dem Philanthropistenwäldchen der häuslichen Liebe auf das Eisfeld der höfischen. Das war ihm in der Laube so hart! — und in Tostato's Bude so lieb! — Wenn die Wünsche und die Lagen des Menschen sich mit einander umkehren: so klagt er doch wieder die Lagen, nicht die Wünsche an. „Er wolle sich selber, sagt' er, auslachen, aber er habe doch hundert Gründe, in St. Lüne zu zögern, von einem Tage zum andern — es ekle ihn so sehr seine Absicht an, einem Menschen (dem Fürsten) aus andern Beweggründen zu gefallen als aus Liebe — es sei noch unwahrscheinlicher, daß er selber gefalle, als daß es ihm gefalle — er wolle lieber seinen eignen Launen als gekrönten schmeicheln, und er wisse gewiß, im ersten Monat sag' er dem Minister von Schleunes Satiren ins Gesicht, und im zweiten dem Fürsten — und überhaupt werd' er jetzt mitten im Sommer einen vollständigen Hofschelm schlecht zu machen wissen, im Winter eher, u. s. w."

Außer diesen hundert Gründen hatt' er noch schwächere, die er gar nicht erwähnte, wie etwan solche: er wollte gern um Klotilben ſein, weil er ihr nothwendig, gleichſam um ſein Betragen zu rechtfertigen — aber welches denn, mein Trauter, das vergangene oder künftige? — ſeine Wiſſenſchaft um ihre Blutverwandtſchaft mit ſeinem Freund eröffnen mußte. Zu dieſer Eröffnung fehlte, was in Paris das Theuerſte iſt, der Platz; das Exorbium auch. Klotilbe war nirgends allein zu treffen. Kenner ſagen, jebes Geheimniß, das man einer Schönen ſage, ſei ein Heftpflaſter, das mit ihr zuſammenleime unb das oft ein zweites Geheimniß gebäre: ſollte Viktor etwan barum Klotilben ſeine Kenntniſſe von ihrer Geſchwiſterſchaft ſo begierig zu zeigen getrachtet haben? —

Er blieb einen Tag um den andern, da ohnehin die Butterwoche der Vermählung erſt vorübergehen mußte. — Er hatte ſchon Vermählmünzen in der Taſche. Aber er ſah Klotilbe immer nur in Sekunden; unb eine halbe Sekunde braucht man nach Bonnet zu einer klaren Ibee, nach Hoole gar eine ganze: eh' er alſo eine ganze Vorſtellung von dieſer ſtillen Göttin zuſammengebracht hatte, war ſie ſchon fortgelaufen.

Enblich wurden ernſthaftere Anſtalten gemacht, nicht zur Abreiſe, ſondern zum Vorſatz derſelben... Die ſchönſten Minuten in einem Beſuche ſind die, die ſein Enbe wieder verſchieben; die allerſchönſten, wenn man ſchon ben Stock oder ben Fächer in der Hand hat unb boch nicht geht. Solche Minuten umgaben unſern Fabius der Liebe jetzt; ſanftere Augen ſagten ihm: „eile nicht," wärmere Hände zogen ihn zurück, unb die mitterliche Thräne fragte ihn: „willſt bu mir meinen Flamin ſchon „morgen rauben?"

„Ganz und gar nicht!" antwortet' er unb blieb ſitzen. Ich frage, ſtecte nicht ſeinetwegen die Kaplänin ihr Zungen=Richtſchwert in die Scheibe, weil er nichts ſo haßte als laute unb ſtille Verläumbungen eines Geſchlechts, das unglücklicher als bas männliche ſich von zwei Geſchlechtern zugleich gemißhandelt erblickt? — Denn er nahm oft Mäbchen bei der Hand unb ſagte: „die weiblichen Fehler, beſonbers böſe Nachrebe, „Launen unb Empfinbelei ſind Aſtlöcher, die am grünen Holz bis „in die Flitterwochen als ſchöne marmorierte Kreiſe gefallen; bie aber

„am bürren, am ehelichen Hausrath, wenn der Zapfen ausgedorret ist,
„als fatale Löcher aufklaffen." — Agathe schraubte jetzt ihr Nählissen an
seinen Schreibtisch und küßte ihn, er mochte zu lustig oder zu mürrisch
aussehen. Selber der Kaplan suchte ihm, wenn nicht die letzten T a g e,
die er bei ihm verträumte, süß zu machen, doch die letzten N ä c h t e, wozu
nichts nöthig war als eine Trommel und ein Fuß. Die feurigsten nächtlichen Hexentänze der Mäuse untersagte der Kaplan mit seinem Fuß, damit sie den Gast nicht aufweckten; er that nämlich damit an das untere
Bettbret von Zeit zu Zeit einen mäßigen Kanonenstoß, der um so mehr
ins Hörrohr der Tänzer einknallte, da er schon die Ohren der Menschen
erschreckte. Gegen den Eulerschen R ö s s e l s p r u n g der Ratten zog er
nur mit einem Schlägel zu Felde, womit er, wie ein jüngster Tag in ihre
Lust- und Jagdpartien einbrechend, blos ein oder zweimal auf eine ans
Bett=Tuch gestellte Trommel puffte.

Matthieu war unsichtbar und feierte, da Höflinge den Fürsten alles
nachäffen, die Hochzeittage des seinigen wenigstens in kleinen Hochzeit=
stunden nach. Das Pulver, das aus Kanonen und aus Feuerwerker=Düten
fuhr, das Vivat, das aus Kanzeln gebetet und aus Schenken geschrieen
wurde, und die Schulden, die man dabei machte, waren, denk' ich, so an=
sehnlich, daß der größte Fürst sich nicht schämen durfte, damit seine Vermählung und — Langweile anzuzeigen. — Die Kälte hat ewig ein
S p r a c h r o h r und die Empfindung ein H ö r r o h r. Die Ankunft einer
ungeliebten fürstlichen Leiche oder dergleichen Braut hört man an den
Polarzirkeln; hingegen wenn wir Niedere unsre Gräber oder unsre Arme
mit Geliebten füllen: so fallen blos einige ungehörte Thränen, trostlose
oder selige.

Flamin lechzete nach dem Seßiontisch, dessen Arbeiten jetzo bald an-
gingen, und begriff das Zögern nicht.... Endlich wurd' einmal im
ganzen Ernste der Abschiedtag festgesetzt, auf den 10ten August; und ich
bin gewiß, Viktor wäre am 14ten nicht mehr in St. Lüne gewesen, hätte
nicht der Henker am 8ten einen Tyroler hingeführt.

Es ist der nämliche, der vorgestern bei uns Scheerauern mit einer

wächsernen Dienerschaft, die er halb aus Reichsständen, halb aus Ge=
lehrten zusammengesetzt hatte, seinen Einzug hielt und mit den Wachs=
händen dieser Zwillingbrüder des Menschen uns die Gelder aus dem
Beutel zog. Es ist dumm, daß mir der Spitz den heutigen Hundstag
nicht vorgestern gebracht: ich hätte den Kerl, der in St. Lüne Viktor und
den Kaplan in Wachs bossierte, selber ausgefragt, wie Viktor heiße und
Eymann und St. Lüne selbst. Am Ende reis' ich aus erlaubter und
biographischer Neugierde diesem Menschen=Zimmermeister, der uns mit
schauerlichen Wiederscheinen unsers kleinen Wesens umringt, noch nach. —

Viktor mußte also wieder verharren, denn er ließ sich und den Kaplan
in Wachs nachbacken, um erstlich diesem, der alle Abgüsse, Puppen und
Marionetten kindisch liebte, und zweitens um der Familie, die gern in
sein erledigtes Zimmer den wächsernen Nach=Viktor einquartieren wollte,
einen größern Gefallen zu thun als sich selbst. Denn ihn schauerte vor
diesem fleischfarbnen Schatten seines Ich. Schon in der Kindheit streiften
unter allen Gespenstergeschichten solche von Leuten, die sich selber gesehen,
mit der kältesten Hand über seine Brust. Oft besah er Abends vor dem
Bettegehen seinen bebenden Körper so lange, daß er ihn von sich abtrennte
und ihn als eine fremde Gestalt so allein neben seinem Ich stehen und
gestikulieren sah: dann legte er sich zitternd mit dieser fremden Gestalt in
die Gruft des Schlafes hinein, und die verdunkelte Seele fühlte sich wie
eine Hamadryade von der biegsamen Fleischrinde überwachsen. Daher
empfand er die Verschiedenheit und den langen Zwischenraum zwischen
seinem Ich und dessen Rinde tief, wenn er lange einen fremden Körper,
und noch tiefer, wenn er seinen eignen anblickte.

Er saß dem Bossierstuhl und den Bossiergriffeln gegenüber, aber
seine Augen heftete er wieder in ein Buch, um die Körpergestalt, in der er
sich selber herumtrug, nicht entfernt und verdoppelt zu sehen. Die Ursache,
warum er aber doch die weggestellte Verdoppelung seines Gesichts im
Spiegel aushielt, kann nur die sein, weil er entweder den Figuranten im
Spiegel blos für ein Porträt ohne Kubikinhalt oder für das einzige Urbild
ansah, mit dem wir andre Doubletten unsers Wesens zusammenhal-

ten.... Ueber diese Punkte kann ich selber nie ohne ein gewisses Beben reden.

Dem Wachsabdruck Viktors wurde nach seiner Volljährigkeit eine toga virilis, ein Ueberrock, den das Urbild abgelegt hatte, umgethan, desgleichen das Zimmer eingeräumt, woraus der lebendige zog. Der Kaplan wollte diese wohlfeile Ausgabe von Horion so ans Fenster lagern, wenn die bessere fort wäre, daß die ganze Schuljugend, die vom Kantor Sitten und mores lernte, die Hüte abrisse, wenn sie aus dem Schulhause heimtobte. —

Endlich! — Denn Matz kam. Des letzten ausgekelterte Wangen und sein ganzer Körper, der unter den Zitronenbrückern der Nachtfeste gewesen war, bewiesen, daß er nicht log, da er sagte, der fürstliche Bräutigam sehe noch achtmal elender aus und liege darnieder am Podagra. Er setzte in seiner bittern Weise, die Viktor wenig liebte, hinzu: die bleichen Großen haben überhaupt kein Blut, das wenige ausgenommen, was sie den Unterthanen abschröpfen oder was ihnen an den Händen klebt, wie die Insekten kein rothes Blut bei sich führen, als das den andern Thieren abgesogne. Dieses erinnerte Viktor an seine medizinischen Pflichten gegen den Fürsten. Entweder Matzens verwüstete Gestalt — denn unmoralisches Nachtleben macht Züge und Farbe noch widerlicher als das längste Krankenlager — oder die Erinnerung an des Lords Warnungen, oder beides machte ihn unserem Hofmedikus eben so verhaßt als dieser wieder jenem durch das Hofphysikat geworden war; dieses verhehlte Gift Matthäi aber offenbarte sich nicht durch kleinere, sondern durch größere fast i r o n i s c h e Höflichkeit. Hingegen Matz und Flamin schienen vertraulicher als je zusammen zu sein.

Vormittags nach dem Rasieren sprang, ohne sich noch einmal zu überwaschen, Viktor auf und packte sogleich den Stiefelknecht ein, und riß die Hangriemen der Kleider entzwei, und bestellte Meßhelfer, damit sie seinen Lebens-Ballast — ausschifften (wegen seiner elenden Packerei) und dann einschifften. Denn er überließ die ganze Kuratel des Gerümpels unserer kleinlichen Lebensgeräthschaften immer fremden Händen, und das

mit einer solchen Verachtung dieses Gerümpels und mit einer solchen
sorglosen Verschwendung — ich werde zwar meinen Helden nie verläum=
den; aber es ist doch durch den Spitz erwiesen, daß er nie das Kurrent=
geld eines versilberten Goldstücks kollazionierte, und nie einem Juden,
Römer und Herrnhuter etwas im Handel abbrach — so sehr, sag' ich, daß
die ganze weibliche Hanse in St. Lüne schrie: ei der Narr! und daß die
Kaplänin sich immer an seine Stelle auf den Handelplatz einschob. Er
war aber nicht zu bessern, weil er die Lebensreise und also den Reisebündel
mit so philosophischen Augen verkleinerte, und weil er vor nichts so er=
röthete als vor jedem Scheine des Eigennutzes: er lief vor allen Anstalten,
Vorreitern und Probekomödien davon, wenn sie seinetwegen auftraten —
er schämte sich jeder Freude, die nicht wenigstens in zwei Bissen, in einen
für einen Mitesser, zu theilen war — er sagte, die Stirne eines Hospo=
dars müßte die Härte seiner Krone angenommen haben, weil's sonst ein
solcher Mensch unmöglich ertrüge, was oft blos seinetwegen gemacht
würde von einem ganzen Lande, die Musik — die Ehrenbogen — die
Carmina — das Freudengeschrei in Prose und die entsetzlichen Kano=
naden. — —

Er hatte jetzt in St. Lüne nichts mehr abzuthun, als eine bloße platte
— Höflichkeit; denn so viel darf ich wol ohne Eitelkeit behaupten, daß ein
Held, den ich zu meinem erkiese, schon hoffentlich so viel Lebensart habe,
daß er hingeht zum Kammerherrn Le Baut und sagt: à revoir! — An
solche Staatsvisiten muß er sich ohnehin jetzt gewöhnen.

Matz saß auch drüben, dieser mit struppichten abgezausten hängenden
Flügeln hingeworfene Amor der Kammerherrin — letzte scherzte über die
eitlen Blicke mit ihm, die den nachlassenden Puls seiner Liebe bekannten
— Le Baut spielte Schach mit Matzen — Klotilde saß an ihrem Arbeit=
tischchen voll seidner Blumen, mitten unter diesen edlen Drillingen.....
Ihr armen Töchter! was für Leute müsset ihr nicht oft bewillkommen
und aushören! — Doch für Klotilde war dieser Hausfreund nichts als
eine ausgepolsterte Mumie, und sie wußte nicht, kam er oder ging er.

Sebastian wurde als Adoptivsohn des Glücks, als Erbe des väter=

lichen Günstling = Postens, heute von der Kammerherrschaft ungemein
verbindlich empfangen. Wahrhaftig, wenn der Hofmann Unglückliche
flieht, weil ihm das Mitleiden zu heftig zusetzt, so drängt er sich gern um
Glückliche, weil er Mitfreude genießen will. Der Kammerherr, der sich
noch vor dem verbeugte, der in seinem Sturze vom Thron mitten in der
Luft hing, bückte sich natürlicherweise vor dem noch tiefer nieder, der in
der entgegengesetzten Fahrt begriffen war.

Viktor stellte sich zu den Weibern, aber mit einem aufs Schach=
bretchen irrenden Auge, um, wenn er verlegen wäre, sogleich einen Vor=
wand der veränderten Aufmerksamkeit oder des Wegtretens bei der Hand
zu haben. Es war gescheidt; denn jedes Wort, das er und die Weiber
sprachen, war ein Schachzug; er mußte gegen die Le Baut — was wußte
diese, daß einer Mutter nichts schöner stehe als eine vollkommene Tochter?
— d. h. gegen die Stiefmutter seine Kälte und gegen die Stieftochter
seine Wärme verbergen. Der Leser frage nicht: was konnte denn die
alte Stiefmutter für Wärme begehren? Denn in den höhern Ständen
werden die Ansprüche durch Blutverwandtschaft und Alter nicht geändert;
— blos in niedern werden sie es — daher befürcht' ich allemal, das, was
ich der Tochter vortrage, langweile die Mutter, und ich fange mit Recht,
wenn diese kömmt, nach einem bessern Redefaden. — Viktor verbarg
seine Kälte leicht aus jener Menschenliebe, die bei ihm so oft in zu gut=
herzige Schmeichelei unmoralischer Hoffnungen ausartete; und wenn
eine haben wollte, er sollte sich in sie verlieben, so sagte er: „ich kann doch
„wahrlich zum guten Lämmchen nicht sagen: ich mag nicht." — Die
Wärme gegen Klotilde verbarg er — schlecht, nicht weil sie zu stark, son=
dern gerade weil sie es noch nicht genug war. Es ist natürlich: ein
Jüngling von Erziehung kann, wenn er will, seine erwiederte Liebe
ohne Kanzelabkündigung verhüllen und verschweigen, aber eine uner=
wiederte, eine, die er selber blos erst Achtung nennt, läßt er aus sich
ohne Hüllen lodern. — Uebrigens bitt' ich die Welt, sich hinzusetzen und
zu bedenken, daß mein Held nicht den Teufel im Leibe oder sechszehn
Jahre habe, sondern daß er unmöglich eine Liebe für eine Person empfin=

ben könne, die über ihre Gesinnungen wie über ihre Reize eine Mosis-Decke hängt. Liebe beginnt und steigt durchaus nur an der Gegenliebe und mit ihrem wechselseitigen Errathen. Achtung hat er blos, aber recht viele, aber eine recht wachsende und bange, kurz seine Achtung ist jener kalte hüpfende Punkt im Dotter des Herzens, dem die kleinste fremde Wärme oft nach Jahren — die Metapher ist aus einem Ei geschlagen — wachsendes Leben und Amors-Flügel zutheilt.

Er untersuchte jetzt am Arbeittisch Klotildens Wärme mit dem Feuermesser; aber ich kann weiter nicht außer mir vor Freude sein, daß er die Wärme an der ins Kleinste abgetheilten Skala wenigstens um $^1/_{111}$ Linie gestiegen fand. Denn er schießet wol fehl; ich will lieber auf den Stirnmesser Lavaters bauen, als auf den Herz- und Wärme-messer eines Liebe suchenden Menschen, der seine Auslegungen mit seinen Beobachtungen vermengt und Zufälle mit Absichten. Sein Feuer-messer kann aber auch Recht haben; denn gegen gute Menschen ist man im Beisein der schlimmen (man bedenke nur Matzen) wärmer als sonst.

Man verdenk' es Herrn Le Baut und Frau Le Baut nicht, daß sie mei-nem Helden zum Glücke gratulierten, an einen solchen Hof, zu einem solchen Fürsten — es ist der größte in Deutschland, sagte er — zu einer solchen Fürstin — sie ist die beste in Deutschland, sagte sie — abzureisen. Matz lächelte zwischen Ja und Nein. Der Alte setzte das Schach fort, die Alte das Lob. Viktor sah mit Verachtung, wie wenig zwei solchen Seelen, die die Thronstufen für eine Wesenleiter und den Thron-Eisberg für einen Olymp und ein Empyreum hielten, und die nirgends als an dieser Höhe ihr Glück zu machen wußten, bessere Begriffe vom Glück und schlechtere von der Höhe beizubringen wären. Gleichwol mußt' er vor Klotilden, die auf ihrem Gesichte mehr als Ein Nein gegen die Lobrede hatte, offen-baren, daß er eben so edel verneine wie sie. Er knätete also Lob und Tadel nach einer horazischen Mischung untereinander, um weder sati-rische, noch schmeichlerische Anspielungen auf zwei abgedankte Hofleute zu machen: „mir gefällt's nicht, sagt' er, daß es da nur Vergnügungen und „keine Arbeiten gibt — lauter Konfektkörbchen und keinen einzigen Arbeitbeutel, geschweige einen Arbeittisch wie dieser da." — „Glauben Sie," fragte Klotilde mit auffallender Innigkeit, „daß alle Hoffeste einen ein- „zigen Hofdienst bezahlen?" — „Nein, sagt' er, denn für die Feste selber „sollte man bezahlet werden — ich behaupte, es gibt dort lauter Arbeit „und kein Vergnügen — alle ihre Lustbarkeiten sind nur die Beleuchtung, „die Zwischenmusik und die Dekorazion, die dem Schauspieler, der an „seine Rolle denkt, weniger gefallen als dem Zuschauer." — „Es ist alle- „mal gut, dagewesen zu sein," sagte die Alte. — „Gewiß (sagte er); „denn es ist gut, nicht immer dazubleiben." — „Aber es gibt Personen „(sagte Klotilde), die dort ihr Glück nicht machen können, blos weil sie „nicht gern dort sind." Das war sehr fein und schonend, aber blos für Viktors Herz verständlich: „einem schönen Schwärmer" (sagt' er, und fragte wie allemal nach dem scheinbaren Widerspruch zwischen Viktors Leben und Viktors Meinungen nichts) „oder einem feurigen Dichter „würd' ich rathen, zu Hause zu bleiben — beider Flug statt der Pas „wäre im Hofleben, was ein Hexameter in der Prose ist, den die Kunst- „richter nicht leiden können — und zur Seele mit dem weichsten gefühl- „vollsten Herzen würd' ich sagen: entfliehe damit, das Herz wird dort „als Ueberbein genommen, wie in der sechsfingerigen Familie in Anjou „der sechste Finger." .... Die Alte schüttelte den Kopf schnell links. „Und doch, fuhr er fort, würd' ich sie alle drei auf einen Monat an den „Hof ziehen und sie unglücklich machen, um sie weise zu machen." Die Kammerherrschaft konnte sich in Viktor nicht so gut wie mein Leser schicken, der zu meinem größten Vergnügen Laune und das Talent, alle Seiten einer Sache zu beschauen, so geschickt von Schmeichelei und Skeptizismus unterscheidet. Klotilde hatte langsam den Kopf zum letzten Satze ge- schüttelt. Ueberhaupt stritten heute alle für und wider ihn in jenem theilnehmenden Tone, den Weiber und Verwandte allemal gegen einen Fremden annehmen, wenn sie eine Stunde vorher den nämlichen Proceß, aber zu praktischer Anwendung, mit den Ihrigen geführet hatten.

Viktor, der schon lange besorgte, verlegen zu werden, ging endlich dahin, wohin er bisher so oft geschauet hatte — zum Schach, das man mit der größten Begierde, zu — verlieren, spielte. Der Kammerherr — wir wissen alle, wie er war, er schrieb nichts als Belobschreiben für die ganze Welt, und der Abendmahlkelch wäre mehr für seinen Geschmack gewesen, hätt' er daraus auf eines wichtigen Mannes Gesundheit toasten können — dieser beförderte, so gut er konnte, mit den dürren Schachstatuen blos das fremde Wohl auf Kosten des eignen: gern verlor er, falls nur Matthieu gewann. Noch dazu glich er jenen verschämten Seelen, die ihre Wohlthaten gern verborgen geben, und er konnt' es nicht über sich erhalten, es seinem Schach-Gegner zu sagen, daß er ihm den Sieg zuschanze; er hatte fast größere Mühe, sich zu verbergen wie ein Hofmann, als sich selber zu besiegen wie ein Christ. Eine solche Liebe hätte, wie es scheint, wärmer vergolten werden sollen als durch offenbare Bosheit; aber Matz hatte das Nämliche vor und wich dem Siege, den jener ihm nachtrug, wie ein wahrer Spitzbube aus. Le Baut ersann sich vergeblich die besten Züge, womit man sich selber matt macht — Matz setzte noch bessere entgegen und drohte jede Minute auch zu ermatten. Uns alle dauert der auf dem Schachboden herumgehetzte Kammerherr, der wie eine Kokette besorgt, nicht besiegt zu werden. Es war für ein weiches Auge, das doch dem Schwachen lieber als dem Schelm vergibt, nicht mehr auszuhalten: Viktor trat unter tausend Entschuldigungen gegen den Schwachen und voll Bosheit gegen den Boshaften in die Heckjagd ein, und nöthigte den Hofjunker, seinen Rath und seine Charitativsubsidien anzunehmen und zu vorgeschlagenen Kriegsoperazionen von solchem Werth zu greifen, daß der Mann mit dem Amte der kammerherrlichen Schlüssel endlich trotz seinen Befürchtungen und trotz den schlimmsten Aussichten — verlor. Alle Anwesende erriethen alle Anwesende, wie Fürsten einander in ihren öffentlichen Komödienzetteln.

Er hatte endlich die Abschiedaudienz, aber geringen Trost. Die Gestalt, unter der alle seine Schönheitideale nur als Schildhalter und Karyatiden standen, war noch kälter als bei dem Empfange und immer blos das Echo der elterlichen Höflichkeit. Das einzige, was ihn noch aufrecht erhielt und beruhigte, war eine — Distel, nämlich eine optische

auf den mufivifchen Fußboden gefäete. Er nahm nämlich wahr, daß
Klotilbe biefem Blumenftück, das fie doch kennen mußte, unter dem Ab=
fchiede mit dem Fuße auswich, als wär' es das Urbild. Abends macht'
er feine Schlußketten, wie fie auf Univerfitäten gelehret werden — diefer
Bexierbiftel.impfte er alle Rofen feines Schickfals ein — „zerftreut war
„fie doch, und weswegen? frag' ich," fagt' er ins Kopfkiffen hinein —
„benn errathen haben fie mich brüben ohnehin noch nicht," behauptete
er, indem er fich aufs zweite Kopfkiffen legte — „o du holdes Auge, das
„auf die Diftel fank, geh' in meinem Schläfe wieder auf, und fei der
„Mond meiner Träume" fagte er, da er fchon halb in beiden war. —
Er glaubte blos aus Befcheidenheit, er werde nicht errathen, weil er fich
nicht für merkwürdig genug anfah, um bemerkt zu werden. —

Der 20. Auguft 179* war der große Tag, wo er abmarfchierte nach
Flachfenfingen: Flamin war fchon um vier Uhr Abends fortgetrabt, um
keinen Abfchied zu nehmen, welches er haßte. Aber unfer Biktor nahm
gern Abfchied und zitterte gern im letzten Verftummen der Trennung:
„o ihr dürftigen egoiftifchen Menfchen! (fagt' er) diefes Polarleben ift
„ohnehin fo kahl und kalt, wir ftehen ohnehin Wochen und Jahre neben=
„einander, ohne mit dem Herzen etwas befferes zu bewegen als unfer
„Blut — blos ein paar glühende Augenblicke zifchen und erlöfchen auf
„dem Eisfeld des Lebens — warum meidet ihr doch alles, was euch aus
„der Alltäglichkeit zieht, und was euch erinnert, wie man liebt — —
„Nein! und wenn ich zu Grunde ginge, und wenn ich mich nachher
„nicht mehr tröften könnte: fo brückte ich mich mit dem unbedeckten
„Herzen und mit dem Bluten aller Wunden und zerrinnend und er=
„liegend an den geliebten Menfchen, der mich verlaffen müßte, und fagte
„doch: es thut mir wohl!" — Kalte felbftfüchtige und bequeme Perfonen
vermeiden das Abfchiednehmen, fo wie unpoetifche von zu heftigen Em=
pfinbungen; weibliche hingegen, die fich alle Schmerzen durch Sprechen,
und poetifche, die fich alle durch Phantafieren milbern, fuchen es.

Um fechs Uhr Abends — denn es war nur ein Sprung nach Flach=
fenfingen — als das Vieh wiederkam, ging er fort, begleitet von der

ganzen Familie. An seinen glücklichern Arm — meiner muß sich blos zum Besten der Wissenschaften bewegen — war die Brittin und an den linken Agathe angeöhrt; an die Schwester hatte sich der arme Hauspudel geschnallet (Apollonia), welcher gleichwol dachte, er berühre und genieße troß dem schwesterlichen Einschiebsel und Zwischengeist den Doktor. So fahren die Funken der Liebe, wie die elektrische und magnetische Materie, durch das Mittel von zwanzig dazwischen gestellten Leibern hindurch. Ein Philosoph, der sich hinsetzt und erwägt, daß unsre Finger im Grunde der geliebten Seele nicht um einen Daumen näher kommen, es mag zwischen ihnen und ihr blos die Gehirnkugel oder gar die Erdkugel liegen, wird allezeit sagen: „ganz natürlich!" Daraus erklärt dieser sitzende Philosoph, warum die Mädchen die männlichen Verwandten ihres Geliebten halb mitlieben — warum der Rohrstuhl Shakspeares, die Kleiderkommode Friedrichs II., die Stutzperücke Rousseaus unser sehnendes Herz be= friedigen. — —

Aber niemand wollte, den Weisel dieses Vorschwarms ausgenommen, wieder zurück. „Nur noch an die sechs Bäume" sagte Agathe. Als man an diese Gränzpfähle und Lochbäume der heutigen Lust gekommen war, waren deren sieben, und man behauptete allgemein, sie wären nicht ge= meint und es ginge weiter. Der Begleitete wird gewöhnlich immer ängst= licher und der Begleiter immer froher, je länger es währt. „Doch bis zu jenem Ackermann!" sagte die scharfsehende Brittin. Aber endlich merkte unser Held, daß diese Herkules=Säule ihrer Reise selber gehe und daß der Ackermann nur ein Wandermann sei. „Das Beste ist — sagt' er, und kehrte sich um — ich kehre mich um und reise erst morgen." Der Kaplan sagte: „bis ans alte Schloß (d. h. es war noch Eine Mauer davon da) geh' ich ohnehin gewöhnlich Abends!" — Allein über diese Gränzfestung des schönsten Abends rückte die plaudernde Marschsäule betrügerisch hin= aus, und die Augen wurden über die Ohren vergessen. Da sonach bei den Gränzstreitigkeiten ein Hauptartikel nach dem andern durch Separat= artikel gebrochen wurde: so war wahrhaftig weiter nichts zu machen — als folgender Versuch. „Hieher wollt' ich Sie nur haben (sagte Viktor) —

„jetzt müssen Sie mit mir weiter gehen und heute beim Apotheker über-
„nachten." — „In der That," sagte die Kaplänin kalt, „bis zu Sonnen-
„untergang wird mitgegangen: wir sollen doch nicht dieser schönen
„Sonne den Rücken wenden." Allerdings hatte der Abend lauter Freudenfeuer angezündet auf der Sonne — auf den Wolken — auf der Erde —
auf dem Wasser.

Auf dem Hügel sah man schon die Thurmspitzen der Stadt; die
Sonne, dieses erwählte Drehkreuz der Begleitung, goß aus ihrer Ver-
tiefung über die Schatten = Beete der Thäler ihre goldführenden Purpur-
flüsse. Oben, als sie verging, nahm Viktor die zwei Eheleute in den Arm
und sagte: „o macht Euch so glücklich wie mich, und kommt froh nach
„Haus!" — und dann nahm er die Schwestern an sein trunknes Herz
und sagte: „gute, gute Nacht, ich bin Euch gut" und dann sah er alle
mit ihren verborgnen Seufzern und Tropfen rückwärts gehen — und
dann rief er: „wahrlich, ich komme bald wieder, es ist ja nur ein Sprung
„daher" und dann schrie er nach: „ich bin des Teufels, wenn wir getrennt „sind" und dann zog ihnen sein schweres Auge durch alle Zweige
und Tiefen nach, und erst als der liebende Verein ins letzte Thal wie in
ein Grab gesunken war, hüllte er sich die Augen zu und dachte an die
unaufhörlichen Trennungen des Menschen . . . .

Endlich öffnete er seine Augen gegen die ausgebreitete überwölkte
Stadt und dachte: „zwischen dieser erhobenen Arbeit, in die sich die
„Menschen mit ihrem kleinen Leben nisten, sperren sich auch deine kleinen
„Tage ein — dieses ist die verhüllte Geburtstätte deiner künftigen Thränen,
„deiner künftigen Entzückungen — ach mit welchem Auge werd' ich nach
„Jahren wieder über diese Nebel = Gehäuse schauen — und .. ein Narr
„bin ich, sind denn 2300 Häuser nur meinetwegen?"

Nachschrift. Diesen sechzehnten Posttag hat der Berghauptmann
ordentlich am Ende des Junius abgeschlossen.

Vierter Schalttag

und

Vorrede zum zweiten Heftlein.

Ich will Schalttag und Vorrede zusammenschweißen. Es muß daher — wenn's nicht Spielerei mit der Vorrede sein soll — hier doch einigermaßen der zweite Theil berührt werden. Es verdient von Kunstrichtern bemerkt zu werden, daß ein Autor, der anfangs acht weiße Papierseiten zu seinem Gebiete vor sich hat — so wie nach Strabo das Territorium Roms acht Stunden groß war — nach und nach so weit fortrückt und das durchstreifte Papier mit so viel griechischen Kolonisten — denn das sind unsere deutschen Buchstaben — bevölkert, bis er oft ein ganzes Alphabet durchzogen und angebauet hat. Dieß setzt ihn in Stand, den zweiten Theil anzufangen. Mein zweiter ist, wie ich gewiß weiß, viel besser als der erste, wiewol er doch zehnmal schlechter ist als der dritte. Ich werde hinlänglich belohnt sein, wenn mein Werk der Anlaß ist, daß eine Rezension mehr in der Welt gemacht wird; und ich wüßte nichts — wenn's nicht eben dieser Gedanke wäre, daß Bücher geschrieben werden müssen, damit die gelehrten Anzeigen derselben fortdauern können — was einen Autor zur unsäglichen Mühe antreiben könnte — den ganzen Tag am Dintenfaß zu stehen und ganze Pfunde Konzept=Hadern in Berlinerblau zu färben ... Und dieser kühle ernste hocus pocus von Vorrede — ein Ausdruck, den Tillotson für eine Verkürzung von der katholischen Formel: hoc est corpus hält — sei für gute Rezensenten auf Universitäten genug.

Ich wende mich wieder zu dem, was ich eigentlich damit haben wollte. Ich bin nämlich gesonnen, die Extrablättchen und Nebenschößlinge, womit die Schalttage vollzumachen sind, in alphabetischer Ordnung — weil Unordnung mein Tod ist — nicht nur anzukündigen,

sondern auch hier schon anzufangen und fortzusetzen bis zum Buch=
staben J.

Schalt= und Nebenschößlinge alphabetisch geordnet.

A.

Alter der Weiber. Lombardus (L. 4. Sent. dist. 4.) und der h.
Augustin (l. 22. de civit. c. 15.) erweisen, daß wir alle in dem Alter von
den Todten auferstehen, worin Christus auferstand, nämlich im 32sten
Jahre und dritten Monat. Mithin wird,. da im ganzen Himmel kein
Vierziger zu haben ist, ein Kind so alt sein wie Nestor, nämlich 32 Jahre
und drei Monate. Wer das weiß, schätzet die schöne Bescheidenheit der
Weiber hoch, die sich nach dem 30sten Jahre wie Reliquien für älter aus=
geben, als sie sind; denn es wäre genug, wenn sich eine Vierzigerin,
Achtundvierzigerin so alt machte wie guter Rheinwein, oder höchstens wie
Methusalem; aber sie glaubt bescheidener zu sein, wenn sie sich, so sehr
ihr Gesicht auch widerspricht, schon das hohe Alter zuschreibt, das sie erst,
wenn ihr Gesicht einige tausend Jahre in der Erde gelegen ist, haben
kann, nämlich — 32 Jahre und drei Monate. Schon ein Dummer sieht
ein, daß sie nur das künftige Aufersteh= und kein Erbenalter meine, weil
sie von diesem Stand=Jahre nicht wegrückt, welches eben in der Ewigkeit,
wo kein Mensch eine Stunde älter werden kann, etwas Alltägliches ist.
Diese Einheit der Zeit bringen sie in das Intriguenstück ihres
Lebens darum schon im 30sten Jahr hinein, weil nach diesem in Paris
keine Frau mehr öffentlich tanzen und (nach Helvetius) kein Genie
mehr meisterhaft schreiben kann. Auf das letzte rechnete man vielleicht
sonst in Jerusalem, wo jeder erst nach dem 30sten Jahr ein Lehramt
bekam.

B.

Basedowische Schulen. Basedow schlägt in seiner Philalethie
vor, 30 unerzogene Kinder in einen Garten einzuzäunen, sie ihrer eignen
Entwickelung zu überlassen und ihnen nur stumme Diener, die nicht ein=
mal Menschen=Kleidung hätten, zuzugeben, und es dann zu Protokoll zu

bringen, was dabei herauskäme. Die Philosophen sehen vor lauter Möglichkeit die Wirklichkeit nicht: sonst hätte Basedow bemerken müssen, daß
unsre Landschulen solche Gärten sind, in denen die Philosophie den Versuch machen will, was aus Menschen, wenn sie durchaus alle Bildung
entbehren, am Ende werde. Ich gesteh' aber, daß alle diese Versuche noch
so lange unsicher und unvollkommen bleiben, als die Schulmeister sich
nicht enthalten können, diesen Probekindern irgend einen Unterricht —
und wär' es der kleinste — zu ertheilen; und besser würde gefahren mit
ganz stummen Schulleuten, wie es taubstumme Zöglinge gibt.

C. siehe K.

D.

D i c h t e r. Der Dichter wird, ob er gleich Leidenschaften malt, doch
diese am besten in dem Alter treffen, wo seine kleiner sind, so wie Brenn-
spiegel gerade in den Sommern, wo die Sonne am wenigsten brannte,
am stärksten wirkten und in den heißen am wenigsten. Die Blumen der
Poesie gleichen andern Blumen, die (nach Ingenhouß) im gedämpften
benebelten Sonnenlicht am besten wachsen.

E.

E m p f i n d s a m k e i t. Sie gibt oft dem innern Menschen, wie
der Schlagfluß dem äußern, größere Empfindlichkeit und doch
L ä h m u n g.

F. siehe Ph.

G.

G ö t t i n. Wie die Römer ihre Monarchen lieber für Götter als
für Herren erkannten, so wollen die Männer die Directrice ihres Herzens
lieber ihre Göttin als ihre H e r r i n nennen, weil es leichter ist, anzubeten, als zu gehorchen.

H.

H. Ich habe oft Leute, die zu leben hatten und zu leben wußten —
welches nicht zweierlei ist — erstlich um die besten und vornehmsten
Weiber gaukeln und aus dem Honigkelch ihrer Herzen saugen, und zwei-

tens hab' ich sie an bemselben Tage die Flügel zusammengeschlagen und auf eine jämmerliche Tröpfin niederschießen sehen, damit die Tröpfin ihre Erben — erbe. Nie aber hab' ich diese Schmetterlinge mit etwas anderem verglichen als mit Schmetterlingen, die den ganzen Tag Blumen besuchen und benaschen, und doch ihre Eier auf einen schmutzigen Kohlstrunk laichen.

H.

Holbeins Bein. Ich will lieber das H. noch einmal nehmen als das J., weil unter der Rubrik des J's die Invaliden kämen, von denen ich behaupten wollen: daß ihnen, da Leute, denen man Glieder abgenommen, vollblütig werden, desto weniger Brod gereichet werden dürfe, je mehr ihnen Glieder weggeschossen oder weggeschnitten worden, und daß man dieses die Physiologie und Diätetik der Kriegskasse nenne. — Aber mich haben die halben armen Teufel zu sehr gedauert.

Die Beine Holbeins machen größern Spaß, als abgenommene. Der Maler strich nämlich in Basel nichts an als Basel selber; und der nämliche Umstand, der sein Genie in diese architektonische Färberei hineinzwang, nöthigte es auch, daß es oft darin Raststunden hielt — er soff nämlich entsetzlich. Ein Bauherr, dessen Name in der Geschichte fehlt, trat oft in die Hausthüre und zankte zum Gerüste hinauf, wenn die Beine des Hausfärbers, anstatt davon herunterzuhängen — denn mehr war vom Maler nicht zu sehen — in der nächsten Weinkneipe standen und wankten. Schritt nachher Holbein damit über die Gasse daher: so kam ihm Haber entgegen und stieg mit ihm aufs Gerüste hinauf. Dieses brachte den Maler, der seine Studien (auch im Trinken) liebte, auf und er nahm sich vor, den Bauherrn zu ändern. Da er nämlich das ganze Unglück seinen Beinen verdankte, deren Fruchtgehänge der Mann unter dem Gerüste sehen wollte: so entschloß er sich, eine zweite Auflage von seinen Beinen zu machen und sie an das Haus hängend zu malen, damit jener, wenn er unter der Hausthüre hinauf schauete, auf den Gedanken käme, die zwei Beine und ihre Stiefeln malten droben fleißig fort. — Und auf diesen Gedanken kam der Bauherr auch; aber da er endlich bemerkte, daß das Bexierfußwerk den ganzen Tag an Einer Stelle hange und sich nicht fortschiebe: so wollt' er nachsehen, was denn der Meister so lange an Einer Partie bessere und retuschiere — und verfügte sich selber hinauf. Droben im Bakuum (Leerem) ersah er leicht, daß der Maler da aufhöre, wo Kniestücke anfangen, beim Knie, und daß der mangelnde Rumpf wieder sause in einem Alibi.

Ich verdenk' es dem Bauherrn nicht, daß er auf dem Gerüste keine Moral aus dem Fußwerk zog: er war zu erboßt.

Ich wollte noch eine Geschichte von den Fürsten-Porträts anstoßen, die hinter den Präsidenten in den Sessionzimmern statt der Urbilder zum Stimmen da hangen — aber ich störe den Zusammenhang; auch war sonst hier das Ende des ersten Heftleins.

Siebenzehnter Hundsposttag.

Die Kur — das Schloß des Fürsten — Biktors Bisiten — Joachime — Kupfer= stich des Hofs — Prügel. —

Ich sagte in Breslau: „ich wollt', ich wäre der Fetspopel!" da ich ge= rade das Porträt dieser Person verzehrte. Der Fetspopel ist eine Närrin, deren Gesicht den breslauischen Pfefferkuchen aufgepresset ist. Ich sage folgendes nicht blos meinetwegen, um etwan blos mich auf eine solche Pfeffer= kuchen=Paste zu bringen, sondern auch anderer Gelehrten wegen, die Deutschland eben so wenig mit Denkmälern ehrt, z. B. Lessing, Leibnitz. Da es einem in den deutschen Kreisen so sauer wird, bis man nur eine halbe Ruthe Steine zum Grabmal eines Lessings oder sonstigen Großen zusammenbringt — das was von Steinen gute Rezensenten auf einen

Literatus schon bei Lebzeiten werfen, wie die alten auf Gräber, ist noch das Meiste; — so erklär' ich mich frei auf dem breslauischen Markt, eh' ich noch den Fetspopel angebissen: „entweder hier auf diesem Pfeffer- „kuchen ist der Tempel des Ruhms und das Bette der Ehren für deutsche „Schriftsteller, oder es gibt gar keinen Ruhm. Wann ist es Zeit, sobald „es nicht jetzt ist, es von den Deutschen zu erwarten, daß sie die Ge- „sichter ihrer größten Männer nehmen und bossieren in Eßwaaren, weil „doch der Magen das größte deutsche Glied ist? Wenn der Grieche „unter lauter Statuen großer Männer wohnte und dadurch auch einer „wurde: so würde der Wiener, wenn er die größten Köpfe immer vor „Augen und auf dem Teller hätte, in Enthusiasmus gerathen und wett- „eifern, um sich und sein Gesicht auch auf Pfeffer- und andern Kuchen, „Pasteten und Karpsen zu schwingen. Meusels gelehrtes Deutschland „wäre in Backwerk nachzudrucken — man könnte große Helden auf „Kommißbrod nachbosseln, um die gemeine Soldateska in Feuer zu setzen „und in Hunger nach Ruhm — große Dichter würd' ich auf Braut- „kuchen*) abreißen in eingelegtem Bildwerk, und Heraldiker von Genie „auf Haferbrod — von Autoren für Weiber wären süße Dosenstücke in „Zuckerwerk zu entwerfen. — Geschähe das, so würden Köpfe wie Ha- „mann oder Liskov allgemeiner von den Deutschen geschmeckt in solcher „Einkleidung; und mancher Gelehrte, der kein Brod zu essen hätte, würde „eines doch verzieren; und man hätte außer dem papiernen Adel noch „einen gebacknen." Was mich anlangt, der ich mein Gesicht bisher noch nirgends gewahr wurde als im Rasierspiegel: so soll man mich damit — denn in Westphalen bin ich am wenigsten bekannt — auf Pumpernickel pappen. — —

Jetzt wieder zur Geschichte! Ein langer kraushaariger Mensch steht in der Nacht vor dem bunten Hause des Apothekers Zeusel, guckt zum dritten erleuchteten Stockwerk, in das er zieht, empor und macht endlich statt der hölzernen Thür die gläserne der Apotheke auf. O mein guter

---

*) 1795. 1819; Brodkuchen 1798.   M.

Sebastian! Segen sei mit deinem Einzug! Ein guter Engel gebe dir seine Hand, um dich über sumpfige Wege und Fußangeln zu heben: und wenn du dir eine Wunde gefallen, so weh' er sie mit seinem Flügel an, und ein guter Mensch decke sie mit seinem Herzen zu! —

In der wie ein Tanzsaal flammenden Apotheke hat sich einer der fettesten Hoflakaien von einem der magersten Provisoren noch einen Manipel und einen kleinen Pugillum Moxa für Seine Durchlaucht aus. Der magere Mann nahm aber hinter seiner Wage eine halboffne Hand voll Moxa und noch vier Fingerspitzen voll — da doch ein kleiner Pugillus nur drei Fingerspitzen beträgt — und schickte alles den Füßen des Fürsten zu: „wenn wir das gar verbrannt haben" — sagt' er und wies auf die Moxa — „so wird Seine Durchlaucht schon ein Podagra haben, so gut „als eines im Lande ist."

Die Ursache, warum der Provisor mehr gab, als rezeptieret war, ist, weil er auch seinen Kirchenstuhl im Tempel des Nachruhms haben wollte; daher überdachte er erstlich ein fremdes Rezept so lange, bis er's genehmigte, und wog zweitens immer $^1/_{11}$, $^1/_{17}$ Strupel zu viel oder zu wenig zu, um dem Doktor die Bürgerkrone der Heilung vom Kopf zu nehmen und auf seinen zu setzen: „blos mit der Gabe muß ich meine „Kuren thun" sagte er. Viktor gönnte ihm den Irrsal: „ein Provisor, „sagte er, der den ganzen Flügel der Wiedergenesenden anführt und dem „Doktor blos den Nachtrab der Leichen zutheilt, hat für dieses Kurzleben „schon Lorbeerkränze genug u n t e r der Gehirnschale."

Der Apotheker Zeusel hat Welt genug, um den Miethmann nicht durch ein aufgenöthigtes Empfangs-Essen zu beschweren, und sagte ihm blos den Zeitungartikel aus dem mündlichen morning chronicle der Stadt, daß der Fürst das Podagra weniger habe als suche und fixiere. Auch gab er ihm den italiänischen Bedienten, den der Lord für ihn gemiethet hatte, und das Zimmer.

— Und darin sitzt Sebastian jetzt auf der Fensterbrüstung allein und denkt — ohne Blick auf Schönheiten der Stube und der Aussicht — ernsthaft nach, was er denn eigentlich hier vorhabe morgen und über=

morgen und länger: „morgen zünd' ich sonach los — (sagt' er und drehte „die Quaste der Fensterschnur) — ich und das Podagra sollen uns fest= „setzen beim Fürsten — Arg ist's, wenn ein Mensch die gichtische Materie „eines Regenten als Wasser braucht, um seine Mühle zu treiben — ein „Herzpolype, eine Kopfwassersucht sollte mich weniger ärgern als Hof= „mann, beides wären anständige Gnadenmittel und Floßfedern zum „Steigen. — Nein, ich bleibe gerade und fest, ganz aufrecht, ich gebe „gleich anfangs nicht nach, damit sie's nicht anders wissen. — Nicht „einmal ans Kantonieren und Ankern im Vorzimmer ist zu denken." (Auch hatte der Lord dem Selbsprecher schon die Freilassung von der ängstlichen Hoforonung einbedungen.) — „Ach ihr schönen Frühling- „jahre! ihr seid nun über mich weggeflattert, und mit euch die Ruhe und „der Scherz und die Wissenschaften und die Aufrichtigkeit und lauter „ähnliche gute Herzen." — (Er wirbelte die Quastenschnur plötzlich kürzer hinauf) „Aber, du guter Vater, du hast solche gute Jahre nicht „einmal gehabt, du durchstreifest die Erde und gibst deine Tage „preis für das Glück der Menschen. — Nein, dein Sohn soll dir deine „Aufopferungen nicht verderben und nicht verbittern — er soll sich hier „gescheidt genug aufführen — und wenn du dann wieder kommst und „hier am Hofe einen gehorsamen, einen begünstigten und doch unver= „dorbnen Sohn antriffst . . . ." Als der Sohn gar dachte, daß er, wenn er so in gerader Aufsteigung am Hofe kulminierte, gewinnen könnte das Herz der Kaplanei, das Herz von Le Baut, das seines Vaters, das seiner sämmtlichen Verwandten und (dacht' er anders daran) auch das von Klotilde: so hatt' er die abgedrehte Quaste wie eine Tuberose in seiner Hand . . . . und daher legt' er sich still zu Bette.

— Steh' auf, mein Held! Die Morgensonne macht schon deinen Erker roth — springe unter dem Glockengeläute der Wochenpredigt und unter dem Getöse des heutigen Markttages in deine helle Stube! — Dein Vater, von dem du die ganze Nacht geträumt, hat sie voll musikalischen und malerischen Schiff und Geschirr gestellt, und du wirst den ganzen Morgen an ihn denken; — und doch schenkt dir der Erker noch mehr,

den Blick auf einen grünen Streif von Feldern und auf Maienthals An-
höhen nach Abend — den ganzen Marktplatz — das Privat-Haus des
Stadtseniors gegenüber, dem du in alle Stuben, die er an deinen Flamin
vermiethet, schauen kannst! — —

Flamin ist jetzo aber nicht darin; denn er hatte meinen Helden schon
angefaßt und mit meinen Worten angeredet: steh' auf! — Eine neue
Lage ist eine Frühlingkur für unser Herz und nimmt das ängstliche Gefühl
unserer Vergänglichkeit aus ihm: — und unter einem solchen heitern
Himmel des Lebens tanzet heute mein Viktor mit Allem — mit den Vor-
mittag-Horen — mit dem Regierungrathe — mit dem Apotheker — durch
die Apotheke hindurch neben dem Provisor vorbei, um oben auf dem
Schlosse mit dem podagristischen Jenner einige Gänge zu machen.

— Er ist kaum eine halbe Stunde bei dem Fürsten gewesen, so sieht
ihn Zeusel wieder in sein medizinisches Waarenlager rennen .... „ei ei!"
denkt der Apotheker.

Aber es war ganz anders: Viktor gelangte durch ein Monturen-
Verhau — denn die Gänge zu den Fürstenzimmern sind fast Zeltgassen,
und die Regenten lassen sich so ängstlich umwachen, als besorgten sie, die
e r s t e n oder die l e t z t e n zu sein — ins Krankenzimmer. Vor einem
Pazienten, der in wagrechter Verfassung liegt, behält man die lothrechte
leichter. Die Großen verwechseln oft die Wirkung ihrer Zimmer und Ge-
räthe mit ihrer eignen: — wenn sie der Gelehrte auf einem Rain, in
einem Walde, in einem Krautfelde überfallen könnte: er wüßte sich zu benehmen. Aber Viktor war selber in gestickten und mit goldnen Ecken-
beschlägen versehenen Zimmern erzogen. Da er den Freund seines Vaters
in Schmerzen und mit eingepackten Beinen fand: so vertauschte er seine
brittische Unbefangenheit gegen die medizinische und fing, anstatt stolze
fürstliche Fragen zu erwarten, ärztliche vorzulegen an. Als des Doktors
ärztliches Beichtsitzen zu Ende war: so legte er die Hand, anstatt auf den
Kopf des Beichtkindes, auf die Bibel daneben und wollte schwören und
ließ es — bleiben, weil ihm etwas besseres einfiel, und blätterte — das
war ihm eingefallen — das Gichtbrüchigen-Evangelium in der Bibel auf,

„denn ans Podagra ist hier gar nicht zu denken" sagte er. Er that ihm
dar, seine ganze Krankheit sei Wind, figürlich und eigentlich gesprochen
— in den erschlafften Gefäßen hauf' er und schleiche sich wie die Jesuiten
unter allen Gestalten in alle Glieder ein — selber sein Schmerz in der
Wade sei solcher versetzter Menschen= oder Gedärm=Aether. Der Leibarzt
Kuhlpepper ist mit seinem Irrthum über den Fürsten zu entschuldigen;
denn jeder Arzt muß sich eine Universalkrankheit auslesen, wofür er alle
andere ansieht, die er con amore behandelt, in der er wie der Theolog in
Adams Sünde, oder der Philosoph in seinem Prinzip, den ganzen Rest
ertappet — es stand also in dem freien Willen Kuhlpeppers, sich zur
Stamm=Krankheit, die das Nest-Ei und die Mutterzwiebel der Pathologie
sein konnte, das Podagra — bei Männern, bei Weibern Flüsse auszu=
klauben oder nicht. Da er's ausgeklaubt, so hat er auch suchen müssen,
es bei Sr. Durchlaucht zu fixieren wie Pastell oder Quecksilber. — Jenner
hatte — selber von seiner Kapelle — nie etwas angenehmers gehöret, als
Viktors Behauptung, die ihn vom bisherigen Liegen, Medizinieren und
Hungern loshalf. Viktor eilte in der Freude über die leichte Krankheit
zum Rezeptieren davon, nachdem er an Trostes Statt behauptet hatte:
„ein ätherischer Leib sei noch mitzunehmen und diene der Seele zwar
„zu keinem himmlischen Grahams=, aber doch zu einem Luftbette, das sich
„selber mache. Nur die armen Weiberseelen lägen — wenn man ihre
„Körper recht betrachte — auf stechenden Strohsäcken, glatten Husaren=
„satteln und scharfen Wurstschlitten, indeß tonsurierte oder tättowierte
„Geister (Mönche und Wilde) sich mit so hübschen von geschabtem Fisch=
„bein gepolsterten Leibern *) zudeckten."

— Fort lief er; und ich habe schon berichtet, daß der Apotheker nach=
her dachte: ei, ei! — In der Apotheke sagte Viktor zum Provisor, an den
er wie Salpeter anflog: „Herr Kollege, was denken Sie dazu, wenn wir
„bei Sr. Durchlaucht auf nichts kurierten als Wind? Sie sollen mir
„rathen. Ich meines Ortes würde verordnen:

---

*) Geschabtes Fischbein fanden die Britten als das weichste Lager aus.

Pulv. Rhei orient.

Sem. Anisi Stellati

— — Foeniculi

Cort. Aurant. immat.

Sal. Tart. — a̅a̅ dr. I.

Fol. Senn. Alexandr. sine Stipit. dr. II.

Sacchar. alb. Unc. Sem. —

„Fallen Sie mir bei: so hab' ich weiter nichts zu sagen, als: C. C. M. f. „p. Subt. D. ad Scatulam, S. Blähungpulver, Einen Theelöffel voll „öfters zu nehmen bei Gelegenheit.‟

Da ihn der Provisor ernsthaft ansah: so sah er denselbigen noch ernsthafter an; und die Arzenei wurde ohne geänderte Dosis bereitet. Als er fort war, sagte der Provisor zu seinen zwei stutzenden Pagen: „Ihr zwei dummen Epiglottes, er hat doch so viel Verstand und fragt.‟

Im Grunde braucht der Lebensbeschreiber den Umstand gar nicht zu motivieren — da ihn das Pulver und der Held motivieren — daß Jenner auf die Beine kam noch denselben Tag.

Da Fürsten keinen Druck erfahren, als den der Luft, die — in ihrem Leibe ist: so kannte Jenners Dank für die Befreiung von diesem Druck so wenig Gränzen, daß er den ganzen Tag den Doktor — nicht wegließ. Er mußte mit ihm binieren — soupieren — reiten — spielen. Im Schlosse war's auszuhalten; es war nicht wie Nero's seines eine Stadt in der Stadt, ein Flachsenfingen in Flachsenfingen, sondern blos eine Kaserne und eine Küche, voll Krieger und Köche. Denn vor jedes Briefgewölbe voll Schimmel, vor jede Stube, wo acht Demanten lagen, vor jedes Thürschloß und vor jede Treppe war ein Bajonet mit dem daran gehefteten Schirm- und Schutzherrn gepflanzt. Die überzählige Küchenmannschaft wohnte und heizte im Schloß, weil seine Durchlaucht beständig aß. Durch dieses beständige Essen wollte er sich das Fasten erleichtern; denn er rührte — weil's Kuhlpepper so haben wollte — von den drei Ritual-Mahlzeiten der Menschen blutwenig an, und konnte den Hofleuten, die seine strenge Diät erhoben, nicht ganz widersprechen. Ein Uhrmacher aus London war ihm in dieser Mäßigkeit am meisten dadurch beigesprungen, daß er ihm eine Bedientenglocke und ein Federwerk verfertigte, dessen Zeiger auf einer großen Scheibe im Bedientenzimmer stand; das Zifferblatt war statt der Stunden und Monattage mit Eßsachen und Weinen geändert. Jenner durfte nur klingeln und drücken: so wußte die Dienerschaft sogleich, ob die Zunge und der Victualienzeiger auf Pasteten oder auf Burgunder weise. Dadurch — daß er wie eine Mühle klingelte, wenn sein innerer Mensch nichts mehr zu mahlen hatte — setzte er sich am leichtesten in Stand, eine strengere Diät zu halten, als wol Aerzte und Sittenlehrer fodern könnten, und beschämte mehr als einen Großen, den man nach der Ausweidung im Tode aufs Paradebette legen sollte mit dem hungrigen Magen unter dem einen Arm und mit der durstigen Leber unter dem andern, wie man auch Kapaunen beide Eingeweide als Armhüte zwischen beide Flügel gibt.

Im Schloße war Viktor zu Hause wie in der Kaplanei; denn der eigentliche Hof, der eigentliche Hof-Wurmstock und Froschlaich war blos im Pallast des wirklichen Ministers von Schleunes ansäßig, weil der die Honneurs des Thrones machen mußte, die Gesandten, die Fremden einlud u. s. w. Die Fürstin wohnte im großen alten Schloß, das Paullinum genannt. So verlebte also Jenner seine Tage ohne Prunk, aber bequem, in der wahren Einsamkeit eines Weisen, und brachte sie mit Essen, Trinken, Schlafen zu; daher konnte ihn der Flachsenfingische Prorektor ohne Schmeichelei mit den größten alten Römern vergleichen, an denen wir einen ähnlichen Haß des Gepränges bewundern. Jenner hatte im Grunde keinen Hof, sondern ging selber an den Hof seines wirklichen Ministers; aber höchst ungern: er konnte da nichts lieben, weder die Fürstin, die immer da war, noch Schleunes ehelose Töchter, die noch wider sein Londoner Gelübde waren.

Nachts um 12 Uhr hätte Zeusel gern noch dahinter kommen wollen, wie alles sei, und brachte dem Leibmedikus seine Nichte Marie als Lakaiin zugeführet. Der Medikus, der keinen Narren in der Welt zum Narren haben konnte, zumal unter vier Augen, steckte dem dünnen Hecht

die Raufe voll Wahrheit-Futter, das dieser begierig herausfraß wie
Ananas. Marie war eine durch einen Prozeß verarmte, durch eine
Liebe verunglückte Verwandte und Katholikin, die in der kalten höfischen
Apothekers-Familie nichts empfing und erwartete, als Stichwunden der
Worte und Schußwunden der Blicke — ihre aufgelöste und erquetschte
Seele glich der Bruchweide, der man alle Zweige rückwärts mit der
bloßen Hand herunterstreichen kann — sie fühlte bei keiner Demüthigung
einen Schmerz mehr — sie schien vor andern zu kriechen, aber sie lag
ja immerfort niedergebreitet auf dem Boden. Als der sanfte Viktor
diese demüthige, seitwärtsgekehrte Gestalt, über die so viele Thränen gegangen waren, und dieses sonst schöne Gesicht erblickte, auf welches nicht
Leiden der Phantasie ihre reizenden Maler-Drucke aufgetragen, sondern
physische Schmerzen ihre Giftblasen ausgeschüttet hatten: so that seinem
Herzen das Schicksal der Menschen wehe, und mit der sanftesten Höflichkeit gegen Mariens Stand, Geschlecht und Jammer lehnte er ihre Dienste
ab. Der Apotheker würde sich selber verachtet haben, wenn er diese Höflichkeit für etwas anders als seine Raillerie und Lebensart genommen
hätte. Aber Viktor schlug sie noch einmal aus; und die Arme entfernte
sich stumm und, wie eine Magd, ohne Muth zur Höflichkeit.

Am Morgen brachte ihm die Ausgeschlagene doch sein Frühstück mit
gesenkten Augen und schmerzlich lächelnden Lippen; er hatt' es in seinem
Bette gehört, daß der Apotheker und seine harten Holztriebe von Töchtern
Marien das „lamentable greinerliche Air" vorgehalten und daraus den
„refus des raillirenden" Herrn oben gefolgert hatten. Ihm blutete die
Seele; und er nahm Marien endlich an — er machte sein Auge und
seine Stimme so sanft und mitleidend, daß er beide dem weichsten Mädchen hätte leihen können; aber Marie bezog nichts auf sich. — —

Jenner konnte kaum abpassen, wenn er wiederkäme — —

Den dritten Tag war's wieder so — —

So auch die andere Woche — —

— Ich wünschte aber, meine Leser wären um diese Zeit durchs Flachsenfingische Thor sämmtlich geritten und diese gelehrte Gesellschaft hätte sich

in die Stadt zerstreuet, um Erkundigungen von unserem Helden einzu=
ziehen. Der Lesevortrab, den ich auf die Kaffeehäuser geschickt hätte, würde
erfahren, daß der neue englische Doktor schon den alten gestürzt — dem
Pfarrsohn in St. Lüne zum Regierrathposten verholfen — und daß große
Aenderungen in allen Departements bevorstehen. Das unter die Hof=
Kellerei, Schlächterei=, Fischmeisterei=, Kastellanei= und Dienerei vertheilte
Treffen würde mir mitbringen, daß der Fürst dem Doktor nicht auf die
Finger, sondern auf die Achsel geklopfet — daß er ihm vorgestern sein
Bilderkabinet eigenhändig gezeigt und das beste Stück daraus geschenkt
— daß er in der Komödie mit ihm aus der Hauptloge herausgesehen —
daß er ihm eine steinreiche Dose geschenkt (die gewöhnliche Regenten=
Bürgerkrone und deren Friedenpfeise, als wenn wir Grönländer wären,
die sich nichts lieber schenken lassen als Schnupftaback) und daß sie mit=
einander auf Reisen gehen werden. — Zwei der allerfeinsten und stift=
fähigsten Leser, die ich aus diesen Kolonnen ausgeschlossen, und wovon ich
den einen ins Paullinum an die Fürstin, den andern zum wirklichen
Minister abgefertigt hätte, würden wir wenigstens die Neuigkeit rappor=
tieren, daß Fürst und Doktor miteinander bei beiden gewesen, und daß
beide den Helden für einen sonderbaren scheuen **schweigenden** Britten,
der alles dem Vater **verbanke**, angesehen hätten — — —

Aber die letzte Neuigkeit, die mir die Leser erzählt haben, können sie
ja unmöglich wissen, und ich will sie ihnen selber erzählen.

— Eh' ich das vortrage, klär' ich's nur noch mit drei Worten auf,
warum Viktor so hurtig stieg. Es kann Evangelisten Matthieu unter
meinen Lesern geben, die dieses schnelle Steigen wie das des Barometers
für das Zeichen eines frühen Fallens nehmen — welche sagen, Lorbeere
und Salat, den man in 24 Stunden durch Spiritus auf einem Tuche
zum Reisen nöthigt, welken eben so bald wieder ab — ja die sogar spaßen
und das fürstliche Gedärm mit seinem Aether für eine Fisch=Schwimm=
blase meines Helden ausgeben, der nur durch ihr Füllen stieg. — —
Berghauptmänner lachen solche Leser aus und halten ihnen vor: daß die
Menschen, besonders die Residenten auf Thronen einen neuen Arzt für

3 *

ein neues Spezifikum ansehen — daß sie einem neuen am meisten gehorchen — daß Sebastian das erstemal sich gegen jeden am feinsten betrug, hingegen bei alten Bekannten ohne Noth nichts Witziges sagte —
daß Jenner jeden liebte, den er zu durchschauen vermochte, und daß er
glücklicherweise meinen Helden blos für einen heitern Lebelustigen erkannte
und um seinen Kopf keine Bosische Beatifikazion*) bemerkte, die nach
Phosphor stinkt und schmerzliche Funken auswirft — daß Viktor nicht
wie Le Baut ein Scherbengewächs in einer Krone war, sondern eine
darüber erhöhte im Freien hängende Hyazinthe — daß er heiter war und
heiter machte — und daß ein anderer Berghauptmann mit seinen Lesern
gar nicht so viel Umstände gemacht haben würde, als ich. Er hätte ihnen
blos den Hauptumstand gesagt, daß der Fürst an Viktor eine bezaubernde
Aehnlichkeit mit seinem fünften (auf den sieben Inseln verlornen) Sohn,
dem Monsieur, im Scherzen und Betragen gefunden und liebgewonnen
hätte, und daß er diese Bemerkung schon in London, obgleich Viktor fünf
Jahre jünger als jener war, gemacht.

Jenner wollte selber seinen Liebling jedem vorstellen, also auch der
Fürstin. Die Philosophen haben es zu erklären, warum Sebastian sich
nicht eher, als bis er neben dem fürstlichen Eheherrn auf dem Kutschkissen
saß, auf das tolle verliebte Streichen Papier besann, das er in Kussewitz
über den Imperator der montre à regulateur aufgeklebt und der Fürstin
zum Kaufe dargegeben hatte. Er fuhr zusammen und hielt's für unmöglich, daß er ein solcher Narr sein können. Aber einem Menschen ist
so etwas leicht. Seine Phantasie warf auf jede Gegenwart, auf jeden
Einfall so viel Brennpunkt=Lichter aus tausend Spiegeln zurück, und zog
um die Zukunft, die darüber hinauslag, so viel gefärbten Schatten und
blauen Dunst herum, daß er ordentlich erschrak, wenn ihm eine närrische
Handlung einfiel; denn er wußte, wenn er sie noch zehnmal zurückge-
wiesen und noch dreißigmal übersonnen hätte, daß er sie dann — begehen
würde. — Da beide vor die Fürstin traten: so war Viktor in jener an=

---

*) So heißet der Schimmer um den Kopf, wenn man elektrisiert ist.

genehmen Verfassung, welche Informatoren und jungen Gelehrten nichts neues ist, die ihnen die Glieder verknöchert und das Herz zersetzt und die Zunge versteinert — nicht die Gewißheit, daß Agnola (so hieß die Fürstin) jenes Uhr-Inserat gelesen habe, machte ihn so verlegen, sondern die Ungewißheit. In der Angst dachte er gar nicht daran, daß sie ja seine Handschrift und den Autor des Schnitzchens nicht einmal kenne; und denkt man auch in der Angst daran, so geht sie doch nicht weg. —

— Aber alles war zugleich über, unter, wider seine Erwartung. Die Fürstin hatte das empfindsame Gesicht mit der Reisekleidung weggelegt, und ein festes feines Gallagesicht dafür aufgetragen. Der gekrönte Ehevogt Jenner wurde von ihr mit so viel warmen Anstand empfangen, als wär' er sein eigner — Ambassadör vom ersten Range. Denn Jenner, dessen Herzscheibe sich am elektrisierenden Kissen einer schönen Wange oder eines Busentuchs voll Funken lud, hatte eben deswegen gegen Agnola, mit der er blos der Politik wegen die Konkordaten der Ehe abgeschlossen, alle Wärme seines — Monatnamens. Gegen Viktor, den Sohn ihres Erbfeindes, den Nachfahrer des Hausdiebes der fürstlichen Gunst, hegte sie, wie leicht zu erachten, wahre — Zärtlichkeit. Unser armer Held — betroffen über Jenners Kälte, für die er sich von der Gemahlin eben keine sonderliche Wärme gegen sich selber versprach — betrug sich so ernsthaft, wie der ältere und jüngere Kato zugleich. Er dankte Gott (und ich selber), daß er fortkam.

Aber unter dem ganzen Wege dachte er: „hätt' ich nur mein Send-„schreiben aus dem Uhr-Couvert heraus! Ach ich thäte dann alles, „arme Agnola, dich zu versöhnen mit deinem Schicksal und mit deinem „Gemahl!" — „Ach St. Lüne" (setzte er unter dem Vorbeifahren vor dem Stadtsenior hinzu), „du friedlicher Ort voll Blumen und Liebe! Die „Hatzpachtung versendet deinen Bastian von einem Hatzhaus ins andre."

Denn er mußte höflichkeitshalber doch auch zum wirklichen Minister — und Jenner nahm ihn mit. Dorthin ging er mit Lust, gleichsam wie in ein Seegefecht oder in ein Kontumazhaus, oder in den russischen Eispallast.

Möbeln und Personen waren in Schleunes Hause vom feinsten
Geschmack. Viktor fand darin von den Wackelfiguren und Hofleuten an
bis zu den Basaltbüsten alter Gelehrten und zu den Puppen der Schleunes'schen Töchter, vom geglätteten Fußboden bis zu den geglätteten Ge-
sichtern, vom Puderkabinet bis zum Lesekabinet — beide schminkten den
Kopf schon im Durchmarsch — kurz, überall fand er alles, was die
Prachtgesetze je — verboten haben. Seine erste Verlegenheit bei der
Fürstin gab ihm die Stimmung zu einer zweiten. Es war der alte
Viktor gar nicht mehr. Ich weiß voraus, daß ihn die löblichen Schul-
lehrer am Marianum in Scheerau darüber hart anlassen werden —
zumal der Rektor — daß er so wenig Welt hatte, daß er dort witzig ohne
Munterkeit, gezwungen frei ohne Gefälligkeit, zu beweglich mit den
Augen, zu unbeweglich mit andern Gliedern war. Aber man muß
diesen Hof= und Schulleuten vorstellen: er konnte nichts dafür. Der
Rektor selber würde so gut wie Viktor verlegen gewesen sein vor der schön-
geisterischen Ministerin, die zwar Meusel noch nicht, aber doch der Hof
in sein gelehrtes Deutschland gesetzt — vor ihren spottsüchtigen Töchtern,
zumal vor der schönsten, die Joachime hieß — vor einigen Fremden —
vor so viel Leuten, die ihn haßten vom Vater her, und die ihn beobach-
teten, um sein Verhältniß mit dem Fürsten zu erklären und zu rechtfertigen — vor der Fürstin selber, die der Henker auch da hatte — vor
Matthieu, der hier in seinem Element und in seiner Hauptrolle und
Bravour=Arie war — und vor dem Minister. — Zumal vor dem letzten:
Viktor fand an diesem einen Mann voll Würde, dem die Geschäfte die
Artigkeit nicht nahmen, noch das Denken den Witz, und den eine kleine
Ironie und Kälte nur noch mehr erhoben, der aber Gefühl, Gelehrte und
die Menschen zu verachten schien. Viktor dachte sich überhaupt einen
Minister — z. B. Pitt — wie einen Schweizer=Eisberg, an welchen oben
Wolken und Thau als Nahrung anfrieren, der die Tiefe drückt und im
Wechsel zwischen Schmelzen und Vereisen unten große Flüsse aussendet,
und aus dessen Klüften Leichname steigen.

Jenner selber wurde unter ihnen nicht recht froh; was halfen ihm die feinsten Gerichte, wenn sie durch die feinsten Einfälle verbittert wurden? Der Spieltisch war daher — zumal bei der friedlichen Landung seiner Gemahlin — sein ruhiger Ankerplatz; und sein Viktor war damals auch froh, neben ihm zu ankern. Mein Korrespondent meint, den Stimmhammer zu diesem überfeinen dreimal gestrichenen Ton drehte blos die Ministerin, die alle Wissenschaften im Kopfe und zwar auf der Zunge hatte und deswegen wöchentlich ein bureau d'esprit hielt. In dieser lächerlichen Verfassung verspielte Sebastian seinen Abend und verschluckte sein Souper: er konnte gut erzählen, aber er hatte nichts zu erzählen — in den wenigen Contes, die ihm beiwohnten, war alles namenlos, und dem Zirkel um ihn waren gerade die Namen das erste — seine Laune konnt' er auch nicht gebrauchen, weil so eine wie die seinige den Inhaber selber in ein sanftes komisches Licht stellet, und weil sie also nur unter guten Freunden, deren Achtung man nicht verlieren kann, aber nicht unter bösen Freunden, deren Achtung man ertrotzen muß, in ihren Sonus und Narrenkragen fahren darf — er genoß nicht einmal das Glück, innerlich alle auszulachen, weil er keine Zeit dazu hatte, und weil er die Leute nicht eher lächerlich fand als hinter ihrem Rücken. — —

Verdammt übel war er dran — „ich komm' euch sobald nicht wieder" dachte er — und als der Mond durch die zwei langen Glasthüren des Balkons, der auf den Garten hinaussah, mit seinem träumerischen Lichte einging, das draußen auf stillere Wohnungen, schönere Aussichten und ruhigere Herzen fiel: so schlich er (da seine Spiel-Maskopeigesellschaft durch den Fürsten nach dem Essen zertrennt war) auf den Balkon hinaus, und die auf der Erde und am Himmel blinkende Nacht erhob seine Brust durch größere Szenen. Mit welcher Liebe dachte er da an seinen Vater, dessen philosophische Kälte dem Jennerschnee gleich war, der die Saat gegen Frost bedeckt, indeß die höfische dem Märzschnee ähnlicht, der die Keime zerfrisset! Wie sehr warf er sich jeden unzufriedenen Gedanken gegen seines rechtschaffenen Flamins kleinen Mangel an Feinheit vor! O wie richtete sich sein innerer Mensch wie ein gefallener und begnadigter Engel auf, da er sich Emanuel an der Hand Klotildens dachte, der ihn

selig fragte: „wo fandest du heute ein Ebenbild von meiner Freundin?"
— Jetzo sehnte er sich unaussprechlich in sein St. Lüne zurück . . .

Seine steigenden Herzschläge hielt auf einmal Joachime an, die
mit einem ins Zimmer gerichteten Gelächter herauskam. Da es ihr schwer
fiel, nur eine Stunde zu sitzen (mich wundert, wie sie eine ganze Nacht
im Bette blieb), so machte sie sich, so oft sie konnte, vom Stangengebiß
des Spieles los. Die Fürstin band sie dasmal ab, die wegen ihrer kranken
Augen diese Nachtarbeit der Großen aussetzte. Joachime war keine
Klotilde, aber sie hatte doch zwei Augen wie zwei Rosensteine geschliffen
— zwei Lippen wie gemalt — zwei Hände wie gegossen — und überhaupt alle Glieder-Doubletten recht hübsch . . . . Und damit hält ein Hof-
arzt schon Haus, wenn auch die einfachen Exemplare (Herz, Kopf, Nase,
Stirn) keiner Klotilde zugehören. Da er nun unter dem großen Himmel
seinen Muth und auf dem Balkon, der für ihn allemal ein Sprachzimmer
war — seine Zunge wieder bekam — da Joachimens Ton ihn wieder in
seinen zurückstimmte — da sie das Schweigen der Britten antastete und
er die Ausnahmen vertheidigte — da er jetzt am Faden der Rede sich wie
eine Spinne hinauf- und hinablassen konnte und nicht mehr zu stören
war durch die Fürstin, die nachgekommen war, um die entzündeten Augen
in der Nacht abzukühlen — und da man nur dann klagt, Langweile zu
empfinden, wenn man blos selber eine macht — und da ich alles dieses
hersetze, so thu' ich (glaub' ich) einem Rezensenten genug, der hinter dem
Kutschkasten des Fürsten steht und nachsinnt und wissen will, woran er
sich (außer den Lakaienriemen) zu halten habe, wenn unter ihm Viktor
im Wagen während des Heimfahrens des Ministers Haus nicht zum
Teufel wünscht, sondern zufriedner denkt: meinetwegen! — Dem Fürsten
schlug der Umgang Viktors so gut zu, daß er sich vorstellte, er könne ihn
so wenig wie ein Stiftfräulein das Ordenzeichen außer Hause vom Leibe
thun. Er stürzte allezeit den Ordenkelch und Willkommen des warmen
Sprudels einer neuen Freundschaft so unmäßig hinein, wie ein Gast in
Karlsbad den seinen. Wenn er Langweile hatte, wurde der Medikus er-
sucht, zu kommen, damit sie wiche; wenn er innern Jubel spürte, wurde

jener wieder angefleht, zu erscheinen, damit er den Jubel mitgenösse. Nur b i e Zeit, wo Jenner weder Langweile noch das Gegentheil empfand, blieb seinem Freunde ganz zu freier Verwendung. Viktor hatte vorher geschworen, leicht abzuschlagen, und auf die Leute losgezogen, die be= willigten; jetzt sagt' er aber: „der Teufel sage Nein! Es komm' nur ein „Mensch erst in die Lage!" — — Und so mußte der arme Viktor lauter leere Kreise voll Schwindel im Hof=Zirkel des Thrones beschreiben, unter Menschen, für deren Ton er leichter ein O h r als eine Z u n g e hatte, und die er errathen und doch nicht gewinnen konnte.

Ein Jüngling, in dessen Brust die Nachtstücke von Maienthal und St. Lüne hängen — oder einer, der aus einem Babdörfchen anlangt — oder einer, der vorhat sich zu verlieben — oder einer, der in großen Städten oder in ihren großen Zirkeln ein m ü ß i g e r Zuschauer sein muß, jeder von diesen ist schon für sich auch ein m i ß v e r g n ü g t e r darin und stößet in seine kritische Pfeife so lange gegen die spielende Gesellschaft, bis sie ihn selber — anwirbt. Kommen aber alle diese Ursachen gar in einem einzigen Menschen zusammen, so weiß er gegen seine Gallenblase keinen Rath und keinen Gallengang, als daß er seines Papier nimmt und an die Eymannischen in St. Lüne einen verdammt spöttischen Brief über das Gesehene abläßt.

Mein Held ließ folgenden an den Pfarrer ab:
„Mein lieber Herr Adoptiv=Vater!
— Ich hatte bisher nicht so viel Zeit übrig, um die Augen aufzu= heben und zu sehen, was wir für einen Mond haben. Wahrhaftig, einem Hofe fehlt's zur Tugend schon — an Z e i t. Der Fürst führt mich überall wie ein Riechfläschchen bei sich und zeigt seinen närrischen Doktor vor. Mich werden sie bald nicht ausstehen können, nicht weil ich etwan etwas tauge — ich bin vielmehr fest versichert, sie ertrügen den tugendhaftesten Mann von der Welt eben so gut wie den schlimmsten, und das blos weil er ein Anglizismus, ein homme de Fantaisie, ein Naturspiel wäre — sondern weil ich nicht genug rede. Geschäftsleute bekümmern sich um keinen Gespräch= und keinen Briefstyl; aber bei Hofleuten ist die Zunge die

Pulsader ihres welken Lebens, die Spiral- und Schwungfeder ihrer Seelen; alle sind geborne Kunstrichter, die auf nichts als Wendung, Ausdruck, Feuer und Sprache sehen. Das macht, sie haben nichts zu thun; ihre guten Werke sind Bonmots, ihre Meßgeschäfte Besuchkarten, ihre Hauswirthschaft eine Spiel- und ihre Feldwirthschaft eine Jagd-partie und der kleine Dienst eine Physiognomie. Daher müssen sie fremde Fehler den ganzen Tag in Ohren haben gegen die schlaffe Weile, wie die Aerzte die Krätze einimpfen gegen Dummheit: ein Hofstaat ist das ordent-liche Pennypostamt der kleinsten Neuigkeiten, sogar von Euch Bürger-lichen, wenn Ihr gerade etwas recht — Lächerliches gethan habt. Zu wünschen wäre, wir hätten Festins, oder Spielpartien, oder Komödien, oder Assembleen, oder Soupers, oder etwas Gutes zu essen, oder irgend eine Lustbarkeit; aber daran ist nicht zu denken — wir haben zwar alle diese Dinge, aber nur die Namen davon; der Kammerpräsident würde die Achsel zucken, wenn wir nur des Jahrs viermal so glänzend fröhlich sein wollten, als Sie es des Monats viermal sind. Da unsere Woche aus 7 Sonntagen besteht: so sind unsere Lustbarkeiten nur Kalender-zeichen, Zeitabschnitte, auf die niemand achtet, und ein Festin ist nichts als ein Spielraum der Plane, die jeder hat, das Bretergerüst seiner Hauptrolle und die Jahrzeit der fortgesetzten Intrigue gegen Opfer der Liebe oder des Ehrgeizes. Hier ist jede Minute eine stechende Moskite, und der Distelsame des schöngefärbten Kummers fliegt weit herum.

Viele Weiber sind da gut und Anhänger des Linnäus, und ihre Augen ordnen die Männer botanisch nach seinem schönen einfachen Sexualsystem; sie machen unter tugendhafter und lasterhafter Liebe einen großen Unterschied, nämlich den des Grabes oder auch der Zeit; und die Beste spricht oft darüber wie die Schlimmste, und die Schlimmste wie die Beste. Indessen gibt's hier weibliche Tugend und männliche Treue in ihrer Art — aber einem Pfarrer ist davon kein Be-griff beizubringen; denn diese zwei Geleen oder Gallerte sind so zart und weich, daß ich sie, wenn ich sie auch von allen Stufen des Throns hin-untertragen wollte in die Kaplanei, doch so verdorben und anbrüchig hinabbrächte, daß man ihnen drunten die zwei entgegengesetzten Namen geben würde, für die wir doch schon unsre besondern Gegenstände oben haben. Die Bürgerlichen würden unsere bejahrten Männer in der Liebe lächerlich finden, und diese Euere Töchter. — Was mir aber dieses glückliche Hofleben oft versalzet, ist der allgemeine Mangel an Verstellung. Denn hier glaubt keiner, was er hört, und denkt keiner, wie er aussieht; alle müssen nach den ordentlichen Spielgesetzen, gleich den Karten, einerlei obere Seite haben und äußere Gesichtstille auf inneres Glühen decken, wie der Blitz nur den Degen, aber nicht die Scheide zerstört. — Folglich kann, da eine allgemeine Verstellung keine ist, und da jeder dem andern Gift zutraut, keiner belügen, sondern jeder nur überlisten; nur der Verstand, nicht das Herz wird berückt. Inzwischen ist, die Wahrheit zu sagen, das keine Wahrheit; denn jeder hat zwei Masken, die allgemeine und die persönliche. Uebrigens werden die Farben, die auf den wissenschaftlichen, feinen und menschenliebenden Anstrich des Aeußern verbraucht werden, nothwendig vom Innern abgekratzet, aber zum Vortheil, da am Innern nicht viel ist, und das Studium des Scheins verringert das Sein; so sah ich oft im Walde Hasen liegen, an denen kein Loth Fleisch war und kein Tropfen Fett, weil alles von dem ungeheuern Haarpelz weggesogen war, der nach dem Tode fortgewachsen.

Wenn man den Inhalt des Throns und des platten Pöbel-Landes vergleicht, so scheinet die physikalische und moralische Erhabenheit der Menschen im umgekehrten Verhältniß mit der ihres Bodens zu stehen, so wie die Einwohner der Marschländer größer sind als der Bergländer. Aber gleichwol tragen jene erhabnen Leute den Staat leicht auf Schmetterlingsflügeln, überschauen sein Räderwerk mit dem hundertäugigen Papillen-Auge und beschirmen mit einem Spazierstöckchen das Volk vor Löwen, oder jagen damit die Löwen in dem Volk, wie in Afrika Hirtenkinder mit einer Peitsche naturhistorische Löwen vom Weidevieh abschrecken .. Lieber Herr Hofkaplan! diese Satire schmerzte mich schon auf der vorigen Seite: aber man wird hier boshaft, so wie eitel, ohne zu wissen wann; jenes, weil man zu sehr auf andere, dieses, weil man

zu sehr auf sich merken muß. Nein! Ihr Garten, Ihre Stube ist
schöner; da gibt es keine steinerne Brust, an der man die Arme und
Adern der Freundschaft kreuzigt wie ein Spaliergewächs; da muß man
sich nicht täglich wie ich zweimal rasieren lassen und dreimal frisieren;
da darf man doch seinen gewichsten Stiefel anziehen. Schreiben Sie
Ihrem Adoptivsohne bald — denn ich schlage mir das Fest Ihres Besuchs
noch ab. — Sind viel Kindtaufen und Leichen? — Was macht der Fuchs
und der taube Balgtreter? — Eben wird jetzo der Mörser statt Ihrer
Ratten=Trommel unter mir gerührt. — — Leben Sie wohl.

Und Sie grüß' ich jetzt erst, geliebte Mutter! Meine Hand ist
warm, und in meinem Herzen klopfen ein paar Seelen, weil jetzt Ihr
Angesicht voll mütterlicher Wärme alle meine satirischen Eisspitzen be=
scheint und in warmes Blut zerschmelzt, das für Sie schlagen und für
Sie fließen will. Wie thut es so wohl, wieder zu lieben! Ihr zweiter
Sohn (Flamin) ist gesund, aber zu fleißig, und gegenwärtig in St.
Lüne. Grüßen Sie meine Schwestern und alles, was Sie liebt.

Sebastian."

*　*　*

Er hob den Brief auf, um den Regierrath, der seine Person mit
haben wollte, doch mit einer Fracht abzufertigen.

Indessen wurden seine und Jenners gemeinschaftliche Besuche mit
ihren Theaterknoten zu ganz andern Nervenknoten der Freundschaft
zwischen Jenner und ihm — und zugleich machten sie den Ruf dieser
Freundschaft größer. In St. Lüne, in Le Bauts Hause wurde dreimal
mehr daraus gemacht, als daran war — im Pfarrhause neunmal.

Dazu kam eine Kleinigkeit, nämlich eine Schlägerei — eigentlich
zwei. Ich habe den Vorfall vom Spitz, Viktor ihn von Flamin, dieser
von Matthieu, in dessen edlem historischen Styl es hier der Nachwelt
übergeben werden kann. Der Evangelist schämte sich keines Bürger=
lichen, sobald er ihn zum Narren haben konnte. Daher besuchte er den
Hofapotheker ohne Bedenken. Diesem, der den Kasernenmedikus Kuhl=

pepper wegen seiner stolzen Grobheit und wegen der untern Note*) innig
haßte, hatte Matthieu längst versprochen, den Doktor zu stürzen. Da
der letzte und das Podagra durch Viktor wirklich von Jenners Füßen
vertrieben waren: so ließ der Evangelist dem Apotheker merken, er selber
würde ohne dessen Wink und Wünsche weit weniger zum Falle Kuhlpeppers beigetragen haben, als er gethan. Zeusel — zumal da er den
Nachfahrer des Kasernenmedikus im Hause hatte — kam nach einigen
Tagen mit der gewissen Ueberzeugung aufs Billard, daß er aus seiner
Apotheke heraus Kuhlpeppern das unsichtbare Bein untergestellet und
ihn von den Thronstufen herabgeworfen. Dort war zum Unglück der
Kasernenmedikus selber und der edle Matz. Zeusel kam auf diesem
Theater mit den Festons von drei Uhrketten an — mit einem Paar Hosen,
auf deren Knien einige Arabesken gedruckt waren — mit einer doppelten
Weste, doppelten Halsbinde und im Gesicht mit doppelten Ausrufzeichen
über den Kasernenmedikus — seine Geldbörse saß gerade unter dem
heiligen Bein, weil er, wie einige Engländer, die Hosentasche in die
Gegend der Hosenschnalle hatte verstecken lassen. Er hatte als Kammer-
mohren seinen hagern langen Provisor mit, der im Neben-Trinkzimmer
auf den sehr kurzen Provisor der zweiten oder Kanaillen-Apotheke stieß.
Der kurze Provisor folgte aus Haß dem langen überall, blos um ihn zu
ärgern; aber diesesmal war er blos vom Lande zurück mit einigen von
Wiedergenesenden einkassierten Hühnereiern.

Matthieu nahm sich — nach einem exegetischen Wink an Zeusel —
die Freiheit, über das fürstliche Podagra Kuhlpeppers Meinung zu sein.
Kuhlpepper, der ein alter Deutscher sein wollte — solche alte Deutsche
können sich nie im Zorn, aber recht gut aus Eigennutz verstellen —
feuerte ab und sagte, der englische Doktor sei ein ganzer Ignorant. Zeusel
faßte mit einem weiten Lächeln wie mit einem Buchdruckerstock seine

*) Kuhlpepper that ihm nie den Gefallen, um den er ihn so oft bat, daß er
dem Fürsten ein Klystier verordnete, welches alsdann der Apotheker selber ge-
setzet hätte, um nur einmal dem Regenten beizukommen und dessen schwache
Seite in seine eigne Sonnenseite zu verwandeln.

höfische Verachtung gegen den groben Mann ein. Der Medikus sah wie der Gleicher, der Apotheker wie Spitzbergen aus. Jetzo wurde blos über das Podagra geturnt. Der Kampfwärter und Turniervogt Matthieu gab zu verstehen, „Zeusel liebe zwar seinen Fürsten und Herrn, aber er „wünsche doch, daß diese Liebe die besten Mittel und die heilsamsten Ein= „flüsse gehabt.“ — „In den H — (sagte Kuhlpepper) kann der da „Einfluß haben.“ — Als sich der Apotheker deswegen stolz und ver= ächtlich in die Höhe richtete: drückte ihn der Doktor langsam auf den Stuhl und auf seinen Geldbeutel nieder, und die auf die Achsel einge= schlagne Hand nagelte den kleinen Zierling sammt der Börse an den Sessel an.

Diese Befestigung verdroß den Schneidervogel am meisten, und er versetzte, in die Höhe wollend: „noch heute würde er, wenn er zu Rathe „gezogen würde, Sr. Durchlaucht die jetzige bessere Wahl anrathen.“ Der Kasernenmedikus mochte vielleicht die Hand zu hurtig von der Achsel abdecken; denn er bestrich damit, wie mit einer Kanone, die Nase seines Gegners, worauf diese ein Blut wie der heilige Januar entließ. Der Evangelist bedauerte es für seine Person, „daß zwei so verständige „Männer sich nicht mit einander entzweien und schlagen konnten ohne „persönlichen Haß und ohne Hitze, da sie gleich kriegenden Fürsten sich „ohne beides anfallen könnten — aber das Bluten bestätige Zeusels „Wallung zu sehr.“ — Zeusel rief zum Doktor: „Sie Grobian!“ — Dieser nahm im Grimme wirklich die Matthäische Meinung an, jener blute nur aus Grimm, und verglich ihn mit den Kadavern, die in alten Zeiten zwar bei Annäherung des Mörders bluteten, aber blos aus ganz natürlichen Ursachen. Der Medikus suchte also seinen gleich einem Fürsten oben vergoldeten Stecken auf, und beurlaubte sich mit der ge= krönten Stange, indem er sie einigemale gleichsam magnetisch=streichend über Zeusels Finger führte; aber ich würde den Stab, wenn ich an der Stelle anderer Leute wäre, weder ein Hörrohr für Zeuseln nennen, das der Arzt an ihn, wie man Schwerhörigen öfters thut, anstieß, damit dieser besser hörte, noch auch einen Thürklopfer, den er der Wahrheit vor-

streckte, damit sie leichter in den Apotheker einkonnte: sondern er wollte
blos seine Finger nöthigen, das Schnupftuch fallen zu lassen, damit er
ihm ins Gesicht beim Abschied schauen könnte, den er in die schonende
Wendung kleidete: „Sag' Er's Seinem Doktor, er und Er da, Ihr seid
„die zwei größten Stocknarren in der Stadt."

Vor den letzten Worten verhielten sich beide Provisores ruhig genug,
nicht mit der Zunge — denn der lange Provisor sang als zweites Chor
mit demselben Kriegsliede den kurzen an, und war ächter Anti-Podagrist
— sondern sonst. Wer überlegt, daß der lange meinen Helden wegen
seiner Höflichkeit liebte und den kurzen nicht leiden konnte, weil Kuhlpepper alles bei diesem verschrieb, der würde von dem Paare nichts ge-
ringers erwarten, als den Wiederschein des Billardzimmers; aber der
lange Provisor war gesetzt und breitete erhebliche Wahrheiten nie wie
Portugal mit Blute aus, sondern er nahm — sobald der Kasernenmedikus den Hofmedikus einen Stocknarren genannt hatte — still den Hut
des kurzen Provisors, der in solchen des Zerknickens wegen seine Eier-
Gefälle niedergelegt hatte, und setzte besagte Eier dem Professionverwandten ohne Ingrimm auf; und mit geringem Druck paßte er den
Doktorhut, der eine halbe Elle zu hoch saß, seinem Freunde — um so mehr,
da auch Kastor und Pollux Eierschalen aufhatten — promovierend recht
an, und ging fort, ohne eben viel Dank für das aufgesetzte Filz-Gefüllsel
und den fließenden Gesicht-Umschlag haben zu wollen.

Schlägereien breiten kleine, wie Kriege große Wahrheiten aus. Der
Hofkaplan Eymann sandte ein langes Glückwunschschreiben an Viktor
und hieß ihn „Jenners Nierenlenker" und bat um seinen Besuch. Ein
„Ranzenadvokat" klopfte bei ihm wie bei einer höhern Instanz an und
bat ihn um eine fürstliche Einschreitung gegen das Regierkollegium. Der
Apotheker hält mit seinem Gesuch um ein Lavement noch zurück.

Viktor sparte sich noch den ersten Besuch in St. Lüne auf wie eine
reisende Frucht, und ärgerte dadurch den Regierrath, der ihn hinbereden
wollte. Aber er sagte: „die Hinterbliebenen eines Orts sehnen sich nach
„dem, der daraus fort ist, so lange unbeschreiblich, bis er den ersten

„Besuch gemacht, so wie er auch. Nach dem ersten passen beide Parteien
„ganz gesetzt und kalt den zweiten ab." — Was er nicht sagte und dachte,
aber fühlte und fürchtete, war: daß seine Halbgöttin Klotilde, die das
Allerheiligste in seiner Brust bewohnte, und die seiner Seele durch ihre
Unsichtbarkeit theurer, nöthiger und eben darum gewisser geworden
war, ihm vielleicht bei ihrer Erscheinung alle Hoffnungen auf einmal
aus seinem Herzen ziehe.

Es war am Abend des empfangenen Eymannischen Briefes, wo er
so phantasierte: „wenn doch Jenner nur so gesund bliebe! — Er muß
„Bewegung haben, aber eine ungewohnte — der Reiter muß gehen, der
„Fußgänger fahren. — Wir sollten miteinander zu Fuß durchs Land
„ziehen, verkleidet. — Ach ich könnte vielleicht manchem armen Teufel
„nützen — wir schlichen heimwärts durch St. Lüne — — Nein, Nein,
„Nein" . . . .

Er erschrack selber vor einem gewissen Einfall — denn er besorgte,
er würde ihn, da er ihn einmal gehabt, auch ausführen, daher sagte er
dreimal Nein dazu. Der Einfall war der, den Fürsten zu Klotildens
Eltern hinzubereden. — Es half aber nichts: es fiel ihm bei, daß sein
Vater ein zu strenges Rügegericht über den Kammerherrn und den
Minister gehalten — „was will mir Le Baut schaden? Wenn ich dem
„armen Narren nur drei Sonnenblicke von Jenner zuwendete! — Das
„Gescheidteste ist, ich denke heute nicht mehr darüber nach."

Der Hund wird uns Antwort bringen; ich meines Ortes wette —
ein feiner Menschenkenner auf meiner Insel wettet hingegen, der Held
macht diesen Spaß — daß er ihn nicht macht.

———

Achtzehnter Hundsposttag.

Freilich macht' er ihn, den Spaß; aber ich verlier' im Grunde nicht.
Denn es war so: vom Tage an, wo D. Kuhlpepper vor der vollblütigen
Nase Zeusels mit seiner groben Hand wie mit einem elektrischen Auslader
vorbeigegangen war, drängte sich der Mann mit drei Uhren an meinen
Helden, der nur eine und noch dazu des Zeiblers plumpe trug. Zeusel
dankte überhaupt Gott, wenn sich nur ein Hoffourier bei ihm betrank,
und der Hofdentist überfraß. Er kam immer mit gewissen geheimen
Nachrichten, die zu publizieren waren. Er behielt nichts bei sich, und
hätte man ihn unter seine Apotheke zu hängen gedrohet. Er sagte unserm
Helden, daß der Minister um die Stelle der zweiten Hofdame für seine
Joachime bei der Fürstin werbe, die sich blos die weibliche Dienerschaft
selber wählen durfte — daß jener aber es nicht geradezu thun dürfe, weil
er oder sein Sohn Matthieu dem Kammerherrn Le Baut versprochen, die
nämliche Stelle Klotilden zu verschaffen — er bat also meinen Helden,
der, wie er sehe, Matthieu's Freund sei, ihm die Verlegenheit zu ersparen
und den Fürsten zu bewegen (welches nur Ein Wort koste), daß dieser
selber bei der Fürstin die Bitte um Joachime einlege — die Fürstin,
die ohnehin den Minister protegiere, würd' es aus mehr als Einem
Grunde mit Freuden thun, und der Minister könnte dann nichts dafür,
wenn der Kammerherr, der Feind des Lords, leer ausginge. —

Der Tropf, sieht man, hatte blos aus den zwei eingefangnen Nachrichten der zwei Amt-Werberinnen den ganzen übrigen Rechtsgang errathen, und selber der Umstand, den ihm Matthieu entdeckte, daß der
Minister einen Viertels-Flügel seines Pallastes für eine Freundin seiner
verstorbnen Tochter Giulia räume, hatte ihn nur mehr befestigt. So
sehr ersetzt Bosheit nicht nur Jahre, sondern auch Nachrichten und
Scharfsinn.

Mein Held konnte ihm nichts sagen als: er glaube nichts davon. Aber in drei einsamen Minuten glaubte er alles — denn deswegen sah er, mußte die liebe Klotilde gerade bei der Erscheinung der Fürstin aus dem Stifte zurück — deswegen wurde der Minister-Sohn von Le Baut mit soviel Rauch- und Dankopfer-Altären umbauet — deswegen brachte die Alte (im sechzehnten Hundsposttage) dem Hofleben solche Ständchen und so laute — überhaupt sind, sah er noch, zwei solche geächtete ge= fangne Hofjuden in Babylon des Teufels lebendig, bis sie in der alten heiligen Stadt wieder sitzen, und wenn sie gerade eine schöne Tochter haben, so wird diese zum Vorspann der Fahrt gebraucht und zur Mont= golfiere des Steigens . . . .

„O komm nur, Klotilde — rief er glühend — Der Hof=Pfuhl wird „mir dann ein italiänischer Keller, ein Blumenparterre. — Bist nur du „beim Minister, so hab' ich Geist genug und sprühe ordentlich. — Was „wird mein Vater sagen, wenn er uns mit zwei Laufzäumen stehen sieht; „an einem hast du die Fürstin, am andern ich den Mann. — . . . ." Jetzt fielen ihm Klotildens neuliche Einwendungen gegen das Hofleben wie Eiszapfen in sein kochendes Blut; aber er dachte, „Weibern gefallen „doch die Hof=Lager des Glanzes ein wenig mehr, als sie selber ver= „muthen und sagen, und weit mehr, als den Männern. — Halte denn „er's mit ähnlichem Seelen=Bau nicht auch aus? — Sie, als Stief= „tochter des Fürsten, und als eine schöne dazu, habe nur halbes Elend, „gegen ihn gehalten — und wisse sie denn, ob sie nicht einmal aus ihrem „Feld=Etat in die Hofgarnison zurückgesetzt werde durch einen Zufall?" Unter dem Zufalle verstand er eine Heirath mit — Sebastian. Endlich beruhigte er sich mit dem, was ich auch glaube, daß sie damals blos aus Höflichkeit einige Kälte gegen ihre neue Entfernung von ihren Eltern vor= gespiegelt, und also auch gegen den neuen Ort; auch hätte man Freude darüber für Wärme gegen irgend jemand am Hofe nehmen können, z. B. gegen ihren — Bruder, dacht' er.

Jetzo kam der gestrige Gedanke, über den ich die Wette verloren, wieder hervor, in Einer Nacht erstaunlich in die Höhe geschossen; der

nämlich: wenn er den Fürsten zur Reise und zum Besuche beim Kammerherrn überredete, und ihn noch unterwegs um ein Vorwort für Klotilde
bei der Fürstin ansprach: so war's erstlich dem Stiefvater unmöglich, die
Bitte für die schönste Stieftochter abzuweisen, und zweitens der Fürstin
unmöglich, bei ihrem Gemahl, der das Recht der ersten Bitte ausübte,
nicht allen möglichen Vortheil aus der ersten Gelegenheit zu ziehen, sich
ihn verbindlich zu machen. — —

— — Acht Tage darauf, da es schon dämmerte — in den Herbst-
tagen wird's eher Nacht — stand der Hofkaplan Eymann auf der Warte
und guckte nach der Sonne, nicht ihrer selber wegen, sondern um des
Abendroths und Wetters willen, weil er morgen säen wollte: als er er-
schrocken von der Warte hinüber sprang in sein Haus und die Hiobspost
auspackte, der Konsistorialbote werde gleich da sein sammt einem französischen Emigranten, und für den einen sei noch kein Heller vorräthig
und für den andern kein Bette . . . .

Es kam kein Mensch. —

Ich begreif' es leicht; denn der Konsistorialbote lauerte am Pfarrhause, und marschierte, sobald er oben den Hofmebilus Viktor aus Wachs
am Fenster sitzen sah, spornstreichs zum Dorfe hinaus, grade nach
Flachsenfingen zu. Der Emigrant war zu seinem Professionverwandten
Le Baut hineingegangen. —

Beide Reisende nannten sich auch noch — Jenner und Viktor, und
kamen heute von ihrer scherzreichen Rennbahn zurück. — —

Vor sieben Tagen war nämlich der Fürst, der Maskentänze und
Inkognito-Reisen und gemeine Sitten liebte, und der nur des Ministers
geistige Masken und Inkognito verwünschte, mit Viktor zu Fuß hinter
einem Kerl abgereiset, der zu Pferde mit der Reboutenkleidung und mit
Reboutenerfrischungen vorausgebrochen war. Jenner trug einen Degen
in der Hand, der in keiner Scheide steckte, sondern in einem Spazierstöckchen; ein Sinnbild der Hofwaffen! Er gab sich in dem Marktflecken
für den neuen Regierrath Flamin aus. Mein Held, der sich anfangs zu
einem reisenden Augenarzt geprägt hatte, münzte sich im dritten Dorfe

4*

zu einem Konsistorialboten um — blos weil beiden der wahre Bote be=
gegnete.   Dieser Kammereinnehmer des Konsistoriums mußte dem Arzte
— es kostete dem Fürsten nur eine fürstliche Resoluzion und eine Gnade
— sein Sportelbuch und seinen kirchlichen Amtrock sammt dem aufge=
nähten Blech auf diese Woche überlassen.   Die Bleche sind an Boten und
die Silbersterne an vornehme Röcke wie die Bleistücke an Tuchballen be=
festigt, damit man wisse, was am Bettel ist.

Für Büsching wäre eine solche Rekahns=Fahrt ein Fund — für mich
ist sie eine wahre Pein, weil mein Manuskript ohnehin schon so groß ist,
daß meine Schwester sich darauf setzet, wenn sie Klavier spielet, da der
Sessel ohne die Unterlage der Hundspostlage nicht hoch genug ist.

Was sah Jenner? — was Viktor? —

Der Regierrath Jenner sah unter den Beamten lauter krumme
Rücken — krumme Wege — krumme Finger — krumme Seelen. —
„Aber krumm ist ein Bogen, und der Bogen ist ein Sektor vom Zirkel,
„diesem Sinnbild aller Vollendung," sagte der Konsistorialbote Viktor.
Allein Jenner ärgerte sich am meisten darüber, daß ihn die Beamten so
sehr verehrten, da er sich doch nur für einen Regier=Rath ausgab und
für keinen Regenten. — Viktor versetzte: „der Mensch kennt nur zwei
„Nächsten; der Nächste zu seinem Kopf ist sein Herr, der zu seinem Fuße
„sein Sklave — was über beide hinausliegt, ist ihm Gott oder Vieh." —

Was sah Jenner noch mehr? —

Steuerfreie Spitzbuben sah er, die sich an steuerfähigen Armen be=
reicherten — redliche Advokaten hört' er, die nicht, wie seine Hofleute
oder die englischen Räuber, mit einer tugendhaften Maske stahlen, sondern
ohne die Maske, und denen eine gewisse Entfernung von Aufklärung und
Philosophie und Geschmack nach dem Tode gar nicht schädlich sein wird,
weil sie dann in ihrer eignen Vertheidigung Gott die Einrede ihrer Un=
wissenheit entgegensetzen und ihm vorhalten können: „daß andere Gesetze
„als landesherrliche und römische sie nicht verbinden können, und Gott
„sei weder Justinian, noch Kant Tribonian." — Er sah am Kopfe seiner
Landrichter Brodkörbe, und am Kopfe ihrer Unterthanen Maulkörbe

hängen; er sah, daß, wenn (nach Howard) zwei Menschen nöthig sind, um Einen Gefangnen zu ernähren, hier zwanzig Eingelerkerte da sein müssen, damit Ein Stadtvogt lebe.

Er sah verdammtes Zeug. Dafür sah er aber auch auf der andern Seite in angenehmen Nächten das Vieh in schönen Gruppen in den Feldern weiden, ich meine das republikanische, nämlich Hirsche und Sauen. Der Konsistorialbote Viktor sagte ihm, er habe diesen romantischen Anblick den Jägermeistern zu danken, deren weiches Herz den fürstlichen Befehl des Wildschießens eben so wenig hätte vollziehen können, wie die ägyptischen Wehmüttter den, die Judenknaben todtzumachen. Ja der Sportelbote ließ sich in einer Kneipschenke gelbe Dinte und schwarzes Papier hingeben und setzte da, während der Schieferdecker auf dem Dache trommelte, um Schiefer zugelangt zu bekommen, und die Gäste an die Krüge schlugen, um eingeschenkt zu kriegen, und der Wirthsbube auf einem Bierheber zum Fenster hinaustrompetete, unter diesem babylonischen Lärm setzte der Sportulnbote eine der besten Bittschriften auf, welche die edle Jägerschaft noch je an den Fürsten abgelassen.

Schlechte Relazion aus der Bittschrift der Oberjägermeisterei.

„Da das Wild nicht lesen und schreiben könnte: so sei es die Pflicht der Jägermeisterei, die es könnte, für dasselbe zu schreiben, und nach Gewissen einzuberichten, daß alles Flachsenfingische Wild unter dem Drucke des Bauers schmachte, sowol Roth= als Schwarzwildpret. Einem Oberförster blute das Herz, wenn er Nachts draußen stehe und sehe, wie das Landvolk aus unglaublicher Mißgunst gegen das Hirschvieh die ganze Nacht in der größten Kälte neben den Feldern Lärm und Feuer machte, pfiffe, sänge, schösse, damit das arme Wild nichts fräße. Solchen harten Herzen sei es nicht gegeben, zu bedenken, daß, wenn man um ihre Kartoffeltische (wie sie um ihre Kartoffelfelder) eben solche Schützen und Pfeifer lagerte, die ihnen jede Kartoffel vom Munde wegschössen, daß sie dann mager werden müßten. Daher sei eben das Wild so hager, weil es sich erst langsam daran gewöhne, wie Regimentpferde den Hafer

von einer gerührten Trommel zu fressen. Die Hirsche müßten oft meilen=
weit gehen — wie einer, der in Paris sein Frühstück aus Aubergen zu=
sammenhole — um in ein Krautfeld, das keine solche Küstenbewahrer
und Widerparte des Wilds umstellen, endlich einzulaufen und sich da
recht satt zu fressen. Die Hundsjungen sagten daher mit Recht, sie zer=
träten in Einer Parforcejagd mehr Getraide, als das Wild die ganze
Woche abzufressen bekomme. — Dieses und nichts anders seien die
Gründe, welche die Oberjägermeisterei bewogen hätten, bei Sr. Durch=
laucht mit der unterthänigen Bitte einzukommen.

Daß Ew. den Landleuten auflegen möchten, Nachts in ihren warmen
Betten zu bleiben, wie tausend gute Christen thun und das Wild selber
am Tage.

Dadurch würde — getrauete sich die Obristjägermeisterei zu ver=
sprechen — den Landleuten und Hirschen zugleich unter die Arme ge=
griffen — letzte könnten alsdann ruhig, wie Tagvieh, die Felder abweiden
und würden doch dem Landmann die Nachlese, indem sie mit der Vorlese
zufrieden wären, lassen. — Das Landvolk wäre von den Krankheiten, die
aus den Nachtwachen kämen, von Erkältungen und Ermüdungen glück=
licher Weise befreiet. Der größte Vortheil aber wäre der, daß, da bisher
Bauern über die Jagdfrohnen murrten (und nicht ganz mit Unrecht),
weil sie darüber die Zeit der Ernte versäumten, daß alsdann die Hirsche
an ihrer Statt die Ernte übernähmen, wie sich in der Schweiz die Jüng=
linge für die Mädchen, die sie liebten, Nachts dem Getraide=Schneiden
unterzögen, damit diese, wenn sie am Morgen zur Arbeit kommen, keine
finden — und so würden die Jagdfrohnen in den Ernten niemand mehr
stören als höchstens das — Wild ꝛc.‟

Was ist aber vom Konsistorialportulboten Viktor zu erzählen? —
Dieser kirchliche Hebbediener setzte alle Pfarrherren durch seinen Spaß
und alle Pfarrfrauen durch seine Gewandtheit in Erstaunen, und blos
sein Blech und seine Papiere konnten die Aechtheit eines solchen Boten=
exemplars hinlänglich verbürgen. Er kassierte alles ein, was der Kon=
sistorialsekretär liquidiert hatte, und entschuldigte sich damit, daß es weder

ihm noch dem Sekretär in diesem Falle zukäme, gewissenhaft zu sein
In seiner kurzen Amtführung sackte er ohne Scham ein alle rückständige
Ehepfänder vom geringsten Werth — wir im Kollegio, sagte er, sind auf
einen halben Batzen erpicht — Gelder, wenn die Ehen geschieden waren —
Gelder, wenn diese von den Räthen geschlossen waren, es sei durch In-
dulgenzen für Trauerzeit, für Blutverwandtschaft oder für elterliche Einwilligung — Gelder, wenn die Gelder erst einmal (oder zweimal) bezahlt
waren, aber noch nicht zum zweiten (oder dritten) male, wiewol das
Konsistorium diesen Geldnachklang stets nur in dem Falle verlangte,
wenn die Leute die Quittung verloren hatten — Gelder, welche die Pfarrherren blos für Dekrete zu erlegen hatten, worin sie losgesprochen
wurden. — —

Darauf schüttete er den Sack vor dem Fürsten aus und plättete die
Geldwoge auseinander und fing an:

„Ihro Durchlaucht!

„Das Konsistorium ist des Teufels: es könnte über alle Gebote eine
„lutherische Poenitentiaria sein und ist es nur über das sechste. Was
„eine ehrliche Konsistorial-Regie — ich nämlich — hat zusammenscharren
„können, liegt da auf dem Tisch. Der Haufe könnte noch einmal so breit
„sein, wenn das Konsistorium Verstand hätte und sagte: „wer kauft?
„neue frische Ablaßbriefe für alles!" — Es hat gezeigt, daß es über einige
„Verwandtschaftgrade Dispensazionbullen so gut wie der Pabst verferti-
„gen könne; warum will es sich denn an keine näheren Grade machen?
„Es würde von großen so gut als von kleinen dispensieren können, wenn
„es darüber her wollte, und eben so gut von Bußtag-Fasten, als von
„Trauerzeit und dreimaligem Kanzelausrufe, dieser erotischen Fastenzeit.
„Beim Himmel, wenn ein einziger Mensch, wie der Pabst, die geistliche
„Waschmaschine ganzer Welttheile zu sein vermag und die Seelen am
„Jubeljahre bündelweise säubern kann: so werden doch wir alle im Kol-
„legium zur Waschmaschine Eines einzigen Landes zu gebrauchen sein?
„Geschieht das nicht: so nehmen wir — denn wir wollen leben — Sün-
„dengeld und Sporteln für das Wenige, worin wir gültig nachzusehen

„haben; und wenn in Sparta die Richter die Göttin der Furcht an-
„beteten, so verehren bei uns die Parteien dieses schöne ens. — Hätten
„wir nur wenigstens von fünf oder sechs großen Sünden loszusprechen,
„nur z. B. von einem Mord: so könnten wir Ehescheidung und Ehe-
„beschleunigung — diese ganz entgegengesetzten Operazionen gelingen
„uns, so wie das Karlsbader Waffer zugleich den Stein in der Blase zer-
„theilt und Eingetauchtes im Brunnen versteinert — für halbes Geld
„erlassen.".... Nach einer langen Pause: Ihro Durchlaucht, es ist doch
„nicht zu machen, weil der Henker die weltlichen Räthe mitten unter den
„geistlichen hat: ein halb profaner Sessiontisch ist zu keinem
„heiligen Stuhle umzubrechseln; es ist also nichts zu wünschen —
„außer der gesegneten Mahlzeit — als Verträglichkeit, damit geist= und
„weltliche Räthe die Parteien', um welche sie sitzen, ordentlich aufspeisen
„können, ein paar Knochen ausgenommen, die uns Schreibern und
„Boten zufallen: so sah ich oft auf einem todten Pferde zugleich Staare
„und Raben in bunter Reihe einträchtig wohnen und hacken und
„zehren.'' — —

Mein Korrespondent versichert mich, durch diese Reden richtete der
Hofmedikus mehr bei Jenner aus, als der Hofprediger durch seine. Viele
Parteien bekamen ihr Geld und einige Richter ein allerungnädigstes
Handschreiben.

Eh' ich mit unserem verkleideten Gespann vor St. Lüne ankomme:
ist noch eines und das andre zu schreiben. An Jenners Seele waren
mehre Kniebrücker als an einem Fortepiano angebracht, die das Favoriten=
knie, indem es sich zu beugen schien, bewegte wie es wollte. Er war allemal der Sohn der Gegenwart und der Wiederschein der Nachbarschaft.
Las er im Sully, so versäumte er eine Woche lang das geheime Regierkollegium nicht und ließ den Kammerpräsidenten kommen. Las er im
Friedrich II., so wollt' er das Reichskontingent stellen und selber kom-
mandieren, und ging Vormittags auf die Parade. Er sah mit Vergnügen
das Ideal einer guten Regierung an, es sei im Druck oder in einer Rede,
und oft suchte er die Annäherung dazu, Umbesserungen, Untersuchungen

und Belohnungen ganze Wochen lang — Enthaltungen ausgenommen, die doch das einzige Verdienst sind, das der Fürst ohne fremde Hülfe
erwerben kann. Unter der ganzen Kreuzfahrt war er ein wahrer An-
toninus Philosophus, und stand in Bereitschaft, überall zu belohnen und
zu bestrafen und zu verfügen; — auch fühlte er, er könnt' es thulich
machen, wenn man nur nicht von ihm noch gar arbeiten und entbehren heischte; darüber ging das andre auch zum Teufel.

Anfangs gefiel ihm die empfindsame Reise — als sie vorüber war,
wieder — aber in der Mitte schmeckte ihm alles, was nach dem Vorlauf
ausgekeltert wurde, immer herber, und er wünschte sich statt der Dorf-
kilchenzettel sein Viktualienzifferblatt. Auch hatt' er sich so sehr an Tapferkeit gewöhnt, daß er beim Mangel derselben — d. h. seiner Leibwache —
so zu sagen furchtsam wurde; daher wollt' er einmal im Finstern einen
jungen Weber in der Schenke aus dem Bette heraus mit seinem Stock-
degen erstechen, weil der Weber Nachts das fürstliche Bette verwechselt
hatte mit einem von friedlicherem Inhalt. Uebrigens sammelten sich jetzt
alle Stralen seiner Zuneigung im einzigen Menschen von Stande, im
einzigen Beherzten und Vertrauten, den er hatte, in Viktor, zum Brenn-
punkte. Mein Held aber hatte überall zu genießen — wenigstens den
Gedanken an St. Lüne, — überall zu essen — wenigstens auf einem
Obstbaum, — überall zu lesen — und waren's nur Feuersegen an der
Thüre, alte Kalender an der Wand, Ermahnungen zur Wohlthätigkeit
über Almosenbüchsen, — überall zu denken — über das Reise-Paar, über
die vier Jahrzeiten-Alte der Natur, die jährlich wieder gegeben werden,
über die tausend Alte im Menschen, die niemals wiederkehren, — und
überall zu lieben und zu träumen, denn eben diese Straße hatte Klotilde
so oft auf ihren Reisen nach Maienthal und St. Lüne zurückgelegt, und
der Freund ihres reichen Herzens fand auf diesem klassischen Wege nichts
als große Erinnerungen, Zauberstellen und eine stille lange heimliche
Seligkeit . . . .

„St. Lüne!" schrie Jenner, erfreut, daß er nur wieder einen Weltmann, Le Baut, sehen sollte. Auf die Emigranten-Maske war er selber

verfallen, um den Kammerherrn, bei dem er sich zuletzt für einen Fürsten-Erbfeind ausgeben wollte, besser auszuholen. Wäre in Le Bauts Seele ein höherer Adel als der heraldische gewesen — oder hätte Viktor nicht gewußt, daß der Kammerherr den Fürsten auf den ersten Blick erkennen würde — und daß er's schon darum vermögen würde, weil der wahre suspendierte Konsistorialbote schon der Stadt Flachsenfingen wahrscheinlich die ganze Vermummung werde ins Ohr gesagt haben: so hätt' er ihm die noble masque ausgeredet.

Sebastian blieb gedachtermaßen weg und im Freien, wahrscheinlich aus Scham seiner Rolle und offenbar aus Sehnsucht, Klotildens Sonnenangesicht, das für ihn so lange nicht aufgegangen war, in einer seinem Herzen bequemern Lage anzuschauen: „Und die Eltern werden mich gern „wiedersehen, dacht' er dazu, wenn sie mir etwas zu verdanken haben"— Klotildens Hofamt nämlich. Er fuhr hinter dem Bettschirm der Dunkelheit lauschend öfters zusammen, als er aus dem Pfarrhause seinen Namen und zwar mit solcher Liebe, mit solchen Wünschen seiner Antwort nennen hörte, daß er beinahe eine gegeben hätte. Aber die Pfarrleute hatten nur mit seinem Pathchen gesprochen und zu solchem gesagt: „guter liebster „Sebastian! Sieh doch her, was hab' ich da?" — Wie lag das verhüllete Paradies des heutigen Frühlings in alten Resten um ihn! Wie beneidete er die Schattenköpfe im Schlosse, die er um die Lichter gehen sah, und den alten Pfarrmops, der ihn zu den Pfarrleuten hineinwedeln wollte und drinnen auf dem Schauplatz einer so holden Vergangenheit weiter agierte! Aber als ihn Disteln am Schlosse an die musivischen auf dem innern Fußboden desselben erinnerten: so war der Neider zu beneiden, und er ging mit den schönsten Träumen, die je über sein dunkles Leben gezeichnet wurden, zum Apotheker zurück.

Am andern Tage kam Jenner nach, erfreuet über die Eltern, entzückt über die Tochter, weil jene so fein waren und diese so schön. Es kostete meinem Helden nichts als ein Wort, um den Stiefvater zur Bitte für die Anstellung der Stieftochter zu bewegen, die der Held und der Vater so gern öfter sehen wollten — und dem Stiefvater kostete es auch nur ein Wort bei der Fürstin, um seine und die fremde Bitte gewährt zu finden ... Klotilde wurde Hofdame.

Sogleich darauf drang der Minister von Schleunes im Glückwunsch=schreiben den Viertels=Flügel seines Hauses Klotildens Eltern auf, und war in der Epistel froh, „daß eine höhere Bitte die seinige mit so vielem „Erfolge wiederholet hätte.“ — Ich stelle diesen Edeln allen Welt=leuten zum Muster auf; wiewol sich jetzt alles im moralischen Sinne, wie die Wiener im heraldischen, edel schreibt.

Viktor, der mit seinen Seelenaugen den ganzen Tag dem Kammer=herrn ins Fenster guckte, konnte es kaum erwarten, Klotilde erstlich in St. Lüne zu sehen, und zweitens am Hofe. Er verschob den Besuch von Tag zu Tag — und machte ihn von Nacht zu Nacht im Traume. Nicht einmal die Besuchkarte — seinen Brief an den Pfarrer — hatt' er fort=geschickt: er wollt' ihn nicht nur selber bringen, sondern auch gar unter=schlagen. Aber diesen letzten Gedanken — den Brief zu unterdrücken, weil etwan Klotilde diese boshafte Konduitenliste der Höfe in die Hände und daraus Widerwillen in das neue Amt bekommen könnte — schleu=derte er, wie Paulus die Schlange, sogleich aus seiner Seele hinaus: wehe dem Herzen, das nicht aufrichtig ist gegen ein aufrichtiges, nicht groß gegen ein großes und warm gegen ein warmes, da es schon alles dieses sein müßte gegen eines, das nichts von allem diesem wäre!

Uebrigens bedurft' er eines solchen Besuchs und eines solchen Gegen=besuchs täglich stärker; denn er war nicht glücklich: daran war außer ihm schuld 1) der Fürst, 2) Flamin, 3) neun tausend und sieben und dreißig Personen. Der Fürst konnte nicht viel dafür; er goß das ganze Füllhorn seiner Liebe über den Doktor aus und nahm diesem alle Freiheit weg, die er anfangs so heilig zu bewahren willens gewesen. Viktor schüttelte den Kopf, so oft er sein Tagebuch oder Schiffjournal der Lebens=fahrt (auf Geheiß seines Vaters) weiter schrieb und aus seiner Seekarte ersah, daß er ganz andre Meere und Grade der Länge und Breite paf=sieret war, als er oder sein Vater haben wollte: „inzwischen land' ich doch richtig“ sagt' er. —

Aber sein Flamin that seiner Seele weher, die überall zu viel Liebe suchte und gab. Er wollte dem Rathe mit der Nachricht von Klotildens Hofamt eine Freude machen, die seiner eigenen glich: aber der empfing sie so kalt wie ihren Ueberbringer. Der Aktenstaub lag dick auf den Orgelpfeifen seines Gemüths. — Angekettet an den Session- und Schreibetisch, war er jetzt, wie angekettete Hunde, wilder, als vorher ungefesselt. — Die Bemühungen seiner Kollegen, den Staatskörper zu einem Anagramma auszurenken, erhielten von ihm den verdienten Beifall nicht. — Auch setzte sich in seiner Seele der Sauerteig der freundschaftlichen Eifersucht an, der es nicht recht war, daß sein Viktor ihn seltener und andre öfter sah. — Am meisten erboßte ihn Viktors Weigern, als er ihn um Begleitung nach St. Lüne ersuchte ... Kurz, er war arg.

Die 9037 Mann, die für meinen Helden 9037 Plagegötter waren, sind die Herren Flachsenfinger sammt und sonders vermittelst ihres närrischen Charakters, der nicht hier skizziert zu werden verdient, sondern in einem flüchtigen Extrablättchen.

Flüchtiges Extrablättchen, worin der närrische Charakter der Flachsenfinger skizziert wird — oder perspektivischer Aufriß der Stadt Klein-Wien.

Klein-Wien heißen viele mein Flachsenfingen, so wie es ein Klein-Leipzig, Klein-Paris u. s. w. gibt. Es können aber wol zwei Städte nicht weiter von einander in Sitten abstehen als Flachsenfingen, wo man sein Leben und seine Seele verfrißt und versäuft, und Wien, wo man vielleicht den entgegengesetzten Fehler eines spartischen Ausmergelns nicht genug vermeidet. Die Klein-Wiener oder Flachsenfinger öffnen dem Genuß der Natur weniger ihr Herz als ihren Magenmund — Auen sind die Küchenstücke ihres Viehes, und Gärten die ihrer Besitzer — die Milchstraße fesselt und sättigt ihren Geist (ob sie gleich länger ist) nicht halb so sehr als [die Königsberger Bratwurst von 1583 es thäte, welche fünfhundert und sechs und neunzig Ellen lang und viermal schwerer war,

als der Gelehrte selber, der sie der Nachwelt geschildert, Herr W a g e n s e i l*).
— — — Sind das Züge, auf welche die Fuhrleute den Namen Klein=
Wien begründen? Ich war oft in Groß=Wien und kenne die Großkreuze,
Kleinkreuze und Commandeurs des Temperanzordens, der dort so gemein
ist, persönlich: ich kann also allerdings einen gültigen Zeugen abgeben,
und mir ist zu glauben, wenn ich — da man in Klein = Wien außer=
ordentlich säuft — von Groß = Wien, und ausdrücklich von dessen Kloster=
leuten, ganz etwas anders verfechte; sie haben nicht nur immerfort den
größten Durst, der doch weg sein müßte, wenn man ihn löschte — son=
dern sie bedienen sich auch gegen die Trunkenheit eines schönen Mittels
vom Plato. Dieser Alte gibt uns den Rath, in der Betrunkenheit in
einen S p i e g e l zu schauen, um durch die zerrissene Gestalt, die uns
darin an unsere Entehrung erinnert, auf immer davon abgemahnet zu
sein. Daher stellen oft ganze Domkapitel, der Dechant, der Subsenior,
die Domizellaren u. s. w. Gefäße mit Wein oder Bier vor sich und heben
sie an die Augen und besehen in diesem (m e t a m o r p h o t i s c h e n oder)
Zerrspiegel, der die entstellten Züge noch mehr entstellt (weil er wackelt),
sich schon lange nach des Philosophen Rath. Ich frage aber, ob Leute,
die beständig so tief ins Glas gucken, Trinken lieben können? —

Daraus folgt aber nicht, daß ich den Groß=Wienern die Aehnlichkeit
mit den Flachsenfingern auch in solchen Zügen nehme, die ehren. So
laß' ich jene recht gern diesen z. B. darin ähnlich sein, daß sie an keiner
Dichtkunst, keiner Schwärmerei und Empfindsamkeit — denn das ist
alles einerlei — krank liegen. Viktor würde dieses Lob in seiner Sprache
so etwa klingen lassen: „die Wiener Autoren (selber die besten, nur
„Denis und kaum drei ausgenommen) geben dem Leser keine über die
„ganze Gegenwart tragende Flügel durch jenen Seelenadel, durch jene
„Verschmähung der Erde, durch jene Achtung für alte Tugend und Frei=
„heit und höhere Liebe, worin andre deutsche Genien wie in heiligen

---

*) Es ist der mit den langen Schuhen, in seiner „Erziehung eines jungen
Prinzen 1705."

„Stralen glänzen" *) und er würde sich deshalb auf die „Wiener Stizzen," auf „Faustin," auf „Blumauer" und auf den „Wiener Musenalmanach" berufen. Den Tadel würde selber ein Wiener nützlichst annehmen und uns fragen, ob wir einen Musenalmanach (wie er) mit einem Zoten= Bodensatz aufzuweisen haben, worauf man setzen könnte: „mit Appro= „bazion des Vorbels." — Dieses Gefühl des literarischen Unterschiedes nöthigte sogar einen Nikolai — sonst kein besonderer Amoroso der Wiener Schriftsteller — in seiner Allgem. deutschen Bibliothek eine eigne Seiten= loge für diese einzubauen, ob er gleich sonst Schreiber aller andern Deutschkreise in Ein Parterre zusammenwirft. Auf ähnliche Art sah ich in Baiern, daß an dem Galgen außer dem gewöhnlichen Balken für die drei christlichen Konfessions=Verwandten noch ein besonderer schismatischer Querpfosten angebracht war, an welchen blos die Judenschaft geheftet wurde.

Der Flachsenfinger weiß, daß an Poeten nichts ist, und springt in Büchern, wo Versebäche durch die Prose laufen, über die Bäche hinweg, wie gewisse Leute spät in die Kirche gehen, um dem Singen zu entweichen. Er ist ein treuer Diener des Staats, dem bekannt ist, wozu die poetische goldne Ader beim Revision=, Kommission=, Relazion=, Enrollierungwesen zu gebrauchen ist: zu gar nichts; inzwischen will er doch, wenn er auch einen Klopstock und Göthe nicht schätzen kann, in müßigen Stunden einen guten Knüttelvers und Leberreim nicht verachten. Eine solche glückliche robuste Seelennatur, worin man weniger seinen Geist erhöhen will als seinen Pacht, macht es freilich begreiflich, wie es Schutzpocken geben kann, vermittelst deren der Flachsenfinger allein (wie Sokrates) in der Pest der Empfindsamkeit unangefochten herumwandelte. Der volle Mond machte bei ihnen volle Krebse, aber keine volle Herzen, und das, was sie darin pflanzten, damit er den Wachsthum begünstigte, war nicht Liebe, sondern — Kohlrüben. Der ächte Klein=Wiener zielt nach viel

---

*) So sprach blos die erste Auflage 1795 von Wienern; eine dritte verbesserte, erkennt auch 1819 eine verbesserte von ihnen an, ob sie gleich die Schatten ihrer Vorzeit lebendig aufbewahrt.

nähern Schießscheiben, als nach dieser weißen droben. Geheirathet wird da mit wahrer Lust, ohne daß man sich vorher todtgeschossen oder todt- geseufzet — man kennt keine Hindernisse der Liebe, als kirchliche — die weibliche Tugend ist eine Gürtelschnalle, die so lange halten soll, als der Geschlechtname der Tochter — die Herzen der Töchter sind da wie Brief- umschläge, die sich, wenn sie einmal an einen Herrn überschrieben waren, leicht umstülpen lassen, damit man darauf die Aufschrift an einen andern Menschen mache — die Mädchen lieben da nicht aus Koketterie, sondern aus Einfalt allen Teufel, ausgenommen arme Teufel . . .

Kurz, mein Korrespondent, von dem ich alles habe, ist fast parteiisch für Klein-Wien eingenommen, und widerspricht daher heftig dem Ver- fasser des reisenden Franzosen, der irgendwo gesagt haben soll — hätt' ich ihn im Hause, so wüßt' ich, wie eigentlich Klein-Wien heiße — daß der Flachsenfinger wenigstens zum Räuber nicht Kraft genug besitze. Knef aber sagt, er wolle hoffen, daß sie schon gestohlen haben, und stützt sich auf die, die man aufgehangen.

Ende des flüchtigen Extrablättchens, worin der närrische Charakter der Flachsenfinger skizzieret wurde — oder des perspektivischen Aufrisses der Stadt Klein-Wien.

* * *

Aber unter solchen Menschen konnte mein Held bei aller Duldung keine frohe Tage finden, er, der allen Eigennutz, zumal den schmausenden, so haßte, und der gern in D. Grahams Vorlesungen hospitiert hätte, worin dieser lehrte, ohne Essen zu leben — er, der in sein Herz so gern den von der Poesie geflügelten Samen der Wahrheit aufnahm, der einen Emanuel am Herzen trug und den Mangel an poetischem Gefühle sogar für ein Zeichen hielt, daß der moralische Mensch noch nicht alle Raupenhäute weggelegt — er, der das ganze Leben und den ganzen Staatskörper für die Hülse ansah, worin der Kern des zweiten Lebens reift — — o! wer so denkt, ist zu einsam unter denen, die anders denken! — So lag die Welt um ihn, als er ein Blatt von der guten Pfarrerin bekam: „Man sagt hier allgemein, Sie wären gestorben. Aber ich lasse

„mich gegen die Leute vernehmen, Sie müßten, da Sie so wenig von sich
„hören ließen und alle Welt vergäßen, eben deswegen noch am Leben
„sein. Bestätigen Sie meinen Satz! Wir sehnen uns alle herzlich und
„närrisch nach Ihnen, und ich möchte Sie wol bitten, den ein und
„zwanzigsten zu kommen (wenn Sie nicht die Hochzeit beim Stadtsenior
„mehr hindert, als meinen Flamin). Wir haben Ihnen hier nichts an-
„zubieten, als den Geburttag unserer Klotilde. O guter Dählorb, o
„geliebte Lorbschip, wie war's Denenselben bisher möglich, so lange stumm
„und unsichtbar zu bleiben? Eine treue Freundin, die gar nichts von
„den Damen Ihres Hofes an sich hat, nicht einmal die Veränderlichkeit,
„wünschet Sie herzlich vor ihr Auge und vor ihr Ohr — und diese Dame
„bin ich — und wenn ich Sie kommen sehe, werde ich doch vor Freude
„weinen, ich mag dabei lachen oder schmollen, wie ich will.   E."

Wann erhielt er dieses Blatt voll Seele? Und welche Antwort gab
seine darauf? —

— Es war am schönsten Abend, der die Ankunft des schönsten
Sonntagmorgens und des magischen Nachsommers ansagte — er sah
nach der Abendröthe, unter welcher Maienthals Berge lagen, und sein
Herz schlug ihm schwer — er sah nach der Morgenröthe des Vollmonds,
die über St. Lüne entglimmte, und seine Sehnsucht nach dorthin wurde
unaussprechlich — — er dachte an Klotilde, deren Geburttag morgen
einfiel, und ganz natürlich ging er heute — — blos zu Bette.

Neunzehnter Hundsposttag.

Der Frisör, der nicht lungen-, sondern singsüchtig ist — Klotilde in Viktors Traum
— Extrazeilen über die Kirchenmusik — Gartenkonzert von Stamitz — Zank
zwischen Viktor und Flamin — das Herz ohne Trost — Brief an Emanuel.

Der Oktober-Sonntag, womit ich diesen Posttag voll mache, war
schon um $9\frac{1}{2}$ Morgens ein so freudiger glänzender Tag in St. Lüne,

daß das ganze Pfarrhaus an den Hofmedikus dachte. — „Ach er sollte
„Abends ins Konzert kommen!" Der Virtuose Stamitz gab eines in
Le Bauts Garten. — „O lieber schon zum Mittagessen!" — „Und in
„meine Frühpredigt, wenn er nicht in die Kinderlehre will." Eymann
hatte dabei seine neu aufgelegte Perücke am meisten im Kopfe, die ihm
H. Meuseler heute darauf gesetzt hatte. Dieser geschickte Perückenmacher bereisete die Diözesanen (Pfarrer), die kein eignes Haar trugen,
öfter und mit größern Verdiensten um ihre Köpfe, als der Superintendent
selber, dieser Beherrscher der Gläubigen, zu welchem die meisten
Kapläne sagten: Ihro Excellenz. Hätt' er sich's abgewöhnen können,
daß er zu viel sang, log und soff, der Frisör: so hätten die meisten Geistlichen ihre Toupees — diese artistischen Hahnenkämme — bei ihm machen
lassen; — so aber nicht.

Da der Kaplan gern die Konfituren des Schicksals — worunter
falsche Haare gehören — mit etwas versäuerte und hopfte: so suchte er
natürlicher Weise sich die heutige Perücke, für deren falsche Touren er an
Zahlungsstatt ächte abgeschnittene Haare seiner Leute gab, durch Skrupel
zu versalzen, die er sich über das lange Wegbleiben Viktors machte. Er
erinnerte: „wir müssen ihn vor den Kopf gestoßen haben — er schreibt
„nicht einmal — er ist vielleicht mit meinem Sohne zerfallen — etwas
„hat's gesetzt — und dann sieht uns der alte Lord auch nicht mehr von
„der Seite an — unsere Ratten halfen ihn auch mit austreiben."

Durch solche Elegien setzte er anfangs nur sich und zuletzt selber den
Zuhörer in Angst. Er war durch nichts zu widerlegen, als dadurch, daß
man etwas Neues, was ihn ängstigte, hervorsuchte. Die Wetterscheide
seines Gewölkes, oder sein Noth- und Hülfsbüchlein war diesesmal ein
wahres Buch, des Zeizer „Teller's Anekdoten für Prediger", die er heute
durch den Perückenmacher vom geistlichen Lesezirkel empfing. Geistliche,
zumal die auf dem Lande, betreiben alles mit einer kleinlichen pünktlichen
Aengstlichkeit, worein sie zum Theil ihr regierender Wauwau und Lind-
wurm von Konsistorium schreckt. In dieser Lesegesellschaft war nun ein
Gesetz im Gange — Kommentatoren und Herausgeber halten es — daß

jedes Leseglied die Fett- und Dintenflecke und Riße, die es im Lesebuch anträfe, vorn immatrikulieren sollte in einem Flecken-Verzeichniß und Befundzettel sammt der Seitenzahl „wo." Ganz natürlich läugnete jeder, der nur halbwege ein ehrlicher Lutheraner war, die unbefleckte Empfängniß des Buchs: und die Sommerflecken wurden also alle ordentlich einregistriert, aber keiner bestraft. Blos der gewissenhafte Hofkaplan lud als Wüstenbock die Strafe fremder Fehler auf, indem er eine ganze Nacht jedesmal nicht schlafen konnte, so oft er im Buche mehre Kleckse als im Sündenregister fand, weil er offenbar sah, er werde zum Adoptivvater des namenlosen Schmutzes gemacht und zum Käufer des Buchs. — — Tellers Anekdoten für Schwarzröcke waren nun gar völlig schwarze Wäsche: war nicht ein Eselohr am andern — Kleckse auf Kleckſen — die Blätter ordentliche Korrekturbogen ... und zwar unmetaphorisch gesprochen? — Eymann hob an: „Und wenn mir's Geld zum Fenster hereinflög'...."

Da flog Viktors Brief zum Fenster herein und sein — Verfasser zur Thür.

Freilich aber war's so: Viktor hatte vor schönem Wetter schöne Träume, vor elendem erschien ihm der Satan mit seiner Sippschaft. Das schöne Sonnabend-Wetter und der Gedanke an den Geburttag Klotildens und des Nachsommers gaben ihm einen Morgentraum, der ein Theater, in welchem blos ihr holdes Bild spielte. Eine Person, die er hinter dem Schleier des Traums gesehen, stand für ihn den ganzen nächsten Tag in einem zauberischen Wiederschein. Bei ihm irrten die Träume — diese Nachtschmetterlinge des Geistes — wie andre über die Nacht und den Schlaf hinaus; wenigstens Vormittags lieb' er jede Person im Wachen fort, die er im Traum zu lieben angefangen. Dieses mal floß gar umgekehrt die wachende Liebe in die träumende hinein, und die wirkliche Klotilde fiel mit der idealen in Ein so leuchtendes Heiligenbild zusammen, daß einer, der seinen Traum weiß, sich ins Uebrige leicht findet. Deswegen muß der Traum den Lesern gegeben werden, den poetischen Lesern besonders — für andere möchte ich eine Ausgabe der Hundsposttage

veranstalten, wo er heraus wäre; denn unpoetische, die selber keine haben,
sollten auch keine lesen.

Euch aber, euch guten, selten belohnten weiblichen Seelen, die ihr
ein eignes zweites Gewissen neben dem ersten für reine Sitten habt —
deren einfache Tugend in der Nähe zu einem Kranze aus allen Tugenden
aufblüht, wie Nebelsterne durch Gläser in Millionen zerfallen — die ihr,
so veränderlich in allen Entschlüssen, so unveränderlich im edelsten, aus
der Erde geht mit verkannten Wünschen, mit vergessenem Werthe, mit
Augen voll Thränen und Liebe, mit Herzen voll Tugend und Gram —
euch theuern erzähl' ich gern den kleinen Traum und mein großes
Buch! . . .

„Eine Hand, die Horion nicht sah, faßte ihn an, eine Lippe, die er
„nicht sah, redete ihn an: dein Herz sei jetzo heilig und rein, denn der
„Genius der weiblichen Tugend wohnt in diesem Gefilde. — Siehe, da
„stand Horion auf einer mit Vergißmeinnicht überzogenen Flur, auf
„welche der Himmel wie ein blauer Schatten herüberfank; denn alle
„Sterne waren aus ihm genommen, nur der Abendstern stand einsam
„flimmernd oben an der Stelle der Sonne. Weiße Eis = Pyramiden,
„gestreift mit herunterrinnenden Abendröthen, umrangen wie mit einem
„Wall aus Gold= und Silberstufen das ganze dunkle Rund —— Darin
„ging Klotilde, erhaben wie eine Verstorbene, heiter wie ein Mensch in
„der andern Welt, geführt bald von geflügelten Kindern, bald von einer
„verschleierten Nonne, bald von einem ernsten Engel, aber sie ging ewig
„vor Horion vorüber — sie lächelte ihn selig=liebend an unter jedem
„Vorüberziehen, aber sie zog vorüber. — Blumige Erhöhungen, Gräbern
„fast gleich, stiegen auf und nieder, denn jede wurde von einem darunter
„schlummernden Busen durch Athmen geregt: eine weiße Rose stand über
„dem Herzen, das darunter verhüllet lag, zwei rothe wuchsen über den
„Wangen, deren zartes Erröthen sich in die Erde verbarg, und oben am
„himmlischen Nachtblau wankte der weiße und rothe Wiederschein der
„Hügel = Blumen gleitend in einander, so oft unten die Rosen des Her=
„zens und der Wangen sich mit dem Hügel bewegten — Versiegende

5*

„Echo, aber von ungehörten Stimmen erregt, gaben einander hinter den
„Bergen Antwort; jedes Echo hob die kleinen Schlummerhügel höher
„auf, als wenn sie ein tiefer Seufzer oder ein Busen voll Wonne erhöhte,
„und Klotilde lächelte seliger, von jedem Wiederhalle tiefer in den Blu-
„menboden versenkt — In den Tönen war zu viel Wonne und das auf-
„gelöste Herz des Menschen wollte darin sterben. Klotilde sank jetzt in
„die Gräber bis ans Herz; nur das stille Haupt lächelte noch über der
„Aue — die Vergißmeinnicht ragten endlich an die untergesunkenen
„Augen voll seliger Thränen, und überblühten sie — Da überkroch die
„Holde plötzlich ein Schlummerhügel, und unter den Blumen stiegen
„ihre Worte auf: Ruhe du auch, Horion! — Aber die fernern Laute ver-
„wandelten sich unter dem Begraben in dunkle Harmonikatöne... Siehe,
„unter dem Verstummen ging ein großer Schatten wie Emanuel heran,
„und stand vor ihm wie eine kurze Nacht, und verdeckte die unbekannte
„Minute aus einer höhern Welt. Aber als die Minute und der Schatten
„zerflossen waren: da waren alle Hügel niedergefallen — Da übergüldete
„der Blumen-Wiederschein zusammengeflossen den wallenden Himmel —
„Da klammerten sich an die Purpurgipfel der Eisberge weiße Schmet-
„terlinge, weiße Tauben, weiße Schwanen mit ausgespannten Flügeln
„wie mit Armen an, und hinter den Bergen wurden gleichsam von einer
„übermäßigen Entzückung Blüten emporgeworfen und Sterne und
„Kränze — Da stand auf dem höchsten in lichtem Glanze und Purpur-
„lohe ruhenden Eisberg Klotilde verherrlicht, geheiligt, überirdisch entzückt,
„und an ihrem Herzen flatterte eine Nebelkugel, die aus aufgelösten
„kleinen Thränen bestand, und auf welche Horions blasses Bild ge-
„zeichnet war, und Klotilde breitete die Arme auseinander." — —

Aber um zu umarmen? oder um sich aufzuschwingen? oder um zu
beten? ... Ach, er erwachte zu bald, und strömte in größern Thränen,
als die nebeligen waren, aus, und eine untersinkende Stimme rief unaufhörlich um ihn: Ruhe du auch!

O du weibliche Seele, die du müde und unbelohnt, bekämpft und
blutend, aber groß und unbefleckt aus dem rauchenden Schlachtfelde des

Lebens gehst, du Engel, den das männliche von Stürmen erzogne, von
Geschäften besudelte Herz achten und lieben, aber nicht belohnen und erreichen kann; wie beugt sich jetzo meine Seele vor dir, wie wünsch' ich
dir jetzo des Himmels stillenden Balsam, des Ewigen belohnende Güte!
Und du, Philippine, theure Seele, tritt weg in eine verborgene Zelle, und
lege unter den Thränen, die du schon so oft vergossen hast, deine Hand
an dein reines weiches Herz und schwöre „ewig bleibe du Gott und der
„Tugend geweiht, wenn auch nicht der Ruhe!" Dir schwör' es; mir
nicht: denn ich glaub' es ohne Schwur.— —

Welch' eine Paradenacht voll Sterne und Träume war das! und
welch ein Gallatag der Natur kam auf sie! In Viktors Kopfe stand nichts
als St. Lüne, blau überzogen, silbern überthauet und mit dem schönsten
Engel geschmückt, der heute nasse frohe Augen in den freundlichen Himmel hob und dachte: „wie bist du heute gerade an meinem Wiegenfeste
„so schön!" — Sogar der Stadtsenior und seine Tochter, welche beide
Hochzeit machten — jener eine Wieder=Hochzeit mit seiner Seniorin, diese
eine erste mit dem Waisenhausprediger — schoben sich in den Zug seiner
freudigen Gedanken als zwei neue Paare ein.

Er wollte nicht nach St. Lüne, sondern er sagte: „ich ziehe mich
„nur an zu einem kleinen Spaziergange."

„Es ist ganz egal, wo ich heute gehe," sagt' er draußen und ging
also auf den St. Lüner Weg. —

„Umkehren kann ich allemal", sagt' er auf halbem Wege. — —

„Noch närrischer aber wär's, wenn ich zugleich Briefsteller und
„Briefträger würde und mein eignes Schreiben einhändigte," sagte er
und zog solches heraus. —

„Und meiner guten Mutter ihres beantwortete ich bei dieser Ge-
„legenheit mündlich," fuhr er halb im Traume fort, und voll größerer
Liebe gegen sie, die ihm den holden nächtlichen durch die Nachricht des
Geburtstages zugeschickt. —

— — Da er aber das Lüner Vorgeläute zum Kirchengeläute ver-
nahm: so sprang er empor und sagte: „nunmehr versalz' ich mir den

„Weg nicht länger durch weitere Skrupel, sondern ich marschiere keck und „entschlossen ins Dorf."

Und so zog er an der Hand Fortunens, hinter dem Nachlächeln der ganzen Natur, mit Träumen im Herzen, mit unschuldiger Hoffnung im neu aufblühenden Angesicht in das Eden seiner Seele ein.

Flamin hatt' er nicht mitgebeten, um dem Stadtsenior den Hochzeit= gast nicht zu nehmen, und weil er selber nicht wußte, daß er nach St. Lüne gelangen würde — und vielleicht auch, weil er seine phantasierende Aufmerksamkeit auf den schimmernden Morgen durch keine juristischen Akten=Neuigkeiten wollte stören lassen. Er ging überhaupt lieber mit einer Frau als einem Mann spazieren. Männer schämen sich beinahe neben einander anderer als stummer Empfindungen; aber weibliche Seelen öffnen sich gern die verschämten Gefühle: denn sie decken das nackte Herz mit Mutterwärme zu, damit es nicht unter dem Enthüllen erkalte.

Da Viktor unten ums Pfarrhaus ging, sah er oben selber zum Fenster auf sich herunter in seiner zweiten Auflage für einige gute Freunde; aber der Wachs=Viktor mußte sogleich hinter eine spanische Wand ge= trieben werden, damit er den fleischernen nicht erschreckte. Der Empfang des letzten und das Jubelfest dabei braucht nicht lebhafter von mir be= schrieben zu werden, als daß ich sage: der Mops wurde fast ertreten, der Gimpel sprang umsonst nach seinem Frühstück herum, die Pfarrerin brachte in ihrer anblickenden Freude auch dem Gaste keines, und die Kirche ging erst nach dem Doppel=Uso von einer halben Stunde an: daher diesesmal mehre Eingepfarrte als sonst betrunken hineinkamen.

Berauscht, aber von Freude, kam Viktor auch hinein. Es ist nichts angenehmeres, als eine Pfarrfrau zu sein, und zum Mann, wenn sie ihm das geistliche Bäffchen umlegt, zu sagen: „mach' es heute länger, „die Keule brät sonst nicht gahr." — Die häuslichen Kleinigkeiten er= götzten meinen Helden eben so sehr, als ihn die höfischen erzürnten.

Er ging mit dem Pfarrer und der Pfarrerin, die alle Prozesse der Küche und Toilette summarisch und männlich abkürzte. Seine Duldung

gegen die Fehler des geistlichen Standes hatte mit jeder vornehmen stift-
und tafelfähigen nichts gemein, welche aus höchster Verachtung entsteht,
und die einen christlichen Priester so leicht wie einen ägyptischen erträgt:
sondern sie kam aus seiner Meinung, daß die Kirchen noch die einzigen
Sonntagschulen und spartischen Schulpforten des armen Volkes sind,
das seinen cours de morale nicht beim Staate hören kann. Auch
liebte er als Jüngling die Lieblinge seiner Kindheit.

Viele Prediger suchen den Quintilian, der schlechte Gründe in
Reden v o r a n gestellet haben will, und den Cicero, der sie erst h i n t e n-
n a c h verlangt, zu vereinigen und postieren solche an beiden Orten; aber
Eymann hielt gute Empfindungen für besser als schlechte Gründe, und
wand um den Bauern nicht Schluß-, sondern Blumenketten.

Der obige Frisör wollte anfangs nicht in die Kirche, weil's unter
seinem Stand war, aber nachher konnt' er nicht anders; denn wegen des
fremden Hofherrn darin wurde Kirchenmusik gemacht.

Es ist der einzige Fehler des Perückenmachers Meuseler, daß er zu
gern singt und seine Kehle in alle Kirchenmusiken, die in seiner Perücken-
diözes gemacht werden, einmengt, zumal an: h. Pfingstfest. Der Lüner
Kantor wollt' es nie leiden; aber wie berückt er diesen und labt tausend
Ohren? So blos: er frisierte heute hinaus, was noch zu frisieren war,
(nicht blos heute, sondern es ging allemal so) und glitt blos an der Chor-
treppe hinan. Hier wachte und lehnt' er so lange, bis der Kantor, auf
dem musikalischen Wurstschlitten seßhaft, mit dem Finger in den ersten
Akkord der Kirchenmusik einhieb. Dann fuhr er wie ein Sonnenstral
schnell ins Chor und mausete dem jungen Altisten sein Pensum weg und
sang's dem Kirchensprengel in die Ohren, jedoch unter so viel Jammer
und Puffen, als säng' er sein Manuskript den Rezensenten vor. Denn
man muß es nun einmal der Welt bekannt machen, daß der bissige
Klavierist dem frisierenden Altisten mit einem spitzwinkligen Triangel von
Ellenbogen wüthig entgegenstochert, um den fremden Singvogel aus dem
Vogelhause des Chors zu stoßen. Da aber der Sänger seinen rechten
Arm zum festen Notenpulte seines Textes und den andern zur Streit-

kolbe machte, wie die an Jerusalem bauenden Juden, welche die eine Hand voll Bauzeug, die andre voll Waffen hatten: so konnte der Perückenmacher, unter fortwährendem Fechten und Musizieren, schon sein Möglichstes thun und einiges durchsetzen während des Gottesfriedens der Musik. Aber sobald die Musik den letzten Athem gezogen hatte: so setzte der harmonische Strichvogel und Sturmläufer behend über das Chor hinaus, und sann unterwegs tausend Ohren und einem einzigen Ellenbogen nach. Der Kantor konnt' ihn nicht riechen und nicht kriegen.

Lief er hingegen glücklicherweise mit seinen Schachteln durch ein Dorf, wo gerade Pfarr= und Schulherr und pädagogischer Froschlaich eine taube Leiche umquäkten und umkrächzeten, welches viele noch kürzer eine Leichenmusik nennen: so konnte der Virtuose, ohne Gegenstemmung der Ellenbogen, munter mit zwei Füßen mitten in die Motette hineinspringen — das Trauer=Ständchen, das die Erben dem Todten bringen, bearbeiten — dem Leichenzuge einige Finalkadenzen gratis zuwerfen, und doch noch im Dorfe dem Amtmann eine ganz neue Beutelperücke anbieten.

Unserem Helden machte die Dorfkirchen=Musik das größte satirische Vergnügen. Wir aber hätten wenig davon, wenn ich nicht so vorsichtig wäre, daß ich um die Erlaubniß nur zu einer elenden Extrasylbe — man soll sie kaum sehen — über die Kirchenmusik bettelte.

Elende Extra=Sylbe über die Kirchenmusik.

Ich sehe allemal mit Vergnügen, daß die Leute in einer Kirchenmusik sitzen bleiben, weil es ein Beweis ist, daß keiner von der Tarantel gestochen ist; denn liefen sie hinaus, so sähe man, sie könnten keine Mißtöne aushalten und wären also gebissen. Ich als profaner Musikmeister setze nur für wenige Kirchen — nämlich für geflickte oder für neue den Einweihlärm — und verstehe also im Grunde von der Sache nichts, worüber ich mich im Vorbeigehen auslassen will; aber soviel sei mir doch erlaubt zu behaupten, daß die lutherischen Kirchenmusiken etwas taugen — auf dem Lande, nicht in den Residenzstädten, wo vielleicht die wenigsten Mißtöne richtig vorgetragen werden. Wahrlich, ein elender, versoffner,

blauer Kantor, der in Bravour-Arien sich braun singt und andere braun
schlägt — es gibt also zweierlei Bravour-Arien — ist im Stande, mit
einigen Handwerkern, die Sonntags auf der Geige arbeiten, mit einem
Trompeter, der die Mauern Jericho's niederpfeifen könnte ohne In=
strument, mit einem Schmidt, der sich mit den Pauken herumprügelt,
mit wenigen krampfhaften Jungen, die das Singen noch nicht einmal
können, und die doch einer Sängerin gleichen, welche nicht wie die
schönen Künste allein für Ohr und Auge arbeitet, sondern auch (aber
in einem schlimmern Sinn als die Jungen) für einen dritten Sinn, und
mit dem wenigen Wind, den er aus den Orgel-Lungenflügeln und aus
seinen eignen holt, ein solcher stampfender Mann ist, sag' ich, im Staube,
mit so außerordentlich wenigem musikalischen Gerümpel doch ein viel
lauteres Donnern und Geigenharz-Blitzen um den Kanzel-Sinai, ich
meine eine weit heftigere und mißtönendere Kirchenmusik aus seinem Chor
herauszumachen, als manche viel besser unterstützte Theater-Orchester
und Kapellen, mit deren Wohllauten man so oft Tempel entweiht. Daher
thut es nachher einem solchen lauten Manne weh, wenn man sein Kirchen=
Gekratze und Geknarre verkennt und falsch beurtheilt.   Soll sich denn in
alle unsre Provinzialkirchen das weiche leise Herrnhutische Tönen ein=
schleichen? — Es gibt aber zum Glück noch Stadtkantore, die dagegen
arbeiten, und die wissen, worin reiner Chor= und Mißton sich vom
Kammerton zu unterscheiden habe.

Den Lesern nicht, aber Organisten kann ich zumuthen, daß sie
wissen, warum bloße Dissonanzen — denn Konsonanzen sind nur unter
dem Stimmen der Instrumente zu ertragen — aufs Chor gehören.
Dissonanzen sind nach Euler und Sulzer Ton-Verhältnisse, die in großen
Zahlen ausgedrückt werden; sie mißfallen uns also nicht wegen ihres Miß=
verhältnisses, sondern wegen unsers Unvermögens, sie in der Eile in
Gleichung zu bringen.   Höhere Geister würden die nahen Verhältnisse
unserer Wohllaute zu leicht und eintönig, hingegen die größern unserer
Mißtöne reizend und nicht über ihre Fassung finden.   Da nun der
Gottesdienst mehr zur Ehre höherer Wesen, als zum Nutzen der Menschen

gehalten wird: so muß der Kirchenstyl darauf bringen, daß Musik ge= macht werde, die für höhere Wesen passet, nämlich eine aus Mißtönen, und daß man gerade die, die für unsre Ohren die abscheulichste ist, als die zweckmäßigste für Tempel wähle.

Machen wir einmal der Herrnhutischen Instrumentalmusik die Kirchenthüre auf: so steckt uns zuletzt auch ihr Singen an, und es ver= liert sich nach und nach alles Singe=Geblök, welches unsre Kirchen so lustig macht, und welches für Kastratenohren ein so unangenehmer Hammer des Gesetzes, aber für uns ein so guter Beweis ist, daß wir den Schweinen ähneln, die der Abt de Baigne auf Befehl Ludwigs XI. nach der Tonleiter geordnet mit Tangenten stach und zum Schreien brachte. So denk' ich über Kirchen= oder neudeutschen Schlachtgesang.

Ende der Extrasylbe über die Kirchenmusik.

Ich hätte den Haarkräusler nicht so lange singen und agieren lassen, wenn mein Held diesen ganzen Sonntag zu etwas anderem zu gebrauchen wäre, als zu einem Figuranten; aber den ganzen Tag that er nichts von Belang, als daß er etwan aus Menschenliebe die alte Appel zwang — indem er ihre Kommoden und Schachteln selber auspackte — von ihrem Körper, der lieber Schinken als sich anputzte, die gewöhnliche mit typo= graphischer Pracht gedruckte Schabbes=Ausgabe, schon um drei Uhr Nach= mittags zu veranstalten: sonst lieferte sie solche erst nach dem Abendessen. Die Juden glauben am Sabbath eine neue Schabbesseele zu bekommen: in die Mädchen fährt wenigstens eine, in die Appeln ein Paar.

Aber warum muth' ich meinem Helden zu, heute mehr Handlung zu zeigen — ihm, der heute — versunken in die Traum=Nacht und in den kommenden Abend — bewegt durch jedes freundliche Auge und durch die Urnen des weggeträumten Lenzes — sanft aufgelöset durch den stillen lauen Sommer, der an den Rauchaltären der Berge, auf den mit Milch= flor belegten Fluren und unter dem verstummenden Trauergefolge von Vögeln lächelnd und sterbend lag und beim Aufsteigen der ersten Wolke auf dem Laube verschied — Viktor sag' ich, der heute, von lauter weichen

Erinnerungen wehmüthig angelächelt, fühlte, daß er bisher zu lustig ge= wesen. Er konnte die guten Seelen um ihn nur mit liebenden schimmern= den Augen anblicken, diese noch schimmernder wegwenden und nichts sagen und hinausgehen. Ueber seinem Herzen und über allen seinen Noten stand tremolando. Niemand wird tiefer traurig, als wer zu viel lächelt; denn hört einmal dieses Lächeln auf, so hat alles über die zer= gangne Seele Gewalt, und ein sinnloser Wiegengesang, ein Flöten= konzert — dessen Diß= und Fißklappen und Ansätze blos zwei Lippen sind, womit ein Hirtenjunge pfeift — reißet die alten Thränen los, wie ein geringer Laut die wankende Lavine. Es war ihm, als wenn ihm der heutige Traum gar nicht erlaubte, Klotilden anzureden; sie schien ihm zu heilig und noch immer von geflügelten Kindern geführt und auf Eis= thronen gestellt. Da er überhaupt für Le Bauts Gespräche im Reiche der Moralisch=Todten heute keine Zunge und keine Ohren hatte: so wollt' er im großen laubenvollen Garten dem Stamitzischen Konzert ungesehen zuhören und sich höchstens vom Zufall vorstellen lassen. Sein zweiter Grund war sein zum Resonanzboden der Musik geschaffnes Herz, das gern die eilenden Töne ohne Störung aufsog, und das die Wirkungen derselben gern den gewöhnlichen Weltmenschen verbarg, die Göthe's, Raphaels und Sachini's Sachen wahrhaftig eben so wenig (und aus keinen geringern Gründen) entbehren können, als Löschenkohls seine. Die Empfindung erhebt zwar über die Scham, Empfindung zu zeigen; aber er haßte und floh während seiner Empfindungen alle Aufmerksam= keit auf fremde Aufmerksamkeit, weil der Teufel in die besten Gefühle Eitelkeit einschwärzt, man weiß oft nicht wie. In der Nacht, im Schattenwinkel fallen Thränen schöner und verdünsten später.

Die Pfarrerin bestärkte ihn in allem; denn sie hatte heimlich — in die Stadt geschickt und den Sohn eingeladen, und eine Ueberraschung im Garten künstlerisch angelegt. —

Die Pfarrleute hoben sich endlich in den belaubten Konzertsaal, und dachten nicht daran, wie sehr sie von Le Bauts Hause verachtet würden, das nur edle Metalle und edle Geburt, nie edle Thaten für Eintritt=

karten gelten ließ, und das die Pfarrleute als Freunde des Lords und
Matthieus hoch, aber als Schooßhunde beider noch höher geschätzt
hätte.

Viktor blieb im Pfarrgarten ein wenig zurück, weil es noch zu hell
war, und auch weil ihn die arme Apollonia dauerte; diese guckte einsam
und ungesehen im vollen Putze aus dem Fenster des Gartenhäuschens in
die Luft und wiegte das Pathchen steilrecht, das sie bald über ihren Kopf,
bald unter ihren Magen hing. Er setzte, wie ein Spießbürger, im
Gartenhaus den Hut nicht auf, um ihren Muth durch Höflichkeit zu
stärken. Ein Wickelkind ist gleichsam der Einbläser und Balgtreter der
Kinderwärterin: der junge Sebastian schickte Appeln hinreichenden Ent=
satz gegen den ältern, und sie unterfing sich zuletzt, zu reden und anzu=
merken, das Pathchen sei ein guter, lieber, schöner „Bastel“. „Aber
„(setzte sie dazu) die gnädige Frölen (Klotilde) dürfen das nicht hören;
„Sie wollen haben, wir sollen ihn Viktor nennen, wenn Sie hören, daß
„der Vater Bastel sagt.“ Sie strich es nun heraus, wie Klotilde sein
Pathchen liebe, wie oft sie ihr den kleinen Schelm abnehme und ihn an=
lächle und abküsse; und die Lobrednerin wiederholte am Kleinen alles,
was sie pries. Ja der erwachsene Sebastian that es auch nach, aber er
suchte auf den kleinen Lippen nichts als f r e m d e Küsse; und vielleicht
gehörten bei Appeln wieder f e i n e unter die Sachen, die gesucht werden.
Der Glücklichere verließ die Glücklichere; denn Amor schickte nun eine
geschmückte Hoffnung nach der andern an sein Herz als Boten ab, und
alle sagten: „wir belügen dich wahrhaftig nicht; trau’ uns!“

Endlich fing Stamitz zu stimmen an, um welchen die zähe Obrist=
kämmerei sich gewiß nichts bekümmert hätte, weil heute keine Fremde da
waren, hätte sich nicht Klotilde dieses Gartenkonzert als die einzige Feier
ihrer Geburtnacht erbeten gehabt. Stamitz und sein Orchester füllten
eine erleuchtete Laube — der adelige Hörsaal saß in der nächsten hellsten
Nische und wünschte, es wäre schon aus — der bürgerliche saß entfernter,
und der Kaplan flocht aus Furcht vor dem katarrhalischen Thau=Fuß=
boden ein Bein ums andre über die Schenkel — Klotilde und ihre

Agathe ruhten in der dunkelsten Blätterloge. Viktor schlich sich nicht eher ein, als bis ihm die Ouvertüre den Sitz und das Sitzen der Gesellschaft ansagte; in der fernsten Laube, in der wahren Sonnenferne nahm dieser Bartstern Platz. Die Ouvertüre bestand aus jenem musikalischen Gekritzel und Geschnörkel — aus jener harmonischen Phraseologie — aus jenem Feuerwerkgeprassel wider einander tönender Stellen, welches ich so erhebe, wenn es nirgends ist, als in der Ouvertüre. Dahin passet es; es ist der Staubregen, der das Herz für die großen Tropfen der einfachern Töne aufweicht. Alle Empfindungen in der Welt bedürfen Exordien; und die Musik bahnet der Musik den Weg — oder die Thränenwege.

Stamitz stieg — nach einem dramatischen Plan, den sich nicht jeder Kapellmeister entwirft — allmälig aus den Ohren in das Herz, wie aus Allegro's in Adagio's; dieser große Komponist geht in immer engern Kreisen um die Brust, in der ein Herz ist, bis er sie endlich erreicht und unter Entzückungen umschlingt.

Horion zitterte einsam, ohne seine Geliebten zu sehen, in einer finstern Laube, in welche ein einziger verdorrter Zweig das Licht des Mondes und seiner jagenden Wolken einließ. Nichts rührte ihn unter einer Musik allezeit mehr, als in die laufenden Wolken zu sehen. Wenn er diese Nebelströme in ihrer ewigen Flucht um unser Schatten=Rund begleitete mit seinen Augen und mit den Tönen, und wenn er ihnen mitgab alle seine Freuden und seine Wünsche: dann dacht' er, wie in allen seinen Freuden und Leiden, an andere Wolken, an eine andre Flucht, an andre Schatten, als an die über ihm, dann lechzete und schmachtete seine ganze Seele; aber die Saiten stillten das Lechzen, wie die kalte Bleikugel im Mund den Durst ablöscht, und die Töne löseten die drückenden Thränen von der vollen Seele los.

Theurer Viktor! im Menschen ist ein großer Wunsch, der nie erfüllt wurde: er hat keinen Namen, er sucht seinen Gegenstand, aber alles was du ihm nennest und alle Freuden sind es nicht; allein er kömmt wieder, wenn du in einer Sommernacht nach Norden siehst oder

nach fernen Gebirgen, oder wenn Monblicht auf der Erde ist, oder der
Himmel gestirnt, oder wenn du sehr glücklich bist. Dieser große ungeheure Wunsch hebt unsern Geist empor, aber mit Schmerzen: ach! wir
werden hienieden liegend in die Höhe geworfen gleich Fall-
süchtigen. Aber diesen Wunsch, dem nichts einen Namen geben kann,
nennen unsre Saiten und Töne dem Menschengeiste — der sehnsüchtige
Geist weint dann stärker und kann sich nicht mehr fassen und ruft in
jammerndem Entzücken zwischen die Töne hinein: ja alles, was ihr
nennt, das fehlet mir. . . .

Der räthselhafte Sterbliche hat auch eine namenlose ungeheure
Furcht, die keinen Gegenstand hat, die bei gehörten Geistererschei-
nungen erwacht, und die man zuweilen fühlt, wenn man nur von ihr
spricht. . . .

Horion übergab sein zerstoßnes Herz mit stillen Thränen, die niemand fließen sah, den hohen Adagio's, die sie mit warmen Eiderdunen-
Flügeln über alle seine Wunden legten. Alles was er liebte, trat jetzt
in seine Schatten = Laube, sein ältester Freund und sein jüngster — er
hört die Gewitterstürmer des Lebens läuten, aber die Hände der Freundschaft strecken sich einander entgegen und fassen sich, und noch im zweiten
Leben halten sie sich unverweset. —

Alle Töne schienen die überirdischen Echo seines Traumes zu sein,
welche Wesen antworteten, die man nicht sah und nicht hörte. . . .

Er konnte unmöglich mehr in dieser finstern Einzäunung mit seinen
brennenden Phantasien bleiben, und in dieser zu großen Entfernung vom
Pianissimo. Er ging — fast zu muthig und zu nahe — durch einen
Laubengang den Tönen näher zu, und drückte das Angesicht tief durch
die Blätter, um endlich Klotilde im fernen grünen Schimmer zu erblicken. . . .

Ach er erblickte sie auch! — Aber zu hold, zu paradiesisch! Er sah
nicht das denkende Auge, den kalten Mund, die ruhige Gestalt, die so viel
verbot und so wenig begehrte: sondern er sah zum erstenmal ihren Mund
von einem süßen harmonischen Schmerz mit einem unaussprechlich-

rührenden Lächeln umzogen — zum erstenmal ihr Auge unter einer vollen Thräne niedergesunken, wie ein Vergißmeinnicht sich unter eine Regenzähre beugt. O diese Gute verbarg ja ihre schönsten Gefühle am meisten! Aber die erste Thräne in einem geliebten Auge ist zu stark für ein zu weiches Herz ... Viktor kniete überwältigt von Hochachtung und Wonne vor der edeln Seele nieder und verlor sich in die dämmernde weinende Gestalt und in die weinenden Töne. — Und da er endlich ihre Züge erblasset sah, weil das grüne Laub mit einem todtenfarbigen Wiederschein der Lampen ihre Lippen und Wangen überdeckte — und da sein Traum und die Klotilde wieder erschien, die darin unter den blumigen Hügel versunken war — und da seine Seele zerrann in Träume, in Schmerzen, in Freuden und in Wünsche für die Gestalt, die ihr Wiegenfest mit andächtigen Thränen heiligte: o war es da zu seinem Zergehen noch nöthig, daß die Violine ausklang, und daß die zweite Harmonika, die Viole d'Amour, ihre Sphären=Akkorde an das nackte, entzündete, zuckende Herz absandte? — O! der Schmerz der Wonne befriedigte ihn, und er dankte dem Schöpfer dieses melodischen Edens, daß er mit den höchsten Tönen seiner Harmonika, die das Herz des Menschen mit unbekannten Kräften in Thränen zersplittern, wie hohe Töne Gläser zersprengen, endlich seinen Busen, seine Seufzer und seine Thränen erschöpfte: unter diesen Tönen, nach diesen Tönen gab es keine Worte mehr; die volle Seele wurde von Laub und Nacht und Thränen zugehüllt — das sprachlose Herz sog schwellend die Töne in sich und hielt die äußern für innere — und zuletzt spielten die Töne nur leise wie Zephyre um den Wonneschlaftrunknen, und blos im sterbenden Innern stammelte noch der überselige Wunsch: „ach Klotilde, könnt' ich dir heute „dieses stumme, glühende Herz hingeben — ach könnt' ich an diesem „unvergänglichen Himmelsabend, mit dieser zitternden Stelle sterbend „vor deine Füße sinken und die Worte sagen: ich liebe dich!" — —

Und als er an ihren Festtag dachte und an ihren Brief nach Maienthal, der ihm das große Lob gegeben, ein Schüler Emanuels zu sein, und an kleine Zeichen ihrer Achtung für ihn, und an die schöne Verschwisterung seines Herzens mit ihrem — ja da trat die himmlische Hoffnung, dieses geadelte Herz zu bekommen, zum erstenmal unter Musik nahe an ihn, und die Hoffnung ließ die Harmonikatöne wie verrinnende Echos weit über die ganze Zukunft seines Lebens fließen. . . .

„Viktor!" sagte jemand in langsam gedehntem Ton. Er sprang auf und kehrte seine veredelten Züge gegen den — Bruder seiner Klotilde und umarmte ihn gern. Flamin, in welchen alle Musik Kriegsfeuer und freiere Aufrichtigkeit warf, sah ihn staunend, fragend und unmerklich schüttelnd und mit jener Freundlichkeit an, die wie Hohn aussah, die aber allezeit bloßes Schmerzen empfangener Beleidigungen war. „Warum „nahmst Du mich heute nicht mit?" sagte freundlich Flamin. Viktor drückte seine Hand und schwieg.

„Nein! rede!" sagte jener. „Laß' es heute, mein Flamin, ich sage „Dir's noch," versetzte Viktor.

„Ich will Dir's selber sagen" (begann jener schneller und wärmer) — „Du denkst vielleicht, ich werde eifersüchtig. Und siehe, kennt' ich „Dich nicht, so würd' ich's auch; wahrlich, ein anderer würd' es, wenn „er Dich hier so angetroffen hätte und alles zusammenrechnete, Deine „neuliche Entfernung aus unserm Gartenhaus in die Laube — Dein „Schreiben ohne Licht und Dein Singen von Liebe." —

„An Emanuel" sagte Viktor sanft —

„Dein Abgeben dieses Blattes an sie"

„Es war ein anderes aus ihrem Stammbuche," sagt' er. —

„Noch schlimmer, das wußt' ich nicht einmal — Dein Zögern in „St. Lüne und tausend andre Züge, die mir nicht sogleich einfallen, „Dein heutiges Alleingehen." —

„O mein Flamin, das geht weit, Du siehst mit einem andern Auge, „als dem der Freundschaft." —

Hier wurde Flamin, der sich in nichts verstellen konnte, ohne es sogleich zu werden, und der keine Beleidigung erzählen konnte, ohne in den alten Zorn zu gerathen, wärmer und sagte weniger freundlich: „es sehen's „schon andre auch, sogar der Kammerherr und die Kammerherrin."

Dieſes zerriß Viktor das Herz. „Du Theurer, alter Jugendfreund,
„ſo ſollen wir auseinander gezogen und geriſſen werden, wir mögen noch
„ſo ſehr bluten; es ſoll alſo dieſem M a t t h i e u gelingen (denn von dem
„kommt alles, nicht von Dir, Du Guter), daß Du mich marterſt, und
„daß ich Dich martere — Nein, es ſoll ihm nicht gelingen — Du ſollſt
„nicht von mir genommen werden — Siehe, bei Gott! (und hier ſtand
„in Viktor das Gefühl ſeiner Unſchuld erhaben auf) und wenn Du mich
„Jahre lang verkennſt, ſo kommt doch die Zeit, wo Du erſchrickſt und zu
„mir ſagſt: ich habe Dir Unrecht gethan! — Aber ich werde Dir gern
„vergeben.‟

Dieſes rührte den Eiferſüchtigen, der heute überhaupt (wegen einer
beſondern Urſache) gelaſſener war. „Sieh (ſagt' er), ich glaube Dir
„allemal: ſag' es; thuſt Du nie etwas gegen mich?‟ — „Nie, nie,
„mein Lieber!‟ antwortete Viktor. — „Jetzt verzeih meiner Hitze, fuhr
„jener fort, ſo hab' ich ſchon mit meiner verfluchten Eiferſucht einmal
„Klotilden ſelbſt in Maienthal gequält — aber dem Matthieu thue nicht
„Unrecht; er iſt's vielmehr, der mich beruhigte. Er ſagte mir es zwar,
„was Klotildens Eltern zu merken geglaubt, ja noch mehr — ſieh, ich
„ſage Dir alles — ſie hätten ſogar wegen Deiner vorgeblichen Neigung
„und wegen Deines jetzigen Einfluſſes, den der Kammerherr gern zu
„ſeiner Wiedererhebung benutzen möchte, von einer möglichen Verbin-
„dung mit der Tochter geſprochen, auch gegen dieſe, und ſie ausgeforſcht;
„aber (Dir iſt's doch gleichgültig) meine Geliebte blieb mir treu und ſagte
„Nein.‟ —

Nun war unſerm Freund das vorher ſo glückliche Herz gebrochen;
dieſes harte Nein war bisher noch nicht gegen ihn ausgeſprochen worden
— mit einer unausſprechlichen, niederdrückenden, aber ſtillen Wehmuth
ſagt' er leiſe zu Flamin: „bleib Du mir auch treu — denn ich habe ja
„wenig: und quäle mich nie mehr ſo wie heute.‟ Er konnte nicht mehr
reden; die erſtickten Thränen ſtürmten flutend auf ſein Herz hinan und
ſammelten ſich ſchmerzlich unter dem Augapfel — er mußte jetzt einen
ſtillen dunkeln Ort haben, wo er ſich recht ausweinen konnte, und in

seinem aufgeriffenen schmerzenden Innern war blos der Gedanke noch
sanft und balsamisch: „jetzt in der Nacht kann ich weinen so viel ich
„will, und niemand sieht mein zerriffenes Angesicht, meine zerriffene
„Seele, mein zerriffenes Glück."

Und als er dachte: „ach Emanuel, wenn du mich heute so sähest"
— konnt' er sich kaum mehr halten.

Er floh mit zurückgestemmten Thränen, gleichgültig wer es sehe
oder nicht, aus dem Garten, über welchen ein düsterer Engel eine große
Trauerfahne fliegen ließ und Leichenmusik. Er stieß sich wund an einer
steinernen Gartenwalze, womit man die beregneten Grasspitzen und
Blümchen niederquetscht — er weinte noch nicht, aber auf der Warte
da wollt' er sich sättigen und tränken mit reichlichem Schmerz — er
wiederholte immer: „aber sie blieb getreu und sagte Nein, „Nein, Nein"
— die Konzerttöne wehten ihm nach, wie Feuer dem, der es besprochen —
er watete durch nasse entschlummerte Fluren, die ihre Blumen verhüllten,
und schneller als er strichen auf der Erde die Schattenrisse des oben vom
Winde verfolgten Gewölkes dahin — er stand an der Warte, hielt jede
Zähre noch und rannte hinauf — er warf sich auf die Bank, wo er
Klotilden zum erstenmale im weißen Gewand von ferne gesehen —
„Ruhe du auch, Horion!" hatte sie aus seinem Traume ihm unter dem
Blumenhügel zugerufen, und er hörte es wieder. — —

Hier riß er freudig alle seine Wunden auf und ließ sie frei hinbluten
in Thränen — sie überzogen mit trüben Strömen das Angesicht, das sanft
oft gelächelt hatte, aber immer gutmüthig, und das andern keine abge-
presset, sondern abgetrocknet hatte — jede Flut war eine weggehobne
Last, aber das Herz wurde darauf wieder schwer und vergoß die neue. —
Endlich konnt' er die Töne wieder hören, die meisten sanken unter, eh' sie
an den Thurm geflossen waren, kleine kamen sterbend an und zergingen
in seinem dunkeln Herzen — jeder Ton war eine fallende Thräne und
machte ihn leichter und sprach seinen Kummer aus — der Garten schien
aus sanft ertönenden, gebrochen=überdämmerten, dunkelgrünen Schat-
tenwogen zu bestehen — er riß, von Erinnerung gestochen, das Auge

davon weg: „was geht er mich mehr an" dacht' er. Aber endlich stieg
aus diesem Schatten=Eden und aus der Viole d'Amour das Lied „Ver-
giß mein nicht" zu seinem müden Herzen auf und gab ihm wieder den
sanftern Schmerz und die vergangne Liebe: „Nein, sagt' er, ich vergesse
„dein auch nicht, ob du mich gleich nicht geliebt — Deine Gestalt wird
„mich doch ewig rühren und an meine Träume erinnern — ach du
„Himmlische, es ist ja jetzt das einzige, was mich nicht schmerzet, wenn
„ich denke: ich vergesse dein nicht."

Alles wurde stumm und ausgelöscht; er war allein neben der Nacht.
Endlich ging er nach der langen Stille herab und nach Flachsenfingen zu,
matt geweint und arm geworden. Und als er unterweges schnell zum
schwarzblauen Himmel, in welchem irrende Wolken um den Mond wie
Schlacken umher geworfen waren, hinaufblickte und schnell wieder über
die halb vernichtete Schattengegend, über die Schattenberge und Schat-
tendörfer: so kam ihm alles todt, leer und eitel vor, und es schien ihm,
als wär' in irgend einer hellern Welt eine Zauberlaterne — und durch die
Laterne rückten Gläser, worauf Erden und Frühlinge und Menschen-
gruppen gefärbt waren — und die herabgeflossenen hüpfenden Schatten-
bilder dieser Gläser nennten wir Uns und eine Erde und ein Leben — und
allem Bunten liefe ein großer Schatten hintennach. — —

Ach, ich rege vielleicht in mancher Brust längst vergessene Beklem-
mungen wieder auf, aber es thut uns wohl — da die Leiden so viel
Platz in unserer Erinnerung einnehmen — daß dieses herbe Lagerobst
milde wird durch Liegen, und daß ein geringer Unterschied ist zwischen
einem vergangnen Schmerz und einer jetzigen Lust. — —

Der arme Viktor kam nach Mitternacht mit einem bleichen Angesicht
und mit brennenden Augen im Hause des Apothekers an. Er begehrte
nichts, um seine gebrochne Stimme nicht zu verrathen. Als er seinen
Alltagsüberrock im Mondschimmer hängen sah; und als er sich wie eine
fremde Person vorstellte, der der Rock gehörte und die ihn am Morgen so
freudig auszog und jetzo so trostlos anlegte: so ergriff ein Mitleiden, das
er mit sich selber hatte, wieder mit zu starkem Druck sein erschöpftes Herz.

Marie kam, und er wendete nicht einmal die Zeichen dieses Mitleids von ihr weg. Sie stand betroffen — er sagte ihr mit der sanftesten aus Seufzern gewebten Stimme, er brauche nichts — und die gute Seele ging ohne Muth zum Trösten und zu Thränen langsam hinaus, aber die ganze Nacht vergoß sie unsichtbare über die fremden und über einen Kummer, der ihr nicht gesagt war.

Warum öffnete gerade heute das Schicksal alle Adern seines Herzens? Warum ließ es gerade auf diesen Tag die Silberhochzeit des Stadtseniors und die erste Hochzeit seiner Tochter mit dem Waisenhausprediger treffen? Warum, wenn doch beide Hochzeitfeste auf diesen Tag zusammenfallen sollten, mußten sie bis nach Mitternacht fortwähren, wo sie den armen Viktor in alle Brandstätten seiner Hoffnungen schauen ließen, wo er in einer lichtervollen Stube aus seiner dunkeln die Liebe sah, welche Hände verknüpfte, Lippen zusammendrückte und Augen und Seelen vermischte? — Zu einer andern Zeit würd' er über den Waisenhausprediger und über zwei Armenkatecheten gelächelt haben; aber heute konnt' er nur darüber seufzen, und es ist eine sanfte Schönheitlinie an seinem innern Menschen, daß er den armen Menschen das vergönnte, was er entbehrte: „ach ihr seid glücklich, sagte er — o liebt euch recht, presset „die klopfenden vergänglichen Herzen heiß an einander, eh' sie der Flügel „der Zeit zerschlägt, und glühet an einander in der kurzen Minute des „Lebens, und wechselt eure Thränen und Küsse, eh' die Augen und „Lippen im Grabe erfrieren — ihr seid glücklicher als ich, der ich das „Herz voll Liebe niemand geben kann als den Würmern des Grabes, „und auf dessen Sarg ein Tischler die Ueberschrift, die wie ich mit Erde „bedeckt wird, färben soll: ihr guten Menschen, ihr habt mich nicht ge-„liebt und ich war euch doch so gut!" —

Jedes glückliche Lächeln, jeder flötende Violinenzug, jeder Gedanke wurde jetzt seinem von Thränen umgebenen weichen Herzen zur harten spitzen Ecke, so wie einer Hand, die sich in Wasser untertaucht, alles hart anzufühlen wird.

Seine gränzenlose Aufrichtigkeit, seine gränzenlose Erweichung konnt' er mit nichts befriedigen, als mit einem Briefe an seinen Emanuel, in welchem er seine ganze Seele überströmen ließ.

"O theurer Geliebter!

"Sollt' ich denn Dir's verbergen, wenn mich Schmerzen übermannen oder Thorheiten? Sollt' ich Dir nur meine bereueten Fehler zeigen und nie meine gegenwärtigen? — Nein, tritt her, Theurer, an meine wunde Brust, ich öffne Dir das Herz darin, es blute und poche unter der Entblößung wie es will — Du deckest es doch vielleicht mit Deiner väterlichen Liebe wieder zu und sagst: ich lieb' es noch. —

Du, mein Emanuel, ruhest in Deiner hohen Einsamkeit, auf dem Ararat der erretteten Seele, auf dem Tabor der glänzenden: da blickest Du sanft geblendet in die Sonne der Gottheit und siehest ruhig die Wolke des Todes auf die Sonne zuschwimmen — sie verhüllt sie, Du erblindest unter der Wolke, sie verrinnt, und Du stehst wieder vor Gott. — Du liebst Menschen als Kinder, die nicht beleidigen können — Du liebst Erdengenüsse wie Früchte, die man zur Kühlung pflückt, aber ohne nach ihnen zu hungern — die Gewitter und Erdbeben des Lebens gehen vor Dir ungehört vorüber, weil Du in einem Lebens=Traum voll Töne, voll Gesänge, voll Auen liegst, und wenn Dich der Tod aufweckt, lächelst Du noch über den heitern Traum.

Aber ach, mehr als ein Gewitter donnert hinein in den Lebens=Traum von uns andern und macht ihn ängstlich. Wenn ein höheres Wesen in den Wirrwarr von Ideen treten könnte, der unsern Geist umgibt, und aus dem er seinen Athem holen muß, wie wir in einer aus allen Luftarten zusammengegossenen Luftart athmen — wenn er sähe, welche Nährmittel durch unsern innern Menschen gehen, denen er seinen Milchsaft abgewinnen muß, dieses Gemenge von komischen Opern — Bayle's Wörterbüchern — Konzerten von Mozart — Messiaden — Kriegsoperazionen — Göthe's Gedichten — Kants Schriften — Tisch= reden — Mond=Anschauungen — Lastern und Tugenden — Menschen und Krankheiten und Wissenschaften aller Art — — wenn das Wesen diese Lebens=Olla=Potriba untersuchte: würd' es nicht begierig sein, zu wissen, welche widersinnige Säfte dadurch in der armen Seele zusammen gerinnen, und würd' es sich nicht wundern, daß noch etwas Festes und Gleichförmiges im Menschen bleibt? — Ach wenn Dein Freund, Emanuel! bald in einem feinen Speisesaal, bald in einem Garten, bald in einer Loge, bald vor dem großen Nachthimmel, bald vor einer Kokette, bald vor Dir ist: so macht ihm dieser zweideutige Wechsel der Auftritte Schmerzen und vielleicht Flecken . . . .

Nein, ich will meinen Emanuel nicht belügen — — O sind denn die Kleinigkeiten und die Steinchen dieses Lebens werth, daß wir darum krumme Gänge wählen, wie die Minierraupe durch die Aestchen ihres Blattes sich zu Krümmungen zwingen läßt? — Nein, alles was ich gesagt habe, ist wahr; aber ich hätt' es nicht gesagt, wenn nicht andre Schmerzen mich auch auf jene führten; und doch hättest Du es mir, Du unschuldig=kindlich=erhaben=trauernder Lehrer, geglaubt. Ach, Du hältst mich für zu gut . . . o es ist ein weiter ermüdender Schritt von der Bewunderung zur Nachahmung! — Jetzt aber blick' in mein geöffnetes Herz!

Seitdem ich hier im Todtenhaus meiner kindlichen Freuden, in den Beeten, wo meine Kindheitjahre geblühet und abgeblühet haben, vielleicht mit zu vielen Träumen der Vergangenheit umher gehe; — und noch mehr: von dem Tage an, wo Du meinem Herzen den Reiz zum Fieberschlage auf mein ganzes Leben gegeben, seitdem Du mir das Leben aufgedeckt, worin sich der Mensch zerblättert, und den dünnen spitzigen Augenblick, auf dem er so schmerzhaft steht, seit jener Abschied=Nacht, wo meine Seele groß und meine Thränen unerschöpflich waren, rinnt eine ewige Wunde in mir, und der Seufzer einer Sehnsucht, die nichts zu nennen weiß als Träume und Thränen und Liebe, liegt wie eine stockende Aber beklemmend und verzehrend in meiner Brust — — Ach, ich lache noch wie sonst, ich philosophiere noch wie sonst, aber mein Inneres sieht nur der Geliebte, dem ich's jetzt entblöße.

O Schicksal, warum schlugst du in den Menschen den Funken einer Liebe, die in seinem eignen Herzblut ersticken muß? Ruht nicht in uns allen das holde Bild einer Geliebten, eines Geliebten, wovor wir weinen,

wornach wir suchen, worauf wir hoffen, ach und so vergeblich, so vergeblich? — Steht nicht der Mensch vor der Brust eines Menschen, wie
die Turteltaube vor dem Spiegel, und girret wie diese sich heiser vor einem
todten flachen Bilde darin, das er für die Schwester seiner klagenden
Seele hält? — Warum frägt uns denn jeder schöne Frühlingsabend, jedes
schmelzende Lied, jede überströmende Freude: wo hast du die geliebte
Seele, der du deine Wonne sagst und gibst? Warum gibt die Musik
dem bestürmten Herzen statt der Ruhe nur größere Wellen, wie das Geläute der Glocken die Ungewitter, anstatt zu entfernen, herunterzieht?
Und warum ruft es draußen an einem schönen stillen hellen Tage, wenn
du über das ganze aufgeschlagne Gemälde einer Landschaft siehest, über
die Blumen=Meere, die auf ihr zittern, über die herabgeworfenen Wolken=
schatten, die von einem Hügel zum andern fliehen, und über die Berge,
die sich wie Ufer und Mauern um unsern Blumenzirkel ziehen, warum
ruft es da denn unaufhörlich in dir: „ach, hinter den rauchenden Bergen,
„hinter den aufliegenden Wolken, da wohnt ein schöneres Land, da wohnt
„die Seele, die du suchst, da liegt der Himmel näher an der Erde?" —
Aber hinter dem Gebirge und hinter dem Gewölke stöhnt auch ein ver=
kanntes Herz und schauet an deinen Horizont herüber und denkt: „ach
„in jener Ferne wär' ich wol glücklicher!"

Sind wir denn alle nicht glücklich — — Bejah' es nicht und sage
nicht zu mir, Emanuel, daß im Winter dieses Lebens gerade die wenigen
warmen Sonnenblicke, die ihn unterbrechen, den bessern Menschen wie
Gewächse zersprengen und zu Grunde richten — sage nicht, daß jedes
Jahr etwas von unserm Herzen wegstoße, und daß es wie das Eis immer
kleiner werde, je weiter es schwimme im Strome der Zeit — sage nur
nicht, daß die irrende Psyche, wenn sie auch ihr zweites Selbst in ihrem
Gefängniß höre, doch nie in seine Arme kommen könne — — Aber Du
hast's schon einmal gesagt:

„In zwei Körpern stehen wie auf zwei Hügeln getrennt alle liebende
Seelen der Erde, eine Wüste liegt zwischen ihnen wie zwischen Sonnen=
systemen, sie sehen einander herübersprechen durch ferne Zeichen, sie

hören endlich die Stimmen über die Hügel herüber — aber sie berühren sich nie, und jede umschlingt nur ihren Gedanken. — Und doch zerstäubt diese arme Liebe wie ein alter Leichnam, wenn sie gezeigt wird; und ihre Flamme zerflattert wie eine Begräbnißlampe, wenn sie aufgeschlossen wird."

Sind wir denn alle nicht glücklich? —

Bejah' es nicht! — Ach der Mensch, der schon von der Kindheit an nach einer unbekannten Seele rief, die mit seiner eignen in Einem Herzen aufwuchs — die in alle Träume seiner Jahre kam und darin von weitem schimmerte und nach dem Erwachen seine Thränen erregte — die im Frühling ihm Nachtigallen schickte, damit er an sie denke und sich nach ihr sehne — die in jeder weichen Stunde seine Seele besuchte mit so viel Tugend, mit so viel Liebe, daß er so gern all' sein Blut in seinem Herzen wie in einer Opferschale der Geliebten hingegeben hätte — die aber ach nirgends erschien, nur ihr Bild in jeder schönen Gestalt zusandte, aber ihr Herz ewig entrückte — — o endlich, o plötzlich, o selig schlägt ihr Herz an seinem Herzen, und die zwei Seelen umfassen sich auf immer — — er kann es nicht mehr sagen, aber wir können's: dieser ist doch glücklich und geliebt ....

Guter Emanuel, Du vergißt mir den Schmerz der Furcht, daß ich es wol nie sein werde — Nein, nie! — O ich wäre auch für diese von Gräbern zerstückte Erde vielleicht gar zu glücklich, ich dürfte für ein so junges, mit so kleinen Verdiensten gerechtfertigtes Leben vielleicht ein zu großes Eden bewohnen, wenn meine zu weiche Seele, die schon unter drei frohen Minuten einsinkt, die jeden Menschen liebt und sich mit Kinderarmen ans Herz der ganzen Schöpfung hängt, o die schon durch diesen bloßen Traum der Liebe zu selig wird und überwältigt durch diese Beschreibung — — Nein, sie wäre zu selig, eine solche von Wehmuth und Menschenliebe längst zerschmolzene Seele, wenn sie einmal nach einem so langen töbtlichen Sehnen endlich, endlich — o Emanuel, ich bebe wieder vor Freude, und es ist doch niemals, niemals möglich! — alle ihre Wünsche, ihren ganzen Himmel, so viele Liebe in Einer theuern, theuern Seele gesammelt fände, wenn ich vor der großen Natur und vor dem Angesicht der Tugend und vor Gott selber, der mir und ihr die Liebe gab, zur Einzigen, zur Frommen, zur Geliebten — o Gott, wie heißt ihr Name — zur Vorausgeliebten, die ich jetzt im Wahnsinn nennen wollte, weinend sagen dürfte: endlich hat dich mein Herz, du Gute, Gott gibt uns heute einander, und wir bleiben beisammen auf die ganze Ewigkeit. Nein, ich würd' es nicht sagen, sondern vor Wonne verstummen und sterben.

— Siehe! mir war jetzt, als ging' eine Gestalt über meine Stube und riefe: Viktor! Ich sah mich um und erblickte meine leere Stube und die abgelegten Sonntagkleider, und jetzt erinnerte ich mich erst, daß ich unglücklich bin und nicht geliebt.

Du aber, unersetzlicher Freund, mißkenne mich nicht; ich schwöre Dir, daß ich Dir diese Blätter ungeändert gebe, wenn ich auch morgen, wo die Wirbel der heutigen Nacht stiller fließen, alle Aenderungen nöthig fände. Dein thörichter Freund bleibt doch Dein ewiger Freund.

S. B. H.

Zwanzigster Hundspofttag.

Blatt von Emanuel — Flamins Fruchtstücke auf den Schultern — Gang nach St. Lüne.

„Armer Sebastian — sagt' ich, da ich das heutige Felleisen auf= „machte — eh' ich's auf habe, weiß ich schon voraus, daß du den ganzen „Tag nach einer solchen Nacht dich eingeschlossen, um dein verblutetes „Angesicht gegen den Trauergarten zuzuwenden — daß du heute diese „brennenden Gifttropfen lieber hast, als den Wundbalsam, und daß du „in den Spiegel schauest, um die stille schulblose Gestalt, die er dir mit „ihren Schnitten zeigt, wie eine fremde zu beweinen. — O wenn der „Mensch nichts mehr zu lieben hat, so umfasset er das Grabmal seiner „Liebe, und der Schmerz wird seine Geliebte. Vergebet einander den

„kurzen Wahnsinn der Klage: denn unter allen Schwächen des
„Menschen ist das die unschuldigste, wenn er, anstatt gleich dem Zug=
„vogel sich über den Winter zu erheben und in heitere Zonen zu fliegen,
„gleich andern Vögeln vor diesem Winter niedersinkt und dumpf in seinem
„kalten Grame erstarrt.“

Viktor sargte sich, so zu sagen, an jedem Tage in sein Zimmer ein,
das er niemand als einer Thür= und Wandnachbarin der Schmerzen,
Marien, öffnete, deren Gestalt ihm so sanft wie eine Abendsonne that.
Jedes andere weibliche Gesicht auf der Straße gab ihm Stiche; und der
Bruder der verlornen Klotilde, den er am Fenster sah und heute gern
umarmt hätte, lieh der verweinten Erinnerung neue Farben.... Leser!
— die Leserin ist von selber billiger — lache nicht über meinen guten
Helden, der da keiner ist, wo gerade die Stärke der Seele die Stärke des
Schmerzens wird; laß mich es wenigstens nicht hören. Wem der sym=
pathetische Nerve des Lebens, die Liebe, unterbunden oder durchschnitten
ist, der darf schon einmal seufzen und sagen: alles kann der Mensch auf
der Erde geduldiger verlieren, als Menschen.

Und doch führte Abends ein Zufall — nämlich ein Brief — alle
seine Schmerzen noch einmal durch sein müdes Herz. Ein kleiner Brief
von Emanuel — aber keine Antwort auf den erst abgesandten — kam an.

„Mein immer Geliebter!

„Ich habe den Tag Deines Eintritts in ein neues Lebens=Gewühl
erfahren, und ich habe gesagt: mein Geliebter, bleibe glücklich — die
Ruhe der Tugend baue wie mit einer Brust sein Herz gegen den Frost
und Sturm seines neuen Lebens ein — seine Schmerzen und seine Ent=
zückungen seien nicht laut — er traure sanft und still wie eine Fürstin
im sanften Weiß, er genieße sanft und still, und im Tempel seines Herzens
spiele die Lust nur wie ein ungehört=irrender Schmetterling in einer
Kirche — und die Tugend schwebe vor ihm am höhern Himmel über
unserer Sonne und wärme und erhelle und ziehe allmälig sein Herz!

„Du willst, aus liebender Bangigkeit für mein entsinkendes Leben,
nicht haben, daß ich oft schreibe: so wenig glaubst Du, Lieber, meiner

Hoffnung. O die ablaufenden Gewichte meiner Maschine fallen langsam und sanft auf das Grab hinauf — dieses Erdenleben kleidet sich in meiner Seele immer schöner an und schmückt sich zum Abschiede — dieser Nebensommer um mich, der wie eine Nebensonne neben dem Augustsommer steht, und der künftige Frühling nehmen mich der Natur schmeichelnd aus den Armen.

So überlaubt, so überblümt der Allgültige die Kirchhofmauer des Lebens, wie wir die Mauer eines englischen Gartens mit bedeckendem Epheu und Immergrün, und gibt dem Ende des Gartens den Schein eines neuen Gesträuchs. —

So steigt schon hier im dunkeln Leben der Geist, wie der Barometer schon unter dem trüben Wetter steigt, und wird den Einfluß des lichtern schon unter den Wolken innen.

— Ich folge aber Deiner Liebe und schreibe Dir nicht mehr als Einmal im Winter, wo ich Dir die große Nacht erzähle, in der ich meinem blinden Julius zum erstenmale sagte, daß ein Ewiger ist. — In jener Nacht, mein Geliebter, zogen mich die Entzückung und Andacht zu hoch, und das dünne Leben wollte reißen. Ich blutete lange. Im Winter, wo an die Stelle der Erdenreize die des Himmels treten *), verbiete mir das Gemälde des Sommers nicht.

O mein Sohn! — ich mußte Dir ja schreiben, weil meine Freundin Klotilde klaget, daß sie zum neuen Jahre aus der grünen Laube der Einsamkeit auf den drängenden Marktplatz des Hofes gezogen werde — ihre Seele ist dunkel von Trauer und streckt die Arme nach dem stillen Leben aus, das von ihr genommen wird. Ich weiß nicht, was ein Hof ist — Du wirst es wissen, und ich beschwöre Dich, erlöse meine Freundin und lenke die Hand ab, die sie aus St. Lüne ziehen will. Wenn Du es nicht kannst: so verlasse am Hofe die geliebte Seele nicht — sei ihr einziger, heißester Freund — ziehe die Bienenstacheln der Erdenstunden aus ihrem milden Herzen. — Wenn kalte Worte wie Schneeflocken auf diese Blume

---

*) Der Dezember begünstigt die Beobachtungen der Astronomen am meisten.

fallen: so schmelze sie der Hauch der Liebe zu Thränen, die Du rinnen siehest — Wenn über ihr Leben ein Gewitter aufsteigt: so zeig' ihr den Engel, der auf der Sonne steht und über unsere Gewitter den Regen= bogen der Hoffnung zieht. — O Dich, den ich so liebe, wird meine Freundin auch so lieben, und wenn mein Freund ihr sein sanftes Herz, sein weiches Auge, seine Tugend, seine von der Natur und von dem Ewigen bewohnte Seele aufdeckt: so wird er meine Freundin vor sich glück= lich werden sehen, und das erhabne Angesicht, das vor ihm in Thränen und Lächeln und Liebe zerfließt, wird immer in seinem Herzen bleiben.

Emanuel."

*   *   *

Siehe, da trat in dieser glühenden Minute die erhabne Gestalt, die er gestern gesehen, wieder vor sein Herz mit den wehmüthig lächelnden Lippen und mit den Augen voll Thränen; und als die Gestalt vor ihm schweben blieb und schimmerte und lächelte, so stand seine Seele vor ihr wie vor einer Verstorbenen auf, und alle Wunden fingen wieder unter dem Erheben an zu bluten, und er rief: „so weiche denn nie aus meinem „Herzen, du erhabne Gestalt, und ruh' ewig auf seinen Wunden!" — Die Trostlosigkeit, die Ermattung und der Schlaf überhüllten seinen Geist, so wie seinen letzten Gedanken, nächstens nach St. Lüne wieder zu gehen und ihre Eltern zu bereden, sie nicht an den Hof zu zwingen …

Der lange Schlaf des Todes schließt unsere Narben zu, und der kurze des Lebens unsere Wunden. Der Schlaf ist die Hälfte der Zeit, die uns heilt. Der erwachte Viktor, dessen Fieber der Liebe gestern durch die Schlaflosigkeit so sehr zugenommen, sah heute, daß sein Schmerz ungemäßigt war, weil seine Hoffnung unmäßig gewesen: — anfangs hatt' er gewünscht — dann beobachtet — dann vermuthet — dann ge= sehen — dann ausgelegt — dann gehofft — dann darauf geschworen. Jeder kleine Umstand, sogar sein Antheil an Klotildens Ernennung zur Hofdame, hatte mildes Oel der Liebe in seine Glut gegossen. „O ich „Thor!" sagt' er mit den drei Schwur=Fingern an der Stirne, und wie alle kräftige Menschen war er um desto muthiger, je muthloser er gewesen.

Ja, er fühlte sich auf einmal zu leicht; — denn eine zu schnelle Kur kün-
digt auch bei Seelen den Rückfall an. Ein neuer Trost war der gestrige
Entschluß, daß er Klotilden einen Dienst erweisen, nämlich den Hofdienst
ersparen wollte. Er besann sich noch über seinen Entschluß, sie wieder
zu sehen. — Fühltest du etwa, Viktor, daß alles, was die Liebe thut, um
zu sterben, nur ein Mittel ist, um wieder zu auferstehen, und daß alle
ihre Epilogen nur Prologen zum zweiten Akte sind? — Aber ein Korb
Aepfel auf dem Markte machte ihn in seinem Entschlusse wieder fest.
Flamin trat nämlich herein. Er fing sogleich mit Fragen über das
Verschwinden am Sonntag und mit Nachrichten der allgemeinen Unruhe
über den theuern Flüchtling an. Viktor, durch die ganze Erinnerung
wieder erhitzt und gegen den Bilderstürmer und Fiskal einer vergeblichen
Liebe fast ein wenig erzürnt, gab ihm die wahre Antwort: „Du nahmest
„mir meine Freude zum Theil, und warum sollt' ich so spät erst aufs
„Theater treten?" Je stärker Flamin die liebende Bekümmerniß der
Pfarrerin und Klotildens über seine Unsichtbarkeit malte, desto peinlicher
wurd' in ihm der Wirrwarr streitender Gefühle; ohne sein zurückrufendes
Gewissen wär' es ihm jetzo leichter geworden, nun dem Freunde die hoff-
nunglose Liebe zu bekennen, als sonst die hoffende. — Zufällig wunderte
sich Flamin über die Reise der Aepfel unten auf dem Markte und verlangte einige: ein Blitzstral fuhr nun vor Viktors Auge über die ange-
bornen Fruchtstücke auf Flamins Schultern, die allezeit im Nachsommer
während der Aepfelreife erschienen, die er aber im bisherigen Taumel
vergessen hatte. Der Himmel weiß, ob nicht dem Leser selber entfallen
ist, daß Flamin dieses Lagerobst (sein Muttermal) auf dem Rücken trägt,
das ein Sodoms und ein Eva's Apfel für ihn werden kann. Konnte
nicht Matthieu, der bisher an Flamin dieses Insiegel seiner fürstlichen
Verwandtschaft nicht untersuchen konnte, sich auf einmal von allem über-
zeugen, was er aus dem Briefe an den Lord nur mit diebischen Blicken
errathen konnte? Und konnt' er nachher nicht zum Fürsten gehen und
da für alle unsere Freunde die giftigsten Suppen einbrocken? — Da
aber das Vexierbild gewöhnlich in Einer Woche verblich: so brauchte

Viktor ihm nur eben so lange den Träger desselben aus den Augen zu entrücken; er trug also seinem von der Natur tättowierten Freunde die Bitte vor, einmal gemeinschaftlich nach St. Lüne zu gehen, da sie vorgestern einander verfehlet hätten....

„Daraus wird nichts,“ sagte Flamin, der die kleinere Delikatesse hatte, die Bitte um die Begleitung wegen seiner Vorwürfe in Le Bauts Garten nicht zu benützen, und darüber die größere vergaß, eine solche Rücksicht seinem Viktor gar nicht zuzutrauen.

Dieser, in einer leidenschaftlichen Eilfertigkeit zwei solche Uebel (Klotildens Hofamt und Matthieu's Besichtigung) abzuwenden, griff zum sonderbaren Mittel, dem Hofjunker die Reise=Genossenschaft anzutragen. Denn sie sahen und sprachen einander täglich in Vorzimmern und Sälen — und wahrhaft freundlich, nur konnte keiner den andern ausstehen. — „Mit Freuden! (sagte der Evangelist) in dieser Woche hab' ich den „Kabinetdienst — aber die nächste kann ich.“

Und gerade in der jetzigen wollt' es Viktor. — So viel schnelle Fehlschlagungen bestürzten diesen so, daß er, dessen sorg= und argloses Herz immer ein offener Brief mit fliegendem Siegel war, sich jetzt gegen seinen guten, theuern Freund Flamin verstellte — Er wollte wenigstens das Muttermal und dessen Deutlichkeit selber untersuchen. Er ging daher zu ihm und fand ihn gebückt=schreibend und mit einem glühenden Arbeitsgesicht. Er beschwur's ihm, Erholung und Ferien wären ihm unerläßlich, und er sollte wie ein Setzer stehend arbeiten. Dann kam er allmälig auf Flamins vollblütige Brust und auf die Frage: ob sie ohne Stechen und Drücken seine Anspannungen vertrage? Dann langte er an dem Ziele an, und er schlug vor, Flamin solle sich in jedem Falle als Lungenableiter ein burgundisches Pechpflaster auf die Schulterblätter legen lassen, ja er wollt' es ihm jetzt selber thun und ihm zeigen, wie alles zu machen sei. Dadurch hoffte er noch dazu um das Apfelstück zugleich einen Vorhang zu ziehen. Aber er verstellte sich so erbärmlich — denn ihm glückten unschuldige Intriguen gegen Mädchen und scherzhafte Verstellungen aus Satire, und mißlangen ernsthafte — daß sogar Flamin aufhorchte und trocken versetzte: „er habe schon ein solches Pflaster seit „zwei Tagen auf: und — Matthieu hab' es ihm gerathen und selber „aufgelegt."

Da saß er. — Sebastian hatte weiter nichts zu thun, als in einer sonderbaren Kälte, die auf dem St. Lüner Wege nur durch einige Stiche von den alten dornigen Spätlingen seines verblühten Paradieses untermischt wurde, unbegleitet zum Kammerherrn Le Baut zu gehen, zu sagen, was zu sagen war, ins Pfarrhaus kaum zu gucken und still wieder fortzuwandern ohne eine einzige — Hoffnung.

Liebe Fortuna! lieber geköpft als skalpiert, lieber Ein Unglück als zehn Fehlschlagungen; ich meine: rädere mit deinem Rade den Menschen lieber von oben als unten hinauf! —

Viktor wußte zwar noch kein Wort von der Wendung, womit er zwei solchen Hof-Emigranten, wie den Le Bauts, die nichts heiligers kannten, als die Patrie gegen einen Fürsten, die Dulie gegen dessen Minister und die Hyperdulie gegen dessen H., Klotildens Standeserhebung verleiden sollte; aber er dachte, „ich thue, was ich kann."

Klotildens Eltern nahmen ihn mit so viel Verbindlichkeit auf — d. h. mit so viel Höflichkeit des Körpers, mit so viel Puderzucker auf jeder Miene, mit so viel Violensyrup auf jedem Wort — kurz, er fand den Bericht, den Matthieu von ihrer gefälligen Denkart für ihn an Flamin erstattet hatte, so gegründet, daß er keine bessere Gelegenheit hätte aussuchen können als diese, um sie von der Verpflanzung ihrer Tochter abzumahnen — hätten sie ihm nicht zu danken angefangen, daß er selber dieser Verpflanzer gewesen war. Sie hatten alles erfahren oder errathen, und dankten ihm für seine Verwendung, der sie wahrscheinlich eigennützigere Absichten liehen, als die Tochter that. Es wäre lächerlich gewesen, in Klotildens Gegenwart ihr selber Flachsenfingen zu widerrathen und das auszureden, wofür man ihm dankte; indeß versucht' er doch etwas. Er sagte zum Kammerherrn: „seine Tochter verdiene mehr, einen „Hof zu haben, als einen zu zieren; ja er verdiene bei der ganzen Sache „höchstens — Entschuldigung, da Klotilde gewiß den Umgang ihrer

„Eltern dem Hofzwang vorziehe: in diesem Falle versprech' er den
„Zeiger bei dem Fürsten wieder zurückzustellen und alles ohne Nach=
„theil zu berichtigen." Der Vater hielt diese Aeußerung für ein sonder=
bares Ablehnen des Dankes, die Stiefmutter für irgend eine Spitzbüberei,
die Tochter für — Worte. Sie sagte ein wenig kurz: „ich glaube, es
„war leicht, zwischen Ungehorsam und Abwesenheit zu wählen." Denn
so unbiegsam sie für ihre Stiefmutter war, so willig kam sie den Winken
ihres Vaters nach, den sie mit allen seinen Schwächen und als die ein=
zige ihm auf der Erde gewogne Seele zärtlich liebte. Viktor ließ es end=
lich, obwol gezwungen, gut sein; aber warum ergibt sich der Mensch
schwerer in die Zukunft, als in die Vergangenheit? — Die Kälte der
Tochter war natürlicherweise nicht kleiner (aber aufrichtiger) als die
Wärme der Einen .... und grade die Kälte erfrischte sein glühendes
Gehirn. Diese kalte gleichgültige Gestalt war wie ein Schleier über die
erhabne liebende gedeckt, die immer mit ihrem schwermüthigen Blicke vor
ihm schwebte, und die er nicht aushielt. Ohne Bewußtsein einer Schuld,
zufrieden mit seinem Gehorsam gegen Emanuels Bitte, zog er mit seinen
von Wohlstand erdrückten Gefühlen ab, kälter gegen die Kälte. — Er
wäre ein schlechter Liebhaber gewesen, wenn er gewußt hätte, was er
haben wollen; denn sonst hätt' er von Klotilden, sogar im Falle ihrer
Liebe gegen ihn, keine außerordentliche Wärme gegen einen Medikus be=
gehren können, den ihr die Eltern aufzwangen (welches einem Manne
noch mehr schadet als Höflichkeit), der so unhöflich ohne ein Geburttag=
Karmen aus dem Garten fortjagte, und der sie in die sieben vergoldeten
Thürme des Hofdienstes, trotz ihrem Widerwillen, trotz allem Anschein
ihres künftigen Gefängnißfiebers, hineinschob. — Aber für das
offne Lehn seines Herzens war eben dieser Aerger gesund ....

Wenn mein guter Leser einmal von einer zu theuern Freundin einen
ewigen Abschied zu nehmen hat: so nehm' er ihn zweimal. — Der
erste versteht sich ohnehin, wo er in der Trunkenheit des Schmerzes, im
Blutsturz des Herzens und der Augen erliegt, und wo das geliebte Bild
sich mit Flammen in die weiche Seele brennt; aber dann wird er die

Abgeschiedne nie vergessen können. Daher muß er einen zweiten nehmen, der schon darum kälter ist, weil heftige Empfindungen kein dal Segno der Wiederholung leiden, ja er muß (wenn er am allerklügsten sein will) sie nach dem ersten tragischen Abschied an einem öffentlichen Platze (z. B. bei einer Krönung), wo sie kalt scheinen muß, zu sehen suchen; ihr frostiges Gesicht überschneiet dann ihr heißes in seinem Kopfe, und mein guter Leser hat doch wieder so viel Verstand beisammen, daß er weiß, was er in den Hundsposttagen lieset...

— Wahrlich, wenn Jean Paul nicht fleißig schreibt, so thut's keiner — es schlug schon ein Uhr, und er hielt's für ein Viertel auf Zwölfe — meine Schwester will schon vor dem aufgeschwänzten rauchenden Hecht, der wie die Schlange der Ewigkeit an seinem Schwanze frisset, die Hände falten und sagt immerfort, „es wird ja alles kalt" — „das „soll es auch, nach so glühenden Kapiteln (sag' ich), wenn Du den Leser „und den Autor meinst" — Der Posthund springt schon, indem ich noch über dem zwanzigsten Kapitel sitze, mit dem ein und zwanzigsten in der Stube herum — und doch will ich verhungern, wenn ich nicht vor dem Essen noch, wie die sieben Weisen, sieben goldne Sprüche sage:

1. Wenn man beim Stiche der Biene oder des Schicksals nicht stille hält, so reißet der Stachel ab und bleibt zurück.

2. Jämmerliche Erde, die drei, vier große oder kühne Menschen verbessern und erschüttern können! Du bist ein wahres Theater: auf dem Vorgrund sind einige fechtende Spieler und einige Zelte aus Leinwand, im Hintergrund wimmelt's von gemalten Soldaten und Zelten! —

3. Staaten und Diamanten werden jetzt, wenn sie Flecken haben, in kleine zerschnitten — und da

4. die Menschen in großen Staaten und die Bienen in großen Stöcken Muth und Wärme einbüßen: so heftet man jetzt an kleine Länder andre kleine Länder, wie an Bienenstöcke Koloniestöcke.

5. Der Mensch hält s e i n Leiden für d a s der Menschheit, wie die Bienen das Tropfen ihres Bienenstandes, wenn schon die Sonne wieder scheint, für Regen nehmen und nicht ausfliegen;

6. Aber er begeht täglich einen kleinern Irrthum: anfangs hält er für eine Ewigkeit (für diese Aristotelische Zeit-Einheit des Schauspiels des Seins) seine gegenwärtige Stunde — dann seine Jugend — dann sein Leben — dann sein Jahrhundert — dann die Dauer des Erdballs — dann der Sonne ihre — dann der Himmel ihre — dann (das ist der kleinste Irrthum) die Zeit....

7. An dem Menschen sind vorn und hinten, wie an den Büchern, zwei leere weiße Buchbinderblätter — Kindheit und Greisenalter; und an den Hundsposttagen auch: siehe das Ende dieses Tages und den Anfang des nächsten.

Fünfter Schalttag.

Fortsetzung des Registers der Extra-Schößlinge.

K.

Kälte. In unserm Zeitalter stehen Abnahme des Stoizismus und Wachsthum des Egoismus hart neben einander; jener bedeckt seine Schätze und Keime mit Eis, dieser ist selber Eis. So nehmen im Physischen die Berge ab und die Gletscher zu.

L.

Leihbibliothek für Rezensenten und Mädchen. Ich bin noch immer Willens, es ins Intelligenzblatt der Literaturzeitung setzen zu lassen, daß ich den Kaufschilling, den ich für meinen Abendstern erhebe, nicht zerschlagen, noch wie Musäus zum Ankauf von Gartenhäusern zersplittern, sondern das ganze Kapital zu einer vollständigen Sammlung aller deutschen Vorreden und Titel, die von Messe zu Messe erscheinen, verwenden will. Ich kann dabei bestehen, wenn ich eine Vorrede wöchentlich für einen Pfennig Lesegeld an Rezensenten ausgebe — welche nicht gern das Buch selber lesen wollen, wenn sie es rezensieren.

Damit mir nicht einmal der Ueberschuß des besagten Schlagschatzes als todtes Kapital im Hause liegt: so sollen dafür — wenn ich mich nicht ändere — die schwerern deutschen Meisterwerke — z. B. Friedrich Jakobi's, Klingers seine, Göthe's Tasso — desgleichen die bessern satirischen und philosophischen vom Buchbinder in einer leichtern Damenausgabe geliefert werden, die ganz aus sogenannten Vexierbänden, worinnen kein Unterziehbuch steckt, bestehen soll. Ich spiele damit, denk' ich, den Leserinnen etwas Kernhaftes in die Hände, das so gut gebunden und eben so betitelt ist, wie die Buchhändler-Ausgabe, und in das sie — weil das harte Steinobst schon ausgekernt und innen nichts ist — nicht nur eben so viel, sondern sechs Loth mehr Seidenfaden und Seiden= abschnitzel legen können, als in die gedruckte Ausgabe. Alwils Brief= wechsel — ein schweres zweidotteriges Straußenei des Autors, das ich vom Buchbinder auf diese Weise habe ausblasen lassen, weil die mei= sten Leserinnen zu kalt sind, es auszubrüten — ist jetzo ganz leicht. Aber von den deutschen Romanen werd' ich niemals eine solche Futteral= Ausgabe von leeren Zeremonienwagen des Musen = und Sonnengottes veranstalten, weil ich befahre, der Buchhandel schreie über Nachdruck. — Ich wäre ein glücklicher Mann, wenn sich die Mitleserinnen meiner Leih=Kapselbibliothek nur zweimal in einigen italiänischen und portu= giesischen Büchereien hätten herumführen lassen; sie würden in diesen, wo oft nur die Titel der Werke — und noch dazu der dümmsten — an die Wand geschmieret sind, erstaunet sein, welche schlechte Figur solche unbrauchbare Bibliotheken neben meiner Bücherei von ordentlichen Vexierbüchern, die ich aus so vielen Fächern und mit einigem Eigensinn wähle, nicht anders als machen können. — So werden freilich deutsche Kapselleserinnen von euch Portugieserinnen nimmermehr eingeholet! Vielmehr kommen jene sogar den Männern, den Advokaten und Ge= schäftleuten nach, die ähnliche Kapsel=Journalistika mithalten, und die Futterale der besten deutschen Journale — letztere werden oft als curiosa sogar den Kapseln angebogen und füttern diese aus — mit lesen und weitergeben. . . . Das ist mein Plan und Entwurf; Schafe aber würden muthmaßen, ich spaßte mich hier blos herum, wenn ich's nicht wirklich durchsetzte.

M.

Mädchen. Junge Mädchen sind wie junge Truthühner, die schlecht gedeihen, wenn man sie oft anrührt; und die Mütter halten diese weichen aus Blumenstaub zusammengeflossenen Geschöpfe wie Pastell= gemälde so lange unter Fensterglas — weil sich alles vor uns Prinzes= sinnenräubern und Obstdieben scheuet — bis sie fixieret sind. In= dessen ist weder Einsamkeit — welche nur zu einer ungeprüften Unschuld führt, die zwar nicht vor dem Wüstling, aber doch vor dem Heuchler fällt — die rechte Kronwache um ein weibliches Herz, noch Gesellschaft, noch Arbeitsamkeit — sonst sänke kein Landmädchen — noch gute Lehren — denn diese sind in jedem Munde und in jeder Lesebibliothek zu haben: — sondern diese vier ersten und letzten Dinge auf einmal thun's, die sich sämmtlich entbehren, vereinigen und ersetzen lassen durch eine tugendhafte weise Mutter.

N.

Namen der Großen *). Wenn ich so sehe, daß sie ihre außer= ehelichen Meß=Produkte, Gelegenheitschriften und pièces fugitives so namenlos, als wären's Rezensionen, vertheilen: so sag' ich: „hieran erkenn' ich ächte Bescheidenheit." Denn natürliche Kinder sind gerade ihre besten und ihre eignen und können noch dazu vom Fürsten für ächt erklärt werden — indeß ihre übernatürlichen in der Ehe das Aechtmachen entbehren müssen: — und doch wollen sie der Welt den Namen des Wohlthäters nicht wissen lassen, sondern schaffen eben so oft (ja öfter) heimlich Leute in sie hinein, als aus ihr hinaus. Was das Kind sonst zuerst aussprechen lernt, sagen ihm solche Eltern zuletzt — ihren Namen. Mich dünkt, sie folgen hierin Göthe's seinem Ohre; denn sie

---

*) Ich habe den Buchstaben N ganz umgegossen, weil ich in der ersten Auf= lage leider einen guten Einfall gehabt, den ich ohne mein Erinnern seines ersten Herausgebens als mein eigner gelehrter Dieb im Kommentar der Holzschnitte wieder bekannt gemacht.

verstecken sich selber eben so — wenn sie das Orchester der Welt mit
Kinderstimmen und mit vingt-quatre und mit Weck= und Repetier-
werken (welche unähnliche Zusammenstellungen!) füllen — wie Göthe
vom spielenden Tonkünstler begehrt, daß er für die Ohren arbeite, aber
zur Schonung der Augen sich selber verberge. Eben so schön handeln sie,
wenn sie ihre Kinder der 30sten Ehe am Ende (oft nach der 5 oder
20 jährigen Verjährung) doch an Kindesstatt annehmen und der Welt
zeigen, und so den Zeisigen nachahmen, die, wie man sagt, ihrem Neste
und dessen Insassen durch den sogenannten Zeisigstein so lange Unsicht=
barkeit ertheilen, bis diese flügge sind.

O.

Ostrazismus. Er war bekanntlich bei den Griechen keine
Strafe: nur Leute von großen Verdiensten errangen ihn, und sobald
man diese Landesverweisung an schlechte Menschen verschwendete, ging
sie völlig ein. Beklagen muß es ein Reichsbürger, daß wir, da wir
eine ähnliche öffentliche Erziehanstalt, nämlich die Landesverweisung,
haben, diese oft an die allerelendesten Schelme verschleudern — und
daher — in der Absicht, einen Kreis oder ein Land zum Spucknapf und
zum Absondergefäß des andern zu machen — Hallunken aus dem Lande
jagen, die kaum werth sind, daß sie darin bleiben. Dadurch wird die
Gebieträumung das Ehrenhafte und Auszeichnende, was sie für den
Mann von Verdiensten haben könnte, meist benommen, und ein ehrlicher
Mann — z. B. Bahrdt — schämt sich beinahe, daß man ihn mit einer
solchen Ehre nur belegt. Es sollte daher reichspolizeimäßig werden, daß
nur Minister, Professoren und Offiziere von entschiedenem Werthe, gleich
wichtigen Akten, verschickt und verwiesen würden. Auf ähnliche Männer
würd' ich auch das Henken einschränken: bei den Römern wurden wahr=
haftig nur große Köpfe und Lichter auf Kosten eines ganzen Staats an
den Weg beerdigt; was soll ich aber von den Deutschen denken, bei
denen selten nützliche Staatsbürger — sondern meistens ausgemachte
Spitzbuben — auf öffentliche Kosten, die man die Henkergelder nennt,
begraben werden und vorher am Wege ausgehangen unter dem Galgen?

— Nicht einmal bei Lebzeiten kann ein Mann, wenn er nicht außerordentliche und oft exzentrische Verdienste hat — wiewol exzentrische Menschen in die Wahrheit, wie die Kometen in die Sonne, als Nährstoff zurückfallen — sich darauf allemal Rechnung machen, daß er auf eine Art, wie die Alten ihre Edeln in Statuen und Bildern verdoppelten, in effigie zwischen dicken steinernen Rahmen werde aufgehangen werden. . . . Man antworte mir, ich lasse mit mir reden.

P.

Philosophie. Einige kritische Philosophen haben jetzt aus der Algebra eine mathematische Methode entlehnt, ohne die man keine Minute philosophisch — nicht sowol denken als — schreiben kann. Der Algebraist erhaschet durch das Versetzen bloßer Buchstaben Wahrheiten, die keine Schlußkette ausgraben konnte. Das that der kritische Philosoph nach, aber mit größerem Vortheil. Da er nicht Buchstaben, sondern ganze Kunstwörter geschickt unter einander mengt, so schäumten aus der Alliterazion derselben Wahrheiten hervor, die er sich kaum hätte träumen lassen. Solchen Philosophen wird mit Recht wie den Gothaischen Predigern (Goth. Landesordnung P. III. p. 16.) verboten, Allegorien zu brauchen oder irgend eine Redeblume, die ihnen, wie den Leithunden andere Blumen, die Fährte verderben. — Eigentlich aber ist der Bilderstyl bestimmter als der Kunstwörterstyl, der zuletzt, da alle abstrakte Worte Bilder sind, ja auch ein Bilderstyl ist, aber einer voll zerflossener entfärbter Bilder. Jakobi ist nicht dunkel durch seine Bilder, sondern durch die neuen Anschauungen, die er durch jene mit uns theilen will.

Ich habe neulich in den Geburttabellen der gelehrten und lehrenden Republik nachgesehen und die jungen Käntchen aufgezählt, die der alte Kant, sonst unverheirathet wie sein Vetter Newton, seit zehn Messen gezeugt hat. Demetrius Magnus, der ein Buch von den gleichnamigen Autoren machen wollte, müßte sehr dumm gewesen sein, wenn er zu unsern Zeiten hätte schreiben und doch zugleich, indem er gleichwol beigebracht, daß es 16 Plato, 20 Sokrates, 28 Pythagoras, 32 Aristo-

teles gegeben, es ganz fündlich hätte auslaffen wollen, daß es jetzt fo
viele Philofophen und Philofophiften, als jene zufammengerechnet machen,
gebe, nämlich 96, die den Namen Kant führen könnten, wollten fie fonft.
Solche Handwerker — fo kann ich die Magifter nennen, weil man um=
gekehrt fonft die Handwerker Magifter hieß, und den Obermeifter Erz=
magifter — follte man als die befte Propaganda in Rechnung bringen,
welche dicke Bücher haben können: fie find am beften im Stande, das
Syftem auszubreiten, weil fie das Unfaßliche, das Geiftige davon abzu=
fcheiden und das Volkmäßige und Körperliche, d. h. die Wörter, für Lefer
die fonft einfältig, aber doch nicht ohne kritifche Philofophie fterben wollen,
auszuziehen wiffen.   Das elendefte theologifche und äfthetifche Geftein
erhält jetzt eine Kantifche Faffung aus Wörtern.   Obgleich durch jedes
neue große Syftem eine gewiffe Einfeitigkeit des Blicks in alle Köpfe
kömmt — zumal da jeder kalte Philofoph gerade defto einfeitiger ift,
je einfichtiger er ift — fo verfchlägt's doch nichts; denn große Wahr=
heit=Barren gehen nur durch das gemeinfchaftliche Wühlen des ganzen
Denker = Gewerks hervor*).   Wer Kant auf feinem Berge unter feinen
gelehrten Mitarbeitern hat ftehen fehen, erinnert fich mit Vergnügen einer
ähnlichen Gefchichte in Peru, die Büffon mittheilt: als dafelbft Kondo=
mine und Bouger die Aequatorgrade der Erde (wie Kant die der intellek=
tuellen Welt) ausmaßen, fanden fich ganze Affen=Rudel als Mitarbeiter
dazu ein, fetzten Brillen auf, blickten nach den Sternen und herunter
nach den Uhren und brachten eines und das andere zu Papier, wiewol
ohne Ehrenfold, welches ihr einziger Unterfchied von den Vikariat=
Kanten ift.

    Jeder Mann von Genie ift ein Philofoph, aber nicht umgekehrt —
ein Philofoph ohne Phantafie, ohne Gefchichte und ohne das Viel=
wiffen des Wichtigften ift einfeitiger als ein Politiker — wer irgend ein
Syftem mehr annahm als erfand, wer nicht vorher dunkle Ahnungen

---

*) Ein Beifpiel ift jetzo das erfte Prinzip der Moral und das der Regier=
formen.

desselben hatte, wer nicht vorher wenigstens darnach lechzte, kurz, wer nicht seine Seele als einen vollen warmen mit Keimen ausgefüllten Boden, der nur auf seinen Sommer wartet, mitbringt, der kann wol ein Lehrer, aber nicht ein Schüler der zum Brodstudium erniedrigten Philosophie sein — und kurz, es ist einerlei, welchen Ort man zur philosophischen Sternwarte besteige, einen Thron, oder einen Pegasus, oder eine Alpe, oder ein Cäsars-Lager, oder eine Leichenbahre, und sie sind fast alle höher als der Katheder im Hör= und Streitsaale.

Q. siehe K.

R.

Rezensenten. Ein Redaktör sollte sechs Tische haben: am ersten säßen und äßen die Anzeiger des Daseins eines Buchs — am zweiten die Pausch= und Bogen=Anzeiger seines Werths — am dritten die Auszieher desselben — am vierten die Sprachmeister und Sprachforscher, welche unter das Publikum räsonnierende Verzeichnisse fremder Donatschnitzer austheilen — am fünften die Bekämpfer, die ein neues Buch nicht durch ein neues Buch, sondern durch ein Blättchen widerlegen — am sechsten stände die kritische Fürstenbank, auf die sich Herder, Göthe, Wieland oder noch einer setzen könnten, die ein Buch so überschauen wie ein Menschenleben, welche die Individualität desselben auffassen, den Geist des literarischen Geschöpfes und des Schöpfers zugleich zeichnen, und die jene Menschwerdung und Verkörperung der göttlichen Schönheit, welche die Gestalt eines Einzelwesens annimmt, trennen von der Schönheit und dann aufdecken und verzeihen.

Diese sechs kritischen Bänke, die sechs verschiedene Literaturzeitungen liefern könnten, werden jetzt übereinander geworfen und gestalten eine. — So freimüthig ich aber gegen diese Zusammenwerfung von gelehrten 1) Anzeigen, 2) Rezensionen, 3) Auszügen, 4) Sprach= und 5) Sachkritiken und 6) Kunsturtheilen aufstehe: so gern bin ich bereit, zuzugestehen, daß die rezensierende Fauna und Flora der fünf Tische vielleicht eben so viel Unkraut=Fechser ausrotte, als sie selber heraustreibt aus eignen Keimen, und ich berufe mich deshalb auf einen Privatbrief

von mir, der außer dem Verdacht der Schmeichelei ist, und worin ich sie
mit einem Fliegenschwamm zusammengeselle, der, ob er gleich selber bei
einem Aufguß (hier von Dinte) ganze Insekten-Heere gebiert, doch die
Fliegen ausreutet. — Aber da unter den Rezensenten auch Autoren sind
wie ich, wie unter den portugiesischen Inquisitoren Juden — und überhaupt da ich Schaltjahre lang darüber sprechen wollte, warum einen
Schalttag lang? —

S.

Streiche. „Wer seines Herrn Willen weiß und thut ihn nicht,
„soll doppelte Streiche leiden." — Wer leidet denn die einfachen? der
doch nicht, der den Willen nicht weiß und nicht thut? — Also folgt, daß
größere Kenntnisse die moralische Schuld nicht erschweren, sondern erst
erzeugen! Denn in sofern ich eine moralische Verbindlichkeit gar nicht
einsehe, ist mein Verstoß dagegen ja nicht kleiner, sondern keiner.

Ich will meine eigne Akademie der Wissenschaften sein und mir die
folgende Preisfrage aufgeben, die ich selber in einer Preisschrift beant-
worten will: „Da nur eine Handlung tugendhaft ist, die aus Liebe zum
„Guten geschieht: so kann nur eine sündig sein, die aus bloßer Liebe zum
„Bösen geschieht, und die Rücksicht des Eigennutzes muß den Grad einer
„Sünde so gut wie den Grad einer Tugend kleiner machen. Was wär's
„aber auf der andern Seite noch außer dem Eigennutz in unserer Natur,
„was uns zum Schlimmen triebe? Und wenn Böses aus reinem Hang
„zum Bösen geschähe: so gäbe es ja eine zweite, obwol entgegengesetzte
„Autonomie des Willens."

T.

Trübsal, Trauer. Jetzo, da ich diese beklemmenden Töne
schreibe, die mir vorsagen, daß die Natur nur Dornenhecken, die
Menschen aber Dornenkronen machen: so vergeht mir die Lust, mit
satirischen Dornen um mich zu schlagen, und ich möchte lieber einige aus
euern Füßen oder Händen ziehn.

Einundzwanzigster Hundsposttag.

Folgende Anmerkung kömmt nicht aus dem Tornister des Hundes, sondern aus meinem eignen Kopf: man braucht kein Lobredner unserer Zeiten zu sein, um mit Vergnügen zu sehen, daß jetzt Autoren, Fürsten, Weiber und andere die unähnlichen falschen Larven der Tugend (z. B. Bigotterie, Pietismus, zeremonielles Betragen) meistens abgelegt, und dafür den ächten geschmackvollen Schein der Tugend gänzlich ange-nommen haben. Diese Verebelung unserer Charaktermasken, wodurch wir das Aeußere der Tugend schöner treffen, ist mit einer ähnlichen des Theaters gleichzeitig, auf dem man nicht mehr wie sonst mit papiernen Kleidern und unächten Tressen, sondern mit ächten agiert und tragiert. —

„Sie wurden schon gestern von der Fürstin verlangt," sagte der Fürst zum Hofmedikus, da er mit seinem ausgeleerten Gesicht kaum ein-getreten war. Die Augenentzündung Agnola's hatte durch das Herbst-wetter, durch die Nachtfeste, durch Kuhlpeppers tapfere Hand und durch ihre eigne — denn die rothen Titelbuchstaben der Schönheit, nämlich ge-schminkte Wangen, wurden immer neu aufgelegt — sehr zugenommen. Eigentlich war Viktor zu stolz, um sich als einen bloßen Arzt begehren zu lassen; ja er war zu stolz, um an sich etwas anders (und wär's Philo-sophie, oder Schönheit) suchen zu lassen, als seinen Charakter; denn sein Vater, der eben so zartstolz war, hatte ihn gelehrt, man muß keinem dienen, der uns nicht achtet, oder den man selber nicht achtet; ja man muß von keinem eine Gefälligkeit annehmen, dem man nur einen äußer-lichen, aber keinen innerlichen Dank zu sagen vermag. Aber dieses zarte Ehrgefühl, das nie mit seinem Eigennutze, wol aber mit seiner Menschen-liebe in ungleiche Treffen kam, konnte ihm seine Hände nicht binden, wo-mit er einer unglücklichen Fürstin — unglücklich, wie er, durch Darben an Liebe — wenigstens die Schmerzen der Augen nehmen konnte; vielleicht auch jüngere Schmerzen: denn seine Gutmüthigkeit gab ihm lauter Versöhnungen ein, des Fürsten mit Le Baut, mit der Fürstin, mit dem Minister. Nichts ist gefährlicher, als zwei Menschen auszu=söhnen — man müßte denn der eine selber sein; sie zu entzweien, ist viel sicherer und leichter.

Er fand Agnola Nachmittags noch im Schlafzimmer, weil dessen grüne Tapeten (zwar nicht dem Gesichte, aber) dem heißen Auge schmeichelten. Ein dichter Schleier über dem Gesichte war ihr Taglicht=schirm. Als sie, wie eine Sonne, ihren Schleier aufschlug: so begriff er nicht, wie er in Tostato's Bude aus diesem italiänischen Feuer und aus diesen schnellen Hofaugen ein verweintes Blondinengesicht machen können. Ein Theil dieses Feuers gehörte freilich der Krankheit an. Ihr erstes Wort war ein entschlossener Ungehorsam auf sein erstes; indessen stieß sie damit die Herren Pringle und Schmuder so gut vor den Kopf wie ihn; denn das ganze dreieinige collegium medicum rieth ihr — Blut=igel um die Augen; aber diese ekelten sie. Der Medikus rückte mit Schröpfköpfen am Hinterhaupte heraus; aber ihre Haare waren ihr lieber als ihre Augen. „Muß man denn alles mit Blut erkaufen?" sagte sie mit italiänischer Lebhaftigkeit. — „Die Reiche und Religionen sollten's „nicht werden, aber doch die Gesundheit" sagt' er englisch frei. Er foderte noch einmal ihr Blut — aber sie gab es ihm erst, da er das Opfer=messer änderte und ihr am Auge eine Aderlaß vorschlug. Personen von Stande wissen, wie Gelehrte, oft die gemeinsten Dinge nicht: sie dachte, der Doktor werde die Ader öffnen. Und weil sie es dachte: that er's auch mit seiner durchs Staarstechen geübten Hand.

Inzwischen ist — wenn (nach dem Plinius) ein Kuß aufs Auge einer auf die Seele ist — eine Aderlaß darauf kein Spaß; sondern man kann, indem man eine Wunde macht, selber eine holen. Der arme Hof=medikus muß mit seinem schwimmenden freundlichen Auge, von dem vor wenigen Tagen die Thräne der Liebe abgetrocknet wurde, kühn in die in eine Augenhöhle gesperrte Sonne schauen, und noch obenbrein sanft mit dem Finger am warmen Gesicht anliegen, und aus der Quelle der

Thränen helles Blut vorritzen.... Schon eh' man eine solche Operazion unternähme, sollte man eine ähnliche an sich vollziehen lassen — der Kühlung wegen. Im Grunde hatte auch ihm das Schicksal diese Woche nichts gegeben als Lanzetten=Schnitte in seine Herzschlagader. Stellet man sich noch vor, daß ihm das ganze weibliche Geschlecht wie eine magische weit zurückgewichne Gestalt vorkam, die einmal in einem Traume nahe an ihm geschimmert, als ein erblassender Mond am Tage, den er in einer lichten Nacht angebetet hatte: so hat man sich sein gutes schulbloses Herz geöffnet, um darin außer einem großen fortarbeitenden Schmerzen tausend mitleibige Wünsche für die bedauerte Fürstin zu erblicken. Ungeachtet ihrer sonderbaren Mischung von Stolz, Lebhaftigkeit und Feinheit glaubte er doch in ihr eine Aenderung zu entdecken, die er halb aus seiner heutigen Beflissenheit, halb aus seinem ihr bisher so günstigen Einfluß auf den Fürsten erklären konnte, und die ihm einen größern Muth gegeben hätte, wenn er sich nicht von dem Zettel über dem Imperator der Kompaß=Uhr mit besondern Auslegungen seines Muthes hätte drohen lassen. Bei dem vorigen ersten Besuche war sein Muth gelähmt, weil er sich als der Sohn eines Vaters, der seinen Einfluß durch die Sorge um natürliche Kinder zu befestigen schien, geflohen glaubte; denn ein Mensch voll Liebe ist neben einem voll Haß stumm und dumm.

Am muthigsten machte ihn heute außer seinen Zänkereien, die unter= lagen (als über die Blutigel ꝛc.), noch die letzte, die siegte; man wird muthiger und glücklicher, wenn man einer Stolzen widerspricht, als wenn man ihr schmeichelt. Er sah eine Maske liegen; da er nun wußte, daß in Italien die Damen im Bette diese, wie die unsrigen die Handschuhe, als Gesichtschuhe anlegen: so verbot er ihr die Maske geradezu als Zunder der Augenentzündung. Es war keine Schmeichelei, da er ihr sagte, daß ihr die Maske mehr nehmen als geben könnte. Kurz, er bestand darauf. —

Er war vielleicht zu duldend gegen den Zweifel, den nur eine Frau erträglich und dauerhaft machen konnte, gegen den Zweifel, wen sie mit einander verwechsele, den Hofmedikus oder den Günstling; denn er sagte ihr — obwol in der Sorge, zu viel zu sagen, welches bei Leuten von seinem Feuer ein Zeichen ist, daß es schon geschehen ist — am Ende das, was er am Anfange zurückbehalten hatte, daß ihn das Theilnehmen (empressement) des Fürsten hergeschickt; und hob diesen auf eigne Kosten empor, um so mehr, da er nichts Außerordentliches weiter von ihm an= zubringen hatte, als eben, daß er ihn — hergeschickt.

Dann ging er. Bei dem Fürsten ließ er ihr so viel Selig= und so viel Heiligsprechungen (auf dieser Erde zwei Kontrarietäten!) zukommen, als der Anstand und sein Humor (zwei noch größere Kontra= rietäten) verstatteten. Sonderbar! sie hatte trotz ihrem Feuer keine Launen. Er mußte, Jenner erlag nicht blos dem Verläumder, sondern auch dem Lobredner. Man legt den gekrönten Schauspieldirektoren der Erbe Entschlüsse ins Herz und Beschlüsse in den Mund; sie wissen, was sie wollen und was sie reden, ein paar Tage später als ihr Thronein= bläser. Ein Günstling`ist ein Shakspeare und Dichter, der hinter den Personen, die er handeln und reden lässet, nicht selber vorguckt und vor= hustet, sondern der ein Bauchredner ist, welcher s e i n e r Stimme den Klang einer f r e m d e n gibt.

Da er den andern Tag die Pazientin wieder besuchte, waren die Augenhöhlen abgekühlt, obwol die Augen nicht; Agnola saß heil in einem Kabinet voll Heiligenbilder. Mit der Unpäßlichkeit der Augen war eine Quelle des Gesprächs weggenommen; und ihr Stolz vertrat zugleich seiner Empfindung und Laune den Zugang. Ob er es wol hundertmal zu ihr in seinem Innern sagte: „quäle dich nicht, stolze Seele, ich bin „kein Günstling, ich will dir nichts nehmen , am wenigsten deinen Stolz „oder fremde Liebe — o ich weiß, was es ist, keine zu erlangen:" so blieb er doch (nach s e i n e r Meinung) kalt vor ihr und zog mit der ärgerlichen Aussicht ab, daß ihm seine gute Kur die Wiederkehr abschneide; denn die andern Hofbesuche waren doch keine freimüthigen Krankenbesuche. Vor der fatalen Kompaß=Uhr erschrak er täglich weniger, außer wenn er eben froher war.

— Manche Leute würden eher ohne Häuser als ohne Bauen leben ; Viktor lieber ohne Lebenslust als ohne Luftschlösser; er mußte immer das

Lotterieloos und die Aktie irgend eines Plans in der Zukunft stehen haben, und eine Frau war meistens die Maskopeischwester in diesem Großavanturhandel. Dießmal war er auf die Versöhnung Jenners und Agnola's erpicht. Er schloß so: sie ist auf beiden Seiten leicht — Jenner wird jetzt immer Agnola's Gesellschaft suchen, obwol blos aus List, um in die künftige ihrer Hofdame Klotilde mit mehr Anstand zu kommen, die er im Stande ihrer Ehelosigkeit noch ohne Schaden nach seinem G e l ü b b e lieben kann — das wird ihn, da er weder einem langen Lobe, noch einem langen Umgang widerstehen kann, unvermerkt an Agnola ge-wöhnen — diese, die jetzt verlassen auf der Seite des Ministers Schleunes steht, wird die vereinigte Achtung Viktors und Jenners nicht ausschlagen u. s. w. . . . . Ob ihn aber nur die Schönheit der Handlung, nicht auch die Schönheit der Fürstin zu diesem Mittleramt anmahnet, das kann das 21ste Kapitel noch nicht wissen; meinetwegen sei es indessen: sein v e r = b l u t e t = k a l t e s Innere, aus welchem noch das Klavier und Klotildens Name und das Morgenerwachen blutlose Dolche ziehen, hat ja das Ge-töse der Welt so nöthig und jedes Uebertäuben der Wunden!

Mit der Absicht solcher Friedenspräliminarien entschuldigte er seinen künftigen Ungehorsam gegen seinen Vater, der ihm das Schleunessche Haus zu suchen abgerathen; denn da die Fürstin immer hinkam, so war's der schicklichste neutrale Ort zum Friedenskongresse. O! nur ein halbes — —

Extrablatt über töchtervolle Häuser!

Das Haus von Schleunes war ein offner Buchladen, dessen Werke (die Töchter) man da lesen, aber nicht nach Hause nehmen konnte. Ob-gleich die fünf andern Töchter in fünf Privatbibliotheken als Weiber standen, und eine in der Erbe zu Maienthal die Kindereien des Lebens verschlief: so waren doch in diesem Töchter=Handelhaus noch drei Frei-exemplare für gute Freunde feil. Der Minister gab bei den Ziehungen aus der Aemter=Lotterie gern seine Töchter zu Prämien für große Ge-winnste und Treffer her. Wem Gott ein Amt gibt, dem gibt er, wenn nicht Verstand, doch eine Frau. In einem töchterreichen Hause müssen, wie in der Peterskirche, Beichtstühle für alle Völker, für alle Charaktere, für alle Fehler stehen, damit die Töchter als Beichtmütter darin sitzen und von allen absolvieren, blos die Ehelosigkeit ausgenommen. Ich habe oft als Naturforscher die weisen Anstalten der Natur zur Verbreitung sowol der Töchter als Kräuter bewundert. Ist's nicht eine weise Einrichtung, sagt' ich zum naturhistorischen Göze, daß die Natur gerade denen Mädchen, die zu ihrem Leben einen reichen mineralischen Brunnen brauchen, etwas Anhäkelndes gibt, womit sie sich an elende Ehe-Finken setzen, die sie an fette Oerter tragen? So bemerkt Linnee*), wie Sie wissen, daß Samenarten, die nur in fetter Erde fortkommen, Häkchen anhaben, um sich leichter ans Vieh zu hängen, das sie in den Stall und Dünger trägt. Wunderbar streuet die Natur durch den Wind — Vater und Mutter müssen ihn machen — Töchter und Fichtensamen in die urbaren Forstplätze hin. Wer bemerkt nicht die Endabsicht, daß manche Tochter darum von der Natur gewisse Reize in benannten Zahlen hat, damit irgend ein Domherr, ein deutscher Hero, ein Karbinaldiakonus, ein apanagierter Prinz oder ein bloßer Landjunker herkomme und besagte Reizende nehme und als Brautführer oder englischer Brautvater sie schon ganz fertig irgend einem sonstigen Tropfen übergebe als eine auf den Kauf gemachte Frau? Und finden wir bei den Heidelbeeren eine geringere Vorsorge der Natur? Merket nicht derselbe Linnee in derselben Abhandlung an, daß sie in einen nährenden Saft gehüllet sind, damit sie den Fuchs anreizen, sie zu fressen, worauf der Schelm — verbauen kann er die Beeren nicht — so gut er weiß, ihr Säemann wird? —

O mein Inneres ist ernsthafter, als ihr meint; die Eltern ärgern mich, die Seelenverkäufer sind; die Töchter dauern mich, die Negersklavinnen werden — ach ist's dann ein Wunder, wenn die Töchter, die auf dem westindischen Markte tanzen, lachen, reden, singen mußten, um vom Herrn einer Pflanzung heimgeführt zu werden, wenn diese, sag' ich,

---

*) S. dessen amoen. acad. die Abhandlung von der bewohnten Erde.

eben so sklavisch behandelt werden, als sie verkauft und eingekauft wurden?
Ihr armen Lämmer! — Und doch, ihr seid eben so arg wie eure Schaf-
Mütter und Väter — was soll man mit seinem Enthusiasmus für euer
Geschlecht machen, wenn man durch deutsche Städte reiset, wo jeder
Reichste oder Vornehmste, und wenn er ein weitläuftiger Anverwandter
vom Teufel selbst wäre, auf dreißig Häuser mit dem Finger zeigen und
sagen kann: „ich weiß nicht, soll ich mir aus dem perlfarbenen, oder aus
„dem nußfarbenen, oder etwan aus dem stahlgrünen Hause eine holen
„und heirathen: offen stehen die Kaufläden alle.“ — Wie? ihr Mädchen,
ist denn euer Herz so wenig werth, daß ihr dasselbe wie alte Kleider nach
jeder Mode, nach jeder Brust zuschneidet, und wird es denn wie eine
sinesische Kugel bald groß, bald winzig, um in eines männlichen Herzens
Kugelform und Ehering=Futteral einzupassen? — „Es muß wohl, wenn
„man nicht sitzen bleiben will, wie die heilige Jungfer da drüben“ antworten mir die, denen ich nicht antworte, weil ich mich mit Verachtung
wegwende von ihnen, um der sogenannten heiligen Jungfer zu sagen:
„Verlassene, aber Geduldige! Verkannte und Verblühte! Erinnere dich
„der Zeiten nicht, wo du noch auf bessere hofftest als die jetzigen, und
„bereue den edeln Stolz deines Herzens nie! Es ist nicht allemal Pflicht,
„zu heirathen, aber es ist allemal Pflicht, sich nichts zu vergeben, auf
„Kosten der Ehre nie glücklich zu werden, und Ehelosigkeit nicht durch
„Ehrlosigkeit zu meiden. Unbewunderte, einsame Heldin! in deiner
„letzten Stunde, wo das ganze Leben und die vorigen Güter und Gerüste
„des Lebens in Trümmer zerschlagen voraus hinunterfallen, in jener
„Stunde wirst du über dein ausgeleertes Leben hinschauen, es werden
„zwar keine Kinder, kein Gatte, keine nasse Augen darin stehen, aber
„in der leeren Dämmerung wird einsam eine große, holde, englisch-
„lächelnde, stralende, göttliche und zu den Göttlichen aufsteigende Gestalt
„schweben und dir winken, mit ihr aufzusteigen — o steige mit ihr auf,
„die Gestalt ist deine **Tugend**.“ —

Ende des Extrablattes.

* * *

Einige Tage darauf gab die Fürstin dem Fürsten ein Auge en medaillon mit der schönen Wendung: sie gebe diese Votivtafel dem Heiligen (das paßte um so mehr, da der Fürst Januar hieß), der ihr seinen Wunderthäter zugeschickt, und der das bekommt, was er heilen lassen. Jenner sagte zu Viktor, dem er das Auge zeigte: „der h. Januar „wird mit Ihnen, mit der h. Ottilia, verwechselt" — die bekanntlich die Patronin der Augen ist.

Viktor war froh, daß Matthieu zu ihm kam, um mit ihm nach St. Lüne zu gehen; denn dieser bat ihn, weil dieses ohne ihn geschehen, mit zu seiner Mutter zu gehen, „weil heute bei der Fürstin großes Souper „sei, bei seiner Mutter aber kein Mensch" d. h. kaum über neun Personen. Viktor zog also — es that heute nichts, daß die fürstliche Augenbulderin fehlte — gern in die Schlennessche nürnbergische Konvertiten= bibliothek von Töchtern hinein hinter dem zärtlichen Jonathan=Orest= Matz, den er überhaupt jetzt aus Schonung für ihren allgemeinen Freund Flamin toleranter behandelte. Die Menschen vergesellschaften sich wie die Ideen eben so oft nach der Gleichzeitigkeit als nach der Aehnlichkeit; und aus der Wahl der Bekannten ist eben so wenig etwas auf den Charakter des Jünglings zu schließen, als auf einer Frau ihren aus der Wahl des Gatten. Matthieu stellte ihn seiner Mutter im Lesekabinette, da ihr gerade aus einem englischen Autor vorgelesen wurde, mit den Worten vor: hier bring' ich Ihnen einen ganz lebendigen Eng= länder. Joachime las in einem Verzeichnisse — es war kein Bücher=, sondern ein Nelkenblätterverzeichniß — um sich einige Nelken auszusuchen, nicht um sie zu pflanzen, sondern sie nachzumachen — in Seide. Sie haßte Blumen, die wuchsen. Ihr Bruder sagte aus Ironie: „sie haßte die „Veränderlichkeit sogar an einer Blume." Denn sie liebte sie sogar an Liebhabern, und unterschied sich ganz vom April, der wie die Weiber in unserem Klima weit beständiger ist, als man vorgibt. Im Kabinet waren noch zwei Narren da, die mir mein Korrespondent nicht einmal nennt, weil sie, glaubt er, hinlänglich bezeichnet und geschieden wären, wenn ich den einen den wohlriechenden Narren nennte, und den andern den feinen.

Beide Narren umsummten die Schöne. Ueberhaupt, so oft ich Narren in großen Partien studieren wollte, sah ich mich ordentlicher Weise nach einer großen Schönheit um; — diese umfassen sie wie Wespen eine Obstfrau. Und wenn ich sonst keine Ursache hätte — ich habe sie aber — um die schönste Frau zu ehelichen: so thät' ich's schon darum, damit ich immer die Bienenkönigin in der hohlen Hand sitzend hielte, der der ganze närrische Immenschwarm nachbrauste. Ich und meine Frau würden dann den Kerlen in Lissabon gleichen, die, in den Händen mit einem Stänglein angeketteter Papagaien, an den Füßen mit einer Kuppel nachhüpfender Affen, durch die Gassen ziehen und ihr tolles Personale feilbieten.

Der wohlriechende Narr, der heute in der S o n n e n s e i t e Joachimens war, las der Mutter vor — der seine, der in der W e t t e r s e i t e war, stand neben Joachime und schien sich nichts um ihr W e t t e r k ü h l e n zu scheeren. Viktor stand als Uebergang von der heißen Zone in die kalte da, und stellte die gemäßigte vor; Joachime spielte drei Rollen mit Einem Gesicht. Der wohlriechende Narr schoß mit der linken Hand die Drehbasse eines silbernen Joujou: dieses hängende Siegel eines Thoren bewegte er entweder wie der Grönländer einen Block mit seinen Füßen, der Erwärmung wegen — oder er that's, wie der Großsultan aus gleichem Grund immer ein Schnitzmesser haben muß, um nicht immer jemand sterben zu lassen vor Liebe — oder um, wie der Storch immer einen Stein in den Krallen hält, allezeit ein Irions=Rad in den Händen, wie ein Spornrad an den Fersen, zu haben — oder der Gesundheit wegen, um den globulus hystericus *) durch die Bewegung eines äußern zu bestreiten — oder als Paternosterkügelchen, oder weil er nicht wußte, warum.

Jeder war mit sich zufrieden. Als die Mutter unsern Engländer gebeten, mit seinem Akzent ihr vorzulesen, so sagte der s e i n e Narr:

---

*) Hysterische Kugel, d. h. die hysterische Krankenempfindung, als rolle sich eine Kugel die Kehle herauf.

„das Englische ist wie gewisse Gesinnungen leichter zu verstehen als aus-
„zusprechen." Dieses seine Schaf hatte nämlich überall die Gewohnheit,
metaphorisch zu sein — wenn ihm ein Mädchen sagte: „ich kann mich
„heute der Kälte nicht erwehren" so macht' er die des Herzens daraus —
man konnte nicht sagen „es ist trübe, warm, die Nadel hat mich ge-
„stochen ꝛc." ohne daß er dieß für einen Kugelzieher nahm, der sein
Herz aus dem Gewehre der Brust vorzog und vorwies — es war vor
seinen Ohren unmöglich, daß man nicht sein war', und aus eurem
Gutenmorgen drehte er ein Bonmot — hätt' er das alte Testament gelesen, er hätte sich über die seinen Wendungen darin nicht satt wundern
können. Dafür schränkte der wohlriechende Narr seinen ganzen
Witz auf ein lebhaftes Gesicht ein — er schlug diesen Fracht- und Asse-
kuranzbrief von tausend Einfällen vor euch auf und hielt ihn vor, aber
es kam nichts — ihr hättet auf den Ansagezettel von Witz in seinem
feurigen Auge geschworen, jetzo brenn' er los — aber nicht im Geringsten!
Er handhabte die satirische Waffe wie die Grenadiere die Handgranaten,
die sie nicht mehr werfen, sondern nur abgebildet auf den Mützen führen.

Als der Feine sein erotisches Bonmot gesagt hatte, sah Joachime
unsern Helden an und sagte mit einer ironischen Miene wider den Feinen:
j'aime les Sages à la folie.

Der Stolz des wohlriechenden auf seinen heutigen Vorzug und die
scheinbare Gleichgültigkeit des feinen Narren gegen seine Hintansetzung
bewiesen, daß alle beide selten im heutigen Falle waren — und daß
Joachime auf eigne Weise kokettierte. Sie lachte uns erhabne Mannspersonen allemal aus, wenn zwei auf einmal bei ihr waren — eine allein
weniger — ihre Augen überließen es unserer Eigenliebe, das Feuer darin
der Liebe mehr als dem Witze zuzuschreiben — sie schien alles herauszu-
plaudern, was ihr einfiel, aber manches schien ihr nicht einzufallen —
sie war voll Widersprüche und Thorheiten, aber ihre Absichten und
ihre Zuneigung blieben doch jedem zweifelhaft — sie antwortete schnell,
aber sie fragte noch schneller. — Heute trat sie im Beisein der drei Herren
— zu andern Zeiten im Beisein des ganzen bureau d'esprit — vor den

8*

Spiegel, zog ihre Schminkdose heraus und retuschierte das bunte Dosen-
stück ihrer Wangen. Man konnte sich gar nicht denken, wie sie aussähe,
wenn sie verlegen wäre oder beschämt.

Die Tugend mancher Damen ist ein Donnerhaus, das der elektrische
Funken der Liebe zerschlägt, und das man wieder zusammenstellt für neue
Versuche; unserm an die höchste weibliche Vollkommenheit verwöhnten
Helden kam es vor, als gehöre Joachime unter jene Donnerhäuser.
Koketterie wird immer mit Koketterie beantwortet. Entweder letzte war
es, oder zu schwache Achtung für Joachime, daß Viktor die beiden Anbeter
in den Augen der Göttin lächerlich machte. Sein Sieg war eben so leicht
als groß — er lagerte sich auf der Stelle des Feindes: mit andern
Worten, Joachime gewann ihn lieber. Denn die Weiber können den
nicht leiden, der vor ihren Augen einem andern Geschlechte unterliegt, als
dem ihrigen. Sie lieben alles, was sie bewundern; und man
würde von ihrer Vorliebe für körperliche Tapferkeit weniger satirische
Auslegungen gemacht haben, wenn man bedacht hätte, daß sie diese
Vorliebe für alles Ausgezeichnete, für ausgezeichnete Reiche, Berühmte,
Gelehrte empfinden. Der dürre und runzlige Voltaire hatte so viel
Ruhm und Witz, daß wenige Pariser Herzen sein satirisches ausgeschlagen
hätten. Noch dazu drückte mein Held seine Achtung für das ganze Geschlecht mit einer Wärme aus, die sich das Einzelwesen zueignete; —
auch brachte seine beliebte Gesammtliebe, ferner sein in der Trauer über
ein verlornes Herz schwimmendes Auge und endlich seine wärmende
Menschenfreundlichkeit ihm eine Aufmerksamkeit von Joachimen zuwege,
welche die seinige in dem Grabe erregte, daß er sich das nächstemal zu
untersuchen vornahm, was dran wäre. — —

Das nächstemal war bald da. Sobald ihm die Ankunft der Fürstin
vom Apotheker geweissagt war — denn der war für die kleine Zukunft
des Hofs ihm seine Hexe zu Endor und Kumä und seine delphische Höhle
— so ging er hin; denn er fuhr nicht hin. „So lang' es noch einen
„Schuhabputzer und ein Steinpflaster gibt, sagt' er, fahr' ich nicht.
„Aber von vornehmern Leuten wundert's mich, daß sie noch zu Fuß

„reisen von einem Flügel des Pallasts in den andern. Könnte man
„nicht, so wie die Pennypost für eine Stadt, ein Fuhrwerk für seinen Pallast
„einführen? Könnte nicht jeder Sessel ein Tragsessel sein, wenn eine
„Dame die Alpenreise von einem Zimmer ins andere weniger scheuete?
„Und verschiedne Weltumseglerinnen würden es wagen, eine Lustreise
„durch einen großen Garten zu machen in einer zugesperrten Sänfte."
— Viktor reisete gerade durch einen, nämlich den Schleunesschen: es
war noch zu hell und zu schön, um sich wie Nähkissen an die Spieltische
zu schrauben. Er sah darin eine kleine bunte Reihe gehen und Joachimen
darunter. Er schlug sich zu ihnen. Joachime bezeugte eine malerische
Freude über die Wolken=Gruppierung, und es stand ihren schönen Augen
gut, wenn sie sie dahin hob. Da man nichts Gescheidtes zu reden hatte:
suchte man etwas Gescheidtes zu thun, sobald man ans Karussel ankam.
Man setzte sich darauf und ließ es drehen. Viele Damen hatten gar den
Muth nicht, diese Drehscheibe zu besteigen — einige wagten sich in die
Sessel — blos Joachime, die eben so verwegen als furchtsam war,
beschritt das hölzerne Turnierroß und nahm die Lanze in die Hand, um
die Ringe mit einer Grazie wegzuspießen, die schönerer Ringe würdig
war. Aber um sich nicht dem Abwerfen der Dreh=Rozinante bloßzugeben,
hatte Joachime meinen Helden wie ein Treppengeländer an sich gestellt,
um sich an ihn in der Zeit der Noth anzuhalten. Die Axbewegung
wurde schneller und ihre Furcht größer; sie hielt sich immer fester an, und
er faßte sie fester an, um ihrer Anstrengung zuvorzukommen. Viktor,
der sich auf die Taschenspielerkünste und den Hokus Pokus der Weiber recht
gut verstand, fand sich leicht in Joachimens Wieglebische natürliche
Magie und „Trunkus Plempsum Schallalei"; noch dazu war das
wechselseitige Andrücken so schnell hin und her gegangen, daß man nicht
wußte, hatt' es einen Erfinder, oder eine Erfinderin. . . .
Da sie jetzt alle im Zimmer sind und ich allein im Garten stehe
neben der Roßmühle: so will ich darüber geschickt reflektieren und an=
merken, daß die Großen gleich den Weibern, den Franzosen und den
Griechen große — Kinder sind. Alle große Philosophen sind das näm=

liche und leben, wenn sie sich durch Denken fast umgebracht haben, durch
Kindereien wieder auf, wie z. B. Malebranche that; eben so holen Große
zu ihren ernstern edeln Lustbarkeiten durch wahre kindische aus; daher die
Steckenpferd=Ritterschaft, die Schaukel, die Kartenhäuser (in Hamiltons
mémoires), das Bilderausschneiden, das Joujou. Mit dieser Sucht, sich
zu amüsieren, steckt sie zum Theil die Gewohnheit an, ihre Obern zu
amüsieren, weil diese den alten Göttern gleichen, die man (nach Moritz)
nicht durch Bußen, sondern durch fröhliche Feste besänftigte.

Da er mit der ganzen Theatergesellschaft des Ministers bekannt war,
und zweitens, da er kein Liebhaber mehr war — denn dieser hat tausend
Augen für Eine Person und tausend Augenlieder für die andern — so
war er beim Minister nicht verlegen, sondern gar vergnügt. Denn er
hatte da doch seinen Plan durchzusetzen — und ein Plan macht ein Leben
unterhaltend, man mag es l e s e n oder f ü h r e n.

Es mißlang ihm heute nicht, ziemlich lange mit der Fürstin zu
sprechen, und zwar nicht vom Fürsten — sie mied es — sondern von
ihrem Augenübel. Das war alles. Er fühlte, es sei leichter eine über=
triebne Achtung vorzuspiegeln, als eine wahre auszudrücken. Diese Be=
sorgniß, falsch zu scheinen, macht, daß man es scheint. Daher sieht bei
einem Argwöhnischen ein Aufrichtiger halb wie ein Falscher aus. In=
dessen war bei Agnola, die ihres Temperaments ungeachtet spröde war
— ein eigner zurückgestimmter Ton herrschte daher in ihrer Gegenwart
bei Schleunes — jeder Schritt genug, den er nicht zurück that.

Aber gegen die lebhafte Joachime that er einen halben vorwärts.
Nicht sowol sie, als das Haus schien ihm kokett zu sein; und die Töchter
darin fand er — dieß macht das Haus — den alten Litonen oder Leuten
der Sachsen ähnlich, die ⅓ frei waren und ⅔ leibeigen, und die also
ein Drittel ihres Guts verschulden konnten. Jede hatte noch ein Drittel,
ein Neuntel, ein Kugelsegment von ihrem Herzen übrig zur freien Ver=
fügung. Ueberhaupt wer noch kein Kabeljau= oder Stockfischangeln ge=
sehen: der kann es hier lernen aus Metaphern — die drei Töchter halten
lange Angelruthen übers Wasser (Vater und Mutter plätschern die Stock=

fische her) und haben an die Angelhaken gespießet Staatsuniformen oder
ihre eigne Gesichter — Herzen — ganze Männer (als anlöbernde Neben=
buhler) — Herzen, die schon einmal aus dem Magen eines andern ge=
fangnen Kabeljaus herausgenommen worden: — ich sage, daraus kann
man ungefähr ersehen, womit man die andern Kabeljaus in der See
fängt, völlig wie die Stockfische zu Lande, nämlich auch (jetzt lese man
wieder zurück) mit rothen Tuchlappen — mit Glasperlen — mit Vogel=
herzen — mit eingesalzenen Heringen und blutenden Fischen — mit
kleinen Kabeljaus selber — mit Fischen, die man halb verdauet aus ge=
fangnen Stockfischen gezogen. — —

Viktor dachte, „meinetwegen sei Joachime nur lebhaft oder kokett,
„ich laufe leicht über Mardereisen hinüber, die ich ja mir vor der Nase
„stellen sehe." Laufe nur, Viktor, das sichtbare Eisen soll dich eben
in das bedeckte treiben. Man kann an derselben Person die Koketterie
gegen jeden bemerken, und doch ihre gegen sich übersehen, wie die Schöne
dem Schmeichler glaubt, den sie für den ausgemachten Schmeichler aller
andern hält. — Er bemerkte, daß Joachime das neue Deckenstück diesen
Abend öfters angeschauet hatte, und wußte nicht recht, warum es ihr
gefalle: endlich sah er, daß sie nur sich gefalle, und daß diese Erhebung
ihren Augen schöner lasse, als das Niederblicken. Er wollt' es über=
müthig untersuchen und sagte zu ihr: „es ist schade, daß es nicht der
„Maler des Vatikans gemacht hat, damit Sie es öfter ansähen." —
„O, sagte sie leichtsinnig, ich würde niemals mit andern hinaufsehen —
„ich liebe das Bewundern nicht." Später sagte sie: „die Männer ver=
„stellen sich, wenn sie wollen, besser als wir; aber ich sage ihnen eben so
„wenig Wahrheiten, als ich von ihnen höre." Sie gestand geradezu,
Koketterie sei das beste Mittel gegen Liebe; und mit der Bemerkung, „seine
„Freimüthigkeit gefall' ihr, aber die ihrige müss' ihm auch gefallen",
endigte sie den Besuch und den Posttag.

Zweiundzwanzigster Hundsposttag.

Stückgießerei der Liebe, z. B. gedruckte Handschuhe, Zank, Zwergflaschen und Schnittwunden — ein Titel aus den Digesten der Liebe — Marie — Courtag — Giulias Sterbebrief. —

Der Leser wird sich ärgern über diesen Hundsposttag; ich meines Orts habe mich schon geärgert. Der Held verstrickt sich zusehends in das Zuggarn zwei weiblicher Schleppen, und sogar in die Bande der fürst=lichen Freundschaft .... es braucht nur noch, daß gar Klotilde zum Wirrwarr stößet. — — Und so etwas muß ein Berghauptmann, ein Eiländer den Leuten auf dem festen Lande hinterbringen.

Chronologisch soll's noch dazu gemacht werden: ich will diesen Hunds=posttag, der vom November bis zum Dezember langt, in Wochen zerlegen. Dadurch wird die Ordnung größer. Denn ich kenne die Deutschen: sie wollen wie die Metaphysiker alles von vorn an wissen, recht genau, in Großoktav, ohne übertriebene Kürze und mit einigen citatis. Sie ver=sehen ein Epigramm mit einer Vorrede und ein Liebemadrigal mit einem Sachregister — sie bestimmen den Zephyr nach einer Windrose — und das Herz eines Mädchens nach dem Kegelschnitt — sie bezeichnen alles mit Fraktur wie Kaufleute, und beweisen alles wie Juristen — ihre Ge=hirnhäute sind lebendige Rechenhäute, ihre Beine geheime Meßstangen und Schrittzähler — sie zerschneiden den Schleier der neun Musen und setzen auf die Herzen dieser Mädchen Tasterzirkel und in ihre Köpfe Visier=stäbe — die arme Klio (die Muse der Geschichte) sieht gar aus wie der Konsistorialrath Büsching, der langsam und krumm unter einer Land=fracht von Meßketten, von Terzienuhren und von Harrisonschen Längen=uhren und durchschossenen Schreibkalendern daherwandelt — so daß ich besonders den armen Büsching beweine, so oft ich ihn nur schreiten sehe, da den guten topographischen Last= und Kreuzträger ganz Deutschland (von dem ich etwas anders erwartet hätte) — jeder Amtmann, jeder dumme Schultheiß (blos wir Scheerauer sattelten ihn nicht) gleich einer

Pfänderstatue von der Kniekehle bis ans Nasenloch (der gute Mann ist kaum zu sehen, und mich wundert's nur, wie er auf den Füßen verbleibt) umhangen, besteckt und eingebauet hat mit allen verdammten Teufels=Wischen — mit Dorfinventarien — mit Intelligenzblättern — mit Wappenwerken — mit Flurbüchern und perspektivischen Aufrissen von Schweinställen.

Sie haben sogar den Jean Paul — damit ich nur von mir selber ein Beispiel des deutschen Foliierphlegma erzähle, wiewol ich eben da=durch eines gebe — angestellt: ist's nicht eine alte Sache, daß er das Blau der schönsten Augen, in die je ein amoroso geblickt, vermittelst eines Saussürschen Cyanometers *) genauer nach Graden angegeben und die schönsten Tropfen, die aus ihnen während der Messung fielen, richtig genug mit einem Thaumesser ausvisiert hat? — Und hat nicht sein Versuch, die weiblichen Seufzer durch den Stegmannischen Luftreinigkeit=messer einzufangen und zu prüfen, unter uns mehr als zuviel Nachahmer gefunden? — —

Woche des 22. Post = Trinitatis oder vom 3. November bis 11. (exclusive).

Diese Woche versaß er fast ganz beim Minister: manche Menschen kommen, wenn sie nur viermal in einem Hause waren, dann wie das tägliche Fieber täglich wieder, anfangs wie die Lenzsonne jeden Tag früher, dann wie die Herbstsonne jeden Tag später. Er sah wol, daß er bei dieser Hof= und Ministerialpartie nichts niederlegen könne, weder ein Geheim=niß, noch Vermögen, noch ein Herz, weil sie ehrlichen Gerichtstellen gleichen würde, die — so wie die Mönche ihr Eigenthum ein Depositum nennen und sagen, nichts gehöre ihnen — umgekehrt jedes Depositum zu einem Eigenthum erheben und sagen, alles gehöre ihnen. Aber er machte sich nichts daraus: „ich komme ja nur zum Spaße (dacht' er), „und mir ist nichts anzuhaben." — Der Minister, dem er blos über der Tafel begegnete, hatte gegen ihn alle die Höflichkeit, die mit einem persi-

---

*) Instrument, das Blau des Himmels zu bestimmen.

flierenden Gesicht und mit einem die Welt in Spionen und in Diebe ein-
theilenden Stande zu verbinden ist; aber Sebastian merkte doch, daß er
ihn für einen Halbkenner in der Medizin und in den ernsthaften Wissenschaften — als wären nicht alle ernsthaft — ansehe und für einen Eingeweihten blos im Witz und schönen Wissen. Jedoch war er zu stolz, ihm
eine andere als die leere Neumondseite zuzukehren, und verbarg alles,
was ihn belehren konnte. Daher mußte sich Viktor bei dem dümmsten
Kanzleiverwandten, der's gesehen hätte, dadurch um alle Achtung bringen,
daß er, wenn der Minister mit seinem Bruder, dem Regierpräsidenten,
ein interessantes Gespräch über Auflagen, Bündnisse, über die Kammer
anspann, entweder nicht aufmerkte, oder fortlief, oder die Weiber auf-
suchte. — Auch liebte er am Fürsten nur den Menschen; der Minister nur
den Fürsten. Viktor konnte bei Jenner selber über die Vorzüge der Republiken Reden halten, und dieser hätte oft im Enthusiasmus (wenn die
Reichsgerichte und sein Magen es verstattet hätten) gern Flachsenfingen
zum Freistaat erhoben und sich zum Präsidenten des Kongresses darin.
Aber der Minister haßte dieß töbtlich und klebte allen politischen Freiden-
kern — einem Rousseau — allen Gironbisten — allen Feuillants —
allen Republikanern — und allen Philosophen den Namen Jakobiner
auf, wie die Türken alle Fremde, Britten, Deutsche, Franzosen ꝛc.
Franken nennen. Indeß war dieses eine Ursach, warum Viktor Matzen,
der besser hierüber dachte, jetzo lieber gewann; und warum er von dem
Vater zu der Tochter floh.

Bei Joachimen gelangen in dieser Woche seine Gnadenmittel: sie
gab dem feinen und wohlriechenden Narren-Dualis, wie wir der Tugend, nur das Akzessit, und meinem Helden, wie wir der Neigung,
die Preismedaille. Da er aber blos eine gewisse Empfindsamkeit am
meisten in der Freundschaft und Liebe achtete: so hätt' er, dacht' er, mit
dieser Schäferin durch den Mond reisen können, ohne für sie (aber wol
über sie) zu seufzen — aber diese lustigen, mein Bastian, haben den
Henker gesehen; denn wenn sie etwas anders werden, dann wird man's
auch mit. Sie sagte ihm, sie wolle gefallen wie ein lutherisches

Heiligengemälde, aber sie wolle nicht angebetet sein wie ein katho=
lisches. Sie nahm ihn am meisten durch die ihrem Geschlecht eigene
Gabe ein, zarte Wendungen zu verstehen — die Weiber errathen so leicht,
weil sie sich immer nur errathen lassen, und ergänzen und ver=
bergen jede Hälfte mit gleichem Glück; — aber zu ihren Reizen
rechn' ich auch den Zwang vor der Fürstin und den vor den Zuhörern
mit den — Augen. Uebrigens war jetzo sein von Klotilben weggewor=
fenes Herz in der Lage der Kinder, die gewettet haben, Schläge in ihre
Hand ohne Thränen aufzunehmen, und welche noch fortlächeln, wenn
diese schon fließen.

Woche des 23. Post=Trinitatis oder sechsundvierzigste des
Jahrs 179*.

Jetzt ist er auch Vormittags dort. Es ist bemerkenswerth, daß er
ihr am Martinitag die gepuderte Stirn mit dem Pudermesser rasierte,
und daß er um einige Toiletten=Hofämter bei ihr anhielt: „ich kann Ihr
„Schminkdosenträger werden, wie der große Mogul Tabackpfeifen= und
„Betelträger hat — oder auch Ihr Cravatier ordinaire — oder Ihr
„Sommier (d. h. Gebetpolsterträger) — ich würde, wenn Sie sich nicht
„auf dem Polster knieten, es selber thun vor Ihnen. — — Ich kannte in
„Hannover einen schönen Engländer, der sich das linke Knie füttern und
„polstern ließ, weil er nicht wußte, wen er heute anzubeten bekomme und
„wie lange.''

Es ist eben so wichtig, daß er sie am Jonastag ein Paar feine Hand=
schuhe, worauf ein sehr einfältiges Gesicht getuschet war, anzunehmen
zwang — „es wäre sein eignes (sagt' er), sie sollte das Gesicht nur
„Nachts im Bette auf oder an der Hand haben, damit es aussähe, als
„küßt' er ihr durch die ganze Novembernacht die Hand.''

Ich fahre in meinem pragmatischen Auszuge aus diesem Belager=
tagebuch fort, und finde am Leopoldstag aufgezeichnet, daß Joachime
schon Vormittags sagte, sie würde ihren Papagai, wenn sie ihm einen
Sprachmeister hielte, nichts aus dem ganzen Dictionnaire beibringen

laſſen, als das Wort perfide! „Jeder Liebhaber, ſagte ſie, ſollte ſich ein
„Papchen halten, das ihm unaufhörlich zuriefe: perfide!" — „Die
„Damen, ſagte mein Held, ſind allein ſchuld: ſie wollen zu lange, oft
„ganze Wochen, ganze Monden geliebt werden. Dergleichen iſt über
„unſere Kräfte. Haben nicht die Jeſuiten ſogar die Liebe zu Gott perio=
„diſch gemacht?*) Skotus ſchränkt ſie auf den Sonntag ein — andre
„auf die Feſttage — Coninch ſagt: es iſt genug, wenn man ihn alle vier
„Jahr einmal liebt — Henriquez ſetzt noch ein Jahr dazu — Suarez
„ſagt gar, wenn's nur vor dem Tode iſt — — Manchen Damen fielen
„bisher die Zwiſchenzeiten anheim; aber die Tag=, die Jahr=, die Feſt=
„zeiten, die Verlobung=, die Begräbnißtage bilden eben ſo viel verſchie=
„dene Sekten unter den Jeſuiten der Liebe." — Joachime machte den
Anfang zu einer zürnenden Miene. Der Hofmedikus hatte nichts lieber
mit Schönen als Zank, und ſetzte dazu: „c'est à force de se faire haïr
qu'elles se font aimer — c'est aimer que de bouder — ah que je Vous
prie de Vous facher!**)" — Seine Laune hatte ihn über das Ziel getrieben
— Joachime hatte Recht genug, ſeine Bitte um ihren Zorn zu erfüllen —
er wollte den Zank fortſetzen, um ihn beizulegen — da es aber doch Fälle
gibt, wo die Vergrößerung einer Beleidigung eben ſo wenig Ver=
gebung verſchafft, als die ſtufenweiſe Zurücknahme derſelben: ſo that
er klug, daß er ging.

Er wunderte ſich, daß er den ganzen Tag an ſie dachte: das Gefühl,
ihr Unrecht gethan zu haben, ſtellte ihr Geſicht in einer leidenden Miene
vor ſeine erweichte Seele, und alle ihre Züge waren auf einmal veredelt.
Tacitus ſagt: man haſſet den andern, wenn man ihn beleidigt hat;
aber gute Menſchen lieben den andern oft blos deswegen.

Am Tage darauf, an Ottomars Tage — Ottomar! großer
Name, der auf einmal den langen Leichenzug einer großen Vergangen=
heit im Finſtern vor mir vorüberführt — ſah er ſie ernſthaft, ihn weder

---

*) Dieſer freche Unſinn ſteht wirklich in Pascals Briefen S. den 10ten.
**) D. h. dadurch, daß ſie einen ärgern, machen ſie nur, daß man ſie mehr
liebt — Schmollen iſt Liebe — O ich bitte Sie inſtändig, böſe zu werden.

suchend noch fliehend. Die zwei Narren blieben in ihren Augen die zwei Narren und gewannen durch nichts etwas. Da er also gewiß bemerkte, daß aus einem flüchtigen Grollen wahre Reue über ihre bisherige Offen= heit geworden war, von der er einen zu freimüthigen Gebrauch und eine zu eigennützige Auslegung gemacht zu haben schien: so war es jetzo seine Pflicht, das, was er bisher aus Scherz gethan hatte, im Ernste zu thun, nämlich sie aufzusuchen und auszusöhnen.

Aber sie stand immer an der Fürstin, und es war nichts.

Ich hab' es nicht selber gesagt, weil ich wußte, der Leser seh' es ohne mich, daß der Held glaubt, Joachime halte ihn für den Bilderdiener ihrer Reize und für den von ihr angezognen Mondmann: der Held nahm sich daher längst vor, ihr diesen Irrthum — zu lassen. Einen solchen Irr= thum zu benehmen, dazu hat selten ein Mann oder ein Weib Stärke genug — Viktor hatt' aber noch mehr Gründe, ihr den Glauben an seine Liebe (d. h. auch sich den seinigen an ihre) zu gönnen: erstlich, er wollte verstecken, warum er komme — zweitens, er wußte, in der großen Welt und unter den Joachimen wird ein Liebhaber nur wie der dritte Mann zum Spiel gesucht, man stirbt da nicht von der Liebe, man lebt da nicht einmal davon — drittens, er hob sich immer den Nothanker auf, aus Spaß Ernst zu machen: „wenn mir das Messer an der Kehle sitzt, dacht' er, so setz' ich mich hin und gewinne sie von Herzen lieb, und damit gut" — viertens, eine Kokette macht einen Koketten ... Hier fing ich be= kanntlich schon an, mich über den 22sten Posttag zu ärgern, wiewol ich so gut wie einer weiß, warum alle Menschen, sogar die aufrichtigsten, sogar die Männer sich zu kleinen Intriguen gegen Geliebte neigen; nicht blos nämlich, weil's kleine und erwiederte sind, sondern weil man mit seinen Intriguen mehr zu schenken als zu stehlen meint. Blos die edelste höchste Liebe ist ohne wahre Spitzbüberei.

Wochen des 24. und 25. Post=Trinitatis.

Am Sonntage war Ball: „ganz natürlich (sagte er) sieht sie mich „nicht an; im Ballkleide sind die Schönen unversöhnlicher als in der

„Morgenkleidung." — Sie sah ihn kaum, so kam sie ihm wie ein be=
wegter Himmel mit ihren Brillanten = Firsternen und ihren Perlen=
Planeten entgegen, und bat ihn in diesem Glanze um Vergebung ihrer
Laune; anfangs habe sie sich zornig gestellt, sagte sie, dann sei sie es
geworden, und am andern Tage habe sie erst gesehen, daß sie Unrecht
gehabt, es zu scheinen, und Recht, es zu sein. Diese Bitte um Vergebung
machte unsern Medikus demüthiger, als es nöthig war. Sie bat ihn
scherzhaft, sie um Vergebung zu bitten, und machte ihn mit ihrem Platz=
golde von Jähzorn bekannt.

Zwei Tage lang wurde der westphälische Friede gehalten.

Aber Eine Zänkerei mit einem Mädchen macht wie Ein Narr zehen:
und zum Unglück hat man die Zornige nur lieber (wenigstens mehr als
die Gleichgültige), so wie das Volk den methodistischen Predigern am
meisten zuläuft, die es am stärksten verdammen. Joachime wurde täglich
zornfähiger — welches er größerer Liebe zuschrieb — aber er auch. Sie
konnten den ganzen Besuch im schönsten Reichs= und Hausfrieden ver=
bracht haben: beim Abschiede wurde alles auf den Kriegsetat gesetzt, die
Gesandten zurückberufen und die Beurlaubten, wenn mir diese poetischen
Ausdrücke erlaubt sind. Mit dem zornigen Bodensatz im Herzen zog er
dann ab und konnte kaum den Augenblick des Wiedersehens — d. h. seiner
oder ihrer Rechtfertigung erwarten. So brachten sie ihre Stunden mit
dem Schreiben der Friedeninstrumente und der Manifeste zu. Die
streitige Sache war so sonderbar wie der Streit: es betraf ihre Foderun=
gen der Freundschaft; jedes bewies, das andre wäre der Schuldner und
fodere zu viel. Was unsern Medikus am meisten erboßte, war, daß sie
dem seinen und dem wohlriechenden Narren, ihr die Hand zu küssen,
erlaubte, ihm aber verbot, und zwar ohne alle Entscheidgründe. „Wenn
„sie nur löge und mir sagte: darum, oder darum! so wär's doch was"
sagt' er; aber sie that ihm den Gefallen nicht. Für mein Geschlecht ist
Abschlagen ohne Gründe, sogar ohne errathene, ein Schwefelpfuhl, ein
dreifacher Tod; auf Joachime wirkten Gründe und Kabinetpredigten
gleichviel.

Extrablatt darüber.

Ich habe hundertmal mit meinem juristischen onus probandi (Last zu beweisen) auf dem Buckel an die Weiber gedacht, die im Stande sind, durch einige Anstrengung sowol ohne alle Gründe zu handeln als zu glauben. Denn am Ende muß doch jeder (nach allen Philosophen) sich zu Handlungen und Meinungen bequemen, denen Gründe fehlen; denn da jeder Grund sich auf einen neuen beruft, und dieser sich wieder auf einen stützt, der uns zu einem schickt, welcher wieder seinen haben muß: so müssen wir (wenn wir nicht ewig gehen und suchen wollen) endlich zu einem gelangen, den wir ohne allen Grund annehmen. Nur fehlet der Gelehrte darin, daß er gerade die wichtigsten Wahrheiten — die obersten Prinzipien der Moral, der Metaphysik ꝛc. — ohne Gründe glaubt und sie in der Angst — er will sich dadurch helfen — nothwendige Wahr=heiten benennt. Die Frau hingegen macht kleinere Wahrheiten — z. B. es muß morgen weggefahren, eingeladen, gewaschen werden ꝛc. — zu nothwendigen Wahrheiten, die ohne die Assekuranz und Reassekuranz der Gründe angenommen werden müssen — und dieß ist's eben, was ihr einen solchen Schein von Gründlichkeit anstreicht. — Ihnen wird es leicht, sich vom Philosophen zu unterscheiden, der denkt und dem die Wahrheitsonne so wagrecht in die Augen flammt, daß er darüber weder Weg noch Ge=gend sieht. Der Philosoph muß in den wichtigsten Handlungen, in den moralischen, sein eigner Gesetzgeber und Gesetzhalter sein, ohne daß ihm sein Gewissen die Gründe dazu sagt. Bei einer Frau ist jede Neigung ein kleines Gewissen und hasset Heteronomien und sagt weiter keine Gründe, so gut wie das große Gewissen. Und durch diese Gabe, mehr aus eigner Machtvollkommenheit, als aus Gründen zu handeln, passen eben die Weiber recht für die Männer, weil diese lieber ihnen zehn Be=fehle als drei Gründe geben.

Ende des Extrablattes darüber.

Was eben so schlimm war, ist, daß Joachime ihm endlich, um nur seine Aktenstöße von Beschwerden und Reichs=gravaminibus wegzu=

bringen, die Finger ließ, ohne nur den geringsten Grund dazu zu sagen. Er konnte also keinen Titel seines Besitzstandes aufweisen, und hätte im Nothfall niemand gehabt, der ihn darin schützen können.

Es ist aber eine gegründete Rechtsregel oder ein männliches Brokarbikon: daß alles bei den Weibern fester werde, wenn man darauf bauet, und daß uns eine kleine gestohlne Gunst rechtmäßig gehört, sobald wir um eine größere anhalten. Die Rechtsregel gründet sich darauf, daß die Mädchen uns, wie den Juden im Handel, allemal die Hälfte abbrechen und nur ein paar Finger geben, wenn wir die Hand haben wollen. Hat man aber die Finger, so tritt ein neuer Titel aus den Instituzionen ein, der uns die Hand zuerkennt; die Hand gibt ein Recht auf den Arm, und der Arm auf alles, was daran hängt, als accessorium. So müssen diese Dinge betrieben werden, wenn Recht Recht bleiben soll. Es muß überhaupt von mir oder von einem andern ehrlichen Mann ein kleines Lesebuch geschrieben werden, worin man dem weiblichen Geschlecht die Modos (Arten), solches zu akquirieren (zu erwerben) mit der juristischen Fackel vorträgt und aufhellt. Viele Modi kommen sonst ab. So bin ich z. B. nach dem bürgerlichen Rechte rechtmäßiger Besitzer einer beweglichen Sache, wenn sie vor dreißig Jahren gestohlen worden (im Grunde sollt es eher sein, und es sollte mir nichts schaden, daß man später zu stehlen angefangen) — eben so fällt mir durch eine Verjährung von 30 Minuten (die Zeit ist relativ) alles von einer Schönen rechtmäßig anheim, was ich ihr Bewegliches (und an ihr ist alles beweglich) entwendet, und man kann daher nicht früh genug zu stehlen anfangen, weil sonst vor dem Diebstahl die Verjährung nicht anheben kann.

Spezifikazion ist ein guter Modus. Nur muß man wie ich ein Prokulejaner sein und glauben, daß eine fremde Sache dem, der ihr eine andre Form ertheilt, zugehöre, z. B. mir die Hand, die ich durch den Druck in eine andre Form gebracht.

Der sel. Siegwart sagte: confusio (Vermischung der Thränen) ist mein Modus. Aber commixtio (Vermischung trockner Sachen, z. B. der Finger, der Haare) ist jetzt fast unser aller modus acquirendi.

Ich wollt' einmal die ganze Sache nach der Lehre von den Servituten, wo eine Frau tausend Dinge zu leiden hat, behandeln (wiewol
alle diese Servituten durch die Konsolidazion der Ehe gänzlich erlöschen);
aber ich weiß die Lehre von den Servituten selber nicht mehr recht, und
wollte lieber darin examinieren, als examiniert werden. — —

Ich kehre zum Medikus zurück. Da er also wußte, daß eine geküßte
Hand ein Schenkbrief der Wangen ist — die Wangen aber die Opfer-
tafeln der Lippen sind — diese der Augen — die Augen des Halses: —
so wollt' er genau nach seinem Lehrbuch verfahren. Aber bei Joachimen,
wie bei allen Gegenfüßlerinnen der Koketten, bahnte keine Gunst-
bezeugung der andern den Weg, nicht einmal die große
der kleinen — aus einem Vorzimmer kam man ins andre — und
was sagte mein Held dazu? Nichts als: „Gottlob! daß einmal eine
„besser ist, als sie schien, daß sie unter dem Schein, unser Spielzeug zu
„sein, unsere Spielerin ist, und daß sie die Koketterie zum Schleier der
„Tugend macht.‟

Er fühlte jetzt, so oft ihr Name erwähnt wurde, eine sanfte Wärme
durch seinen Busen wehen.

Vom Ende des Kirchenjahrs (den 1. Dezember) bis zum Ende des bürgerlichen (31. Dezember).

Flamin, dessen patriotische Flammen in der Sessionstube keine
Luft antrafen und ihn selber zuerst erstickten, wurde täglich scheuer und
wilder. Es war ihm etwas Neues, daß ganze Kollegien und Kommissionen
das thun mußten, was Einer hätte machen können — daß die Glieder
des Staats (wie es doch die Glieder des Körpers auch sind) am
kurzen Arme des Hebels bewegt werden, um mit größerer Kraft
weniger zu thun, und daß besonders ein Kollegium dem Leibe gleiche, der
nach Borellus 2900 mal mehr Kraft bei einem Sprunge anwendet, als
die Last erfodert, die er zu heben hat. Er haßte alle Große und kam zu
keinem; der Hofjunker Matz nicht einmal bekam seine Visiten. Mein
Sebastian machte seine bei ihm seltener, weil seine Muße und seine Lust-

barkeiten-Windstille gerade in Flamins Arbeitstunden fielen. Diese Entfernung und das ewige Sitzen bei Schleunes — welches Flamin, aus
Unbekanntschaft mit Joachimens Einfluß, auf alle Fälle Klotildens ihrem
zurechnen mußte, zu deren künftigen Besuchen sich Viktor durch seine
jetzigen den Verwand verschaffe — und selber die fürstliche Gunst gegen
diesen, die in Flamins Augen keine Folge seines Freiheitgeistes und
seiner Aufrichtigkeit sein konnte — alles dieses zog die verschlungenen
Freundschafthände beider, deren Leben sonst ein vierhändiges Tonstück
gewesen, immer weiter auseinander; die Fehler und den moralischen
Staub, den sonst Viktor von seinem Liebling wegwischen konnte, durfte
er kaum wegzublasen wagen; sie betrugen sich zärter und aufmerksamer
gegen einander. Aber mein Viktor, an dessen Herz das Schicksal so viele
saugende Vampyre legte, und der in Eine Brust den Schmerz der ent-
behrten Liebe und den Kummer der fallenden Freundschaft einzuschließen
hatte, wurde durch alles — recht lustig. O es gibt eine gewisse Lustigkeit der Verstockung und des Grams, die die erschöpfte Seele bezeichnet,
ein Lächeln, wie das an Menschen, die an Wunden des Zwerchfells sterben, oder das an eingedorrten zurückgespannten Mumien-Lippen! Viktor
warf sich in den Strom der Lustbarkeiten, um unter demselben seine
eigne Seufzer nicht zu hören. Aber freilich oft, wenn er den ganzen
Tag über niedergerissene Narrheiten komisches Salz ausgesäet hatte, das
eben so oft die Hand des Säemanns wund beißet, und er den ganzen
Tag sich an keinem Auge erquicken können, dem er in seinem eine Thräne
hätte zeigen dürfen — wenn er so milde der Gegenwart, so gleichgültig
gegen die Zukunft, so wund von der Vergangenheit neben dem letzten
Narren, neben dem Apotheker, vorbei war, und wenn er in seinem Erker
in die voll Welten hängende Nacht und in den stillenden Mond und an
die Morgenwolken über St. Lüne blickte: dann ging allezeit das geschwollne Herz und der geschwollne Augapfel entzwei, und die von der
Nacht verdeckten Thränen strömten von seinem Erker auf die harten
Steine hernieder: „o nur Eine Seele, rief sein Innerstes mit allen
„Tönen der Wehmuth, nur Eine gib, du ewig liebende schaffende Natur,

„diesem armen verschmachtenden Herzen, das so hart scheint und so
„weich ist, so fröhlich scheint und so trübe ist, so kalt scheint und so
„warm ist."

Dann war es gut, daß an einem ähnlichen solchen Abend kein
Kammerherr, kein Weltmensch im Erker stand, wenn gerade die arme
Marie — auf welche das vorige Leben wie eine erdrückende Lavine
herübergestürzt ist — seine Frühstück=Befehle begehrte; denn er stand,
ohne einen Tropfen abzuwischen, freundlich auf und ging ihr entgegen
und faßte ihre weiche, aber rothgearbeitete Hand, die sie aus Furcht nicht
wegzog — wiewol sie aus Furcht ihr gegen die Hoffnung versteinertes
Gesicht abdrehte — und sagte dann, indem er sanft ihre Augenbrauen
wagrecht strich, mit seiner aus dem gerührtesten Herzen steigenden
Stimme: „Du arme Marie, sag' mir was — Du hast wol wenig
„Freude — in Deine guten Augen kommt wol wenig mehr, was sie gerne
„sehen, wenn's nicht Deine Thränen sind — Du Liebe, warum hast
„Du keinen Muth zu mir, warum sagst Du Deinen Gram nicht mir?
„Du gutes gemartertes Herz — ich will für Dich sprechen, für Dich
„handeln — sag' mir, was Dich drückt, und wenn es Dir einmal an
„einem Abend zu schwer wird und Du brunten nicht weinen darfst, so
„komm herauf zu mir .. schau mich jetzo frei an .. wahrlich ich vergieße
„Thränen mit Dir, und ich will mich den Henker um alles scheeren." —
Ob sie es gleich für unhöflich hielt, vor einem so vornehmen Herrn zu
weinen: so war ihr's doch unmöglich, durch die gewaltsame Abbeugung
des Gesichts alle Thränen, die seine Zunge voll Liebe in Bächen aus ihr
preßte, zu entfernen .... Verübelt es seiner überwallenden Seele
nicht, daß er dann seinen heißen Mund an ihre kalten verachteten und
ohne Widerstand bebenden Lippen drückte und zu ihr sagte: o! warum
sind wir Menschen so unglücklich, wenn wir zu weich sind? — In seinem
Zimmer schien sie alles für Spott zu nehmen — aber die ganze Nacht
hindurch hörte sie das Echo des menschenfreundlichen Menschen — sogar
als Spott hätt' ihr so viel Liebe wohlgethan — dann krystallisierten sich
ihre vergangnen Blumen noch einmal im Fenster=Eis ihres jetzigen

Winters — dann war ihr, als würde sie heute erst unglücklich. — Am Morgen schwieg sie gegen alle und war blos dienstfertiger gegen Sebastian, aber nicht mutdiger; nur zuweilen fiel sie drunten dem Provisor, wenn er ihn lobte, mit den Worten, aber ohne weitere Erklärung, bei: „man „solle sein eignes Herz in kleine Stückchen zerschneiden und hingeben für „den engländischen Herrn."

Arme Marie, sagt mein eignes Inneres dem Dokter nach, und setzet noch dazu: vielleicht liest mich jetzt gerade eine eben so Unglückliche, ein eben so Unglücklicher. Und mir ist, als müßt' ich ihnen, da ich die Trauerglocken ihrer vergangnen trüben Stunden angezogen, auch ein Wort des Trostes schreiben. Ich weiß aber für den, der immer über neue gaffende Eisspalten des Lebens schreiten muß, kein Mittel als meines: wirf sogleich, wenn's arg wird, alle mögliche Hoffnungen zum Henker, und ziehe dich verzichtend in dein Ich zurück und frage: wie nun, wenn's Schlimmste auch gar käme, was wär's denn? Söhne deine Phantasie nie mit dem nächsten Unglück aus, sondern mit dem größten. Nichts löset mehr den Muth auf als die warmen mit kalter Angst abwechselnden Hoffnungen. Ist dieses Mittel dir zu heroisch: so suche für deine Thränen ein Auge, das sie nachahmt, und eine Stimme, die dich fraget, warum du so bist. Und denke nach: der Wiederhall des zweiten Lebens, die Stimme unserer bescheidnen, schönern, frömmern Seele wird nur in einem vom Kummer verdunkelten Busen laut, wie die Nachtigallen schlagen, wenn man ihren Käfig überhüllt.

Oft betrübte sich Sebastian darüber, daß er hier so wenig seine edlern Kräfte für die Menschheit anspannen könne, daß seine Träume, durch den Fürsten Uebel zu verhüten, Gutes auszurichten, Fieberträume blieben, weil z. B. sogar die besten Männer am Ruder des Staats Aemter durchaus nur nach Verhältnissen und Empfehlungen besetzten und fremde und eigne Aemter nie für Pflichten, sondern für Bergwerkkuxen hielten. Er betrübte sich über seine Unnützlichkeit; aber er tröstete sich mit ihrer Nothwendigkeit: „in einem Jahr, wenn mein Vater kömmt, sag' ich mich „los und richte mich zu etwas besserem auf," und sein Gewissen setzte dazu, daß seine persönliche Unnützlichkeit der Tugend seines Baters diene, und daß es besser sei, in einem Rade, bei der Tüchtigkeit zu einem Perpen= dikel, ein Zahn zu sein, ohne welchen das Gehwerk stocken würde, als der Perpendikel eines ungezähnten Rades zu werden.

In solchen Lagen fragte er sich immer von neuem: „ist vielleicht „Joachime wie du, besser, weicher, weniger kokt als sie scheint? und „warum willst du sie nach einem äußern Schein verdammen, der ja auch „der deinige ist?" Ihr Betragen bestätigte selten diese guten Ver= muthungen, ja es widerlegte sie oft gar; gleichwol fuhr er fort, sich neuen Widerlegungen auszusetzen und Bestätigung zu begehren. Das Be= dürfniß zu lieben zwingt zu größern Thorheiten, als die Liebe selber; Viktor ließ sich jede Woche eine Vollkommenheit mehr vom weiblichen Ideal abdingen, für das er wie für den unbekannten Gott schon seit Jahren die Altäre in seinem Kopfe fertig hatte. Unter diesem Abdingen wäre der ganze Dezember verflossen, wäre nicht der erste Weihnachttag gewesen.

An diesem, wo er hinter jedem Fenster lachende Gesichter und Hes= periden-Gärten sah, wollt' er auch fröhlich sein und flog unter den Kirchen= musiken in Joachimens Toilettenzimmer, um da sich selber eine Weihnacht= freude zu machen. Er bescheerte ihr, sagte er, einen Flaschenkeller aus Likören, ein ganzes Lager von Rataffia, weil er wisse, wie Damen tränken. Als er endlich seinen Lagerbann voll Flaschen aus der — Tasche zog: war's eine elende kleine Schachtel voll Baumwolle, in der nette Fläschchen wohlriechender Wasser, fast von der Länge der Zaunkönigeier, eingebettet standen. Das Niedliche freuet, wie das Prächtige, Mädchen allezeit. Joachimen hielt er eine lange Rede über die Mäßigkeit ihres Geschlechts, das so wenig esse wie Kolibri, und so wenig trinke wie Adler — mit einigen Schaugerichten und mit einem Flakon woll' er 5000 Mann weib= lichen Geschlechts speisen, und es sollte noch übrig bleiben — die Aerzte bemerkten, daß die, die den Hunger am längsten ertragen hätten, Weiber gewesen wären — sogar in mittlern Ständen bestände die ganze Bienen= flora, wovon diese Holden lebten, in einem Farbenbande, das sie als

Scherpe oder Schleife umlegten, statt eines nährenden Umschlags und Suppentäfelchens, und woran sie noch höchstens einen Liebhaber an= machten. Joachime zog unter der Lobrede eine Flasche heraus, weil sie sie für wächsern hielt. Viktor, um sie zu widerlegen — oder auch sonst weswegen — drückte ihr sie stark in die Hand und zerdrückte sie glücklich. Ein Berghauptmann von meiner Denkart nähme das Zerbrechen einer Flasche, die man auf keine Eymannschen Gurken decken kann, schwerlich in seine Hundsposttage auf — weil er gern Dinge von Gewicht aufträgt — wenn nicht die Flasche selber dadurch eines bekäme, daß sie die weichste Hand, auf der noch der härteste Juwel Schimmer auswarf, blutig schnitt. Der Doktor erschrak — die Blutende lächelte — er küßte die Wunde, und diese drei Tropfen fielen gleich Jasons Blut, oder gleich einem von einem Alchymisten rektifizierten Blute, als drei Funken in sein entzündbares, und die Blutkohle der Liebe bekam drei anglimmende Punkte — ja es hätte wenig gefehlt, so hätt' er ihr gehorcht, da sie ihm scherzend befahl (um ihm eine größere Verlegenheit zu ersparen, als er hatte), die Pariser veraltete Mode, an Damen mit rosenfarbner Dinte zu schreiben, wieder aufzuwecken und hier auf der Stelle drei Zeilen mit ihrem Blut an sie abzufertigen. Soviel ist wenigstens gewiß, daß er zu ihr sagte: er wollte, er wäre der Teufel. Bekanntlich wird dem letzten das Quarentigianische Instrument oder vielmehr der Partagetraktat über die Seele mit dem Blute des Eigners als Faust= und Fraispfand zugefertigt. — Blut ist der Same der Kirche, sagt die katholische; und hier ist gar vom Tempel für eine Schöne die Rede.

Dabei war's — und blieb's — als Cour bei der Fürstin auf heute angesagt wurde. Das war ihm erstlich fatal, weil der heutige Abend ver= salzen war — und zweitens lieb, weil Joachime heute den Hut wegthun mußte, den er und sie so liebten. Da, wie gewöhnlich, den Damen von der Fürstin die Roben und Frisuren vorgeschrieben wurden, worin sie den Courtag, d. h. den Brandsonntag ihrer Freiheit, bei ihr begehen mußten: so konnte sie heute ihren Florhut nicht aufbehalten, den sie so liebte und Viktor auch, aber an ihr nicht; denn es war gerade der, welchen

Klotilde getragen, als sie unter dem Konzerte ihre nasse Augen mit dem schwarzen Spitzenflor verhüllte, der nachher immer über seine beraubte Augen herüberhing.

Ich will den Courtag beschreiben.

Die hauptsächliche Absicht, warum der Hof um sechs Uhr Abends vorgefahren kam, war die, um zehn Uhr recht ärgerlich wieder heimzu= fahren. Ich kann's aber zehnmal weitläuftiger vortragen:

Um sechs Uhr fuhr Viktor mit der übrigen befehligten Brüder= und Schwestergemeine ins Paullinum. Er beneidete oder segnete vielmehr den Zeugmacher, den Stiefelwichser, den Holzhacker, der Abends seinen Krug Bier, seine Andacht, seine Stollen und seine trompetenden Kinder hatte; desgleichen ihre Weiber, die heute schon den Morgen anbissen, nämlich die marmerierte gesprenkelte Kleiderrinde für den zweiten Feier= tag. Im bunten Dunst= und Thierkreis stand die Fürstin als Sonne, eben so unglücklich wie ihre Unglücklichen; nur der Traum (dacht' er) kann einen König glücklich machen, oder einen Armen un= glücklich. Als er sah, wie sie alle nach einem sparsamen Froschregen von Worten und nach Erfrischungen, d. h. Erhitzungen und Ermattungen, ein Postzug um den andern nach dem Hof= und Abreßkalender an die Spieltische eingeschirret wurden — an jedes Bret kam das nämliche Bun= terie=Gespann alter Gesichter — so wunderte er sich zu allererst über die allgemeine Gebuld; an einem Schwarzen der Hof=Goldküste sind sicher, schwur er, wenn man nur bedenkt, was er anzuhören und auszu= stehen hat, die Ohren und die Haut, wie an gebratnen Milchferkeln, die besten Stücke. Hier muß der Löwe dem Thiere die Haut zum Domino abbetteln, das ihm sonst seine abgeborgt. Hier unter diesen von kleinen Seelen gebückten Gestalten (wie auch Blätter sich krümmen, wenn Blatt= läuse daran wohnen) kann kein großer, kein kühner Gedanke getragen werden, sie können wie Getraide, das sich lagert, nur taube Körner geben.

Vor der Tafel fuhr der Theil oder Bogen des um die italiänische Sonne laufenden Hofs, der nicht dazu eingeladen war, nach Hause, mißvergnügt über die Langeweile des Spieles, und noch mißvergnügter, daß gerade gewisse Personen der Langeweile der Tafel gewürdigt waren.

Joachime, an welcher die zurückhaltende Agnola wenig Vergnügen fand, ging mit ab, aber der Doktor nicht, und ihr Bruder Matz gleichfalls nicht, der die Ehre hatte, hinter der Fürstin Stuhl in der Mariähsäule, die sie, ihr Kammerherr, ein Page und ein Hoflakai machten, gerade den Mittelpunkt zu bilden; er stand bekanntlich sogleich hinter dem Kammerherrn und war der einzige, der aussah wie ein leserliches Pasquill auf alles zusammen. Ueber die Tafel, worüber wenig gesprochen wurde, höchstens sehr leise von zwei Nachbarn, soll auch hier nichts gesprochen werden.

Nach dem Essen kam der Fürst und störte das steife Zeremoniel, das er aus Bequemlichkeit haßte, so wie es Viktor aus Philosophie verachtete: „Wahrlich, ein Erzengel — sagte Viktor oft — der die menschliche in „allen Kleinigkeiten beobachtete Tugend und Weisheit bemerkte an Seßsion-„tischen, an Altären, in Besuchzimmern, müßte seinen Himmel und „seine Flügel verwetten, daß wir einen Heller oder doch etwas taugten — „in größern Dingen; wir wissen aber sämmtlich, wo es hinkt; und eben „dieser Ekel an der steifen altklugen dozenten*) Mikrologie und Ma-„schinerie der Menschen ist die Laune des Satirikers. Die moralische „Verschlimmerung entspinnt sich zwar aus Geringfügigkeiten, aber nicht „die Besserung; Satanas kriecht durch Jalousieläden und Sphinkter „in uns, der gute Engel zieht durch das Hauptthor ein." — Agnola belohnte heute unsern Helden für seine bisherige es so treumeinende Beflissenheit mit einer wärmern Aufmerksamkeit, die in seinen Augen durch ihren Schmuck — sie trug den der vorigen Fürstin, ihren eignen und den vorigen mütterlichen — und durch ihren ganzen Prachtanzug noch schöner wurde; denn er liebte Putz an Weibern und haßte ihn an Männern. Seine Achtung nahm durch den Schmerz, daß sie Jenners eigennützige Absichten bei seinen Besuchen (wegen der künftigen Klotilde) mit schönern

*) 1819. 1826; bezenten 1795. 1798.   M.

vermenge, und daß man es ihr doch nicht sagen könne, eine gerührte
Wärme an. Wie kam's, daß ihn dann Agnola an Joachime erinnerte;
daß diese der Ableiter der Achtung für jene wurde; und daß alle liebende
Gefühle, die ihm die Fürstin gab, zu Wünschen geriethen, Joachime
möchte sie verdienen und empfangen?

Mit dieser Seele voll Sehnsucht fuhr er heute ohne Umstände zu dieser
Joachime zurück, in deren Hand er bekanntlich eine kleine Wunde gelassen.
Er sagte bei ihr: „er müsse als Mörder und Medikus noch heute nach der
Wunde sehen;" aber wie Sonnenschein fiel ein schöner neuer Kummer
auf Joachimens Angesicht wärmend in seine Seele. Er konnt' es kaum
erwarten, mit ihr auf den Balkon hinauszukommen, um darüber zu
reden. Draußen machte er in wenig Minuten die Schnittwunde und
die Dezemberkälte zum Vorwand, die Hand und den Schnitt in seine zu
nehmen, um sie zu wärmen: „Wunden schadet Kälte" sagte er; aber der
feine Narr hätte hier das Seinige dabei gedacht. Der leere Abend, die
Erinnerungen an die Weihnacht-Kinderfreuden, der herunterblickende
Sternenhimmel, der alle dunkeln Wünsche des Menschen wie Blumen
in der Nacht magisch beleuchtet, und die Stille überfüllten und beklemmten
seine verlassene Seele, und er drückte die einzige Hand, die ihm jetzt das
Menschengeschlecht reichte. Er fragte sie geradezu über ihren Kummer.
Joachime antwortete sanfter als sonst: „ich wollte Sie dasselbe fragen;
aber bei mir ist's natürlich." Denn sie habe, erzählte sie, bei ihrer
Zurückkehr das Gepäcke Klotildens und die Nachricht der Ankunft und —
was eben der Punkt ist — die Kleider ihrer Schwester Giulia, denen
Klotilde bisher eine Stelle unter ihren gegeben, angetroffen. Diese
Giulia war bekanntlich an Klotildens Herzen verschieden, einen Tag vor-
her eh' diese aus Maienthal nach St. Lüne zog.

Ein Chaos durchschoß sein Herz, aber aus dem Chaos setzte sich blos
die umgesunkne Giulia zusammen — denn Klotilde wich täglich in ein
dunkleres Heiligthum seiner Seele zurück; — ihr blasses Luna-Bild lieb-
koste mit Stralen einer andern Welt seine wunden Nerven und er ließ
sich willig glauben, Joachime habe ihre Gestalt. In seiner dichterischen,

den Weibern so selten verständlichen Erhebung warf die Erblaßte den Heiligenschein, den ihr Klotilde zustralte, wieder auf ihre Schwester zurück. Joachime hatte heute wieder den Brief gelesen, den Giulia an sie in der Todesstunde durch Klotilde schreiben lassen, und trug ihn noch bei sich. Wahrscheinlich hatte ein Herz voll vergeblicher Liebe die schöne Schwärmerin unter die Erde gezogen. Viktor bat sie mit schimmernden Augen um den Brief; er schlug ihn auf im Mondlicht, und als er die geliebten Züge seiner verlornen Klotilde erblickte, weinte sein ganzes Herz.

Gute Schwester!

Leb' auf immer wohl! Laß mich das zuerst sagen, weil ich nicht weiß, welche Minute mir den Mund verschließt. Die Gewitter meines Lebens ziehen heim. Es wird schon kühl um meine Seele. Ich sage diesen Abschied und meinen herzlichsten Wunsch für Dein Wohlergehen meiner Freundin Klotilde in die Feder. Gib den Einschluß meinen lieben Eltern und füge Deine Bitte an meine, mich in meinem schönen Maienthal zu lassen, wenn ich vorüber bin. Ich sehe jetzt durch das Fenster die Rosenstaude, die neben dem Gärtchen des Küsters auf dem Kirchhofe stehet — dort wird mir eine Stelle gegeben, die wie eine Narbe bezeuget, daß ich dagewesen, und ein schwarzes Kreuz mit den sechs weißen Buchstaben Giulia — Mehr nicht. Liebe Schwester, laß' es ja nicht zu, daß sie meinen Staub in ein Erbbegräbniß sperren — o nein, er soll aus Maienthals Rosen flattern, die ich bisher so gern begossen — dieses Herz, wenn es sich zerlegt hat in den Blütenstaub eines neuen ewigen Herzens, spiele und schwebe im Strale des Mondes, der mir es in meinem Leben so oft schwer und weich gemacht — Fährest Du einmal, liebe Schwester, bei Maienthal vorüber: so blickt bis zur Straße das Kreuz durch die Rosen hindurch, und wenn es Dich nicht zu traurig macht, so schaue hinüber zu mir.

Mir war jetzt einige Minuten, als holte ich in Aether Athem — in kleinen dünnen Zügen — es wird bald aus sein. Sag' aber meinen Gespielinnen, wenn sie nach mir fragen, ich bin gern gegangen, ob ich wol jung war. Recht gern. Unser Lehrer sagt, die Sterbenden sind fliegendes Gewölk, die Lebenden sind stehendes, unter welchem jenes hinzieht, aber Abends ist ja beides dahin. Ach ich dachte, ich würde mich noch recht lange, von einem Trauerjahr zum andern, nach dem Sterben sehnen müssen, ach ich besorgte, diese erblaßten Wangen, diese hineingeweinten Augen würden den Tod nicht erbitten, er würde mich veralten lassen und mir das verblühte Herz erst abnehmen, wenn es sich müde geschlagen — aber siehe, er kömmt eher — In wenig Tagen, vielleicht in wenig Stunden wird ein Engel vor mich treten und lächeln, und ich werd' es sehen, daß es der Tod ist, und auch lächeln und recht freudig sagen: nimm immer mein schlagendes Herz in deine Hand, du Abgesandter der Ewigkeit, und sorge für meine Seele.

„Bist du aber nicht jung (wird der Engel sagen), hast du nicht erst diese Erde betreten? Soll ich dich schon zurückführen, eh' sie ihren Frühling hat?"

Aber ich werde antworten: schau' diese untergegangnen Wangen an und diese ermüdeten Augen und drücke sie nur zu — o lege den Leichenstein *) an meine Brust, damit er alle Wunden aussauge und nicht eher abfalle, als bis sie ausgeheilet sind — Ach ich habe wol nichts Gutes in der Welt gethan, aber auch nichts Böses.

Dann sagt der Engel: „wenn ich dich berühre, so erstarrest du — „der Frühling und die Menschen und die ganze Erde verschwinden, und „ich allein stehe neben dir — Ist denn deine junge Seele schon so müde „und so wund? Welche Leiden sind denn schon in deiner Brust?"

Berühre mich nur, guter Engel! Jetzt sagt er: „wenn ich dich be- „rühre, so zerstäubst du, und alle deine Geliebten sehen nichts mehr von „dir —"

O berühre mich! . . .

* * *

Der Tod berührte das blutige Herz, und ein Mensch war vorüber . . .

---

*) Der Schlangenstein saugt sich so lange an die Wunde an, bis er ihren Gift weggesogen.

Während Viktor das Trauerblatt las, hatte die Schwester der Todten einigemale, weil sie sich das dachte, was er las, die Augen abgetrocknet, und als er sie ansah, schimmerten darin die Samenperlen einer weichen Seele. Aber er wünschte sich jetzo die Unsichtbarkeit seines Gesichts, oder den Erker seines Zimmers, um allen Seufzern und Gefühlen ungesehen nachzuhängen. Wär' er in einem bürgerlichen Hause gewesen: so hätte er unverspottet jetzt zu den ausgepackten Kleidern und in die künftigen Zimmer Klotildens gehen können — und er hätte gleichsam die grünen Fluren von Maienthal wieder erblickt, wenn er die romantischen Gewänder, worin Giulia sie durchstreifet hatte, unter den letzten Küssen der Schwester hätte verschließen sehen — — Aber in einem solchen Hause war's eine Unmöglichkeit.

Er verzieh jetzt, da er seltener den Genuß der fremden Empfindsamkeit hatte, sogar das Uebertreiben derselben leicht. Daß sie den Körper zerrütte, war ihm der elendeste Einwand, weil ihn ja alles Edlere, jede Anstrengung, alles Denken aufreibe; der Körper und das Leben wären ja nur Mittel, aber kein Zweck. „Giulia's Herz in Giulia's Körper, „sagte er, ist ein reiner Thautropfen in einem weichen Blumenkelch, den „alles zerdrückt, verschüttet, aussaugt, und der noch vor der Mittagssonne „entflohen ist; solche für eine Welt voll Sturm zu biegsame Seelen, die „zu viel Nerven und zu wenig Muskeln haben, verdienen ihrer Empfind„samkeit wegen das einfressende Salz der Satire nicht, das sie wie „Schnecken zernagt — die Erde und wir können ihnen wenig Freuden „geben, warum wollen wir ihnen die andern nehmen?"

Aber die Trauerzüge, die jetzt das Mitleid durch Joachimens Lächeln zog, drückten sich deutlich in Viktors Herzen ab, und das, was sie hier verbergen wollte, machte sie reizender als alles, was sie je zu zeigen gesucht.

Nichts ist gefährlicher — wie er vor einigen Wochen gethan — als sich verliebt zu stellen: man wird's sogleich darauf. So war der Weichling Baron einige Tage, wenn er einen Helden von Corneille gespielet hatte, selber einer. So starb Molière am eingebildeten Kranken, und

Karl der V. am Probe-Begräbniß. So machte die papierne Krone, die Krommwel in einem Schuldrama aufbekommen hatte, ihn auf eine härtere begierig. — Die zweite Lehre, die daraus zu lernen ist (diese setzt aber freilich voraus, Joachime war eine Kokette), ist die: daß ein Held die Koketterie wahrnehmen und doch hineintappen könne; ein Poet sitzt wie die Nachtigall (der er an Gefieder, Kehle und Einfalt ähnelt) oben auf dem Baume und sieht die Falle stellen, und hüpft hinunter und — hinein.

Nach einigen Tagen — als in Viktor die Frage über Joachimens Werth und über seine Liebe wie eine Woge auf- und ablief; als er schlecht mit Flamin, gut mit der Fürstin und besser mit dem Fürsten stand, der jeden Tag nachfragte, wann Klotilde käme — kam sie.

Dreiundzwanzigster Hundsposttag.

Erster Besuch bei Klotilde — die Bläße — die Röthe — die Renn-Wochen.

„Ja, das gesteh' ich" — sagte Viktor, der am andern Tage nach Klotildens Ankunft in seiner Stube umher lief — „in ein Gewitter oder „in ein stürmendes Meer säh' ich herzhafter, als in das kleine Gesicht, in „einen heitern Himmel von drei Nasenlängen." Aber er half sich dadurch, daß er einen abgerissenen Fortissimo-Akkord auf dem Klavier anschlug: dann konnte er zu Klotilden. Blos unterwegs sagte er: „nirgends „wird so viel gezankt, als in einem Menschen — welcher Teufelslärm in „diesem fünfschuhigen Disputatorium über den geringsten Bettel, bis nur „aus einer Bill eine Akte wird! — Ein tragbarer Nationalkonvent in „nuce ist man, ich kann keinen Schritt thun, ohne daß erst die rechte und „linke Seite darüber haranguieren, und die enragés und die noirs, und „der Herzog von Orleans und Marat. Das Abscheulichste ist im inner- „lichen Regensburger Reichstage des Menschen, daß die Tugend darin „mit zehn Sitzen und Einer Stimme sitzt, der Teufel aber mit einem „Steiße und sieben Stimmen." —

Durch diese lustigen Selbergespräche wollt' er sich vom Anblick seiner verworrenen, verstockten, kalt-wunden, immer Joachimen zu Klotilden hinaufhebenden Seele entfernen. Er wurde endlich blos durch den tugend-haften Entschluß wieder rein ausgestimmt, jetzt die Liebe zu Joachimen nicht zu verstecken — „sich ihrer nicht zu s ch ä m e n" hätt' er bald gedacht. „Wenn ich mich gegen Joachime wärmer und gegen die andre kälter „st e l l e, als ich etwa bin: so müßte der Teufel sein Spiel haben, wenn „ich's nicht endlich w ü r d e."

Der hatt' es aber eben, und zwar ein wahres l'Hombrespiel zu v i e r Personen *) mit dem mort: dieser Croupier hatte die einzige Volte ge-schlagen, daß er das Gesicht Klotildens mit einer ganz andern F a r b e ausspielte, als er in Le Bauts Schlosse gethan. Viktor fand sie in Schleunes seinem unendlich schöner wieder, als er sie verlassen hatte — b l ä s s e r nämlich. Da sie keine Nervenpazientin war, keine Kälte mied, sogar in Dezemberabenden allein auf dem Dorfe spazieren ging: so waren sonst ihre Wangen mehr dunkle Rosenknospen, als aufgegangene abge-bleichte Rosenblätter. Aber jetzo war die Sonne ein Mond geworden — sie hatte in irgend einem Kummer, wie der Saphir im Feuer, nichts verloren als die Farbe, statt des Blutes schien die stillere, zärtere Seele selber näher durch den weißen Florvorhang zu blicken. Alles Blut, das aus ihren Wangen zurückgewichen war, floß in seine über und stieg ihm wie ein Zaubertrank in den Kopf; indeß suchte er sich in diesen den Gedanken zu setzen: „wahrscheinlich machte sie mehr der Zank mit ihren „Eltern, weniger der Kummer, hieher getrieben zu werden, krank!" —

Wenn man sich einmal vorgesetzt hat, sich kalt zu stellen: so wird man es noch mehr, wenn man Ursachen findet, es nicht zu werden. Viktor wurde noch kälter durch Klotildens Eltern, die mit gekommen, und von deren Fehler ihm auf einmal der Deckmantel weggezogen zu sein schien; an Personen, die man einer dritten wegen zu hoch geachtet, nimmt man, wenn uns die dritte nicht mehr zwingt, durch eine größere Herunter-

---

*) Joachime, Klotilde, Viktor und der Teufel.

setzung derselben Rache. Auch sagte er zu sich: „da sie ihren Bruder „Flamin jetzo selten sieht: so wär's einfältig, sie einer verlegnen Minute „durch die Erzählung bloßzustellen, daß ich die Verwandtschaft weiß.“ — Armer Viktor! — Gleichwol war's ihm unmöglich, sein Herz nur mit so viel elektrischer Wärme vollzuladen — er rieb es mit Katzenfellen, er schlug es mit Fuchsschwänzen — als dasein mußte, daß sein Puls wenigstens voll für Joachimen gegangen wäre, geschweige fieberhaft; aber eben dieses bestimmte ihn, sich gerade so zu betragen, als wären Herz und Pulse voller: „es wäre unedel (dacht' er), wenn es die gute Joachime „entgelten müßte, daß ich einmal andre Hoffnungen und Wünsche gehabt, „als die bisherigen neuesten.“ Diese Aufopferung erwärmte ihn mit eigner Achtung; diese Achtung gab ihm den männlichen Stolz, der mit seiner Liebe und seiner Wahl allen vier Welttheilen trotzt; dieser Stolz gab ihm wieder Freiheit und Freude — und jetzo war er im Stande, mit Klotilden zu reden wie ein vernünftiger Mensch.

Diese ganze innere Geschichte nahm freilich einen zwölfmal größern Zeitraum ein, als Muhameds Reise durch alle Himmel — fast eine gute Stunde. Ein Zufall aber warf sich zwischen alle seine Ideen. Da nämlich die Ministerin eine wahre Gelehrte war — sie wußte, daß ein paar Quarzdrusen und einige Präparate und ein ertränkter Fötus noch keinen Gelehrten machen, sondern erst ein Lehrsaal voll Naturalien und ein Lesekabinet — und da der Kammerherr Le Baut ein Gelehrter war — denn sein Kabinet war eben so groß: — so wurde dem Kammerherrn die Sammlung gezeigt, die er selber bereichern helfen. Man sollte denken, sie hätten einander ausgelacht und für Narren gehalten: aber sie hielten sich wirklich für Gelehrte; denn den Großen wachsen die Früchte vom Baume des Erkenntnisses so ins Fenster und ins Maul — sie haben so viele Leichtigkeit, Kenntnisse zu erlangen (daher die zweite, sie zu zeigen) — sie suchen im Brunnen der Wahrheit so selten etwas anders, als ihr eignes mit Wasserfarben gemachtes Kniestück, und in die Tiefe dieses Brunnens zu waten, wäre für sie eine solche Erkältung — und doch gehen sie auf der andern Seite mit so vielerlei Personen von Kenntnissen aus allen Fächern um — — daß sie von allem etwas über der Tafel erfahren und durch die Ohren, durch Mundüberlieferung, wie die Schüler der Alten, Vielwisser werden. Wenn sie nachher gar das, was ihnen ungehört geblieben, vollends zu entbehren wissen, was ist dann zwischen ihnen und den ärmsten Gelehrten für ein Unterschied als der in dem Bewußtsein?

Im Naturalien = und Bücherkabinet lag noch die ganze Neujahr= Ladung von summenden Käfern mit goldnen Flügeldecken ohne Flügel — ich meine die vergoldeten Musenalmanache. Matthieu, dieser Nachahmer der thierischen Nachtigallen, war der Erbfeind der menschlichen, nämlich der Dichter. Er sagte — was in eine Rezension besser gepasset hätte — „er sei ein großer Freund von Versen, aber im Winter — denn wenn er „so durch die Blumenbeete eines Almanachs streiche, so werd' er, wie „einer der durch ein Bohnenfeld geht, schläfrig genug und könne ein= „schlafen. — Und da gerade die Nächte länger würden, und man also „einen längern Schlaf bedürfe, so sei es schön, daß die Almanache gerade „mit Winteranfang erschienen, und daß diese Blumen mit den Moosen „zu einerlei Jahrzeiten blühten — so könne man doch am murmelnden „Bache in den Versen einschlafen, wenn das Murmeln und Schlafen „auf der gefrornen Wiese nicht mehr gehe." — —

Unser Viktor war so satirisch, wie der Evangelist; er hatte im Hannöverischen so gut wie dieser hier gelacht — z. B. er hatte beklagt, daß die meisten Almanachsänger leider mehr für den Kenner arbeiteten als für dumme Leser, und schon zufrieden wären, wenn sie nur jenen in den Schlaf versetzten — daß ein Mensch, der keine Prose schreiben könnte, versuchen sollte, ob er zu keinem Volksänger tauge, wie nur die Vögel, die nicht reden lernen, singen können — daß er einen guten Almanach am ersten und angenehmsten durchbringe, wenn er blos die Reime durch= laufe — und daß flache Köpfe wie flache Diamanten, denen keine Facetten zu geben sind, zu Herzen würden und uns statt der Gedanken Thränen gäben, in denen nicht einmal das Aufgußthierchen eines Gedankens schwimme . . . .

Aber er sah noch eine Seite mehr als Matthieu, nämlich die edle. — Es war seine Gewohnheit, gerade diese vorzudrehen, wenn ein Anderer nur die schlechte gewiesen, und umgekehrt. Seine Meinung war: „Die „Dichter wären nichts als betrunkene Philosophen — wer aber aus ihnen „nicht philosophieren lerne, lern' es aus Systematikern eben so wenig — „die Philosophie mache nur die Silberhochzeit zwischen Begriffen, „die Dichtkunst aber die erste — leere Worte geb' es, aber keine leere „Empfindungen — der Dichter müsse, um uns zu bewegen, blos „alles Edle zum Hebel nehmen, was auf der Erde ist, die Natur, die „Freiheit, die Tugend und Gott; und eben die Zauberstäbe, die magischen „Ringe, die Zauberlampen, womit er uns beherrsche, wirken endlich auf „ihn selber zurück." —

Er legte diese Meinung — als Matthieu die seinige und Joachime ihre eigne vorgetragen, daß nämlich ihr an den Musenalmanachen wenig-stens zwei oder drei Blätter gefielen, nämlich die glatten Pergament-blätter — viel kürzer vor; — die Ministerin war der seinigen (denn sie war selber eine Versifexin); der Kammerherr sagte, „jede Stadt und „jeder Fürst bete ja die Dichter in eignen Tempeln an — nämlich in den „Schauspielhäusern" — Klotilde durfte sich nun zu den Siegern schlagen: „Wenn man im Januar einen Dichter liest, so ist's so lieblich, als wenn „man im Junius spazieren geht. — Ich kann weder Philosophen noch „Gelehrte lesen; es bliebe mir (sie wollte sagen: ihrem Geschlechte) daher „gar zu wenig, wenn man mir die lieben Dichter nähme." — „Sie „würden höchstens (sagte endlich der Minister) Ihre Schüler an ihnen „finden; Dichter bekümmern sich, wie die Heiligen, wenig um die Welt „und ihr Wissen; sie können den Staat besingen, aber nicht belehren." — O du grinzende Mumie, dachte Viktor, ein Edelstein, den du nicht als einen Staatsbaustein vermauern kannst, ist dir weniger als ein Sandblock. Wenn du nur jede flammende, als eine Ergänzung der republikanischen Antiken bastehende Seele zu einem Unterschreiber, zu einem Zollkommissar oder Kammerfiskal einsetzen könntest (wie die Groß-kairer die Ruinen zu Ställen und Pferdetränken verbauen!) — Der edle

Matz fügte blos hinzu: „in Rom war ein Maler, der mit jedem nur
„singend sprach; und ich kannte einen großen Dichter, der nicht einmal
„im gemeinen Leben Prose konnte; er konnte aber mehres nicht, und
„hatte wenig Welt, aber viel Welten im Kopfe — er wird, wenn er sich
„drucken lässet, seinen Lesern kaum mehre Täuschungen geben, als ihm
„jeder schon gemacht hat, der wollte.“ — — Viktor sah aus Klotildens
gesenktem Auge, daß sie so gut wie er merke, daß der Teufel ihren Dahore
meine; aber er schwieg; seine Seele war traurig und erbittert; aber er
war längst durch den Hof die zu ertragen abgehärtet, die er hassen mußte.

Unter dieser Disputazion hatte der edle Matz die ganze Gruppe
unvermerkt in schwarzem Papier nachgeschnitten. „Ach! sagte Joachime,
„das ist nicht das erstemal, daß er Gesellschaften s ch w a r z abbildet.“ —
Da aber Viktor Silhouettengruppen niemals sehen konnte, ohne an uns
zerrinnende Schatten=Menschen, an dieses versiegende Zwerg=Leben, an
die auf das Leben gezeichneten Nachtstücke und an die Schattenpartien,
die man Völker nennt, zu denken — und da ihn daran außer seiner
Traurigkeit und außer einem Wachs=Skelet von Mad. Biheron, das im
Naturaliensaale mit da stand, noch mehr die blasse Gestalt Klotildens
erinnerte — und da diese, mit den vergleichenden Augen auf dem Gerippe
und dem Schattenbilde, leise zu Viktor sagte: „mich könnten zu einer
„andern Zeit so viele Aehnlichkeiten traurig machen“ — so durchschnitt
sein volles Herz der scharfe Schmerz über seine ewige Armuth und über
die Gewißheit: „dieses schöne Herz bewegt sich nie für deines, und wenn
„ihr Freund Emanuel gestorben ist, bleibst du immer allein“ — und er
trat ans Fenster, drehte es hart auf, schlang den Nordwind ein, zerdrückte
mit der Faust die zwei Augäpfel und ging mit den — vorigen Zügen
wieder zu den Andern.

Aber für heute hatten solche Erschütterungen tief in sein Herz hinein
gerissen. Und da ihm Klotilde in einer einsamen Sekunde sagte, daß
die Pfarrerin und Agathe über sein Außenbleiben zürnten: so war er,
dem sich bei diesen Namen die ganze bewölkte Vergangenheit wie ein
Himmel aufthat, nicht im Stande eine Antwort zu geben.

Als er nach Hause kam, redete Klotildens Stimme, die er unter allen ihren Reizen am wenigsten vergessen konnte, unaufhörlich und wie das Echo eines Trauergesangs in seiner Seele.... Leser, wenn das, was du liebtest, lange verschwunden ist aus der Erde oder aus deiner Phantasie, so wird doch in Trauerstunden die geliebte S t i m m e wieder- kommen und alle deine alten Thränen mitbringen und das trostlose Herz, das sie vergossen hat!... Aber nicht blos ihre Stimme, sondern alles drängte sich im Finstern um seine Phantasie, ihr bescheidenes Auge, das nicht hofmäßig blitzte und ertrotzte und suchte, wie der andern ihre, diese behutsame Feinheit, die ihm seit seinem Hofleben weder an ihr noch an seinem Vater mehr zu groß vorkam — dazu setze man noch das Bild Joachimens und sein Chaos von Widersprüchen und die Bemerkung, daß ein Mensch, den die gewissesten Beweise, ungeliebt zu sein, beruhigt haben, doch bei einem n e u e n wieder leidet: so kennt man die Bewegun- gen, die der Schlaf, diese Meerstille des Lebens, bei ihm stillen mußte. —

„Das war der letzte Fieberschauer" sagt' er am andern Morgen und bauete auf sein jetziges Herz, dessen Entzündungen wie die der Vulkane täglich ihren Kessel mehr ausbrannten. Er gebot sich daher eine wöchentliche Flucht vor der zu theuern Seele, in der Absicht, daß der neue Nachklang seiner Liebe in seinem Herzen auszittere und alles wieder still werde darin.

Aber nach einer Woche sah er sie wieder: wahrlich der Teufel saß wieder am Spieltisch und spielte gegen ihn eine andere Farbe aus — R o t h. Klotilde sah nicht blaß, sondern, obwol nur wenig, roth aus. Dieses Roth machte an seinem innern Menschen einen großen Klecks, und verfälschte sein inneres Kolorit, wie schwarz jede Malerfarbe. Denn als er sie genesen wiederfand: so war's ihm nicht sowol a n g e n e h m — denn er sah, wie wenige Verdienste er mehr um ihre Ruhe habe, wie sie ihn nicht einmal in diesem Waarenlager von Menschen=Makulatur aushebe, und wie dumm er gewesen, daß er sich heimlich, ganz heimlich träumen lassen, „ihre vorige Bleichheit komme gar von ihrer vergeblichen*) Sehn-

---

*) 1795; vorgeblichen 1798. 1819. 1826.   M.

10*

„fucht nach ihm feines Orts her;" desgleichen auch nicht war's ihm un= angenehm — denn er hätte all' fein Herzblut dahin gegoffen, um da= mit eine einzige Pulsader in ihr wieder in den Gang zu bringen — ich fage, es war ihm nicht fowol angenehm oder unangenehm, als beides, als unerwartet, als ein Wink, des — Teufels zu werden. Sein Herz und das Bild, das zu lange darin war, wurden gar entzweigedrückt: „Es fei!" fagt' er und zerbiß die krampfhafte Lippe, womit er's fagte. — Einige Tage lang mocht' er nicht einmal Joachime fehen. „Hat diefe „denn ein Auge für die Natur und ein Herz für die Ewigkeit?" fragt' er, und er wußte wol die Antwort.

Jetzo ging eine Zeit für ihn an, die gerade das Gegentheil der Sabbathwochen war — man kann fie die Rennwochen oder die Ta= rantel=Tanzftunden der Befuche nennen. Es ift eine verdammte Zeit, der Menfch weiß nicht, wo er fteht. Sie fiel bei Viktor gerade in die Wintermonate, wo ohnehin die faufenden Butterwochen der Städte und Höfe find. Ich will fie jetzt ordentlich fchildern.

Viktor fuchte nämlich fein uneiniges unglückliches Herz zu über= fchreien und zu betäuben — nicht mit den Trommelwirbeln der Luftbar= keiten; unter diefen verblutete es vielmehr, fo wie unter dem Trommeln die Wunden ftärker fließen: fondern — mit Menfchen; diefe waren die blutftillenden Schrauben, die er um feine Seele legte. Sein Leib war jetzt wie der katholifche Reliquienleib eines Apoftels an allen Orten; er verlief den ganzen Tag bald mit, bald ohne den Fürften.

In Flachfenfingen war zuletzt keine Dame mehr, der er nicht die Hand geküffet hatte — und kein Nachttifch mehr, wo er's dabei hätte be= wenden laffen.

Er machte in den Rennwochen doppelte Schleifen — franzöfifche Pas — Tupfdeffeins — kleine Komödien — Charaden — Rezepte für Kanarienvögel — Verfe für Fächer — taufend Befuche und noch mehr Morgen=Briefchen . . . .

Letzte, die er bekam und fchickte, waren franzöfifch gefchrieben und franzöfifch gebrochen — nämlich zu Haarwickeln gequetfcht: „es find,

„sagt' er, die Haarwickel weiblicher Gehirnfibern — die Patronen voll
„Amors-Pulver — die Kokons der liebenden Schmetterlinge" — er sprach
vom Steigen und Fallen dieser weiblichen Papiere, und nannte sie noch
die Aushängebogen des weiblichen Herzens und die Schmutztitelblätter
der koketten Edikte von Nantes. „Ich behaupte dieß — setzt' er hinzu —
„um mich vom Hofjunker Matthieu zu unterscheiden, der's läugnet, weil
„er gar verficht, anfangs bringe man den Schönen Briefe auf, dann
„Dinge von mehr Kubikinhalt, z. B. Fächer, Juwelen, Hände, dann
„endlich sich selber, so wie die Posten anfangs nur Briefe aufnahmen,
„dann Packete, endlich Passagiere." —

Er fand diejenigen Weiber täglich amüsanter, die uns Leuten von
Verstand das Herz aus der Brust und das Gehirn aus dem Kopf ent-
wenden, und zwar (wie jener Edelmann anderes Zeug) nicht aus Liebe
zum gestohlnen Gute, sondern aus Liebe zum R a u b e n — sie schicken
wie der Edelmann den andern Morgen das Gut dem Eigner redlich
wieder zu. Ihre Feinheiten — die seinigen — seine Wendungen, um
ihren auszuweichen — die Aufmerksamkeit, die man auf sich wenden muß
— die Gelegenheit, alle Empfindungen unter die feinsten Trennmesser
zu bringen, oder unter Sonnen- und Mondmikroskope — die Leichtigkeit,
den aufrichtigsten Wahrheiten den sauern Geschmack und den angenehmsten den süßlichten zu benehmen — — dieses machte ihm die Nacht-
tische der Weiber, besonders der koketten, zu Lektisternien und Götter-
tischen: „beim Himmel, sagte der Nacht-Tischgänger oder Toiletten-
„Panist — ein Mann ist blos ein Holländer, höchstens ein Deutscher,
„aber eine Frau ist eine geborne Französin oder gar eine Pariserin —
„der Mann verbirgt seine moralische wie seine physische Brust — Ge-
„danken und Blumen, die nicht durch die Raufen der vier Fakultäten
„durchfallen, Empfindungen, die nicht in den Akten oder in einem ärzt-
„lichen Befundzettel können beschrieben werden, muß man wahrlich nur
„einer Frau und keinem Manne sagen, zumal einem Flachsenfingischen"
. . . . oder einem Scheerauischen. —

Um sich zu entschuldigen, daß er mit den Koketten auf den Fuß eines

Sammliebhabers umging, berief er sich auf seine Absicht — sie blos kennen lernen zu wollen — und auf den vortrefflichen Forster, der in Antwerpen vor Rubens Maria, die auf dem Altarblatt gen Himmel fährt, so gut wie ein geborner Katholik hinkniete, blos um sie näher zu beschauen.

Er hatte noch eine gefährlichere Entschuldigung: „der Mensch, sagte „er, sollte alles sein, alles lernen, alles versuchen — er sollte an der „Vereinigung der beiden Kirchen in seiner Seele arbeiten — er „sollte, wenn nur auf ein paar Monate, ein Stadtmusikus, Todten= „gräber, Galgenpater, ein Ingenieur, Tragödiensteller, Oberhofmar= „schall, ein Reichsvikarius, Vizelandrichter, ein Rezensent, eine Frau, „kurz alles sollte der Mensch auf einige Tage gewesen sein, damit aus „dem Farbenprisma zuletzt die weiße vollkommne Farbe zusammen= „flösse." —

Die Grundsätze werden desto gefährlicher bei einem wie er, der mit den hochgespannten Saiten der unähnlichsten Kräfte bezogen, leicht den Ton eines jeden angab, nicht aus Verstellung, sondern weil sich seine Umgangs=Dichtkraft tief in die Seele des andern versetzen konnte — daher gewann, ertrug und kopierte er die unähnlichsten Menschen, un= geachtet seiner Aufrichtigkeit. Ich bedaure ihn aber, daß er überall so viel zu verschweigen hatte, sein Errathen des Fürsten, sein Herz gegen Klotilde, seine Versöhn=Intriguen gegen Agnola, seine Wissenschaft von Flamins Verhältnissen u. s. w. Ach Verschweigen und Verstellen fließen leicht zusammen, und müssen nicht Tropfen in den festesten Charakter, sobald er immer unter der Traufe steht, endlich Narben graben?

Nichts erkältet mehr die edelsten Theile des innern Menschen, als Umgang mit Personen, an denen man keinen Antheil nehmen kann. Dieses Gastwirthleben am Hofe, täglich Leute zu sehen, die nicht einmal Ich sagen, deren Verhältnisse man so gleichgültig unkennt wie deren Ta= lente, wenn sie nicht ein Bedürfniß sucht — dieses Haschen nur nach dem nächsten Augenblick — dieses Vorüberrennen der feinsten und geist= reichsten Fremden und Besuchameisen, die in drei Tagen vergessen sind

— alles dieses, was die Palläste zu russischen Eispallästen macht, wo sogar der Ofen voll Naphtaflammen eine Eisscholle ist, wozu ich das komische Salz gar nicht zu setzen brauche, das ohnehin alles warme Blut, wie Glauberisches das heiße Wasser, erkältet, alles dieses machte sein Herz öde, seine Tage kahl und lästig, seine Nächte beklommen, sein Betragen zu kalt gegen Gute, zu duldend gegen Schlimme.

Noch dazu schwieg sein Emanuel und schloß, wie die Natur, seine Blumen in sich ein. Wen die Natur ernährt und erhebt, der ist im Winter nicht so gut als im Sommer. Die Erde hatte ihren Pudermantel von Schnee um und den ganzen Tag die Nachtkleidung an, die Bäume hatten ihre Knospen in die Flocken=Papilloten gewickelt, und die Aeste sahen wie Haarnadeln aus — Viktors Seele war wie die Natur; o! der Himmel wärme bald in beiden die Blume des Frühlings an!

Da die Krankheitgeschichte meines Viktor mich zu schmerzhaft an die versteckten Gifte im menschlichen Körper erinnert: so soll sie bald zu Ende sein. Es gefiel ihm, daß er durch das Herumflattern immer galanter und kälter gegen alle weibliche Personen wurde — das Seil der Liebe schneidet weniger tief in den Busen ein, wenn es in Fäden und Flocken ausgezupft um alle flattert. Er, der, wie sein Namenvetter der h. Sebastian, ganz mit (Amors) Pfeilen vollgeschossen aussah, ließ Pfeile anderer Art gegen das ganze Geschlecht, wiewol nie gegen Einzelwesen, fliegen. In diesem letzten Umstand war seine Bitterkeit von Matthieu's seiner unterschieden, der z. B. von seiner eignen Base, die ihre Schönheit durch späte Blattern verloren, sagen konnte: „ihre Schönheit hielt sich „recht tapfer gegen l'e Blattern und trug aus diesem Siege die herrlichsten „Narben davon, und zwar alle, wie Pompejus Ritter, von vornen „im Gesicht."

Wie Teufelsdreck zum haut gout gebraucht wird, so würzet man das feinste savoir vivre durch einige kühne Unhöflichkeiten. Bastian war in der Tarantelzeit durch nichts verlegen zu machen — er ging und kam wie ein Pariser ohne Umstände — er suchte oft kühne aber vortheilhafte Stellungen seines Körpers — unter dem Schauspiel that er Reisen durch

die Logen, wie der Fürst durch die Kulissen — er brachte es (obwol mit
Mühe, und nur indem er sich immer das Muster der Hofleute vorhielt)
fünfmal dahin, daß er gleichgültig zuhörte oder gar wegschauete, wenn
ihm der andere erzählte; welches alles, wenn nicht wesentliche, doch
Nebenstücke der wahren Höflichkeit sind.

Auch will ich zu seinem Ruhm nicht unbemerkt lassen, daß er sich
die ordentlichen erotischen und satirischen Freiheiten der galli=
kanischen Kirche gegen mehre Weiber auf einmal nahm: denn vor einer
einsamen hatt' er noch die alte Ehrerbietung eines edlen Herzens. Ich
will von jenem doch ein Beispiel geben. Einmal war er unter fünf Ver=
läumderinnen (die Gesellschaft bestand aus sechs Frauenzimmern und
einer Mannsperson), die häßlichste schwärzte alle, sogar gedruckte Mädchen
an, z. B. die verstorbene Klarisse, der sie vorrückte, sie habe gegen Love=
lace nicht genug gewußt sauver les dehors de la vertu. Man muß es
gewärtig sein, wie die Königsberger Schule es in ihren Rezensionen auf=
nimmt, daß er sich vor der Verläumderin auf ein Knie hinließ und mit
einigem Ernst sagte: O Clarisse! Voici Votre Lovelace, retranchons
quatre tomes et commençons comme les faiseurs d'Epopées par le
reste*).

Freilich warf er sich die Tarantelzeit häufig unter der Tarantelzeit
vor; und da der Heidenvorhof seines Herzens so voll Weiber wurde,
indeß im Allerheiligsten desselben nichts war als ein stummes Dunkel,
und da sein Kopf ein Insektenkabinet von Hofkleinigkeiten wurde: so
seufzete er freilich oft in seinem Erker: „o! komme bald, guter Vater,
„damit dein sinkender Sohn aus diesem schmutzigen Märznebel in ein
„helleres Leben steige, eh' er sich ganz befleckt hat, daß er nicht einmal
„diesen Wunsch mehr thut" — und so oft er in Joachimens Zimmer
die Prospekte von Maienthal — welche Giulia vom Portraitmaler Klo=
tildens machen lassen — zu Gesichte bekam: so zog er mitten im Scherzen

---

*) d. h. O Klarisse! Da haben Sie Ihren Lovelace; wollen wir die vier
ersten Bände überspringen und wie Epopöendichter gleich beim Ueberrest an=
fangen?

das Auge von ihnen mit einem Seufzer weg — — aber geheilt wurd' er
nicht, als bis das Schicksal sagte: jetzt! Da klopfte der Theaterschlüssel
auf einmal, der die Menschen in der Schauspielerprobe des Lebens —
das Schauspiel selber wird erst im zweiten gegeben — kommen und han=
deln heißet: und es trug sich etwas zu, was ich sogleich im folgenden
Kapitel berichten werde, wenn ich in diesem auserzählet habe, wie Viktor
mit allen Leuten um sich her stand.

Mit manchen eigentlich schlecht — erstlich mit Klotilden. Sie wohnte
zwar bei dem Minister — als Hofdame hätte sie ins Paullinum gehört,
allein der Fürst hatte es wegen der Leichtigkeit, sie zu sehen, so karten
lassen — aber sie war immer um die Fürstin, mit der sie bald ein ähn=
licher Ernst und eine ähnliche Zurückhaltung verknüpfte. Ihre Gleich=
gültigkeit gegen einen, der mit ihr einen gemeinschaftlichen Freund und
Lehrer hatte, gab diesem Viktor eine noch größere, zumal da er wußte,
sie müßte fühlen, daß in dieser kalten Berg= und Hofluft nur ein einziger,
obwol falber, Nelken= Absenker ihrer schönen Seele blühe, er selber näm=
lich. Auch mußte ihm der Zwang des Wohlstandes, sie kalt anzuschauen,
zur Gewohnheit werden. Am schlimmsten war's für ihn, daß sie gleich=
gültig war ohne Empfindlichkeit, und kalt mit Achtung für ihn. Andere
waren ganz toll über das „tugendhafte Phlegma dieser Pygmalions=Bild=
säule." Der edle Matz nannte sie oft die heilige Jungfrau oder die
Demoiselle Mutter Gottes. Es konstiert und erhellet ganz deutlich aus
den von mir aufgeschlagenen Hunds= Manualakten, daß einige Herren
vom Hofe nach verschiedenen verdorbnen Versuchen, sich die mit so vieler
Schönheit unverträgliche Tugend zu erklären, bald aus Temperament,
bald aus verhehlter Liebe, bald aus einer koketten Spröbigkeit, die sich
wie das Wasser bei St. Clermont endlich zur eignen Brücke über
sich selber versteinert, daß diese listigen Herren recht glücklich auf die
Vermuthung verfielen, Klotilde nehme diese Maske als eine Kopie des
Gesichts der Fürstin vor ihres, um in der Gunst zu bleiben. Daher
wurde Klotildens züchtige Tugend von den meisten mit größerer Scho=
nung beurtheilt, indem man sie als eine absichtliche Nachahmung des

ähnlichen Fehlers der Fürstin schon entschuldigen konnte, durch das Beispiel ähnlicher Nachahmungen, da Hofleute oft die größten äußern Natur-
fehler, ja die Tugenden eines Regenten nachäfften. — So dachte wenigstens der billigere Theil des Hofes.

Agnola war unserem Helden einen immer größeren Dank für die
Besuche Jenners zu zeigen beflissen, ob sie gleich, denk' ich, die untreue
Absicht des Fürsten in der Gegenwart Klotildens eben so gut entdecken
konnte, als sie zuweilen in Viktors Seele bei der Gegenwart Joachimens
blicken mochte ... Ueberhaupt hätt' ich den Leser längst bitten sollen,
aufzupassen: ich trage die Sachen mit erlaubter Dummheit vor, obwol
mit historischer Treue; sind nun feine, spitzbübische, wichtige, intriguante
Züge und Winke darin, so ist's ohne mein Wissen, und ich kann sie also
dem Leser nicht anweisen mit einer Zeigerstange, oder ansagen mit einer
Feuertrommel, sondern er selber — weil er Hofgeschichten versteht — muß
wissen, was ich mit meinen Winken haben will, nicht ich.

Mit Joachimen wäre Viktor recht gut gefahren — da er alle Fehler,
die er bei andern Weibern und nicht bei ihr antraf, ihr als Tugenden in
Rechnung brachte, und da er sich mit ihrem Ich mehr verflocht; denn die
Fehler der Mädchen kommen wie Schokolade und Taback dem Gaumen
anfangs desto toller vor, je besser sie ihm nachher schmecken — er wäre
gut gefahren, ohne zwei Ecksteine; aber die waren da. Der erste war —
denn ich will seine kleine Aergerniß über die kurze Dauer ihrer schönen
Weihnacht-Empfindsamkeit nicht rechnen — daß sie immer Klotilden
tadelte, besonders ihre „affektierte" Tugend. Der zweite war, daß Klotilde sie eben so wenig suchte: Viktor konnte niemand lieben, den Klotilde
nicht liebte. — Und jetzt sind die Rennwochen und Visiten-Tarantel-
tanzstunden Eines Menschen zu Ende; aber ach die ganze Nachwelt muß
noch dieselbe heiße Linie der Narrheit und Jugend passieren.

Vierundzwanzigster Hundsposttag.

Schminke — Krankheit Klotildens — Schauspiel Iphigenie — Unterschied der
bürgerlichen und der stiftfähigen Liebe.

Am 26sten Februar fand Viktor Morgens bei Joachimen — die stolze
Klotilde. Ich weiß nicht, war diese aus Zufall, oder Höflichkeit, oder deswegen
da, um einer Person, die von Viktor mit einigem Interesse behandelt wurde,
näher zu begegnen. Aber, o Himmel! die Wangen dieser Klotilde waren
blaß, die Augen wie von einer ewigen Thräne überhaucht, die Stimme
gerührt, gleichsam gebrochen, und der bleiche Marmorkörper schien nur
das Bild zu sein, das am Grabmal der entflognen Seele steht. Viktor
vergaß die ganze Vergangenheit, und sein Innerstes weinte vor Sehnsucht, ihr beizustehen und aus ihrem Leben alle trübe Winterlandschaften
wegzulöschen. „Ich befinde mich heute wie gewöhnlich‟ sagte sie auf seine
hofärztliche Frage, und er wußte nichts aus dieser unerwarteten Er-
bleichung zu machen — er konnte heute überhaupt nichts machen, nicht
einmal einen Scherz oder eine Schmeichelei — seine in Mitleid zergangne
Seele wollte keine Form annehmen — verwirrt war er auch. Klotilde
ging bald; — und ihm wär's heute für ganz Großpolen (diese in der
Eisfahrt der Völker- und Kronenwanderung schön sich abschleifende Eisscholle) nicht möglich gewesen, nach ihr noch eine halbe Stunde zu verbleiben.

Er hätte ohnehin gehen müssen; denn der Hofjunker Matthieu rief
ihn zur Fürstin. Die Zeit war ungewöhnlich: er konnte es nicht erwarten und nicht errathen, was es gebe. Der Evangelist lächelte (das
that er überhaupt jetzt öfter über die Fürstin) und sagte: „den Fürsten
„und Fürstinnen sei blos das Wichtige klein, und das Kleine wichtig, wie
„Leibnitz von sich selber sagte*). Wenn ihnen die Krone und eine Haar-

*) Er irret, Leibnitz sagte blos: alles Schwere werd' ihm leicht, alles Leichte
schwer.

„nabel mit einander vom Kopfe fallen: so suchen sie vor allen Dingen
„die Nabel."

Beiläufig! Es wäre Bosheit von mir gegen den edlen Matthieu,
wenn ich's länger unterdrückte, daß er seit einiger Zeit gegen meinen
Helden viel sanfter und inbrünstiger geworden — welches blos an einem
andern Menschen als er, ich meine an einem nachstellenden Schelm, ein
Kains = Zeichen wäre und etwan so viel bedeutete, wie das Wedeln eines
Katzenschwanzes. —

Viktor erstaunte über die Bitte der Fürstin — Klotilden zu heilen:
das heißt, nicht über das Bitten — denn sie begehrte ihn öfters damit —
sondern über die Nachricht, daß Klotilde, auf deren Wangen er bisher die
Aepfelblüten der Gesundheit auf Kosten seiner Seele in den Renn =
wochen gesehen, blos taube Blüten getragen, nämlich blos Schminke,
die ihr die Fürstin wegen der Gleichblüte mit den übrigen rothen Kupfer=
blumen des Hofes hatte befehlen müssen. Agnola, die, wie ihr Stand,
rasch war, ersuchte ihn noch, als er zur medizinischen Oberexaminations=
kommission erneuet war, sein Amt nur ja recht bald, schon heute sogleich
im Schauspiele zu verwalten, wo er die Examinandin treffen werde.

Und er fand sie. Das Schauspiel war ein aus Eldorado gelieferter
funkelnder Solitaire, Göthes Iphigenie. Da er die Kranke wieder
mit dem Abendroth der Schminke sah, worin sie auf fremdes Geheiß
sogar unter dem Untergehen schimmern sollte — da er dieses stille zum
Altar gleichsam roth bezeichnete Opfer, das er und andre von seinen
Fluren, von seinen einsamen Blumen weggetrieben unter die Opfermesser
des Hofs, den Untergang seiner Wünsche stumm erdulden sah, und da er
mit dem weiblichen Verstummen das männliche Toben verglich — und
da Klotilde ihren Schmerz der Iphigenie geliehen zu haben schien, mit
der Bitte: „nimm mein Herz, nimm meine Stimme und klage damit,
„klage damit über die Entfernung von den Jugendgefilden, über die
„Entfernung vom geliebten Bruder" — und da er sah, wie sie die Augen
fester an die Iphigenie, wenn sie nach dem verlornen Bruder schmachtete,
anzuschließen suchte, um die Ergießung und die Richtung derselben (nach

ihrem eignen auf dem Parterre, nach Flamin) zu beherrschen: o dann hatten so große Schmerzen und ihre Zeichen in seinen Augen und Mienen einen solchen Vorwand nöthig, wie die Allmacht des Genies ist, um mit Schmerzen der dichterischen Täuschung verwechselt zu werden.

Nie hat ein Arzt seine Kranke mit größerer Theilnahme und Scho= nung ausgefragt, als er Klotilden im nächsten Zwischenakte: er ent= schuldigte seine Zudringlichkeit mit dem Befehle der Fürstin. Ich muß vorher berichten, daß die Kranke, — ob er gleich bisher ein fallender Petrus war, den manches Hahngeschrei mehr zum Weinen als zum Beßern gebracht — doch die zweite Person blieb, die er nie verläugnete, d. h. die er nie mit seinen jetzigen frivolen, launigen, kühnen, fangenden Wendungen anredete. Die erste Person, welche er zu hoch achtete, um mit seinem jetzigen Herzen an sie zu schreiben — war sein Emanuel.

Klotilde antwortete ihm: „sie sei so wohl, wie immer: das einzige, „was an ihr krank sei (sagte sie lächelnd), nämlich die Farbe, sei schon „unter den Händen einer Wundärztin, die sie wider ihre Neigung blos „von außen heile.“ Diese scherzhafte Erwähnung des von der Fürstin dekretierten Schminkens hatte die doppelte Absicht, ihr Schminken zu ent= schuldigen und den Doktor aus seinem weichherzigen Ernst zu bringen. Aber das erste war unnöthig — da im Theater sogar Damen, die nie Roth auflegten, es beim Eintritt in die Loge auftrugen und beim Aus= gang ausstrichen, um nicht 'an einem Baum voll glühender Stettiner= äpfel als die einzigen Quitten da zu hängen, und da überhaupt von dem ganzen weiblichen Hofstaat die mineralischen Wangen als Hof = Gesicht= livree gefodert wurden. Das zweite war vergeblich; vielmehr schwollen die Wunden seines Herzens durch zweierlei höher: durch jenes kalte, fast schwärmende Ergeben ins Verblühen — und durch etwas unaussprech= lich Mildes und Weiches, was oft im weiblichen Gesicht das brechende Herz, das fallende Leben bezeichnet, wie das Obst durch weiches Nach= geben beim Druck seine Reife ansagt.

O ihr guten weiblichen Geschöpfe, macht euch der Kummer, da euch die Freude schon verschönert, vielleicht darum noch schöner und zu rührend, weil er euch öfter trifft, oder weil sich jener in diese kleidet? Warum muß ich hier die Freude über euer Erdulden und Verschleiern der Schmerzen so flüchtig bekennen, da jetzt vor meiner Phantasie so viele Herzen voll Thränen mit offnen Angesichtern voll Lächeln vorüber= ziehen und eurem Geschlechte das Lob erwerben, daß es sich dem Kummer so gern wie der Freude öffnet, wie die Blumen, ob sie sich gleich nur vor der Sonne aufthun, doch auch auseinander gehen, wenn diese der Wolkenhimmel überzieht? —

Viktor, ohne durch ihre Antwort irre zu werden, fuhr fort: „viel= „leicht können Sie sich nicht von der schönen Natur entwöhnen und von „der Bewegung — das Nachtsitzen, das ich selber empfinde" — — Sie ließ ihn nicht ausreden, um ihn daran zu erinnern, daß sie ja die jetzige Farbe von Hause an den Hof mitgebracht. Man sieht aber in dieser Erinnerung mehr Schonung als Wahrheit; denn sie wollte ihr Hofamt nicht gerade vor dem verklagen, der es ihr erlangen half. — — Viktor, der ihre Kränklichkeit so sicher sah und doch keine Frage mehr vorzulegen wußte, stand stumm, verlegen da. Das eigne Schweigen löset den Zurückhaltenden die Zunge: Klotilde fing selber an: „weil ich nichts „weiß, was mir hier schadet, als die Schminke: so bitt' ich meinen Arzt, „mir diesen Diätfehler zu untersagen" — d. h. die Fürstin zum Widerruf ihres Schminkedikts zu vermögen — „ich mag gern, fuhr sie fort, doch „einige Aehnlichkeit mit zwei so guten Freunden, Giulia und Emanuel, „bekommen" — d. h. die blasse Farbe, oder auch die Meinung des baldigen Todes. Viktor stieß ein hastiges Ja heraus, und wandte das schmerzende Auge gegen den auffliegenden Vorhang.

Nie waren wol die Szenen der Spieler und der Zuhörer sich ähnlicher. Iphigenie war Klotilde — der wilde Orest, ihr Bruder, war ihr Bruder Flamin — der sanfte helle Pylades sein Freund Viktor. Und da Flamin unten im Parterre mit seinem wolkigen Angesicht stand — (er kam nur, um seine Schwester bequemer zu sehen) — so war es unserm und seinem Freunde so, als würd' er von ihm angeredet, als Orest zu Pylades sagte:

—Erinnere mich nicht jener schönen Tage,
Da mir dein Haus die freie Stätte gab,
Dein edler Vater klug und liebevoll
Die halb erstarrte junge Blüte pflegte;
Da du ein immer munterer Geselle,
Gleich einem leichten bunten Schmetterlinge
Um eine dunkle Blume, jeden Tag
Um mich mit neuem Leben gaukeltest,
Mir deine Lust in meine Seele spieltest.

Klotilde fühlt' es eben so schmerzhaft, daß man auf der Szene ihr Leben spiele, und kämpfte gegen ihre Augen . . . Aber da Iphigenie zu ihrem Bruder Orest sagte:

O höre mich! O sieh mich an, wie mir
Nach einer langen Zeit das Herz sich öffnet,
Der Seligkeit, dem liebsten, was die Welt
Noch für mich tragen kann, das Haupt zu küssen —
O laß mich, laß mich, denn es quillet heller
Nicht vom Parnaß die ewige Quelle sprudelnd
Von Fels zu Fels ins goldne Thal hinab,
Wie Freude mir von Herzen wallend fließt,
Und wie ein selig Meer mich rings umfängt —

— und da Klotilde traurig den größern Zwischenraum der Schmerzen und der Tage zwischen sich und ihrem Bruder übermaß: so quollen ihre großen so oft am Himmel hängenden Augen voll, und ein schnelles Niederbücken verdeckte die schwesterliche Thräne allen ungerührten Augen. Aber den gerührten, womit ihr naher Freund sie nachahmte, wurde sie nicht entzogen . . . Und hier sagte eine tugendhafte Stimme in Viktor: „entdeck' ihr, daß du das Geheimniß ihrer Verwandtschaft „weißt — hebe von diesem wundgepreßten Herzen die Last des Schweigens „ab — vielleicht welkt sie an einem Gram, den ein Vertrauter kühlt und „nimmt!" — Ach dieser Stimme zu gehorchen, war ja das Wenigste, womit er sein unendliches Mitleiden befriedigen konnte! — Er sagte äußerst leise und aus Rührung fast unverständlich zu ihr: „mein Vater „hat es mir längst entdeckt, daß Iphigenie die Gegenwart ihres Bruders „und meines Freundes weiß" — Klotilde wandte sich schnell und

erröthend gegen ihn — er ließ zur nähern Erklärung seinen Blick zu
Flamin hinabgleiten — erblassend sah sie weg und sagte nichts — aber
unter dem ganzen Schauspiel schien ihr Herz weit mehr zusammenge=
brückt zu sein, und sie mußte jetzo noch mehr Thränen und Seufzer zer=
quetschen, als zuvor. Zuletzt gab sie mitten in ihrer Betrübniß der
Dankbarkeit ihre Rechte und sagte ihm für seine Theilnahme und sein
Vertrauen, gleichsam im Sterben lächelnd, Dank. Er legte an den
Spinnrocken des Gesprächs ganz neuen fremden Stoff, weil er unter
dem Fortspinnen gern über den traurigen Eindruck, den sein Bekennt=
niß zu machen geschienen, heller und gewisser werden wollte. Er fragte
nach Emanuels neuesten Briefen; sie versetzte: „ich habe erst gestern
„während der ganzen Mondfinsterniß an ihn geschrieben; er kann mir
„nicht oft antworten, weil seine Brust durch das Schreiben leidet." —
Da nun die Finsterniß des 25sten Februars schon Abends um 10 Uhr
20 Minuten anfing, um 11 Uhr 41 Minuten am stärksten und um
1 Uhr 2 Minuten erst aus war: so konnte Viktor als Arzt mit Gesetz=
predigten und Gesetzhämmern über die medizinische Sünderin herfallen,
und es erhärten, nun sei es kein Wunder. Laß' es bleiben, Doktor!
Diese lieben Wesen gehorchen leichter dem Manne — den zehn Geboten
— den Büchern — der Tugend — dem Teufel selber leichter, als dem
Diätetiker. Klotilde sagte: „die Mitternachtstunden sind blos ¦meine
„einzigen Freistunden. — Und Maienthal kann ich ja nie vergessen." —
Ach, wie könnte man das? — sagt' er. Die Musik vor dem letzten Akte
und die tragische Stimmung und die Schmerzen begeisterten sie, und sie
fuhr fort: „trank man nicht Lethe, wenn man das Elysium betrat,
„und wenn man es verließ?" ... (Sie hielt inne.) „Ich tränke keine
„Lethe, nicht im ersten Falle, noch weniger im letzten — nein!" Und
nie wurde das Nein leiser, sanfter, gezogener gesagt. In Viktors Herzen
zog ein breischneidiges Mitleiden schmerzlich hin und her, da er sich die
schreibende und weinende und vom Schicksal verspottete Klotilde in der
Mitternacht unter dem vom Erdschatten zerstückten und bewölkten Mond
vorstellte; er sagte nichts, er blickte starr in die trüben Szenen der

Bühne, und weinte noch fort, als sich auf ihr schon die frohen ent=
wickelten.

Zu Hause machte er seine Gehirnfibern zu Ariadnes Fäden, um
aus dem Labyrinth der Ursachen ihres Kummers, und besonders des
neuen zu kommen, der sich bei seiner Eröffnung zu befallen geschienen.
Aber er blieb im Labyrinth; freilich erzeugte Gram die Krankheit, aber
wer erzeugte den Gram? — Es wäre schlimm für die armen zarten
Schmetterlinge, wenn es mehr als Einen töbtlichen Kummer gäbe; in
jeder Gasse, in jedem Hause findest du eine Frau oder eine Tochter, die
in die Kirche oder ins Trauerspiel gehen muß, um zu seufzen, und die
ins obere Stockwerk steigen muß, um zu weinen; aller dieser aufgehäufte
Kummer wird lächelnd verschmerzt, und die Jahre nehmen lange neben
den Thränen zu. Hingegen einen gibt's, der sie abbricht — denke daran,
lieber Viktor, in den freudigen Stunden deiner Viel=Liebe, und denket ihr
alle daran, die ihr einem solchen weichen Geschöpf das schlagende Herz
aus der Brust mit warmen liebenden Händen ziehet, um es in eure neben
eurem eignen Herzen aufzunehmen und ewig zu erwärmen! — Wenn
ihr dann dieses heiße Herz, wie einen Schmetterlinghonigrüssel, ausge=
rissen hinwerfet: so zuckt es noch wie dieser fort, aber es erkaltet dann
und schlägt nicht lange mehr. —

Unglückliche Liebe war also der nagende Honigthau auf dieser Blume,
schloß Sebastian. Natürlich dacht' er an sich zuerst; aber schon längst
hatten ihn alle seine feinsten Beobachtungen, seine ihm jetzt geläufigen
Rikoschet=Blicke aus dem Augenwinkel überwiesen, daß er die
Auszeichnung, die sie ihm nicht versagte, mehr ihrer Unparteilichkeit als
ihrer Neigung zuzuschreiben habe. Wer es sonst am Hofe sei — das
herauszubringen, stellt' er vergeblich einen Elektrizitätzeiger nach dem
andern auf. Auch wußt' er voraus, daß er vergeblich aufstellen werde,
da Klotilde alles Aushorchen ihres Innern vereiteln würde, wenn sie
eine unerwiderte Neigung hätte; die Vernunft war bei ihr das Wachs,
das man auf das eine Ende der magnetischen Nadel klebt, um das
Niedersinken (die Inklinazion) des andern aufzuheben oder zu ver=

bergen. Gleichwol nahm er sich vor, das nächstemal einige Wünschel-
ruthen an ihre Seele zu halten. — —

Ich muß hier einen Gedanken äußern, der einigen Verstand verräth
und mein Berechnen überhaupt. Mein Hunds-Postmeister Knef sah
wahrscheinlich nicht voraus, daß ich das Jahr und die Länge dieser ganzen
Geschichte blos aus der Mondfinsterniß des 25. Febr. herausrechnen
würde, deren er Meldung that, so wie überhaupt große Astronomen
durch die Mondphasen sehr hinter die geographische Länge der Erde kamen.
1793 fiel das in diesem Kapitel Erzählte vor: ich bin Mann dafür;
denn da sich überhaupt die ganze Geschichte, wie bekannt, im 9ten Jahr-
zehend des 18ten Jahrhunderts begibt, und da darin keine Mondfinsterniß
von einem 25sten Febr. überall zu finden ist, als im Jahre 1793, d. h.
im jetzigen; so ist mein Satz gewiß. Zur Sicherheit hielt ich alle in
diesem Buche einfallende Mond- und Wetterveränderungen mit denen
von 1792 und 1793 zusammen; und alles paßte schön in einander —
der Leser sollt' es auch nachrechnen. Ungemein ergötzend ist es für mich,
daß sonach, da ich im Julius schreibe, die Geschichte in einem halben
Jahre meiner Beschreibung nachkommt. —

Viktor zauderte mit seinem Gange zur Fürstin nicht, um bei ihr
die schweigende Klotilde für eine vollständige Nervenpazientin zu erklären.
Er lachte selber innerlich über den Ausdruck — und über die Aerzte —
und über ihre Nervenkuren — und sagte: wie sonst die französischen
Könige bei ihren Heilanstalten gegen die Kröpfe sagen mußten: „der
„König berührt dich, aber Gott heilt dich", so sollten die Aerzte sagen:
der Stadt- und Landphysikus greift dir an den Puls, aber Gott macht
die Kur. — Hier indessen gab er sie aus drei guten Absichten für eine
Nervenleidende aus: erstlich um für sie die Aufhebung der Hof-Leib-
eigenschaft, wenigstens die Befreiung vom genauen Hofdamen-Amt zu
erlangen, weil in seinem Herzen immer der hineingestochene Splitter des
Vorwurfs citerte: „du bist schuld, daß sie hier sein muß" — ferner um
ihr die Erlaubniß der Land- und Frühlingluft, falls sie einmal darum
nachsuchte, im Voraus auszuwirken — endlich, um sie von der befohlnen

Aehnlichkeit mit denen Damen zu erlösen, an deren bleifarbigen Gesichtern, wie an den Bleisoldaten der Kinder, sich das Rothe täglich abfärbt,
so wie täglich ansetzt. Da sich aber Agnola selber schminkte, so mußt'
er aus Höflichkeit es beiden auf einmal verbieten, als Arzt. Die Fürstin
untersiegelte alle seine Bittschriften recht gütig; nur über den Schmink-
Artikel gab sie in Rücksicht ihrer selbst gar keine Resoluzion und in Rücksicht Klotildens diese: sie habe nichts dagegen, wenn sie bei ihr, ausgenommen an Courtagen und im Schauspiel, ohne Roth erscheine; und
von der Anwesenheit bei beiden sei sie gerne dispensiert, bis sie wieder
genesen sei.

Er konnte kaum den Abschied erwarten, um diesen Reichsabschied
oder Schluß der geliebten Kranken zu bringen. Ihn selber nahm diese
Willfährigkeit der Fürstin Wunder, bei der sonst Bitten Sünden waren,
und die nichts versagte, als was man erbat. Seine Verlegenheit war
jetzo nur die, Klotilden die Bewilligungen der Fürstin ohne das beleidigende
Geständniß ihrer vorgeschützten Kränklichkeit beizubringen. Aber aus
diesem kleinen Uebel zog ihn ein großes: als er bei ihr vorkam, sah sie
noch zehnmal siecher aus, als vorgestern bei der Entdeckung ihrer Verwandtschaft: ihre Blüten hingen zugedrückt und kalt bethauet zur
Erde nieder.

Gang und Stellung waren unverändert; die äußere Fröhlichkeit
dieselbe, aber der Blick war oft zu flatternd, oft zu stehend; durch die
Lilienwangen flog oft ein Fieberroth, durch die untere Lippe einmal ein
zerdrückter Krampf... Hier hob das Mitleid den erschrocknen Freund
über die Höflichkeit hinaus, und er sagte ihr geradezu die Einwilligungen
der Fürstin. Er rief seinem beschwerten Herzen seine bisherige Hof-
Kühnheit zu Hülfe und befahl ihr, den nahen Frühling zu ihrer Apotheke
zu machen, und die Blumen zu ihren offizinellen Kräutern, und ihre —
Phantasie zu ihrer Arznei. „Sie scheinen mich (sagte sie lächelnd) zu den
„Lerchen zu rechnen, die in ihrem Bauer immer grünen Rasen haben
„müssen. Damit aber meine Fürstin und Sie nicht umsonst gütig
„waren: so werb' ich's am Ende thun. — Ich gesteh' es Ihnen, ich bin

„wenigſtens eine eingebildete — Geſunde: ich fühle mich wohl.“ . . . .
Sie brach es ab, um ihn mit der Freimüthigkeit der Tugend und mit
einem in ſchweſterlicher Liebe ſchwimmenden Auge über ihren Bruder
auszufragen, ob er glücklich und zufrieden ſei, wie er arbeite, wie er ſich
in ſeinen Poſten ſchicke? Sie ſagte ihm, wie weh ihr bisher dieſe tief in
ihre Seele eingeſperrten Fragen gethan; und ſie dankte ihm für das
Geſchenk ſeines Vertrauens mit einer Wärme, die er für einen feinen
Tadel ſeines bisherigen Schweigens hielt. — Sie ſtand von jeher gern
in einem Blumenkranz von Kindern; aber in Flachſenfingen hatte ſie
dieſer Nebelſternchen noch mehre und zwar aus einem beſondern Grunde
um ihren Glanz verſammelt, nämlich um es zu verbergen, daß ſie Giu=
lia, eine kleine fünfjährige Enkelin des Stadtſeniors, bei welchem ihr
Bruder wohnte, als die unwillkürliche Lebensbeſchreiberin und Zeitung=
trägerin deſſelben an ſich ziehe. Mehr als dreimal war ihm, als müßt'
er dieſem lilienweißen Engel, den ſeine Wolke immer höher trug, zu
Füßen fallen und mit ausgebreiteten Armen ſagen: „Klotilde, werde
„meine Freundin, eh' du ſtirbſt — meine alte Liebe gegen dich iſt längſt
„zerquetſcht, denn du biſt zu gut für mich und für uns alle — aber dein
„Freund will ich ſein, mein Herz will ich überwinden für dich, meinen
„Himmel will ich hingeben für dich — ach du wirſt ohnehin den Abend=
„thau des Alters nicht erleben und die Augen bald zumachen, und der
„Morgenthau hängt noch darin!“ Denn er hielt ihre Seele für eine
Perle, deren Körper=Muſchel geöffnet in der auflöſenden Sonne liegt,
damit ſich die Perle früher ſcheide. – Beim Abſchiede konnt' er ihr mit
der Freimüthigkeit des Freundes, die an die Stelle der Zurückhaltung
des Liebhabers gekommen war, die Wiederholung ſeiner Beſuche anbieten.
Ueberhaupt behandelte er ſie jetzo wärmer und unbefangner; erſtlich,
weil er auf ihr erhabnes Herz ſo ganz Verzicht gethan, daß er ſich über
ſeine frühern kühnen Anſprüche darauf wunderte; zweitens, weil ihm das
Gefühl ſeiner uneigennützigen aufopfernden Rechtſchaffenheit gegen ſie
Wundbalſam auf ſeine bisherigen Gewiſſensbiſſe goß.
An dieſe Kränklichkeit ſchloß ſich ein Abend oder ein Ereigniß an,

worein der Leser, glaub' ich, sich nicht finden wird. — Viktor sollte
Abends Joachimen ins Schauspiel abholen, und ihr Bruder mußte vor=
her ihn abholen. Ich hab' es schon zweimal niedergeschrieben, daß ihm
seit einigen Wochen Matthieu nicht mehr so zuwiber war, wie einem
Elephanten eine Maus; er hatte doch eine einzige gute Seite, doch einigen
moralischen Goldglimmer an ihm ausgegraben, nämlich die größte An=
hänglichkeit an seine Schwester Joachime, die allein sein ganzes seinen
Eltern zugeschlossenes Herz, seine Mysterien und seine Dienste inne hatte
— zweitens liebte er an Matthieu, was der Minister verdammte, den
Salzgeist der Freiheit — drittens sind wir alle so, daß, wenn wir unser
Herz für irgend ein weibliches aus einer Familie eingeheizet haben, daß
wir Einheizer nachher die Ofenwärme auf die ganze Sipp= und Magen=
schaft ausdehnen, auf Brüder, Neffen, Väter — viertens wurde Matthieu
immer von seiner Schwester gelobt und entschuldigt. — Als Viktor kam
zu Joachime: hatte sie Kopfschmerzen und Putzjungfern bei sich — der
Putz und der Schmerz nahm zu — endlich schickte sie die lebendigen
Appreturmaschinen fort und setzte sich, sobald sie aus dem Schaum der
Puder= und Schmuckkästen, der Schminklappen und mouchoirs de Venus,
der poudres d'odeur und der Lippenpomaden zu einer Venus erhärtet
war, da setzte sie sich nieder und sagte, sie bleibe zu Hause wegen Kopf=
schmerzen. Viktor blieb mit da und recht gern. Wer nicht das Spar=
werk und Zellenwerk des Menschenherzens kennt, den nimmt es Wunder,
daß Viktors Freundschaft gegen Klotilde ein ganzes Honiggewirke von
Liebe für Joachime in seine Zellen eintrug; es war ihm lieb, wenn sie
einander besuchten oder umarmten, er suchte in den Segensfingern des
Pabstes nicht so viele Heilkraft, als in Klotildens ihren; die Freundschaft
derselben schien ihm eine Entschuldigung der seinigen zu sein und Joa=
chimen auf das Postament des Werths zu heben, auf welches er sie mit
allen Wagenwinden noch nicht stellen können. Sogar das Gefühl seines
steigenden Werthes gab ihm neue Rechte zu lieben; und heute würde sogar
Klotildens Flor= und Fürstenhut seine Helmkleinodien auf Joachimens
kränklichen geduldigen Kopfe behauptet haben. In ihre fortgesetzte Ko=

ketterie gegen das Narrenpaar hatt' er sich längst gefügt, weil er recht gut
wußte, wen sie unter drei Weisen aus Morgenland nicht zum Narren
habe, sondern zum Anbeter. Aber zurück!

Matthieu, der der Schwester zu Gefallen auch zu Hause blieb, und
Viktor und sie machten die ganze Bande dieses concert spirituel. Joachime lehnte auf dem Kanapee ihren sanften siechen Kopf an die Wand
zurück, und blickte auf das Fuß-Getäfel und sah mit den herübergezognen
Augenliedern schöner aus — der Evangelist ging ab und zu — Viktor
setzte, wie allemal, im Zimmer herum — Es war ein recht hübscher
Abend, und ich wollt', meiner würde heute so. Das Gespräch wendete
sich auf die Liebe, und Viktor behauptete das Dasein einer doppelten, der
bürgerlichen und der stiftfähigen oder französischen. Er liebte die französische in Büchern und als Gesammtliebe, aber er haßte sie, sobald sie
die einzige sein sollte: er beschrieb sie heute so: „nimm ein wenig Eis —
ein wenig Herz — ein wenig Witz — ein wenig Papier — ein wenig
Zeit — ein wenig Weihrauch — und gieß' es zusammen und thu' es in
zwei Personen von Stande: so hast du eine rechte gute französische
Fontenellische Liebe" — „Sie vergaßen, setzte Matz dazu, noch ein wenig
„Sinne, wenigstens ein Fünftel oder Sechstel, das als adjuvans
„oder constituens*) zur Arznei kommen muß. — Indessen hat sie doch
„das Verdienst der Kürze; die Liebe sollte wie die Tragödie auf Einheit
„der Zeit, nämlich auf den Zeitraum Eines Tages, eingeschränkt sein,
„damit sie nicht noch mehre Aehnlichkeit mit ihr bekäme. Schildern Sie
„aber die bürgerliche!" — Viktor: „die zieh' ich vor." — Matthieu: „ich
„nicht. Sie ist blos ein längerer Wahnsinn als der Zorn. On y pleure,
„on y crie, on y soupire, on y ment, on y enrage, on y tue, on y
„meurt — enfin on se donne à tous les diables, pour avoir son ange.
„— Unsere Gespräche sind heute einmal voll Arabesken und à la grécque:
„ich will ein Kochbuchrezept zu einer guten bürgerlichen Liebe machen:

---

*) adjuvans ist das Ingredienz, das die Kräfte der Hauptingredienzien
stärkt; constituens ist, was der Arznei die Form einer Pille oder Latwerge oder
Mixtur ertheilt.

„Nimm zwei junge große Herzen — wasche sie sauber ab in Taufwasser
„oder Druckerschwärze von deutschen Romanen — gieße heißes Blut und
„Thränen darüber — setze sie ans Feuer und an den Vollmond und lasse
„sie aufwallen — rühre sie fleißig um mit einem Dolche — nimm sie
„heraus und garniere sie wie Krebse mit Vergißmeinnicht oder andern
„Feldblumen; und trage sie warm auf: so hast du einen schmackhaften
„bürgerlichen Herzenskoch*)."

Matthieu setzte noch hinzu: „in der heißen bürgerlichen Liebe sei
mehr Qual als Spaß; in ihr sei, wie in Dante's Gedicht von der Hölle,
letzte am besten ausgearbeitet und der Himmel am schlechtesten — Je
älter ein Mädchen oder ein eingepökelter Hering sei, desto dunkler sei an
beiden das Auge, das durch die Liebe so werde — Jede Frau aus einem
höhern Zirkel müsse froh sein, daß sie vom Manne, an den sie gekettet
sei, nichts zu behalten brauche, als sein Bild im Ring, wie Prometheus,
da Jupiter einmal geschworen, ihn 30000 Jahre am Kaukasus gelöthet
zu lassen, während derselben blos ein wenig von dieser Bastille an der
Hand getragen in einem Fingerring." — Dann ging Matthieu eilend
hinaus, welches er allemal nach witzigen Entzündungen that. Viktor
liebte die bitterste ungerechteste Satire im fremden Munde, als Kunst=
werk; er verzieh alles und blieb heiter.

Joachime sagte dann scherzhaft: „wenn also keine Manier der Liebe
„etwas taugt, wie Sie beide bewiesen haben, so bleibt uns nichts übrig,
„als zu hassen." — „Doch nicht! (sagt' er) Ihr Herr Bruder hat nur
kein wahres Wort gesagt. Stellen Sie sich vor, ich wäre der Armen=
katechet und verliebt — in die zweite Tochter des Pastor primarius bin
ich's — ihre Rolle ist die einer Hörschwester; denn die bürgerlichen Mädchen
wissen nicht zu reden, wenigstens mehr in Haß als in der Liebe — Der
Armenkatechet hat wenig bel esprit, aber viel saint esprit, viel Ehr=
lichkeit, viel Treue, zu viel Weichherzigkeit und unendliche Liebe — der
Katechet kann keine galante Intrigue anspinnen auf einige Wochen oder

---

*) wie man sagt: Erbsenkoch, Nudelkoch.

Monate, noch weniger kann er die zweite Pastorstochter in die Liebe hineindisputieren, wie ein roué — er schweigt, um zu hoffen; aber mit einem Herzen voll ewiger Liebe, voll opfernder Wünsche, begleitet er zagend und still alle Schritte der Geliebten und — Liebenden — aber sie erräth ihn nicht und er sie nicht. Und dann stirbt sie … Aber vorher, eh' sie stirbt, tritt der bleiche Katechet trostlos vor ihr Abschiedlager und drückt die zitternde Hand, eh' sie erschlafft, und gibt dem kalten Auge noch eine Freudenthräne, eh' es erstarret, und bringet noch unter die Schmerzen der kämpfenden Seele mit dem sanften Frühlinglaute hinein: ich liebe dich — Wenn er's gesagt hat, stirbt sie an der letzten Freude, und er liebt dann auf der Erde weiter niemand mehr.…"

Die Vergangenheit hatte seine Seele überfallen — Thränen hingen in seinen Augen und mischten Klotildens Krankenbild in einer sonderbaren Verdunkelung mit Joachimens ihrem zusammen — er sah und dachte eine Gestalt, die nicht da war — er drückte die Hand derjenigen, die ihn ansah, und dachte nicht daran, daß sie alles auf sich beziehen könnte.

Plötzlich trat lächelnd Matthieu herein, und die Schwester lächelte nach, um alles zu erklären, und sagte: der Herr Hofmedikus gab sich bisher die Mühe, Dich zu widerlegen. Viktor, schnell erkaltet, versetzte zweideutig und bitter: „Sie begreifen, H. v. Schleunes, daß es mir am leichtesten wird, Sie in die Flucht zu schlagen, wenn Sie nicht im Felde sind." — Matz fixierte ihn; aber Viktor schlug sanft sein Auge nieder und bereuete die Bitterkeit. Die Schwester fuhr gleichgültig fort: „ich glaube mein Bruder ist oft im Falle, mit der Façon zu wechseln." — Er nahm es heiter lachend auf und dachte wie Viktor, sie ziele auf seine galanten Abenteuer und Lusttreffen mit Weibern aus allen Ständen, die auf dem Landtag sitzen. — Aber da sie ihn fortgeschickt hatte, um bei ihrer Mutter anzufragen, wer heute Abends zum Cercle komme: so sagte sie dem Medikus: „Sie wissen nicht, was ich meinte. Wir haben am Hofe eine „kranke Dame, die Ihre leibhafte Pastorstochter ist — Und mein Bruder „hat nicht so viel und nicht so wenig Geist, um den Armenkatecheten zu „machen." Viktor fuhr zurück, brach ab und ging ab.

Warum? Wie so? Weswegen? — Aber merkt man denn nicht, daß die kranke Dame Klotilde sein soll, die Matzens seinen Annäherungen zur Schall- und Schußweite des Herzens zu entfliehen sucht? Ueberhaupt hatte Viktor wol gesehen, daß der Evangelist gegen Klotilden bisher eine verbindlichere Rolle spielte, als er vor ihrem Einzuge in sein Eskurial- und Raubschloß durchmachte; aber Viktor hatte diese Höflichkeit eben diesem Einquartieren zugeschrieben. Jetzo hingegen lag die Karte von dessen Plane aufgeschlagen da: er hatte einer gegen ihn gleichgültigen Person darum mit dem Scheine der Verachtung (die er aber sein mehr auf ihren künftigen kleinen Kassenbestand, als auf ihre Reize fallen ließ) absichtlich begegnet, um dadurch ihre Aufmerksamkeit — diese Thürnachbarin der Liebe — und nachher durch den schnellen Wechsel mit Gefälligkeit noch mehr als diese Aufmerksamkeit zu gewinnen. O! du kannst nichts ge- winnen, rief in Viktor jeder Seufzer! Aber doch gab es ihm Schmerzen, daß diese Edle, dieser Engel mit seinen Flügeln einen solchen Widersacher schlagen müsse. — Nun wurden ihm dreißig Dinge zugleich verdächtig; Joachimens Eröffnung und Kälte, Matthieu's Lächeln und — alles.

So weit dieses Kapitel, dem ich nur noch einige reife Gedanken anhänge. Man sieht doch offenbar, daß der arme Viktor seine Seele für jede weibliche, wie jener Tyrann die Bettgenossen für das Bette, kleiner verstümmelt. Freilich ist Achtung die Mutter der Liebe; aber die Tochter wird oft einige Jahre älter als die Mutter. Er nimmt eine Hoffnung des weiblichen Werths nach der andern zurück. Am spätesten gab er zwar seine Foderung oder Erwartung jenes erhabenen indischen Gefühls für die Ewigkeit auf, das uns, diesen im magischen Rauche von Leben hängenden Schattenfiguren, einen unauslöschlichen Lichtpunkt zum Ich ertheilt, und das uns über mehr als Eine Erde hebt; aber da er sah, daß die Weiber unter allen Aehnlichkeiten mit Klotilden diese zuletzt erhalten; und da er bedachte, daß das Weltleben alles Große am Menschen weg- schleife, wie das Wetter an Statuen und Leichensteinen gerade die er- habnen Theile wegnagt: so fehlte ihm nichts, um Joachimen die schon lange ins Reine geschriebene Liebererklärung zu übergeben, nichts

als von ihrer Seite ein Unglück — ein nasses Auge — ein Seelensturm
— ein Kothurn. Mit deutlichern Worten: er sagte zu sich: „ich wollte,
„sie wäre eine empfindsame Närrin und gar nicht auszuhalten. Wenn
„sie dann einmal die Augen recht voll hätte und das Herz dazu, und
„wenn ich dann vor Rührung nicht wüßte, wo mir der Kopf stände: so
„könnt' ich dann anrücken und mein Herz herausbringen, und es ihr
„hinlangen und sagen: es ist des armen Bastians seines, behalt' es
„nur." Mir ist, als hört' ich ihn leise dazu denken: „wem will ich's
„weiter geben?" —

Daß er das erste wirklich gedacht hat, sehen wir daraus, weil er's
in sein Tagebuch hineingesetzt, aus dem mein Korrespondent alles zieht,
und das er mit der Aufrichtigkeit der freiesten Seele für seinen Vater
machte, um gleichsam seine Fehler durch das Protokollieren derselben auszusöhnen. Sein italiänischer Lakai that fast nichts, als es muntieren.
— — Hinge ich nicht vom Hunde und seiner Zeitungkapsel ab, so fiele
seine Liebererklärung noch heute vor; ich bräche Joachimen etwan einen Arm
— oder legte sie ins Krankenbette — oder bliese dem Minister das
Lebenslicht aus — oder richtete irgend ein Unglück in ihrem Hause
an — — und führte dann meinen Helden hin zur leidenden Heldin und
sagte: „wenn ich fort bin, so knie nieder und überreich' ihr dein Herz."
— So aber kann der chymische Prozeß seiner Verliebung noch so lang
werden, wie ein juristischer, und ich bin auf drei Alphabete gefaßt.

Hier aber will ich etwas bekennen, was der Leser aus Hochmuth verheimlicht: daß ich und er bei jeder auftretenden Dame in diesen Posttagen
einen Fehlschuß zum Salutieren gethan — jede hielten wir für die
Heldin des Helden — anfangs Agathen — dann Klotilden — dann als
er in die Uhr der Fürstin seine Liebererklärung sperrte, sagte ich: „ich weiß
„schon den ganzen Handel voraus" — dann sagten wir beide: „wir
„hatten doch Recht mit Klotilden" — dann griff ich aus Noth zu Marien
und sagte: „ich will mir aber weiter nichts merken lassen" — endlich
wird's eine, an die keiner von uns nur dachte (wenigstens ich nicht),
Joachime. — So kann mir's selber ergehen, wenn ich heirathe . . . .

Eh' ich zum Schalttage aus dem Posttag übergehe, sind noch folgende Minuten zu passieren: Klotilde legte die Kebs-Wangen, die joues de Paris, die Schminke ab und setzte jetzt ihr einwelkendes Herz seltener dem Druck der Hof-Serviettenpresse aus. Der Fürst, der ihrentwegen im Hörsaale seiner Gemahlin hospitiert hatte, blieb öfter aus und sprach dann bei Schleunes ein: gleichwol dachte die Fürstin edel genug, um nicht unsern Viktor durch eine Zurücknahme des Danks die Zurücknahme der Jenner'schen Gunst entgelten zu lassen. — In Viktor war ein langer Krieg, ob er Klotildens Bruder die neuen Beweise ihrer Schwesterliebe sagen sollte: — endlich — da Flamins leidendes, verarmtes, von Relazionen und Schelmen und Argwohn zerstochenes Herz ihn bewegte, und da er diesem rechtschaffenen Freunde bisher so wenig Freude machen konnte — sagte er ihm (die Verwandtschaft ausgenommen) fast alles.

Postskript: Endesunterschriebener soll hiemit auf Verlangen bezeugen, daß Endesunterschriebener seinen 24sten Posttag ordentlich am letzten des Juliusmonats, oder des Messidors zu Ende gebracht hat. Auf der Insel St. Johannis 1793.

Jean Paul,
Scheerauischer Berghauptmann.

Sechster Schalttag.

Ueber die Wüste und das gelobte Land des Menschengeschlechts.

Es gibt Pflanzenmenschen, Thiermenschen und Gottmenschen. — Als wir geträumt werden sollten: wurde ein Engel düster und entschlief und träumte. Es kam Phantasus *) und bewegte ge-

---

*) Der Gott des Schlafes wurde von drei Wesen umgeben, von Phantasus, der sich nur in leblose Dinge verwandeln konnte, von Phobetor, der alle Thiergestalten, und von Morpheus, der alle Menschengestalten annehmen und vorgaukeln konnte. Metamorph. L. II. Fab. 10.

brochne Lufterscheinungen, Dinge wie Nächte, Chaosstücke, zusammen-
gewerfne Pflanzen vor ihm, und verschwand damit.

Es kam **Phobetor** und trieb thierische Heerden, die unter dem
Gehen würgten und graseten, vor ihm vorüber, und verschwand damit.

Es kam **Morpheus** und spielte mit seligen Kindern, mit be-
kränzten Müttern, mit küssenden Gestalten und mit fliegenden Menschen vor ihm, und als die Entzückung den Engel weckte, war
Morpheus und das Menschengeschlecht und die Weltgeschichte verschwunden ....

— Jetzo schläft und träumt der Engel noch — wir sind noch in
seinem Traum — erst **Phobetor** ist bei ihm, und **Morpheus** wartet
noch darauf, daß Phobetor mit seinen Thieren verschwinde ....

Aber lasset uns, statt zu träumen, denken und hoffen, und jetzt
fragen: werden auf **Pflanzenmenschen**, auf **Thiermenschen**
endlich **Gottmenschen** kommen? Berräth der **Gang** der **Welt-Uhr**
so viel Zweck wie der Bau derselben, und hat sie ein **Zifferblatt-**
Rad und einen **Zeiger**?

Man kann nicht (wie ein bekannter Philosoph) von Endabsichten
in der **Physik** so fort auf Endabsichten in der **Geschichte** schließen
— so wenig als ich, im Einzelnen, aus dem teleologischen (absicht-
vollen) Bau eines Menschen eine teleologische Lebensgeschichte desselben
folgern kann, oder so wenig als ich aus dem weisen Bau der Thiere
auf einen fortlaufenden Plan in der Weltgeschichte derselben schließen
darf. Die Natur ist eisern, immer dieselbe, und die Weisheit in ihrem
Bau bleibt unverdunkelt; das Menschengeschlecht ist frei und nimmt
wie das Aufgußthier, die vielgestaltete Vorticelle, in jedem Augenblick
bald regelmäßige, bald regellose Figuren an. Jede physische Unordnung ist nur die Hülse einer Ordnung, jeder trübe Frühling die Hülse
eines heitern Herbstes; aber sind denn unsere Laster die Blüteknospen
unserer Tugenden, und ist der Erdfall eines fortsinkenden Bösewichts
denn nichts als eine verborgne Himmelfahrt desselben? — Und ist im
Leben eines Nero ein Zweck? Dann könnt' ich eben so gut alles zurück-

geben und umkehren, und Tugenden zu Herzblättern versteckter Laster machen. Wenn man aber, wie mancher den Sprachmißbrauch so weit treibt, daß man moralische Höhe und Tiefe, wie die geometrische, nach dem Standort umkehret, wie positive und negative Größen; wenn also alle Gichtknoten, Fleckfieber und Blei= oder Silberkoliken des Menschengeschlechts nichts sind als eine andere Art von Wohlbefinden: so brauchen wir ja nicht zu fragen, ob es je genesen werde — es könnte ja dann in allen möglichen Krankheiten doch nichts sein, als gesund.

Wenn sich ein Mönch des zehnten Jahrhunderts schwermüthig eingeschlossen und über die Erde, aber nicht über ihr Ende, sondern über ihre Zukunft, nachgedacht hätte: wäre nicht in seinen Träumen das dreizehnte Jahrhundert schon ein helleres gewesen, und das achtzehnte blos ein verklärtes zehntes?

Unsere Wetterprophezeiungen aus der gegenwärtigen Temperatur sind logisch richtig und historisch falsch, weil neue Zufälle, ein Erdbeben, ein Komet, die Ströme des ganzen Dunstkreises umwenden. Kann der gedachte Mönch richtig berechnen, wenn er solche künftige Größen wie Amerika, Schießpulver und Druckerschwärze nicht ansetzt? — Eine neue Religion — ein neuer Alexander — eine neue Krankheit — ein neuer Franklin kann den Waldstrom, dessen Weg und Inhalt wir auf unserer Rechenhaut verjüngen wollen, brechen, verschlucken, dämmen, umlenken — Noch liegen vier Welttheile voll angeketteter wilder Völker — ihre Kette wird täglich dünner — die Zeit schließet sie los — welche Verwüstung, wenigstens Veränderungen, müssen diese nicht auf dem kleinen bowlingreen unserer kultivierten Länder anrichten? Gleichwol müssen alle Völker der Erde einmal zusammengegossen werden und sich in gemeinschaftlicher Gährung abklären, wenn einmal dieser Lebens=Dunstkreis heiter werden soll.

Können wir von einigen mit Eisenfeile und Scheidewasser (hier Lettern und Druckschwärze) selbst angelegten Miniatur=Erdbeben und Vulkanen auf die Aetnas=Ausbrüche schließen, d. h. von den Umwäl-

zungen der wenigen gebildeten Völker auf die der ungebildeten? Da
wir setzen dürfen, daß das Menschengeschlecht so viele Jahrtausende
lebt, als der Mensch Jahre: dürfen wir schon aus dem sechsten Jahre
dem Jünglings= und Mannsalter die Nativität stellen? Dazu kömmt,
daß die Lebensbeschreibung dieses Kindes=Alters gerade am magersten
ist, und daß aufgewachte Völker — fast alle Welttheile liegen voll
Schlafender — in Einem Jahre mehr historischen Stoff und folglich
mehr Historiker erzeugen, als ein eingeschlafnes Afrika in einem Jahrhundert. Wir werden also aus der allgemeinen Welthistorie dann am
besten prophezeien können, wenn die erwachenden Völker ihre paar
Millionen Nachtragbände gar dazu gebunden haben werden. — Alle
wilde Völker scheinen nur unter Einem Prägstock gewesen zu sein; hingegen die Ränbelmaschine der Kultur münzet jedes anders aus. Der
Nordamerikaner und der alte Deutsche gleichen sich stärker, als Deutsche
einander aus benachbarten Jahrhunderten. Weder die goldne Bulle,
noch die magna charta, noch den code noir konnte Aristoteles in seine
Regier= und Gehorch=Formen hineinlegen: sonst hätt' er sie weiter gemacht; aber getrauen wir uns denn den künftigen Nazionalkonvent in
der Mungalei oder die Dekretalbriefe und Extravaganten des aufgeklärten Dalai Lama oder die Rezesse der arabischen Reichs=Ritterschaft
besser vorherzusehen? Da die Natur kein Volk mit Einem Münz-
stempel und Einer Hand allein ausprägt, sondern mit tausenden auf
einmal — daher auf dem deutschen ein größeres Gedränge von Ab-
drücken ist, als auf Achilles Schild — wie wollen wir, die wir nicht
einmal die vergangnen, aber einfacheren Umwälzungen des Erdballs
nachrechnen können, in die moralischen seiner Bewohner schauen? —
Von allem, was aus diesen Prämissen folgt, glaub' ich — das
Gegentheil, ausgenommen die Nothwendigkeit der prophetischen Demuth. Der Skeptizismus, der uns statt hartgläubig ungläubig macht,
und statt der Augen das Licht reinigen will, wird zum Unsinn und
zur fürchterlichsten philosophischen Kraft= und Tonlosigkeit.
Der Mensch hält sein Jahrhundert oder sein Jahrfunfzig für die

Kulminazion des Lichts, für einen Festtag, zu welchem alle andere
Jahrhunderte nur als Wochentage führen. Er kennt nur zwei goldne
Zeitalter, das am Anfang der Erde, das am Ende derselben, worunter
er nur seines denkt; die Geschichte findet er den großen Wäldern ähn=
lich, in deren Mitte Schweigen, Nacht und Raubvögel sind, und deren
Rand blos Licht und Gesang erfüllen. — Allerdings dienet mir alles;
aber ich diene auch allen. Da es für die Natur, die bei ihrer Ewigkeit
keinen Zeitverlust, bei ihrer Unerschöpflichkeit keinen Kraftverlust kennt,
kein anderes Gesetz der Sparsamkeit gibt, als das der Verschwendung
— da sie mit Eiern und Samenkörnern eben so gut der Er=
nährung als der Fortpflanzung dient, und mit einer unent=
wickelten Keim=Welt eine halbe entwickelte erhält — da ihr Weg über
keine glatte Kegelbahn, sondern über Alpen und Meere geht: so muß
unser kleines Herz sie mißverstehen, es mag hoffen oder fürchten; es
muß in der Aufklärung Morgen= und Abenbröthe gegenseitig
verwechseln; es muß im Vergnügen bald den Nachsommer für den
Frühling, bald den Nachwinter für den Herbst ansehen. Die
moralischen Revoluzionen machen uns mehr irre, als die physi=
schen, weil jene ihrer Natur nach einen größeren Spiel= und Zeit=
raum einnehmen als diese — und doch sind die finstern Jahrhunderte
nichts als eine Eintauchung in den Schatten des Saturns, oder eine
Sonnenfinsterniß ohne Verweilen. Ein Mensch, der sechstausend
Jahre alt wäre, würde zu den sechs Schöpfungtagen der Weltgeschichte
sagen: sie sind gut.

Man sollte aber niemals moralische und physische Revolu=
zionen und Entwickelungen zu nahe an einander stellen. Die ganze
Natur hat keine andere Bewegungen als vorige, der Zirkel ist ihre
Bahn, sie hat keine andere Jahre als platonische — aber der Mensch
allein ist veränderlich, und die gerade Linie oder der Zickzack führen
ihn. Eine Sonne hat so gut wie der Mond ihre Finsternisse, so gut
wie eine Blume ihre Blüte und Abblüte, aber auch ihre Palingenesie
und ihre Erneuerung. Allein im Menschengeschlecht liegt die Noth=

wendigkeit einer ewigen Veränderung; jedoch hier gibt's nur auf=
und niedersteigende Zeichen, keine Kulminazion; jene ziehen
nicht einander nothwendig nach sich, wie in der Physik, und haben
keine äußerste Stufe. Kein Volk, kein Zeitalter kommt wieder; in der
Physik muß alles wiederkommen. Es ist nur zufällig, nicht nothwendig,
daß Völker in einem gewissen Stufenalter, auf einer gewissen mürben
Sprosse wieder herunterstürzen — man verwechselt nur die letzte
Stufe, von welcher Völker fallen, mit der höchsten; die Römer, bei
denen keine Sprosse, sondern die ganze Leiter brach, mußten nicht noth=
wendig durch eine Kultur sinken*), die nicht einmal an unsere reicht.
Völker haben kein Alter, oder oft geht das Greisenalter vor dem Jüng=
lingalter. Schon bei dem Einzelwesen ist der Krebsgang des Geistes
im Alter nur zufällig; noch weniger hat die Tugend darin eine Som=
mer=Sonnenwende. — Die Menschheit hat also zu einer ewigen Ver=
besserung Fähigkeit; aber auch Hoffnung? —

Das gestörte Gleichgewicht der eignen Kräfte macht den ein=
zelnen Menschen elend; die Ungleichheit der Bürger, die Un=
gleichheit der Völker macht die Erde elend; so wie alle Blitze aus der
Nachbarschaft der Ebbe und Flut des Aethers entstehen und alle
Stürme aus ungleichen Luftvertheilungen. Aber zum Glück liegt's in
der Natur der Berge, die Thäler zu füllen.

Nicht die Ungleichheit der Güter am meisten — denn dem Reichen
hält die Stimmen= und Fäuste=Mehrheit der Armen die Wage — son=
dern die Ungleichheit der Kultur macht und vertheilt die politischen

---

*) Auch nicht durch den Luxus, dessen Größe man — indem man ihre Aus=
gabe mit unserer Einnahme vergleicht — übertreibt, und der ihnen nur dadurch
schadete, daß sie die Völker gleichsam wie ostindische Vettern beerbten. Es war
der eines Schusters, der das große Loos gewonnen; es war die Verschwendung
eines Soldaten nach der Plünderung. Daher hatten sie Luxus ohne Verfeine=
rung. Es konnte sich ihre Größe nur durch Vergrößerung erhalten. Hätte
man ihnen Amerika mit seinen Goldstangen vorgeworfen, sie hätten bei größerm
Luxus noch einige Jahrhunderte länger an dieser Krücke gehen können.

Druckwerke und Druckpumpen. Die lex agraria in Feldern der Wissenschaften geht zuletzt auch auf die physischen Felder über. Seitdem der Baum des Erkenntnisses seine Aeste aus den philosophischen Schulfenstern und priesterlichen Kirchenfenstern hinausdrängt in den allgemeinen Garten: so werden alle Völker gestärkt. — Die ungleiche Ausbildung kettet Westindien an den Fuß Europens, Heloten an Sparter, und der eiserne Hohlkopf *) mit dem Drücker auf der Neger-Zunge setzt einen Hohlkopf anderer Art voraus.

Bei der fürchterlichen Ungleichheit der Völker in Macht, Reichthum, Kultur kann nur ein allgemeines Stürmen aus allen Kompaß-Ecken sich mit einer dauerhaften Windstille beschließen. Ein ewiges Gleichgewicht von Europa setzt ein Gleichgewicht der vier übrigen Welttheile voraus, welches man, kleine Librazionen abgerechnet, unserer Kugel versprechen kann. Man wird künftig eben so wenig einen Wilden, als eine Insel entdecken. Ein Volk muß das andere aus seinen Tölpeljahren ziehen. Die gleichere Kultur wird die Kommerzientraktate mit gleichern Vortheilen abschließen. Die längsten Regenmonate der Menschheit — welche in die Völkerverpflanzungen allzeit fielen, so wie man Blumen allzeit an trüben Tagen versetzt — haben ausgewittert. Noch steht ein Gespenst aus der Mitternacht da, das weit in die Zeiten des Lichts herein reicht — der Krieg. Aber den Wappen-Adlern wachsen Krallen und Schnabel so lange, bis sie sich, wie Eberbauer, krümmen und sich selber unbrauchbar machen. Wie man vom Vesuv berechnete, daß er nur zu 43 Entzündungen noch Stoff verschließe: so könnte man auch die künftigen Kriege zählen. Dieses lange Gewitter, das schon seit sechs Jahrtausenden über unserer Kugel steht, stürmt fort, bis Wolken und Erde einander mit einem gleichen Maß von Blitzmaterie vollgeschlagen haben.

Alle Völker werden nur in gemeinschaftlicher Aufbrausung hell; und der Niederschlag ist Blut und Todtenknochen. Wäre die

---

*) Bekanntlich wird der Kopf des armen Negers in einen hohlen von Eisen gesperrt, der seine Zunge niederdrückt.

Erde um die Hälfte verengert: so wäre auch die Zeit ihrer moralischen
— und physischen — Entwickelung um die Hälfte verkürzt.

Mit den Kriegen sind die stärksten Hemmketten der Wissenschaften
abgeschnitten. Sonst waren Kriegsmaschinen die Säemaschinen neuer
Kenntnisse, indeß sie alte Ernten unterdrückten; jetzo ist's die Presse,
die den Samenstaub weiter und sanfter wirft. Statt eines Alexanders
brauchte nun Griechenland nichts nach Asien zu schicken, als einen
— Setzer; der Eroberer pelzet, der Schriftsteller säet.

Es ist eine Eigenheit der Aufklärung, daß sie, ob sie gleich den
Einzelwesen noch die Täuschung und Schwäche des Lasters möglich
lässet, doch Völker von Kompagnie-Lastern und von Nazional-Täu-
schungen — z. B. von Strandrecht, Seeraub — erlöset. Die besten
und schlimmsten Thaten begehen wir in Gesellschaft; ein Beispiel ist
der Krieg. Der Negerhandel muß in unsern Tagen, es müßte denn
der Unterthanenhandel anfangen, aufhören*).

Die höchsten steilsten Throne stehen wie die höchsten Berge in den
wärmsten Ländern. Die politischen Berge werden wie die physischen
täglich kürzer (zumal wenn sie Feuer speien) und müssen endlich mit
den Thälern in Einer — Ebene liegen.

Aus allem diesen folgt:

Es kommt einmal ein goldnes Zeitalter, das jeder Weise und Tugendhafte schon jetzo genießet, und wo die Menschen es leichter haben, gut
zu leben, weil sie es leichter haben, überhaupt zu leben — wo Einzelne, aber
nicht Völker sündigen — wo die Menschen nicht mehr Freude (denn diesen
Honig ziehen sie aus jeder Blume und Blattlaus), sondern mehr Tugend
haben — wo das Volk am Denken, und der Denker am Arbeiten**) Antheil
nimmt, damit er sich die Heloten erspare — wo man den kriegerischen
und juristischen Mord verdammt, und nur zuweilen mit dem Pfluge Ka-
nonenkugeln aufackert. — — Wenn diese Zeit da ist: so stockt beim

---

*) Im Jahr 1792 geschrieben.
**) Der Millionär setzt Bettler, der Gelehrte Heloten vo raus, die höhere Bil-
dung der Einzelnen wird mit der Verwilderung der Menge erkauft.

Uebergewicht des Guten die Maschine nicht mehr durch Reibungen. — Wenn sie da ist: so liegt nicht nothwendig in der menschlichen Natur, daß sie wieder ausarte und wieder Gewitter aufziehe (denn bisher lag das Erde blos im fliehenden Kampfe mit dem übermächtigen Schlimmen), so wie es, nach Forster, auch auf der heißen St. Helenen-Insel*) kein Gewitter gibt. —

Wenn diese Festzeit kömmt, dann sind unsre Kindeskinder — nicht mehr. Wir stehen jetzo am Abend und sehen nach unserm dunkeln Tag die Sonne durchglühend untergehen und uns den heitern stillen Sabbathtag der Menschheit hinter der letzten Wolke versprechen; aber unsre Nachkommenschaft geht noch durch eine Nacht voll Wind und durch einen Nebel voll Gift, bis endlich über eine glücklichere Erde ein ewiger Morgenwind voll Blütengeister vor der Sonne ziehend, alle Wolken verdrängend, an Menschen ohne Seufzer weht. Die Astronomie verspricht der Erde eine ewige Frühling-Tag- und Nachtgleiche**); und die Geschichte verspricht ihr eine höhere; vielleicht fallen beide ewige Frühlinge in einander. —

Wir Niedergesenkte, da der Mensch unter den Menschen verschwindet, müssen uns vor der Menschheit erheben Wenn ich an die Griechen denke: so seh' ich, daß unsere Hoffnungen schneller gehen als das Schicksal. — Wie man mit Lichtern Nachts über die Alpen von Eis reiset, um nicht vor den Abgründen und vor dem langen Wege zu erschrecken: so legt das Schicksal Nacht um uns und reicht uns nur Fackeln für den nächsten Weg, damit wir uns nicht betrüben über die Klüfte der Zukunft und über die Entfernung des Ziels. — Es gab Jahrhunderte, wo die Menschheit mit verbundnen Augen geführt wurde — von einem Gefängniß ins andere; — es gab andere Jahrhunderte, wo Gespenster die ganze Nacht polterten und umstürzten,

---

*) 1792 geschrieben. Jetzo liegt sogar das Gewitter, das sonst am Himmel über ganz Europa stand, dort auf platter Erde.

**) Denn nach 400,000 Jahren steht die Erdaxe, wie Jupiter jetzt, senkrecht auf ihrer Bahn.

12*

und am Morgen war nichts verrückt; es kann keine andern Jahr=
hunderte geben als solche, wo Einzelwesen sterben, wenn Völker steigen,
wo Völker zerfallen, wenn das Menschengeschlecht steigt; wo dieses
selber sinkt und stürzt und endigt mit der verstiebenden Kugel ...
Was tröstet uns? —

Ein verschleiertes Auge hinter der Zeit, ein unendliches Herz jen=
seits der Welt. Es gibt eine höhere Ordnung der Dinge, als wir er=
weisen können — es gibt eine Vorsehung in der Weltgeschichte und in
eines jeden Leben, welche die Vernunft aus Kühnheit läugnet und die
das Herz aus Kühnheit glaubt — es muß eine Vorsehung geben, die
nach andern Regeln, als wir bisher zum Grunde legten, diese ver=
wirrte Erde verknüpft als Tochterland mit einer höhern Stadt Gottes
— es muß einen Gott — eine Tugend und eine Ewigkeit geben.

Fünfundzwanzigster Hundsposttag.
Verstellte und wahre Ohnmacht Klotildens — Julius — Emanuels Brief über Gott. —

Gutes, schönes Geschlecht! Zuweilen wenn ich ein demantenes
Herz über deinem warmen hängen sehe: so frag' ich: trägst du etwan
ein abgebildetes darum auf deiner Brust, um dem Amor, dem Schick=
sal und der Verläumbung das gleiche Ziel ihrer verschiedenen Pfeile
zu bezeichnen, wie der arme Soldat, der knieend umgeschossen wird,
durch ein in Papier geschnittenes Herz den Kugeln seiner Kameraden
die Stelle des schlagenden anweist? — — Wenn dieses Kapitel geen=
digt ist, wird mich der Leser nicht mehr fragen, warum ich's so ange=
fangen habe ...

Einst kam Viktor von einem tagelangen Spaziergange zurück, als
ihm Marie mit einem Briefchen von Mattbieu athemlos entgegen lief.
Es stand die Frage darin, ob er ihn und seine Schwester nicht heute

über St. Lüne bis nach Kussewiz begleiten wollte. Das Laufen Mariens
hatte blos von einem reichen Botenlohn und Gnadengelde Matzens
hergerührt, der arme Leute oft zugleich beschenkte und persiflierte, wie
er seine Schwester zugleich liebenswürdig und lächerlich fand. Leuten,
die ihn kannten, kam er daher komisch vor, wenn er ernsthaft sein mußte.
Aber Viktor sagte Nein zur Mitreise; was recht gut war, denn beide
waren ohnehin schon fort. Ich kann nicht bestimmen, ob's nach 2 oder
3 Tagen war, daß sie wiederkamen, die Schwester mit dem kältesten
Gesichte gegen ihn, und der Bruder mit dem wärmsten. Er konnte
sich diese doppelte Temperatur nicht ganz erklären, sondern nur halb
etwan aus Entdeckungen, die beide bei Tostato und dem Grafen O.
über seine Verkleidung und sein Buben=Drama können gemacht haben.
Bisher war Joachimens Zürnen immer erst eine Folge des seinigen
gewesen; jetzo war's umgekehrt; dieß verdroß ihn aber sehr.

Einige Tage darauf stand er mit der Fürstin und mit Joachimen
in einem Fenster des ministerialischen Louvre. Die Unterhaltung war
lebhaft genug; die Fürstin überzählte die Buben auf dem Markte,
Joachime sah dem schnellen Zickzack einer Schwalbe nach, Viktor stand
heimlich auf Einem Beine (das andre stellt' er nur zum Schein und
unbeladen auf den Boden), um zu versuchen, wie lang' er's aushalte.
Auf einmal sagte die Fürstin: „heilige Maria! wie kann man doch ein
„armes Kind so eingesperrt in einem Kasten herumtragen!" Sie
guckten alle auf die Straße. Viktor nahm sich die Freiheit zu bemerken,
daß das arme Kind von — Wachs sei. Eine Frau trug einen kleinen
Glasschrank vor sich hängend, worin ein wächserner eingewindelter
Engel schlief; sie bettelte wie andere, gleichsam auf dieses Kind, und
das Kleine ernährte sie besser, als wenn es lebendig gewesen wäre.
Die Fürstin verlangte die neue Erscheinung herauf. Die Frau trat
zitternd mit ihrem Mumienkästchen ein und zog den kleinen Vorhang
zurück. Die Fürstin hing ein künstlerisch=trunknes Auge an die schla=
fende holde Gestalt, die (wie ihr Stoff von Wachs) aus Blumen ge=
boren und in Frühlingen erzogen schien. Jede Schönheit drang tief

in ihr Herz, daher liebte sie Klotilden so sehr und viele Deutsche so wenig. Joachime hatte nur Ein Kind und Eine Schönheit lieb — und beides war sie selber. Viktor sagte, diese wächserne Mimik und Kopie des Lebens hab' ihn von jeher trübe gemacht, und er könne nicht einmal seine eigne Wachsnachbildung in St. Lüne ohne Schauder sehen. „Steht sie nicht in einem Ueberrock am Fenster des Pfarrhauses?" fragte Joachime viel heiterer. „Nicht wahr? fragt' er wieder, Sie „dachten wol vor einigen Tagen, ich wär' es selber?" — Aus ihrer Miene errieth er ihren bisherigen Irrthum, der vielleicht mit beigetragen hatte, sie gegen ihn aufzubringen. Der Pater der Fürstin kam dazu und fügte — nach seiner Gewohnheit, zu huldigen — bei, er werd' ihn, um ihm das Sitzen zu ersparen, nächstens blos nach seinem Wachsbild zeichnen. Der Pater war bekanntlich ein guter Zeichner.

Ich lasse Begebenheiten, die weniger wichtig sind, unerzählt liegen und gehe fröhlich weiter.

Es war schon im März, wo die höhern Stände wegen ihres sitzenden Winterschlafes mehr vollblütig als kaltblütig sind — wer's nicht versteht, nimmt an, ihr Ueberfluß am Blute rühre mehr vom Aussaugen des fremden her — wo die Krankheiten ihre Besuchkarten in Gestalt der Rezepte beim ganzen Hof abgeben; wo die Augen der Fürstin, das Aether-Embonpoint des Fürsten und die gichtischen Hände des Hofapothekers die Winterstürme fortsetzten: da war es schon, sag' ich, als auch Klotilde den Einfluß des Winters und ihrer verdoppelten Abgeschiedenheit von Zerstreuungen und ihres Umgangs mit ihren Phantasien jeden Tag heftiger empfand... Wenn ich aufrichtig sein soll: so meß' ich ihrer Abgeschiedenheit wenig, aber ihrem vom Wohlstand auferlegten Umgang mit dem edeln Matz, mit den Schleunesschen, mit andern kaltblütigen Amphibien alles bei; ein unschuldiges Herz muß in dem moralischen Frostwetter, wie alabasterne Gartenstatuen im physischen, wenn jenes und wenn diese weiche einsaugende Adern haben, Risse bekommen und brechen.

So stand's mit ihr an einem wichtigen Tage, wo er bei ihr die kleine Julia fand. Diesen geliebten Namen legte sie dem Kinde des Seniors bei, des Miethherrn von Flamin, um ihre Trauersehnsucht nach ihrer todten Giulia durch einen ähnlichen Klang, durch den Rest eines Echo zu ernähren. „Dieser Trauerton (sagte Viktor bei sich) ist „ja für sie das willkommene ferne Rollen des Leichenwagens, der sie „zu ihrer Jugendfreundin holt; und ihre Erwartung eines ähnlichen „Schicksals ist ja der traurigste Beweis eines ähnlichen Grams." Wenn noch etwas nöthig war, seine Freundschaft von aller Liebe zu reinigen: so war's dieses schnelle Entblättern einer so schönen Passionblume; — gegen Leidende schämt man sich des kleinsten Eigennutzes. — Unter dem Gespräche, von dem sich die eifersüchtige Julia durch die Unverständlichkeit ausgeschlossen fand, zupfte sie an der Bedientenklingel aus Verdruß; denn Mädchen machen schon um acht Jahre früher Gefallansprüche als Knaben. Klotilde verbot dieses Geläute durch ein zu spätes Interdikt; die Kleine, erfreuet, daß sie das hereilende Kammermädchen in Bewegung gesetzt, suchte wieder an der Quaste zu zupfen. Klotilde sagte auf französisch zum Doktor: „Man darf ihr nichts zu „monarchisch befehlen; jetzt ruht sie nicht, bis ich mein äußerstes Mittel „versuche." — „Julia!" sagte sie noch einmal mit einem weiten von Liebe übergossenen Auge; aber umsonst. „Nun sterb' ich!" sagte sie schon dahinsterbend, und lehnte das schöne, von einem scheidenden Genius bewohnte Haupt an den Stuhl zurück, und schloß die frommen Augen zu, die nur in einem Himmel wieder aufzugehen verdienten. Indem Viktor bewegt und stumm vor der stillen Scheintodten stand und bei sich dachte: „wenn sie nun nicht mehr erwachte und du die „starre Hand vergeblich rissest, und ihr letztes Wort auf dieser öden „Erde gewesen wäre: „Nun sterb' ich" — o Gott, gäb' es dann ein „anderes Mittel für die Trostlosigkeit ihres Freundes, als ein Schwert „und die letzte Wunde? Und ich faßte mit der kalten Hand ihre Hand „und sagte: ich gehe mit dir!" — indem er so dachte, und indem die Kleine weinend die sinkende Rechte zog: so wurde das Angesicht wirklich bleicher, und die Linke gleitete vom Schooß herab — — hier wurde

jenes Schwert mit der Schärfe über sein Herz gezogen — — Aber bald
schlug sie wieder die irren Augen auf, todesschlaftrunken sich besinnend
und schämend. Sie beschönigte die flüchtige Ohnmacht durch die Bemerkung: „ich habe es wie jener Schauspieler mit der Urne seines Kin-
„des gemacht; ich dachte mich an die Stelle meiner Giulia in ihrer
„letzten Minute, aber ein wenig zu glücklich.“

Er wollte eben medizinische Hirtenbriefe gegen diese zernagende
Schwärmerei abfassen — so sehr übersetzt eine unglückliche Liebe jedes
weibliche Herz aus dem majore Ton in den minore Ton, sogar einer
Klotilde ihres, deren Stirn männlich, und deren Kinn sich fast mehr
zum Muth als zur Schönheit erhob — als ganz andre Hirtenbriefe
kamen. Die Botenmeisterin derselben war Viktors glücklichere
Freundin – Agathe. Lache wieder Leben, du Unbefangne, in zwei
Herzen, auf welche der Tod seine fliegenden Wolken-Schatten geworfen! Sie fiel vertraut in zwei freundschaftliche Arme; aber gegen ihren
Bruder Doktor, der so lange statt des ganzen Rumpfs nur seine Hand,
d. h. seine Briefe, nach St. Lüne hatte gehen lassen, war sie noch scheu.
Ich kann aber seinen Fehler, aus einem Hause, das er ein Vierteljahr
aus Gründen gemieden, nachher noch ein zweites ohne Gründe weg-
zubleiben, ich kann diesen Fehler nicht ganz verdammen, weil ich ihn
— selber habe. — Sie konnte sich nicht satt an ihm sehen; ihr blühen-
des Landgesicht wies ihm statt seiner jetzigen Charwoche des Grames
eine Röthelzeichnung seiner und ihrer dahin geflatterten Freuden-
tage im Pfarrgarten. Er verhieß ihr feierlich, ihr Ostergast zu sein
mit ihrem Bruder, und statt der Köpfe und Fenster einander nichts
einzuschlagen als Eier; er rastete nicht, bis er der Alte wieder war, und
sie die Alte. Da sie die Langduodez-Geschichte des Dorfes und Vaters
den beiden nur aus Liebe lächelnden Hofleuten gar nicht als eine Aus-
macherin oder in einer verstümmelten Ausgabe ablieferte, sondern in
der Länge ihrer Rückenbänder: so fühlten Klotilde und Viktor, wie
sanft ihnen dieses Niedersteigen von den bunten spitzen Hofgletschern
in die weichen Thäler der mittlern Stände that, und sie sehnten sich

beide weg von glatten Herzen an warme. Unter den Menschen und Borsdorfer Aepfeln sind nicht die glatten die besten, sondern die rauhen mit einigen Warzen. Dieses Sehnen nach aufrichtigen Seelen war es auch wol, was aus Klotilden die Behauptung preßte: es gebe nur Mißheirathen zwischen den Seelen, nicht zwischen den Ständen. Daher kam ihre wachsende Liebe gegen die außer dem Lehkasten eines Stamm-baums nur in der Gemeinhut grünende Agathe — welche Liebe einmal ich und der Leser im ersten Bande aus Scharfsicht für den Deckmantel einer andern Liebe gegen Flamin erklärt haben, und die uns beiden den Tadel gegen eine Helbin abgewöhnen sollte, die ihn hintennach immer widerlegt.

Auf der dicken Brieftasche, die Agathe brachte, war die Handschrift der Aufschrift von — Emanuel, welchen Klotilde alles an die Pfarrerin überschreiben ließ, um ihrer Stiefmutter das — Zumachen ihrer Briefe abzunehmen. Die Frau Le Baut hatte diese Einsicht der Alten, diese Sokrates=Hebammenkunst im Ministerium erlernt, das ein Recht besitzt, Haussuchung in den Briefen aller Unterthanen zu thun, weil es sie entweder für Pestkranke oder für Gefangene halten kann, wenn es will. Während die Stieftochter im Nebenzimmer das äußere Packet erbrach, weil sie aus seiner Dicke einen Einschluß für den Doktor prophezeite: hauchte letzter aus Zufall — oder aus Absicht; denn seit einiger Zeit legte er überall seine Entzifferkanzleien der Weiber an, im engsten Winkel, in jeder Kleiderfalte, in den Spuren gelesener Bücher — haucht' er, sagt' ich, zufälliger Weise an die Fensterscheiben, auf denen man sodann lesen kann, was ein warmer Finger daran geschrieben hat. Es traten nach dem unwillkürlichen Hauche lauter französische, mit dem Fingernagel skizzierte Anfang=S heraus. „S!" — dacht' er — „das ist sonderbar: ich fange mich selber so an."

Seine Vermuthungen brach die mit einem seligentwölkten Ange=sicht wiederkommende Klotilde ab, die dem denkenden Medikus einen großen Brief von Emanuel reichte. Nach dieser zweiten Freude folgte statt der dritten eine Neuigkeit; sie eröffnete ihm jetzt, „daß endlich

„Emanuel sie in den Stand gesetzt, eine gehorsame, wenn auch nicht
„gläubige Pazientin zu sein." Sie hatte nämlich bisher den Vorsatz
ihres Gehorsams und ihrer Frühlingkur so lange verschwiegen, bis
ihr Freund in Maienthal ihr ein Krankenzimmer — gerade Giulia's
ihres — bei der Aebtissin auf einige Lenzmonate ausgewirket hatte,
damit da das Wehen des Frühlings ihre gesunknen Schwingen hebe,
der Blumenduft das zerspaltene Herz ausheile, und der große Freund
die große Freundin aufrichte.

Viktor entwich eilend, nicht allein aus Hunger und Durst nach
dem Inhalte seiner Hand, sondern weil eine neue Gedankenflut durch
seine alten Gedankenreihen brach. — „Bastian! (sagte Bastian unter=
„weges zu sich) ich hielt dich oft für dumm, aber für so dumm nicht —
„Nein es ist sündlich, wenn ein Mann, ein Hof=Medikus, ein Denker,
„Monate lang darüber spintisieret, oft halbe Abende, und doch die
„Sache nicht eher herausbringt, als wenn er sie hört, jetzt erst —
Wahrlich sogar das Fenster=S passet an!" — Ich und der Leser wollen
ihm das aus den Händen nehmen, womit er sich hier vor uns steinigt;
denn er wirft nach uns beiden eben so gut, weil wir eben so gut nichts
errathen haben, wie er. Kurz, der versteckte Glückliche, der die schöne
Klotilde zur Unglücklichen macht, und für den sie ihre stumme scheue
Seele ausseufzet, und der für ihre meisten Reize gar keine Augen hat,
ist der blinde — Julius in Maienthal. Daher will sie hin.

Ich wollt' einen Folioband mit den Beweisen davon vollbringen:
Viktor zählte sie sich an seinen fünf Fingern ab. Beim Daumen sagt'
er: „des Julius wegen sucht sie die kleine Julia, so ist's auch mit Giu=
„lia" — beim Schreibfinger sagt' er: „das französische Anfang=J sieht
„wie ein S ohne Querstrich aus" — beim Mittelfinger: „die Minerva
„hat ihm ja nicht blos die Flöte, sondern auch Minervens schönes Ge=
„sicht bescheert, und in dieses blinde Amors=Gesicht konnte Klotilde sich
„ohne Erröthen vertiefen; schon aus Liebe gegen seinen Freund Ema=
„nuel hätte sie ihn geliebt" — beim Ringfinger: „daher ihre Verthei=
„digung der Mißheirathen, da sein bürgerlicher Ringfinger an ihren

„adeligen kommen foll" — beim Ohrfinger: „beim Himmel! das alles
„beweiſet nicht das Geringſte."

Denn nun überſtrömten ihn erſt die ganzen Beweiſe: im erſten
Bande dieſes Buchs kam oft ein unbekannter Engel zu Julius und
ſagte: „ſei fromm, ich ſchweb' um dich, ich beſchirme deine eingehüllte
„Seele — ich gehe in den Himmel zurück."

Zweitens: dieſer Engel gab einmal Julius ein Blatt und ſagte:
„verbirg es, und nach einem Jahr, wenn die Birken im Tempel grü=
„nen, laſſ' es dir von Klotilden vorleſen; ich entſliehe und du hörſt
„mich nicht eher, als über ein Jahr." — — Alles das lag ja Klotilden
wie angegoſſen an: ſie konnte dem Blinden nie ihr ſterbendes Herz
aufdecken — ſie ging gerade jetzt (wie lange iſt noch auf Pfingſten?)
nach Maienthal, um das Blatt, das ſie ihm in der Charaktermaske
eines Engels gereicht, ſelber vorzuleſen — endlich ging ſie ja gerade
damals nach St. Lüne ab — — kurz, aufs Haar trifft alles zu.

Wenn der Lebensbeſchreiber ein Wort darein ſprechen dürfte: ſo
wär' es dieſes: Der Berghauptmann, der Lebensbeſchreiber, glaubt
ſeines Orts alles recht gern; aber Klotilden, die bisher aus jedem
Schmutznebel weiß ſtralend herausging, und an der man, wie an der
Sonne, ſo oft Wolken mit Sonnenflecken vermengte, kann er ſo
lange nicht tadeln, bis ſie es ſelber vorher thut. Viktor hat ſogar, wie
ich in der erſten Auflage, manche Beweiſe vergeſſen, die für Klotildens
Liebe gegen Julius reden: z. B. den warmen Antheil an deſſen Blind=
heit und ihren Wunſch nach ſeiner Heilung (im Briefe an Emanuel),
Flamins veraltete Eiferſucht in Maienthal, ſogar die Wonne, mit der
ſie im Schauſpielhaus das Thal ein Eden nennt und die Lethe aus=
ſchlägt.

Viktor riß das Packet entzwei, und zwei Blättchen fielen aus einem
großen Blatte heraus. Das eine Blättchen und das große Blatt waren
von Emanuel, das zweite vom Lord. Er ſtudierte das letzte in dop=
pelten Chiffern geſchriebne zuerſt; folgendes:

„Im Herbſt komm ich, wenn die Aepfel reifen. — Die Dreieinig=

„keit (der Lord meint des Fürsten drei Söhne) ist gefunden; aber die
„vierte Person in der Gottheit (der vierte lustige Sohn) fehlet. — Fliehe
„aus dem Pallaste der Kaiserin aller Reußen" (— mit dieser Chiffer
hatten beide den Minister Schleunes zu bezeichnen verabredet —) „aber
„die Großfürstin (Joachime) meide noch mehr: sie will nicht lieben,
„sondern herrschen, sie will kein Herz, sondern einen Fürstenhut. —
„In Rom (er meint Agnola) hüte Dich vor dem Kruzifix, aus dem ein
„Stilet springt! Denk' an die Insel, eh' Du fehlest."

Viktor erstaunte anfangs über die zufällige Angemessenheit dieser
Verbote; aber da er sich bedachte, daß er sie ihm schon auf der Insel
gegeben haben würde, wenn sie sich nicht auf seine neuern Begebenheiten bezögen: so erstaunt' er noch mehr über die Kanäle, durch welche
seinem Vater die Spionen-Depeschen von seinen jetzigen Verhältnissen
zugekommen sein mögen (könnte denn mein Korrespondent und Spion
nicht auch des Vaters seiner sein?) — und am meisten über die War-
nung vor Joachimen. „O! wenn diese gegen mich falsch wäre!"
sagte er seufzend und mochte das trübe Bild und den Seufzer nicht vollenden. — — Sondern er vertrieb beide durch das kleine Blatt von
Emanuel, das so klang:

„Mein Sohn!

„Die Morgenröthe des Neujahrs schien über den Schnee an mein
Angesicht, als ich das Papier hinlegte (Emanuels zweiten sogleich folgenden Brief), auf das ich zum letztenmale meine Seele mit allen ihren
über diese Kugel hinausreichenden Bildern abzudrücken suchte. Aber
die Flammen meiner Seele wehen bis zum Körper und sengen den
mürben Lebensfaden ab; ich mußte oft die zu leicht blutende Brust vom
Papier und von der Entzückung wegwenden.

Ich habe, mein Sohn, mit meinem Blut an Dich geschrieben. —
Julius denkt jetzo Gott. — Der Lenz glüht unter dem Schnee, und
richtet sich bald auf aus dem Grünen und blüht bis an die Wolken. —
Meine Tochter (Klotilde) führt den Frühling an der Hand und kömmt
zu mir — Sie nehme meinen Sohn in die andre Hand und lege ihn

an meine Brust, worin ein zerlaufender Athem ist und ein ewiges
Herz .... O wie tönen die Abendglocken des Lebens so melodisch um
mich! — Ja wenn Du und Deine Klotilde und unser Julius, wenn
wir alle, die wir uns lieben, beisammen stehen; wenn ich Eure Stim=
men höre: so werd' ich gen Himmel blicken und sagen: die Abendglocken
des Lebens umtönen mich zu wehmüthig, ich werde vor Entzückung
noch früher sterben, als vor dem längsten Tage, und ehe mir mein ver=
ewigter Vater erschienen ist.

Emanuel."

* * *

Lieber Emanuel, das wirst du leider! Der Freudenhimmel bringt
an deinen Mund, und unter Wehen, unter Tönen, unter Küssen saugt
er dir den flackernden Athem aus; denn der Erdenleib, der nur g r a s e n,
nicht p f l ü c k e n will, verdauet nur niedrige Freuden und erkaltet
unter dem Stral einer höhern Sonne! — —

Mit Rührung zieh' ich von Viktors entzwei gedrücktem unkenntlichen
Angesicht den Schleier weg, der seine Schmerzen bedeckt. Laß dich an=
schauen, trostloser Mensch, der einem Frühling entgegengeht, wo sein
Herz alles verlieren soll, Emanuel durch den Tod, Klotilde durch Liebe, Fla=
min durch Eifersucht, sogar Joachime durch Argwohn! Laß dich anschauen,
Verarmter, ich weiß, warum dein Auge noch trocken ist, und warum du
gebrochen und den Kopf schüttelnd sagst: „Nein, mein theurer Emanuel,
„ich komme nicht, denn ich kann ja nicht." — Es ätzte sich in dein Herz
am tiefsten, daß gerade dein treuer Emanuel noch glaubte, du würdest
von seiner Freundin geliebt. — Der unentwickelte Schmerz ist ohne Thrä=
nen und ohne Zeichen; aber wenn der Mensch das Herz voll zusammen=
fließender Wunden durch Phantasie aus dem eignen Busen zieht, und
die Stiche zählt, und dann vergisset, daß es sein eignes ist: so weint er
mitleidig über das, was so schmerzlich in seinen Händen schlägt, und dann
besinnt er sich und weint noch mehr. — Viktor wollte gleichsam die starre
Seele aus den gefrornen Thränen wärmend lösen, und ging ans Erker=
fenster und malte sich, indeß die verhaltene Abendglut des Märzes aus

dem Gewölfe über den Maienthalischen Bergen brannte, Klotilbens Ver-
mähltag mit Julius vor — O, er zog, um sich recht wehe zu thun, einen
Frühlingtag über das Thal, der Genius der Liebe schlug über den Trau-
altar den blauen Himmel auf und trug die Sonne als Brautfackel ohne
Wolkendampf durch die reine Unermeßlichkeit. — Da ging an jenem Tage
Emanuel verklärt, Julius blind, aber selig, Klotilde erröthend und längst
genesen, und jeder war glücklich — Da sah er nur einen einzigen Unglücklichen in den Blumen stehen, sich nämlich; da sah er, wie dieser Betrübte
wortkarg vor Schmerzen, fröhlich aus Tugend, näher und vertrauter mit
der Braut aus Kälte, so ungekannt, eigentlich so entbehrlich mit herum-
geht, wie ihm das schuldlose Paar mit jedem Zeichen der Liebe alles vor-
rechnet, was er verloren, oder gar aus Schonung diese Zeichen verhehlt,
weil es seinen Gram erräth — dieser Gedanke fuhr gleich einer Lohe wider
ihn — und wie er endlich, weil die beladene Vergangenheit alle seine ge-
töbteten Hoffnungen und seine entfärbten Wünsche vor ihn trägt, sich umwendet, wenn das geliebte Paar vor ihm zum Altar und zum ewigen
Bunde geht, wie er sich trostlos umwendet nach den stillen leeren Fluren,
um unendlich viel zu weinen, und wie er dann so allein und dunkel in
der schönen Gegend bleibt und zu sich sagt: „deiner nimmt sich heute kein
„Mensch an — niemand drückt deine Hand, und niemand sagt: Viktor,
„warum weinst du so? — O dieses Herz ist so voll unaussprechlicher Liebe
„wie eines, aber es zerfällt ungeliebt und ungekannt, und niemand stört
„sein Sterben und sein Weinen — Doch, doch, o Julius, o Klotilde,
„wünsch' ich euch ewiges Glück und lauter zufriedne Tage".... Dann
konnt' er nicht mehr; er legte die Augen in die Hand und an den Fenster-
rahmen, und erlaubte ihnen alles und dachte nichts mehr; der Schmerz,
der wie eine Klapperschlange mit aufgerissenem Rachen ihn und sein Ent-
gegentaumeln angeschauet hatte, drückte ihn jetzt ergriffen und hineinge-
schlungen auseinander ...

Weiche Herzen, ihr quälet euch auf dieser felsigen Erde so sehr, wie
harte den Andern — den Funken, der nur eine Brandwunde macht,
schwinget ihr zum Feuerrade um, und unter den Blüten ist euch ein spitzes

Blatt ein Dorn! ... Aber warum, sag' ich zu mir, zeigst du deines Freundes seines, und öffnest entfernte ähnliche Wunden an geheilten Menschen? O antwortet für mich, ihr, die ihr ihm gleicht: möchtet ihr eine einzige Thräne entbehren? Und da die Leiden der Phantasie unter die Freuden der Phantasie gehören: so ist ja ein nasses Auge und ein schwerer Athemzug das geringste, womit wir eine schöne Stunde kaufen ....

— Der Stolz — die beste Widerlage gegen weichliche Thränen — wischte sie meinem Helden ab und sagte ihm vor: „Du bist so viel werth „wie die, welche glücklicher sind: und wenn unglückliche Liebe dich bisher „schlimm machte, wie gut könnte dich nicht die glückliche machen!" — Es war Stille in ihm und außer ihm; die Nacht war am Himmel; er las Emanuels Brief.

Mein Horion!

Vor einigen Stunden hat die Zeit ihre Sanduhr umgekehrt, und jetzo rieselt der Staub eines neuen Jahres nieder. — Der Uranus schlägt unserer kleinen Erde die Jahrhunderte, die Sonne schlägt die Jahre, der Mond die Monate; und an dieser aus Welten zusammengesetzten Kon= zertuhr treten die Menschen als Bilder heraus, die freudig rufen und tönen, wenn es schlägt.

Auch ich trete froh heraus unter das schöne Neujahrmorgenroth, das durch alle Wolken glimmt und den hohen halben Himmel heraufbrennt. In einem Jahre seh' ich aus einer andern Welt in die Sonne: o wie wal= let dieses letztemal mein Herz unter dem Erdengewölk von Liebe über, gegen den Vater dieser schönen Erde, gegen seine Kinder und meine Ge= schwister, gegen diese Blumenwiege, worin wir nur Einmal erwachen und unter ihrem Wiegen an der Sonne nur Einmal entschlafen!

Ich erlebe keinen Sommertag mehr, darum will ich den schönsten, wo ich mit Deinem Julius *) zum erstenmale betend durch Lichtwolken und durch Harmonien drang, und mit ihm vor einem donnernden Throne

---

*) Julius wurde erst im zwölften Jahre blind und hatte also Vorstellungen des Gesichts.

niederfiel und zu ihm sagte: „oben in der unermeßlichen Wolke, die man
„die Ewigkeit nennt, wohnt der, der uns geschaffen hat und liebt" —
diesen Tag will ich heute in meiner Seele wiederholen; und nie erlösche
er auch in meinem Julius und Horion!

Ich habe oft zu meinem Julius gesagt: „ich habe dir den größten
„Gedanken des Menschen, der seine Seele zusammenbeugt und doch wie=
„der aufrichtet auf ewig, noch nicht gegeben; aber ich sage dir ihn an dem
„Tage, wo dein und mein Geist am reinsten ist, oder wo ich sterbe."
Daher bat er mich oft, wenn sein Engel bei ihm gewesen war, oder
wenn die Flöte und die schauernde Nacht oder der Sturm ihn erhoben
hatte: „sage mir, Emanuel, den größten Gedanken des Menschen!" —

Es war an einem holden Juliusabend, wo mein Geliebter an mei=
nem Busen auf dem Berge unter der Trauerbirke lag und weinte und
mich fragte: „Sage mir, warum ich diesen Abend so sehr weine? —
„Thust du es denn nie, Emanuel? Es fallen aber auch warme Tropfen
„von den Wolken auf meine Wangen." — Ich antwortete: „im Himmel
„ziehen kleine warme Nebel herum und verschütten einige Thautropfen;
„aber geht nicht der Engel in deiner Seele auf und nieder? Denn du
„streckest deine Hand aus, um ihn anzurühren." — Julius sagte: „Ja,
„er steht vor meinen Gedanken; aber ich wollte nur dich anrühren; denn
„der Engel ist ja aus der Erde gegangen, und ich sehne mich recht nach
„seiner Stimme. In mir wallen Traumgestalten in einander, aber sie
„haben keine so hellen Farben wie im Schlafe — lächelnde Angesichter
„blicken mich an, und kommen mit aufgebreiteten Schattenarmen auf
„mich, und winken meiner Seele und zerfließen, eh' ich sie an mein Herz
„andrücke — Mein Emanuel, ist denn dein Angesicht nicht mit unter
„meinen Schattengestalten?" Hier schloß er sein nasses Angesicht glü=
hend an meines, das ihm abgeschattet vorzuschweben schien; eine Wolke
sprengte das Weihwasser des Himmels über unsre Umarmung und ich
sagte: wir sind heute so weich blos durch das, was uns umringt und
was ich jetzt sehe. — Er antwortete: „o sage mir es, was du siehest, und
„höre nicht auf, bis die Sonne hinabgegangen ist."

Mein Herz schwamm in Liebe und zitterte in Entzücken unter meiner Rede: „Geliebter, die Erde ist heute so schön, das macht ja den Men-
„schen weicher — der Himmel ruht küssend und liebend an der Erde,
„wie ein Vater an der Mutter, und ihre Kinder, die Blumen und die
„schlagenden Herzen, fallen in die Umarmung ein und schmiegen sich
„an die Mutter. — Der Zweig hebt leise seinen Sänger auf und nieder,
„die Blume wiegt ihre Biene, das Blatt seine Mücke und seinen Honig-
„tropfen — den offnen Blumenkelchen hängen die warmen Thränen,
„in die sich die Wolken zertheilen, gleichsam in den Augen, und meine
„Blumenbeete tragen den aufgebauten Regenbogen und sinken nicht —
„die Wälder liegen saugend am Himmel, und trunken von Wolken stehen
„alle Gipfel in stiller Wollust fest — Ein Zephyr, nicht stärker als ein
„warmer Seufzer der Liebe, hauchet vor unsern Wangen vorbei unter
„die rauchenden Kornblüten und treibt Samen = Staubwolken auf, und
„ein Lüftchen ums andre gaukelt und spielt mit den fliegenden Ernten
„der Länder, aber es legt sie uns hin, wenn es gespielt hat — — O
„Geliebter, wenn alles Liebe ist, alles Harmonie, alles liebend und ge-
„liebt, alle Fluren Ein berauschender Blütenkelch, dann streckt wol auch
„im Menschen der hohe Geist die Arme aus und will mit ihnen einen
„Geist umschlingen, und dann, wenn er die Arme nur an Schatten zu-
„sammenlegt, dann wird er sehr traurig vor unendlicher, vor unaus-
„sprechlicher Sehnsucht nach Liebe.“

Emanuel, ich bin auch traurig, sagte mein Julius.

„Siehe, die Sonne zieht hinab, die Erde hüllet sich zu — laß mich
„alles noch sehen und es dir sagen .... Jetzo fliehet eine weiße Taube,
„wie eine große Schneeflocke, blendend über das tiefe Blau .... Jetzo
„zieht sie um den Goldfunken des Gewitterableiters herum, gleichsam um
„einen im Taghimmel aufgegangenen glimmenden Stern — o sie woget
„und woget, und sinkt und verschwindet in den hohen Blumen des Gottes-
„ackers .... Julius, fühltest du nichts, da ich sprach? Ach die weiße
„Taube war vielleicht dein Engel, und darum zerfloß heute vor seiner
„Nähe dein Herz — Die Taube fliegt nicht auf, aber Thau=Wolken, wie

„abgeriſſene Stücke aus Sommernächten, mit einem Silberrand ziehen
„über den Gottesacker und überfärben die blühenden Gräber mit Schat=
„ten .... Jetzo ſchwimmt ein ſolcher vom Himmel fallender Schatten
„auf uns her und überſpült unſern Berg — — Rinne, rinne flüchtige
„Nacht, Bild des Lebens, und verdecke mir die fallende Sonne nicht
„lange! ... Unſer Wölkchen geht in die Sonnenflammen .... o du
„holde, ſo ſanft hinter dem Erdenufer zurückblickende Sonne, du Mutter=
„auge der Welt, dein Abendlicht vergießeſt du ja ſo warm und langſam
„wie rinnendes Blut aus dir, und erblaſſeſt ſinkend, aber die Erde, in
„Fruchtſchnüren und Blumenbändern aufgehangen und an dich gelegt,
„röthet ſich neugeſchaffen und vor ſchwellender Kraft .... Höre, Julius,
„jetzo tönen die Gärten — die Luft ſummet — die Vögel durchkreuzen
„ſich rufend — der Sturmwind hebt den großen Flügel auf und ſchlägt
„an die Wälder; höre, ſie geben das Zeichen, daß unſre gute Sonne ge=
„ſchieden iſt" ....

„O Julius, Julius (ſagt' ich und umfaßte ſeine Bruſt), die Erde iſt
„groß — aber das Herz, das auf ihr ruht, iſt noch größer als die Erde
„und größer als die Sonne .... Denn es allein denkt den größten
„Gedanken."

Plötzlich ging es vom Sterbebette der Sonne kühl wie aus einem
Grabe daher. Das hohe Luftmeer wankte, und ein breiter Strom, in
deſſen Bette Wälder niedergebogen lagen, brauſte durch den Himmel die
Laufbahn der Sonne zurück. Die Altäre der Natur, die Berge, waren
wie bei einer großen Trauer ſchwarz überhüllt. Der Menſch war vom
Nebelgewölke auf die Erde eingeſperrt und geſchieden vom Himmel. Am
Fuße des Gewölbes leckten durchſichtige Blitze, und der Donner ſchlug
dreimal an das ſchwarze Gewölbe. Aber der Sturm richtete ſich auf und
riß es auseinander; er trieb die fliegenden Trümmer des zerbrochenen
Gefängniſſes durch das Blau, und warf die zerſtückten Dampfmaſſen unter
den Himmel hinab — und noch lange brauſt' er allein über die offne Erde
fort, durch die lichte gereinigte Ebene .... Aber über ihm, hinter dem
weggeriſſenen Vorhang glänzte das Allerheiligſte, die Sternennacht. —

Wie eine Sonne ging der größte Gedanke des Menschen am Himmel auf — meine Seele wurde eingedrückt, wenn ich gen Himmel sah — sie wurde aufgehoben, wenn ich auf die Erde sah —

Denn der Unendliche hat in den Himmel seinen Namen in glühenden Sternen gesäet, aber auf die Erde hat er seinen Namen in sanften Blumen gesäet.

„O Julius, sagt' ich, bist du heute gut gewesen?" — Er antwortete: „Ich habe nichts gethan, als geweint."

„Julius, knie nieder und entferne jeden bösen Gedanken — höre meine Stimme beben, fühle meine Hand zittern — ich knie neben dir."

„Wir knieen hier auf dieser kleinen Erde vor der Unendlichkeit, vor der unermeßlichen über uns schwebenden Welt, vor dem leuchtenden Umkreis des Raums. Erhebe deinen Geist und denke, was ich sehe. Du hörst den Sturmwind, der die Wolken um die Erde treibt — aber du hörst den Sturmwind nicht, der die Erden um die Sonne treibt, und den größten nicht, der hinter den Sonnen weht und sie um ein verhülltes All führt, das mit Sonnenflammen im Abgrund liegt. Tritt von der Erde in den leeren Aether: hier schwebe und siehe sie zu einem fliegenden Gebirge einschwinden, und mit sechs andern Sonnenstäubchen um die Sonne spielen; — ziehende Berge, denen Hügel*) nachflattern, stürzen vorüber vor dir, und steigen hinauf und hinab vor dem Sonnenschein — dann schau' umher im runden, blitzenden, hohen, aus krystallisierten Sonnen erbauten Gewölbe, durch dessen Ritzen die unermeßliche Nacht schauet, in der das funkelnde Gewölbe hängt — Du fliegst Jahrtausende, aber du trittst nicht auf die letzte Sonne und in die große Nacht hinaus — Du schließest das Auge zu und wirfst dich mit einem Gedanken über den Abgrund und über die ganze Sichtbarkeit, und wenn du es wieder öffnest, so umkreisen dich, wie Seelen Gedanken, neue hinauf und hinab stürmende Ströme aus lichten Wellen von Sonnen, aus dunkeln Tropfen von Erden, und neue Sonnenreihen stehen einander wieder aus

*) Planeten mit Monden.
13*

Morgen und Abend entgegen, und das Feuerrad einer neuen Milch=
straße wälzt sich um im Strom der Zeit — Ja dich rücke eine unendliche
Hand aus dem ganzen Himmel, du siehest zurück und heftest dein Auge
auf das erblassende eintrocknende Sonnenmeer, endlich schwebt die ent=
fernte Schöpfung nur noch als ein bleiches stilles Wölkchen tief in der
Nacht, du dünkst dich allein und schauest dich um und — — eben so viel
Sonnen und Milchstraßen flammen herunter und hinauf, und das bleiche
Wölkchen hängt noch zwischen ihnen bleicher, und außen um den ganzen
blendenden Abgrund ziehen sich lauter bleiche stille Wölkchen.'' — —

„O Julius, o Julius, zwischen den wandelnden Feuerbergen,
zwischen den von einem Abgrund in den andern geschleuderten Milch=
straßen, da flattert ein Blütenstäubchen, aus sechs Jahrtausenden und
dem Menschengeschlecht gemacht — Julius, wer erblickt und wer versorgt
das flatternde Stäubchen, das aus allen unsern Herzen besteht?'' —

„Ein Stern wurde jetzt herabgeschlagen. Falle willig, Stern in
die Luft der Erde geheftet, auch die Sterne über der Erde taumeln wie du
in ihre entlegnen Gräber herab — das Weltenmeer ohne Ufer und
ohne Grund quillet hier, versieget dort; die Mücke, die Erde, fliegt um
das Sonnenlicht, und sinkt in das Licht und zerbröckelt — O Julius, wer
erblickt und erhält das flatternde Stäubchen auf der Mücke, mitten im
gährenden, grünenden, verwitternden Chaos? O Julius, wenn jeder
Augenblick einen Menschen und eine Welt zerlegt — wenn die Zeit über
die Kometen geht und sie austritt wie Funken, und die verkohlten Sonnen
zerreibt — wenn die Milchstraßen nur wie zurückfahrende Blitze aus dem
großen Dunkel bringen — wenn eine Weltenreihe um die andere in den
Abgrund hinunter gezogen wird, wenn das ewige Grab nie voll wird
und der ewige Sternenhimmel nie leer: o mein Geliebter, wer erblickt
und erhält denn uns kleine Menschen aus Staub? — Du, Allgütiger,
erhältst uns, du, Unendlicher, du, o Gott, du bildest uns, du siehest uns,
du liebest uns — O Julius, erhebe deinen Geist und fasse den größten
Gedanken des Menschen! Da, wo die Ewigkeit ist, da wo die Unermeß=
lichkeit ist und wo die Nacht anfängt, da breitet ein unendlicher Geist

seine Arme aus, und legt sie um das große fallende Welten-All, und trägt es und wärmt es. Ich und du, und alle Menschen und alle Engel, und alle Würmchen ruhen an seiner Brust, und das brausende schlagende Welten- und Sonnenmeer ist ein einziges Kind in seinem Arm. Er siehet durch das Meer hindurch, worin Korallenbäume voll Erden schwanken, und sieht an der kleinsten Koralle das Würmchen kleben, das ich bin, und er gibt dem Würmchen den nächsten Tropfen und ein seliges Herz, und eine Zukunft und ein Auge bis zu ihm hinauf — ja, o Gott, bis zu dir hinauf, bis an dein Herz." —

Unaussprechlich gerührt sagte weinend Julius: „Du siehst, o Geist der Liebe, also auch mich armen Blinden — o! komm in meine Seele, wenn sie allein ist, und wenn es warm und still auf meine Wangen regnet, und ich dazu weine und eine unaussprechliche Liebe fühle: ach du guter großer Geist, dich hab' ich gewiß bisher gemeint und geliebt! — Emanuel, sage mir noch viel, sage mir seine Gedanken und seinen Anfang."

„Gott ist die Ewigkeit, Gott ist die Wahrheit, Gott ist die Heiligkeit — er hat nichts, er ist alles — das ganze Herz fasset ihn, aber kein Gedanke; und Er denkt nur uns, wenn wir Ihn denken. — — Alles Unendliche und Unbegreifliche im Menschen ist sein Wiederschein; aber weiter denke dein Schauder nicht. Die Schöpfung hängt als Schleier, der aus Sonnen und Geistern gewebt ist, über dem Unendlichen, und die Ewigkeiten gehen vor dem Schleier vorbei und ziehen ihn nicht weg von dem Glanze, den er verhüllet."

Stumm gingen wir Hand in Hand den Berg hinab, wir vernahmen den Sturmwind nicht vor der Stimme unserer Gedanken, und als wir in unsere Hütte traten, sagte Julius: „ich werde den größten Gedanken des Menschen immer denken, unter dem Tönen meiner Flöte, unter dem Brausen des Sturms, und unter dem Fallen des warmen Regens, und wenn ich weine, und wenn ich dich umarme, und wenn ich im Sterben bin." — Und du, mein geliebter Horion, thue es auch.

*　*　*

Emanuel.

Der kleine Erben-Kummer, die kleinen Erbengedanken waren jetzt aus Horions Seele geflohen, und er ging, nach einem betenden Blick in den geöffneten Sternenhimmel, an der Hand des Schlafs in das Reich der Träume hinein. Lasset uns ihn nachahmen und heute auf nichts weiter kommen. —

Ende des zweiten Heftleins.

Ende des sechsten Bandes.

Leipzig, Stereotypie und Druck von Giesecke & Devrient.